国家社科基金
GUOJIA SHEKE JIJIN HOUQI ZIZHU XIANGMU
后期资助项目

养老服务供需均衡的评价与对策研究

—— 以失能老人的长期照护服务为例

Research on the Evaluation and Countermeasure of the Supply and Demand Equilibrium of Elderly Care Services:

Take Long-Term Care Services for the Disabled Elderly as an Example

陈显友 著

WUHAN UNIVERSITY PRESS
武汉大学出版社

图书在版编目(CIP)数据

养老服务供需均衡的评价与对策研究:以失能老人的长期照护服务为例/陈显友著.—武汉: 武汉大学出版社,2022.12
国家社科基金后期资助项目
ISBN 978-7-307-23215-0

Ⅰ.养…　Ⅱ.陈…　Ⅲ.养老—社会服务—研究—中国　Ⅳ.D669.6

中国版本图书馆 CIP 数据核字(2022)第 132832 号

责任编辑:詹　蜜　　责任校对:汪欣怡　　版式设计:韩闻锦

出版发行: **武汉大学出版社**　(430072　武昌　珞珈山)
(电子邮箱: cbs22@ whu.edu.cn　网址: www.wdp. com.cn)
印刷:武汉中远印务有限公司
开本:720×1000　1/16　印张:23　字数:410 千字　插页:1
版次:2022 年 12 月第 1 版　2022 年 12 月第 1 次印刷
ISBN 978-7-307-23215-0　定价:78.00 元

国家社科基金后期资助项目(17FGL004)

国家社科基金后期资助项目
出版说明

后期资助项目是国家社科基金设立的一类重要项目，旨在鼓励广大社科研究者潜心治学，支持基础研究多出优秀成果。它是经过严格评审，从接近完成的科研成果中遴选立项的。为扩大后期资助项目的影响，更好地推动学术发展，促进成果转化，全国哲学社会科学工作办公室按照“统一设计、统一标识、统一版式、形成系列”的总体要求，组织出版国家社科基金后期资助项目成果。

全国哲学社会科学工作办公室

序一

党的二十大报告提出，要实施积极应对人口老龄化国家战略，发展养老事业和养老产业，优化孤寡老人服务，推动实现全体老年人享有基本养老服务。在落实国家战略的过程中，始终存在“人民日益增长的美好生活需要和不平衡不充分的发展之间的矛盾”，各种制度优化和实践创新最终都会指向养老服务供需动态均衡这一核心问题。陈显友博士的新著《养老服务供需均衡的评价与对策研究》恰逢此时出版，凸显了这一选题的重要理论意义和现实意义。

《养老服务供需均衡的评价与对策研究》凝结了陈显友博士主持完成的国家社科基金后期资助项目最终研究成果的学术价值，也展示了他长期深入城乡社区进行调查研究的心路历程。早在他攻读博士学位期间，就锁定了养老服务供求均衡这一研究主题，孜孜以求地向自己的导师求教，同时也与这一研究领域的老师和同学们进行广泛交流、讨论和辨析。那时的我，正是被他的求知精神和一股子韧劲所感动，成为他的研究同行者之一。寒窗数年，久久为功。陈显友的博士学位论文显示，他在这一选题的理论分析、模型构建、问卷调查等方面已经做了很好的研究，触及了深层次机理，相关研究结论颇具解释力。博士毕业之后，陈显友持续地对该选题进行跟踪研究，取得了丰硕研究成果。先后获得了全国民政政策理论研究成果一等奖和全国老龄政策理论研究成果一等奖。

《养老服务供需均衡的评价与对策研究》一书的选题角度新颖，分析视角独具匠心。陈显友博士以养老服务中最基本、最有代表性的长期照护服务为例，通过构建长期照护服务供需均衡的耦合评价模型和评价指标体系，对养老服务的供需均衡问题进行了实证分析。包括：对失能老人长期照护服务需求和供给的现状、基本特征、影响因素、作用机理的分析；长期照护服务供需均衡的评价和比较分析；等等。这些理论构建和新方法的运用，既有理论上的勇敢突破，也有实务上的大胆探索，具有较强的创新性。此外，本书还在分析全国长期护理保险制度试点的基础上，对我国建立长期护理保险制度的理论和实践进行了有益的探索，相信陈显友博士将长期护理保险这一制度变量纳入其分析框架之后，将为养老服务供需均衡研究提供了一个新的研究视角。

人口老龄化加速背景下的新现象、新问题层出不穷，养老服务供需动态均衡研究有着很大的深化与拓展空间。本选题没有现成的公开调查数据可供分析，因此开展连续的社会调查不仅是必要的，同时也是一个不断深化研究的过程。不畏繁难的接力研究一定会引发新的思考，产生新的概括。来源于实践又能够在更高的理论层面还原实践的研究是最有生命力的研究，这也是此书值得推荐给业内专家学者学习交流的原因。

我期待着《养老服务供需均衡的评价与对策研究》一书的出版能够引起更多理论工作者和实际工作者的思考和讨论，也期待着陈显友博士更上层楼，在这一研究领域有更多的学术贡献。

中南财经政法大学教授　赵曼

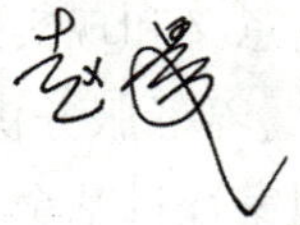

2022 年 12 月 12 日

序二

前些天，接到陈显友教授的邀请，希望我能为他的国家社科基金后期资助项目的最终成果，即将出版的《养老服务供需均衡的评价与对策研究——以失能老人长期照护服务为例》专著作序，我当即欣然答应。

十年前我担任武汉工商学院校长时，陈显友教授已是年轻教师中的佼佼者，教学、科研及系主任的工作都非常出色，同时还在攻读管理学博士学位。后来他作为学科带头人及中青年学术带头人，还兼任湖北省高校人文社科重点研究基地主任等职务。2013 年他主持了国家科技计划项目《农产品电子商务及物流配送体系开发与应用示范》，2014 年主持教育部人文社科规划基金项目《失能老人长期照护服务的社会支持对其主观幸福感的影响因素——基于应对方式的新视角》，2017 年主持国家社会科学基金后期资助项目《养老服务供需均衡的评价与对策研究》等。先后获得了全国民政政策理论研究成果奖一等奖和全国老龄政策理论研究成果奖一等奖、湖北省发展研究奖二等奖、全国商务发展研究奖三等奖等一系列科研成果。

陈显友教授的专著，紧紧围绕我国进入老龄化社会面临的长期照护服务的重大民生问题，开展理论和实证研究，具有重要的理论价值和现实价值。长期照护服务是失能老人最基本的养老服务，也是养老服务中需求较迫切、供给较复杂的组成部分。在我国人口高速老龄化、未富先老、家庭养老功能不断弱化的背景下，失能老人数量迅猛增长。失能老人身体机能衰退导致生活不能自理而产生的长期照护服务需求逐渐成为个人、家庭、社区乃至社会的沉重负担和社会风险，给养老及医疗保障制度带来了巨大的压力，也给经济和社会的可持续发展带来了严峻的挑战。目前长期照护服务的需求快速增长，我国养老资源和长期照护服务的供给总量严重不足和结构性失调，大量养老资源得不到合理利用，长期照护服务的城乡差异、地区差异较大，供需失衡严重。因此，这一问题是新时代背景下迫切需要深入研究的焦点难点问题。

从研究方法上看，本书引入了物理学的耦合理论和方法，将长期照护服务的供给和需求作为两个独立的系统，独创性地建构了长期照护服务供需均衡耦合评价的理论、模型和指标体系。本书以社会调查的统计数据为基础进行实证分析，为定量分析长期照护服务供给与需求的均衡性开辟了新的方法和思路。同时，本书不是简单地套用耦合理论，而是在选用“耦合度”和“耦合协调度”指标的基础上，增加了“满意度”指标，使长期照护服务供需均衡耦合评价的理论、模型和指标体系对社会现实问题具有较好的解释力，更为科学合理，也得到了实证检验，具有较高的政策参考价值，也很好地体现了学科的交叉和融合。

希望本书的出版，能够给同行业专家学者带来不一样的思维碰撞和思想火花。也期待陈显友教授以此为契机，进一步在养老服务领域深入开展研究，为读者奉献更多的精品力作。

华中科技大学管理学院教授、《管理学报》荣誉主编 张金隆

2022 年 12 月 12 日

目　　录

第一章　绪　　论

第一节　研究背景与研究意义

一、研究背景

（一）现实背景

随着我国人口老龄化进程加快，失能失智老人、重度残疾老人、孤寡老人、高龄老人、计划生育特殊困难家庭老人、重点优抚老人、贫困老人、空巢老人等弱势老年群体的数量日益增大，给我国社会保障体系和基本公共服务带来了极大的压力。失能半失能老人是弱势老年群体中的典型代表，身体机能退化导致的失能失智使这类老人高度依赖于长期照护服务，长期处于失能状态也使家庭、社区甚至社会的负担和风险增加。目前我国的长期照护服务需求快速增长，但是长期照护服务的供给总量不足，供给结构性失调，城乡差异、区域差异大，长期照护服务的需求与供给处于严重失衡状态，属于典型的发展"不平衡不充分"状态，这将成为我国积极应对人口老龄化问题，加快建设小康社会，促进经济和社会协调发展，满足中国特色社会主义新时代"人民日益增长的美好生活需要"的一大挑战。国家"十四五"规划提出：要强化对失能、部分失能特困老年人的兜底保障；更好满足高龄、失能、失智老年人护理服务需求；完善经济困难、高龄、失能老年人补贴制度和特殊困难、失能、留守老年人探访关爱制度；构建居家、社区、机构相协调，医养康养相结合的养老服务体系。党的十九届五中全会指出要健全基本公共服务体系和多层次社会保障体系，全面推进健康中国建设，实施积极应对人口老龄化国家战略。《国家积极应对人口老龄化中长期规划》指出要打造高质量的为老服务和产品供给体系。积极推进健康中国建设，建立和完善包括健康教育、预防保健、疾病诊治、长期照护、安宁疗护在内的综合连续的老年健康服务体系。要解决失能老人的长期照护服务供求失衡问题，既需要解决长期照护服务供给的问题，又需要准确把握长期照护服务的需求特征，还要解决长期照护服务资金筹措和支付等方面的问题。这也是我国进入老龄化社会面临的主要难点和焦点问题之一，具有非常重要的现实意义和理论价值。

1. 人口老龄化背景下失能老人数量快速增长。

进入 21 世纪，我国的人口经历了由数量增长向结构调整的转变，逐渐由年轻型过渡到老年型人口结构。国际上通常认为当一个国家或地区 60 岁以上老年人口占人口总数的 10%，或 65 岁以上老年人口占人口总数的 7%，即意味着这个国家或地区处于老龄化社会。据国家统计局的数据显示，1999 年我国 60 岁及以上的人口数占总人口数的比重达到 10. 3%，2000 年中国 65 岁及以上的人口数占总人口数的比重达到 7. 1%，标志着我国进入了人口老龄化社会。随着我国人口老龄化步伐的加快，老年人口呈快速增长趋势。

表 1-1　2010~2020 年我国 60 岁及 65 岁以上老年人口数量及比重

指标 \ 年份		2010	2011	2012	2013	2014	2015	2016	2017	2018	2019	2020
≥60	人数(万人)	17765	18499	19390	20243	21242	22200	23086	24090	24949	25388	26402
	比重(%)	13. 3	13. 7	14. 3	14. 9	15. 5	16. 1	16. 7	17. 3	17. 9	18. 1	18. 7
≥65	人数(万人)	11894	12288	12714	13161	13755	14386	15003	15831	16658	17603	19059
	比重(%)	8. 9	9. 1	9. 4	9. 7	10. 1	10. 5	10. 8	11. 4	11. 9	12. 6	13. 5

数据来源：2011~2021 中国统计年鉴。

据 2020 年第七次全国人口普查显示，全国人口共 141178 万人，与 2010 年第六次全国人口普查的 133972 万人相比，增加 7206 万人，增长 5. 38%，年平均增长率为 0. 53%，比 2000 年到 2010 年的年平均增长率 0. 57%下降 0. 04 个百分点。其中，60 岁及以上人口为 26402 万人，占 18. 70%(见表 1-1)。65 岁及以上人口为 19064 万人，占 13. 50%(见图

1-1)。与2010年相比，60岁及以上人口的比重上升5.44个百分点。

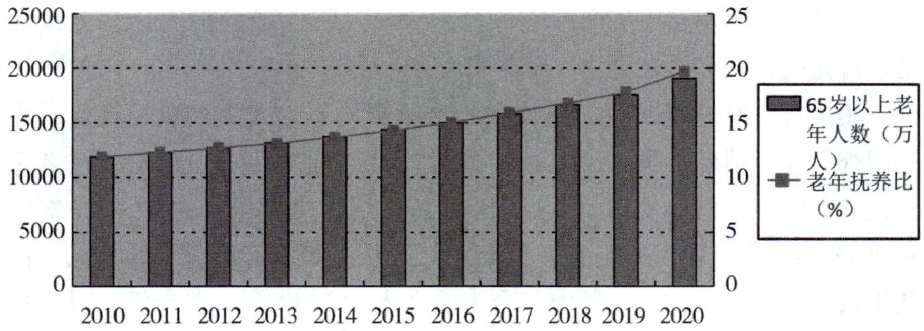

图 1-1　我国近十年的人口年龄结构与老年抚养比情况

预计到2050年老年人将达到4亿，2053年将达到巅峰值4.87亿，并长时间保持4亿人的规模，到那时老龄化人口占总人口的比例将增至34%左右①。根据《国家人口发展战略研究报告》②预测，预计21世纪40年代后期老年人达到4.3亿人口的最高峰，比重达30%，老年抚养比从2020年的19.7%(见表1-2)增长到40%左右。

表 1-2　2010~2020 年我国老年、幼儿人口抚养比

指标 \ 年份	2010	2011	2012	2013	2014	2015	2016	2017	2018	2019	2020
总抚养比(%)	34.2	34.4	34.9	35.3	36.2	37	37.9	39.2	40.4	41.5	45.9
少儿抚养比(%)	22.3	22.1	22.2	22.2	22.5	22.6	22.9	23.4	23.7	23.8	26.2
老年抚养比(%)	11.9	12.3	12.7	13.1	13.7	14.3	15.0	15.9	16.8	17.8	19.7

数据来源：2011~2021中国统计年鉴。

从老年人口增长的速度看，我国老年人口的增长速度在世界主要大国中是最快的。60岁及以上人口从10%增长到20%仅需要26年，65岁及以上人口从7%增长到14%仅需要25年。我国是在经济不太发达的背景下就开始要面对老龄化挑战的，2000年进入老龄化社会时人均国内生产总

① 国家统计局网站. 中国统计年鉴[EB/OL]. http://www.stats.gov.cn/tjsj/

② 国家人口发展战略研究课题组. 国家人口发展战略研究报告[J]. 人口研究，2007(1)：1-10.

值仅为950美元，仍属于低收入国家。而发达国家进入老龄社会时已基本实现现代化，人均国内生产总值一般都在5000美元以上，例如日本进入老龄化社会时人均国民生产总值高达39640美元。因此我国的人口老龄化是未富先老背景下的老龄化，经济实力还比较薄弱。

2010年，中国老龄科学研究中心对全国失能老人生存状况进行了专题调查研究。结果表明，2010年末我国失能老人口约有3300万，占老年总人口19.0%。其中完全失能约1080万，约占老年人口总数6.23%①。到2015年8月，我国失能老年人约4063万人，五年净增加763万人，占老年人口总数的18.3%。其中完全失能老人约1240万，占老年人口总数的6.05%，五年净增160万人。据该抽样调查测算，失能老人口将持续增长，2020年将达到4200万，2030年将达到6168万，2050年将达到9750万②。据该调查数据显示：生活完全不能自理的完全失能老人平均存活时间为44个月，出现完全不能自理状况的失能老人平均年龄为79岁。

据中国老年健康影响因素跟踪调查(CLHLS)和中国健康与养老跟踪调查(CHARLS)两项调查结果，2011年我国老年人的失能率为10.48%~13.31%(张文娟，2015)。全国老龄办两次发布中国城乡老年人口状况跟踪调查统计数据的失能率分别为19%和18.3%。中国社科院研究员唐钧(2016)分析我国完全失能老人和部分失能老人各占老年人总数的2.5%左右，社会功能丧失的老年人占总数的13.3%左右③。

潘金洪(2012)基于我国2010年的第六次人口普查数据分析，认为我国失能老人规模为522万，失能率为2.95%，其中男性为2.52%，女性为3.35%，从年龄分布看，失能率随着年龄增长而快速上升，60岁组老年人口失能率为0.68%，70岁组为2.15%，80岁组为6.49%，90岁组为18.56%，百岁及以上为29.19%；从地区分布看，城市、镇、乡村的老年人口失能率差距较大，城市失能率为2.35%，其次镇为2.60%，乡村最高为3.33%④。

---

① 张恺悌. 全国城乡失能老年人状况研究[EB/OL]. http://www.shanghaigss.org.cn/news_view.asp? newsid=8260.

② 三部门发布第四次中国城乡老年人生活状况抽样调查成果[EB/OL]. http://www.mca.gov.cn/article/zwgk/mzyw/201610/20161000001974.shtml.

③ 唐钧. 社会政策的视野，4000万失能老人必须细分[EB/OL]. http://money.163.com/16/1122/05/C6F0J3M5002580S6.html.

④ 潘金洪，帅友良，孙唐水，张吟鹤，薛晓华，周长青. 中国老年人口失能率及失能规模分析——基于第六次全国人口普查数据[J]. 南京人口管理干部学院学报，2012，28(4)：3-6，32.

另据《中国老龄产业发展报告(2014)》预测：未来中国失能老年人口将从2013年底的3750万，增长到2050年的9700万，到人口老龄化高峰的2053年，失能老年人口总量将超过1亿。

景跃军(2017)根据北京大学“中国老年健康影响因素跟踪调查”(CLHLS)的调查数据分析计算得到老年人口的数量和失能率，并进一步分析得到我国未来城乡失能老人的数量分布特征①。从预测数据可以看出，2015—2050年我国失能老人的人口数量呈现匀速增长的态势。2050年我国失能老人的人口数量将达到5224万人(见表1-3)。

表1-3　2020—2050年我国分城乡失能等级老人数量预测　(单位：万人)

年份	城镇失能人口			农村失能人口			失能人口总量
	轻度失能	中度失能	重度失能	轻度失能	中度失能	重度失能	
2020	556	214	227	629	111	157	1893
2025	661	273	279	710	132	184	2238
2030	847	327	361	825	157	214	2730
2035	1067	435	461	987	187	269	3408
2040	1298	542	598	1105	235	331	4109
2045	1482	648	751	1128	257	358	4624
2050	1782	738	914	1159	285	409	5224

综合上述文献的预测和分析，庞大的失能老人数量，以及失能后存活时间的延长(杜鹏，2006)，都表明我国的失能老人数量将快速增长。

2. 失能老人对长期照护服务的需求快速增长。

随着老年人口数量增加和比例的上升，老年人服务需求不断增长，导致医疗、照护和养老负担加大。根据联合国有关统计数据，老年人的消费需求高于总人口的平均需求。如1980年日本老年人口与总人口各自的平均消费需求量之间的比值为1.44，1985年美国老年人口与总人口各自的平均消费需求量之间的比值为2.57。世界银行的有关研究表明，2014年中国老年人口与总人口的平均消费需求量之间的比值为1.124。总之，老

① 景跃军，李涵，李元. 我国失能老人数量及其结构的定量预测分析[J]. 人口学刊，2017，39(6)：81-89.

年人的平均消费需求量高于总人口的平均消费需求量。据《中国老龄产业发展报告(2014)》数据显示：老年人口医疗卫生消费总量巨大，老年人人均医疗费用是国民平均医疗费用的 2~3 倍。未来中国老年人的慢性病患者病例将从 1.1 亿例，增长到 2050 年的 3 亿例，就诊人次将从 13.5 亿人次，增长到 2050 年的 36.8 亿人次，老年人口的医疗卫生消费占 GDP 的比重，将在 2050 年达到 5%以上。

失能老人因为身体机能衰退而导致生活不能自理，在医疗需求和长期照护服务需求等方面高于老年人口的平均水平。《中国老龄产业发展报告(2014)》调查表明：我国城乡老年人口中健康存在问题的、健康状况一般的和健康良好的分别占老年总人口的 27%、56%和 17%。在平均约 19 年的余寿中，健康余寿只有 9 年左右，其余 10 年基本上是带病或失能状态。长期照护服务是失能老人最基本的需求。由于失能老人丧失了全部或者部分生活自理能力，需要有人照料日常生活，重度失能老人还需要经常接受康复护理照料。在老年人口所占比重不大的情况下，由于有家庭承担相应的责任，长期照护压力尚在可承受范围之内。但是随着失能老人的数量和所占比例越来越大，由家人和亲戚朋友来照顾失能老人，就难以承受了。

3. 失能老人长期照护服务供需失衡问题突出。

一是失能老人的数量快速增长，长期照护服务需求数量大、增速快，使得社会养老资源供给的数量和质量难以满足日益增长的失能老人长期照护服务的需求。长期照护服务需要养老机构提供“护理型”养老床位，以及居家、社区的医养康养设施，而不是养老机构提供的“简易型”普通养老床位。以养老机构和床位数为例，截至 2019 年底我国现有养老机构及配套设施 20.4 万个，各类养老床位合计为 775 万张，每千名老人拥有床位数 30.5 张①。据 2020 年 7 月 29 日民政部公布的数据显示，全国共有各类养老机构 4.23 万个，床位 429.1 万张，收住老年人 214.6 万人。我国第七次人口普查数据显示，2020 年底我国 60 岁以上老年人口高达 2.64 亿人，占比 18.7%。按照平均每千名老年人 35 张床位的最低标准，应有养老床位 924 万张；如果按照发达国家平均每千名老年人 50 张床位的标准，则需要养老床位 1320 万张。另据民政部公布的统计公报数据显示，2019 年我国各类养老床位仅为 775 万张，短缺的床位保守估计达 150 万~

① 民政部. 中华人民共和国民政部统计公报[EB/OL]. http://www.mca.gov.cn/article/sj/tjgb/.

400多万张。据中国老龄科学研究中心预测，我国部分和完全失能老年人口已达到4000多万，对长期照护服务有着高速增长的庞大需求，导致“护理型”养老床位数量短缺。

二是现有的养老资源浪费严重，现有“简易型”普通养老床位的空置率较高，利用率偏低。我国养老机构的平均入住率约为50%，即使是在老龄化程度较高的北京和上海，养老机构入住率也均不足70%，且存在公办和民营养老机构入住率两极分化的现象，对于大中型城市的社会福利院等公立养老机构的需求较高、一床难求；而对于民办养老机构，入住率在40%左右。据民政部调查统计，2015年，农村养老机构的床位利用率为65%，城市养老机构的床位利用率为51.2%①，社区养老和照护服务利用率也不高，第四次全国老年人生活状况调查数据显示其利用率不到10%。据北京大学乔晓春教授的一项调查研究显示，作为人口老龄化十分严重的一线城市——北京市，近20%的养老机构入住率不到20%，有50%的养老机构入住率不到50%，真正一床难求、入住率100%的养老机构只有49家，只占10%②。有的养老机构“简易型”普通养老床位大量空置，部分有需求的失能半失能老人因为不属于政府兜底服务的范围而无钱或无资格入住。

三是我国养老机构的床位数量短缺主要体现为护理型床位短缺，医养结合问题日益成为制约长期照护服务发展的瓶颈之一。目前我国4万多家养老机构中真正具备医疗服务能力的比例略高于20%。当前我国高龄、失能半失能老人占老年人口比例近20%，虽然每千名老人拥有养老床位数从2012年底的21.5张，增长到2019年底30.5张，增长率也逐年提升，但是护理型床位数并不高。从医疗设施配置比例来看，2016年我国共有康复医院495家、护理院共有240家。医疗养老服务供给总量与老龄群体日益增长的养老服务需求相比杯水车薪，“一床难求”现象屡见不鲜。为此，民政部出台文件，要求进一步扩大养老服务供给：到2022年社区日间照料机构覆盖率达到90%以上，探索设立“家庭照护床位”，健全上门照护的服务标准；到2022年养老机构护理型床位占比不低于50%。“医养结合”服务是养老机构发展的主要方向，我国在政策文件中也多次提到推动医疗卫生和养老服务相结合。

---

① 郑厚伟，刘晓桐. 我国保险公司布局养老产业的现状分析及优化建议[J]. 南方金融，2019（3）：72-79.

② 北京大学人口所教授乔晓春. 北京只有4%的养老机构实现盈利[EB/OL]. http://www.cs.com.cn/cj/hyzx/201904/t20190420_5941169.html.

四是专业化的护理型养老服务人员短缺，导致医养结合困难。失能老人最需要的是医疗护理康复服务，我国护理型的养老护理服务人员严重不足，长期照护服务的护理人才短缺，服务需求和供给存在严重失衡，成为医养康养结合的重要掣肘。面对需要长期照护服务的4000多万失能半失能老人，我国养老机构护理人员数量不足100万，其中经过专业训练、持证上岗的护理人员更是不足10%。按照国际公认的3名失能老人配备1名护理人员的标准计算，我国养老护理专业人才的缺口为1000多万名，而目前我国养老护理员数量十分有限，从业人员仅有30万名，其中合格的仅有4万名。以持证社会工作者为指标，2019年全国持证社会工作者共计53.4万人，共有各类社区服务机构和设施52.8万个，城市社区综合服务设施覆盖率92.9%，农村社区综合服务设施覆盖率59.3%。以社会服务机构和服务设施为基数匡算，每个社区服务机构和设施拥有持证社会工作者为1人①。《国务院关于加快发展养老服务业的若干意见》明确指出，到2020年，“全国机构养老、居家社区生活照料和护理等服务岗位达到1000万个”，目前拥有养老护理员国家职业标准证书的人仅约4万人，不足以满足实际的需求。同时，专业护理人员缺少专业知识和技能②，导致专业服务水平一直处于较低水平。护理人员专业服务质量差、服务水平低，服务收费较高的现状，使得需要护理服务的老人“买不到服务”，也“买不起服务”，难以支撑医养结合养老机构的建设，更难以托起整个养老行业的发展。究其原因，一方面是由于待遇偏低、缺乏明确职业发展路径等因素导致养老专业护理人员流动性较大，不愿意从事养老护理职业岗位；另一方面是由于缺乏持证上岗制度、机构培训负担较重等因素导致养老专业护理人员培训不足。2019年3月，《关于推进养老服务发展的意见》明确指出要“建立完善养老护理员职业技能等级认定和教育培训制度”，养老服务专业护理人员教育培训与技能标准制订实施已被国家提上了日程。

五是现阶段我国尚未建立起面向失能失智老人的社会保障体系。医疗保险和养老保险还没有达到完全覆盖，目前我国医疗保险覆盖13.6亿人，养老保险覆盖近10亿人，长期护理保险制度尚在试点中，失能津贴和失能救助的覆盖面较小。失能老人得不到长期照护服务等社会保障支持，走

---

① 中华人民共和国民政部. 2019年民政事业发展统计公报[EB/OL]. http://www.mca.gov.cn/article/sj/tjgb/.

② 韩俊降，张箴薇. 我国“医养结合”养老模式发展政策探讨[J]. 中国劳动，2017(3)：28-32.

失、冻、饿、病、抑郁而死，甚至自杀等非正常死亡的现象屡见不鲜。据民政部中国社会救助研究院发布《中国老年人走失状况调查报告(2016)》显示，每年全国走失老人约有50万人，平均每天走失约1370人。失能失智和缺乏照料成为老人走失的主因①。

4. 长期照护服务供给主体的责任不清晰。

由于在失能老人长期照护服务的供给中，政府对长期照护服务供给的责任不明确，政府、家庭、社会等各主体之间的责任也不清晰，哪些长期照护服务属于政府兜底或政府购买的基本公共服务范畴？哪些长期照护服务属于经营性市场化供给的范畴？政府在长期照护服务的供给中承担什么责任？这都需要有明确的界定。政府在长期照护服务供给工作中出现职能缺位、错位和越位等现象，在一定程度上影响各主体的工作效率和长期照护服务的供给力度。在各级政府、养老机构、公益组织、家庭共同承担长期照护服务供给责任的过程中，政府承担主要责任显得尤为重要。尤其在政策引导、资源平衡协调、财政资金支持、政府购买服务、长期照护服务供给的立法和市场监督过程中，政府的责任是其他主体无法替代的。如果政府出现了责任缺位将会影响到长期照护服务的有效供给，市场会出现长期照护服务的供需失衡现象。另外，在公办养老机构和民办养老机构的财政投入方面，过度地偏向于公办养老机构，导致民办养老机构从软件到硬件的配置都很落后，发展停滞不前。政府的越位行为，影响到市场竞争的正常秩序，也在一定程度上影响了其他主体作用的正常发挥。

除此之外，当前中国已经进入并将长期处于社会转型期，经济市场化、政治民主化以及文化多元化的发展趋势日益明显，社会在价值观念、组织构成和利益格局等方面也发生了显著变化，所有这些都对政府责任的转型提出了新要求。在这种形势下，一方面，面对治理环境和治理条件的改变，政府已经无法再成为长期照护服务唯一的提供者；另一方面，政府仍是长期照护服务供给过程中一个不可或缺的主体。正因如此，探讨如何完善政府与现阶段相适应的权责体系、保障政府提供养老责任的有效履行意义重大。

从目前的发展状况来看，失能老人的长期照护服务需求已经成为个人风险、家庭风险和社会风险。对于失能老人个体而言，失能导致个体生存异常艰难，甚至濒临绝境，严重影响到失能老人晚年的生活质量，同时也

① 三部门发布第四次中国城乡老年人生活状况抽样调查成果[EB/OL]. http://www.mca.gov.cn/article/zwgk/mzyw/201610/20161000001974.shtml.

是家庭成员的沉重负担。由于目前国家尚未正式出台长期照护服务的相关政策，数量庞大的失能老人群体潜藏着的巨大社会危机和风险。从国家层面来讲，失能老人长期照护问题不仅给养老保障及医疗保障制度带来了严峻的挑战，还影响到经济和社会的可持续发展。失能老人的长期照护问题正成为各级党委政府和社会各界越来越关注的民生问题。解决失能老人的长期照护问题已成为政府部门的当务之急。失能老人的长期照护问题，涉及政策、资金、服务、人员等多个方面的内容。需要根据城乡失能老人的基本情况，分析政府、养老机构、涉老企业、社区及家庭等在失能老人长期照护服务中所起的作用，研究如何才能建立以行政资源为主导、整合各类养老资源的立体型长期照护服务体系，切实改善失能老人的生活及健康水平。

随着我国的老龄化程度不断提高，失能老人数量仍在高速增长，长期照护问题的重要性日益凸显。长期照护服务需求与供给的耦合状况不佳，已成为公共管理和社会保障的重大难题。如何破解这一难题意义重大。基于此，本研究深入分析失能老人的长期照护服务的供给与需求耦合评价、机制和模式，为促进失能老人长期照护服务的需求与供给良性耦合提供政策建议。

（二）理论背景

1. 对长期照护服务供需失衡原因和对策研究的文献较为丰富。

现有文献大多从需求、供给、利用的数量和比例分析养老需求供需失衡的原因（姜向群、郑研辉，2015；边恕、黎蔺娴、孙雅娜，2016；Thomas，1983；Rodriguez，2013）①；有从政府、企业、家庭等供给主体投入不足来分析供需失衡的原因（田北海、王彩云，2014；朱凤梅、王震，2016；Wharton，2015）；也有从需求方的角度分析需求的复杂性和数量增长（涂爱仙，2016；邹华，2016）；以及信息不对称、缺乏对需求的调查评估（桂雄，2015；罗小华，2014；Shum，2015；Reichert，2014）②，但是对需求和供给之间的匹配程度缺乏准确的描述。

2. 对长期照护服务供需均衡测量方法研究的文献较为薄弱。

---

① Rodriguez M. Use of informal and formal care among community dwelling dependent elderly in Spain[J]. The European Journal of Public Health, 2013: ckt088.

② Reichert M, Angele G, Katz R, et al. Long-term care needs and long-term care policy: comparing Germany and Israel[J]. Family and Health: Evolving Needs, Responsibilities, and Experiences (Contemporary Perspectives in Family Research, Volume 8B), Emerald Group Publishing Limited, 2014(8): 131-167.

最常见的供需均衡测量理论是建立在价格弹性分析基础上的新古典经济学供求理论。现有文献中也有一些分析供需均衡的新方法。主要是通过计算需求、供给、利用的数量和比例来分析养老需求供需失衡的程度（姜向群、郑研辉，2015）。其他学科领域，如旅游经济学和物流管理学的一些研究，用到了耦合方法，如盛欢（2012）通过计算给出了供给和需求各系统及其子系统之间的“协同效度”“发展效度”“协同发展综合效度”①。陈青松（2015）和翁钢民、刘雨萌（2014）通过计算入境旅游需求系统和入境旅游供给系统之间的耦合协调度来分析供需之间的关系②。

3. 现有理论和文献对长期照护服务的供需失衡现象的分析存在一定的局限性。

供需均衡理论是一种常见的分析供需之间关系的理论。供需均衡理论是建立在价格弹性基础上，对完全市场竞争状态下产品或服务的供给与需求的一般规律进行的分析研究。随着供给曲线与需求曲线的移动，最终的均衡点对应着一组均衡价格和供给量、需求量。而长期照护服务是供给不充分，市场化程度较低的一种公共服务和经营性服务兼而有之的特殊新兴服务，其供求关系并不是完全由市场机制决定，由于受到政府补贴和政府采购等因素的影响，它不是一个完全市场竞争状态下的产品（服务），其价格并不能反映市场供求关系。而本研究要解决的问题主要是如何分析失能老人长期照护服务的需求、供给特征，以及需求与供给失衡的程度。因此，运用供求均衡理论来分析失能老人长期照护服务的供需失衡问题存在一定的局限性，并且现有理论和文献中缺少一种测度长期照护服务供需匹配程度的方法，只能定性地描述供大于求、供小于求或者供需均衡。因此难以运用现有建立在价格弹性分析基础上的供需均衡理论来深入描述供需失衡程度的问题。

因此，本研究非常有必要在现有理论和文献的基础上进一步构建新的理论和模型，对长期照护服务的供需失衡进行定量分析，同时对需求、供给以及供需之间的作用机制“黑箱”进行深入分析。

二、研究意义

（一）现实意义

失能老人数量和规模庞大，长期照护服务问题突出而且敏感，这一问

① 盛欢. 湖北物流系统的供需均衡研究[D]. 武汉：武汉理工大学，2012.

② 陈青松. 城市旅游供需耦合协调度级别甄选评价研究[D]. 西安：陕西师范大学，2015.

题如果不能很好地解决将不利于我国的人口老龄化战略的实施，对社会经济发展和老年人生活福祉均有较大的影响。本研究的现实意义主要有以下几个方面：

（1）对失能老人长期照护服务需求进行分类和排序，对党和政府制定长期照护服务供给政策有一定的参考价值。

（2）对失能老人长期照护服务供给与需求的耦合状况进行评价比较，找出耦合状况不佳的原因和关键因素，有助于有针对性地从供给管理和需求管理的角度提出解决失能老人长期照护服务供求问题的对策措施。

（3）分析失能老人长期照护服务有效需求、现实需求与供给的影响因素和三方作用机制，有一定的理论研究价值。

（4）从定量分析的角度研究供需失衡问题，分析过程更为规范和科学，有助于从数据分析中找到供需失衡更为直接的原因。

《国家积极应对人口老龄化中长期规划》提出到2022年，我国积极应对人口老龄化的制度框架初步建立，到2035年，积极应对人口老龄化的制度安排更加科学有效，到21世纪中叶，与社会主义现代化强国相适应的应对人口老龄化制度安排成熟完备。准确界定养老服务供给中的政府责任，是政府采取积极手段解决人口老龄化问题的表现。研究养老服务供给中的政府责任也有助于解决人口老龄化给经济社会带来的压力。虽然我国经济快速发展，但是随着老年人口数的持续增多，现有养老服务供给已不能满足当前老年人的养老需求。我国政府是全心全意为人民服务的政府，因此有责任和义务满足群众对养老服务的需求。政府在养老服务供给中的责任界定，是完善养老服务供给体系的关键环节。综上所述，本书对养老服务供给中政府承担的责任研究，可以推动我国养老服务公共政策的发展与完善。

（二）理论意义

通过对国内外文献进行分析，失能老人长期照护服务方面的研究文献最近几年快速增长，特别是对失能老人的研究增长很快。但是对失能老人长期照护服务供需匹配与供需失衡方面的理论研究比较薄弱，特别是有关失能老人长期照护服务需求与供给匹配或失衡的实证研究比较缺乏。特别是国内的研究主要是用描述性统计方法分析供给和需求，分析长期照护服务需求或供给的影响因素，但是缺乏长期照护服务供需均衡分析的理论建构和定量研究方法，对供给和需求之间的作用机制缺乏理论和实证阐释。

现有的理论和文献大多是对失能老人长期照护服务供需现状进行描述，或对供给和需求的影响因素进行分析，但是对供需匹配程度的研究非常薄弱。因此，本研究引入物理学的耦合度和耦合协调度，以及满意度这三个指标，是对现有供需均衡理论和方法的一个完善和补充。

现有的失能老人长期照护服务需求理论只对需求的影响因素进行定性分析，没有具体进行定量的描述，对需求的形成机理“黑箱”缺乏进一步更深入的揭示。已有研究成果一般是通过调查数据，对长期照护服务的需求、供给的现状进行描述性分析，找出供需失衡的问题所在，提出对策。但往往忽略了有效需求和现实需求的区别，缺乏更深入的计量分析方法，缺乏对需求和供给影响因素的分析。

政府作为公共资源的主要掌控者，应当承担基本公共服务供给的责任。长期照护服务从本质上说是政府提供的基本公共服务中的一个方面，因此政府作为长期照护服务供给的主要责任主体责无旁贷。明确政府在长期照护服务供给中的责任，不仅可以促进长期照护服务的稳定发展，还能推动社会服务体系的进一步完善。当前学术界对于长期照护服务供给中政府责任方面的研究涉及的较少。本书对政府在养老服务供给中承担的责任的研究，可以充实当前长期照护服务乃至养老服务研究的理论框架，对健全我国养老服务体系提供新思路、新途径。

综上所述，本研究对失能老人长期照护服务的供需失衡的评价研究，对于从理论和实证方面建立衡量供需匹配程度的计量分析方法非常必要，具有一定的理论价值和创新性。因此本研究建构失能老人长期照护服务供需均衡的评价理论和模型，并以此为基础，通过实证分析探索有效需求、现实需求和供给之间的作用机制，为供需均衡分析理论提供了一个新的分析视角；为失能老人长期照护服务从定性到定量分析，提供了一种新的分析方法，丰富了供给管理和供给侧改革的政策实践。

第二节 基本概念

一、失能与失能老人

随着我国人口老龄化进程加快，失能失智老人、重度残疾老人、孤寡老人、高龄老人、特殊困难家庭老人、重点优抚老人、贫困老人、空巢老人等弱势老年群体的数量日益增大，给我国社会保障体系和基本公共服务带来了极大的压力。其中失能老人是弱势老年群体中的典型代表。

（一）失能

从医学上讲，失能是指“在生理、心理、人体结构上，某种组织、功能丧失或不正常，以正常方式从事某种活动能力全部或部分丧失的状态”①。世界卫生组织1980年公布的“国际病损、失能与残障分类”（ICIDH）②的界定为：病损或残损（impairment，编码为I），可以完全独立，病损具体包括心理、听觉、智力、言语、视力、内脏、骨骼、畸形和其他等共计9大类。病损的康复治疗途径主要为通过训练和治疗，改善或提高受损功能；失能或残疾（disabilities，编码为D），失能的康复治疗途径主要为适应、代偿和替代；残障（handicap，编码为H），残障的康复治疗措施主要为环境改造，以提高病残者的社会适应性和独立性。

表1-4 NLTCS对老年人健康状态的划分

状态	状态描述
1	健康，无IADLs障碍和ADLs障碍
2	仅IADLs失能，无ADLs障碍
3	1~2项ADLs障碍
4	3~4项ADLs障碍
5	5~6项ADLs障碍
6	死亡

在实际操作上一般从行为角度将生活不能完全自理依赖他人照料的老年人定义为失能老人。老年人失能既可能是因为年龄增长而导致的某些老年慢性病或是身体机能退化等年龄因素，也可能是因为残疾或疾病等非年龄因素导致的。测量老年人失能程度的最常用量表是日常生活自理能力

① WHO. International Classification of Impairments、Disabilities and Handicaps[S]. 1980, 15(1): 1.

② WHO. International Classification of Impairments、Disabilities and Handicaps[S]. 1980, 15(1): 2.

(ADL)(Katz，1963)和日常活动能力(IADL)(Cox，1993)。此外还有 SF-36 健康调查简表(Stewartse，1988)和世界卫生组织生活品质问卷(WHOQOL-100，2002)等测量工具。

表 1-5 胡宏伟等对老年人健康状态的划分

状态	状 态 描 述
1. 健康	无 IADLs 障碍和 ADLs 障碍
2. 轻度失能	有 1 项及以上 IADLs 障碍，无 ADLs 障碍
3. 中度失能	1~3 项 ADLs 障碍
4. 重度失能	4 项及以上 ADLs 障碍
5. 死亡	死亡

美国国家长期护理调查(NLTCS)依据 ADLs 和 IADLs 将 65 岁及以上老年人的生活自理能力划分为 6 个等级（见表 1-4)，胡宏伟等(2015)进一步在 NLTCS 的基础上将老年人的健康状态分为 5 个等级(见表 1-5)。中国老龄科学研究中心课题组(2011) 基于 ADLs 作为老年人失能的判定标准(见表 1-6)。其中 NLTCS 和中国老龄科学研究中心课题组有关失能的划分较为相似。胡宏伟的“轻度失能”实际上等同于中国老龄科学研究中心课题组的“部分自理”。本书采用中国老龄科学研究中心课题组对“失能”的界定。

表 1-6 中国老龄科学研究中心课题组对老年人健康状态的划分

状态	状 态 描 述
完全自理	完成 6 项 ADLs 不费力
部分自理	6 项 ADLs 中有 1 项或多项存在困难
不能自理	6 项 ADLs 中有 1 项或多项做不了
其中：轻度失能	1~2 项 ADLs 做不了
中度失能	3~4 项 ADLs 做不了
重度失能	5~6 项 ADLs 做不了

(二)失能老人

国内外学术界对老年人有不同的界定方法，主要有出生年龄、心理年龄、生理年龄和社会年龄四种标准。一是出生年龄，就是具有生命体征的个体离开母体的时间。西方国家将65岁界定为老年人的年龄起点，90岁及以上人口为长寿人口；发展中国家人口平均寿命没有西方发达国家高，一般将年龄起点定为60岁，80岁及以上即为长寿人口①。二是心理年龄，主要通过测评个体的意识、对某种环境的反应及个体个性来确定。心理学上将60岁定为老年人的年龄起点，心理年龄为60岁或超过60岁者均为老年人。三是生理年龄，是指生理学上的年龄，取决于个体的生活方式和健康状况，代表个体的生命活力。生理年龄的计算主要是通过测量个体生理机能的状态及反映生理机能的生理指标确定，包括测量个体的瞳孔大小、大脑活性、眼角膜环、皮肤弹性、反射动作和平衡性等。四是社会年龄，是指被其他人在心理上所确认的年龄状态。比较以上四种标准，人的心理年龄往往较难测量，目前也没有一个被人广泛接受的系统的心理测量标准。生理年龄的测量也比较困难，操作起来较为烦琐。社会年龄也是如此，社会年龄可用于两个个体之间的相互比较，但作为测量老年人的标准缺乏一定的可行性。因此，目前绝大多数的国家是在综合各种测量的基础上，以出生年龄来测量老年年龄。桑马德(1900)在《人口年龄分类与死亡率》一书中将50岁定义为老年人口的年龄起点。联合国1965年出版的《人口老化及其社会经济影响》报告中将65岁定义为老年人口的年龄起点。1982年在联合国召开的“世界老龄问题大会”上将60岁定义为老年人口的年龄起点。虽然我国的医疗卫生事业取得了长足的进步，人口寿命也相应延长，但人均寿命还是较发达国家低很多。综上所述，本研究将60岁定义为老年人口的年龄起点，同时将65岁作为参考比较。

失能分类方法主要有基于ADLs与IADLs的量表评定法，其中“日常生活活动能力量表”(ADL)包括“基础性日常生活活动能力量表”(BADL)和“工具性日常生活活动能力量表”(IADL)。前者的指标包括洗澡、吃饭、上厕所、起床、在室内走动；后者的指标包括购物、使用交通工具、做家务、做饭、打电话、自理经济、服药和洗衣。用ADLs量表来测量老人的失能程度，其结果又大致可以分为三个层次：BADL

---

① 杜鹏. 老年人口划分标准问题[J]. 人口研究，1992(2)：51-52.

完全失能、BADL部分失能和IADL社会性失能。也有许多权威的调查研究在实际操作中对失能的分类方法相对简单，如美国长期护理调查(NLTCS)。

本研究借鉴NLTCS和Eric Stallard(2008)中对老年人失能状态的分类，将老年人的健康状态分为6个等级(见表1-7)。等级1表示健康，生活无障碍。失能等级2~5等级包括了所有失能的老年人群，等级6表示死亡，不具有可逆性。《中华人民共和国民政行业标准：老年人能力评估(MZ/T039-2013)》是我国民政部制定的失能老人评价标准，与NLTCS及中国老龄科学研究中心课题组的划分标准基本一致。

表1-7 民政部对老年人失能程度的划分

失能等级	失能状态编码	描 述
1	—	健康(没有IADLs或ADLs障碍)
2	—	仅IADLs障碍
3	1-2	一项或两项ADLs障碍
4	3-4	三项或四项ADLs障碍
5	5-6	五项或六项ADLs障碍
6	—	死亡

本研究需要对“失能老人”概念进行科学和准确的界定，同时要考虑到实地调查过程中的可操作性和标准的统一性，本研究从主客观两个方面对“失能老人”进行界定：(1)客观上达到60周岁，吃饭、穿衣、上下床、上厕所、室内走动、洗澡等6项指标中，至少有一项“做不了”，导致老人的生活不能自理，需要别人长期的帮助。(2)主观上需要别人长期的帮助(照护服务)；离开别人的照料，独自一人无法正常地生存。对一部分属于病损状态但尚能自己照料自己的老人，是否应该属于“失能老人”中的“轻度失能老人”？这在调研的过程中操作起来难以划定统一的评判标准，因此本研究在实地调研的过程中严格将“六项指标中至少有一项做不了”和“能否生活自理”作为统一的评判标准，未将其纳入“失能老人”的范畴。

二、养老资源与长期照护资源

养老资源是指社会能够提供的用来满足老年人养老需要的资源的数量和方式(张东升，2007)。纪晶晶(2007)认为“养”是一种行为，“老”是行为指向的对象，“养老”就是供养老年人，养老就是“未来的老年人在养现在的老年人”。赵曼(2013)认为：养老是代与代之间的资源互惠交换，父代抚养子代，子代赡养父代；子代再抚养下一代，同时受到赡养；这是一种类似于投资与回报的互惠关系；各种资源在代与代间流动。穆光宗(1999)认为有关养老的“资源”是个内涵丰富的大概念，包括情感资源、经济资源、时间资源和服务资源几大类。刘春梅(2013)认为养老资源主要分为经济资源、生活照顾服务性资源和精神慰藉服务性资源三类：经济资源指吃、穿、住、用、行等方面的资源，主要以货币和实物两种形态存在，包括老年人的个人劳动收入、个人养老储蓄、子女提供的养老物品、集体提供的养老补助以及国家提供的养老金等。生活照顾服务性资源是由家庭、国家和市场等提供的用来满足老年人生活需求的服务资源。精神慰藉资源本质上也属于服务性资源。韦宇红(2012)认为养老资源包括财力资源、物力资源、人力资源和组织资源四大类。因此，人力资源、财力资源、基础设施、政策和制度等养老资源是养老服务生产和提供的基础，没有养老资源，就没有养老服务的供给。没有潜在的供给作为保障，也不会产生潜在的欲望、需要。反之，现实的供给和有效需求也会根据现有的条件和环境，将一些资源利用和转化为养老资源。因此，养老资源和需求、供给之间存在着互相影响、互相作用的关系(见图1-2)。

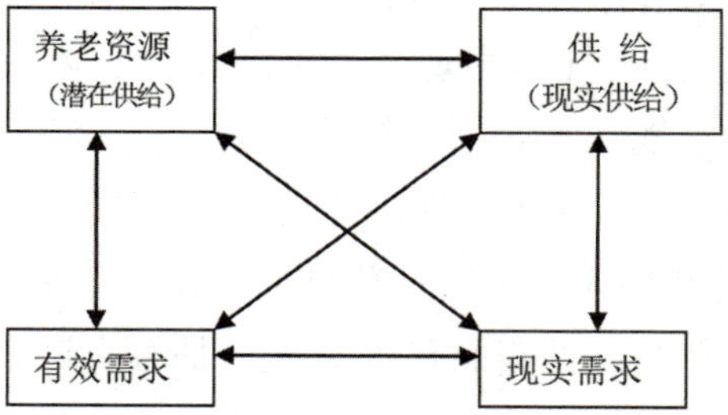

图1-2 养老资源和需求、供给之间的概念关系

综上所述，本研究认为养老资源是指一切可以用来实现老年人养老需求保障的物质、精神和服务的资源，养老资源具有以下特征：第一，以满

足老年人养老服务需求为前提；第二，能为养老提供保障且可产生保障效果；第三，表现为已有的资源储备向养老资源转化的动态特点；第四，其主要内容包括物质、精神和服务三个方面。

长期照护资源属于养老资源特定的组成部分，是介于社会照护资源和医疗照护(急性照护)资源之间的一个概念(施巍巍，2012)，既包括社会照护也包含医疗照护的一些资源①，三者之间存在一定的交叉重叠，在欧美国家长期照护的资源一般是偏重于社会照护方面。结合失能老人的长期照护服务需求和养老资源的内涵，可以把长期照护资源界定为长期照护的人力资源——养老护理员，经济资源——资金，服务资源——护理保健等和物质资源——护理型养老床位等一系列养老资源的组合。

三、养老服务与长期照护服务

(一)养老服务

1. 养老服务的内涵

“养老”是指供养、奉养老人。狭义的养老是指为老年人提供生活资料和生活费用，即仅限于经济方面供养的范畴；广义的养老除了上述的经济供养外，还包括老年人晚年生活所需要的生活照料和精神慰藉等(陈显友，2020)②。对于养老服务，目前学界尚无严格意义上的概念界定，许多学者是在外延性的概念中进行界定。如韩健鹏(2020)认为由于养老服务具有公共性，所以通常由政府提供的专门针对老年人的基本公共服务。目标是保障老年人晚年的物质和精神等方面的服务需求，解决老年人退休后的生活问题。李小兰(2016)认为养老服务是指一切为满足老年人因年龄增长、生理衰退、身心疾病等原因而引起的日常生活照顾、疾病护理与康复、精神慰藉、心理支持、临终关怀、紧急救助等需求而以服务形态提供的动态产品的总和。王先菊(2018)认为养老服务有狭义和广义之分，狭义的养老服务即为由政府组织和实施的以基本生活照料为主的民政养老服务，广义的养老服务指国家、社会或个人为提高老年人生活质量而采取的政策措施和提供的设施、服务的总称。黄俊辉(2012)认为“养老服务”

---

① 施巍巍. 发达国家医疗照护与长期照护资源分割的原因分析及其启示[J]. 北京科技大学学报(社会科学版)，2012，28(1)：146-151，163.

② 陈显友. 基于 Citespace 文献计量软件的养老服务供需研究现状与热点分析[J]. 社会科学家，2020(1)：35-42.

是各种非现金形式，目的是为满足老年人晚年正常生活所需，主要包括生活照料、医疗护理和精神慰藉等服务。根据学者们有关养老服务的定义，本书将养老服务定义为：能够满足老年人需求，使老年人受益、能够为老年人的晚年生活提供方便的一切服务的总和。

2. 养老服务的性质

学术界存在不同的观点。王树新(1999)认为养老服务具有社会保障功能，具有福利性且只有福利性，养老服务的终极目标是满足各种特殊困难家庭的基本养老需求，不应盲目扩大服务对象与范围，是“狭义的福利”。李学斌(2008)则认为养老服务不仅应具有基本的保障功能，其服务对象不仅仅是失能老人和贫困老人这些困难群体，还应具备便民利民的功能，表现出适当的营利性、市场性和产业性特征。张文范(2004)也认识到，纯公益性质的养老服务已经无法满足绝大多数健康老年人的生活需求，低偿、有偿的养老服务也应成为养老服务领域的一部分。因此，不同的养老服务有着不同的属性。首先，享受养老服务是所有老年人的基本权益之一，说明养老服务具有非排他性，这决定了其公共物品的属性。其次，养老服务作为一种服务产品，必然带有一定的商品属性，遵从市场规律，市场在组织养老服务的生产供应中具有天然的优势，如竞争机制带来的经济效率，分工和专业化带来的产出效率等，可以通过最小的经济耗费，获得最高的价格回报。因此，养老服务按照性质可以分为公共服务、准公共服务和市场化服务。

3. 养老服务的类型

按照类型进行划分，养老服务可细分为生活照顾服务、医疗保健服务、教育培训服务、文化娱乐服务、心理慰藉服务、法律咨询服务、家政餐饮服务等。余峰(2020)将养老服务分为三类：日常生活照料服务、医疗护理服务、精神慰藉服务。其中日常生活照料服务包括送餐服务、清洁服务、助浴服务等各类服务；医疗护理服务有陪同就医、指导用药、健康培训、健康管理、心理咨询、上门看病、康复护理等；精神慰藉服务就是给予老人关心和陪伴，创建老年人活动中心，帮助老年人聊天解闷等。杨翠迎(2014)将养老服务分为私人养老服务和公共养老服务。尹惠茹(2017)根据养老服务的层次不同，又将养老服务划分为基本养老服务和高层次养老服务。其中，基本养老服务主要指最基本的生活照料服务，而高层次养老服务则包含了满足老年人精神慰藉等内容，具体内容包括上门看病、康复治疗、医疗护理保健、日常护理照料、老年饭桌或做饭、家政服务、陪同看病、帮助日常购物、上门聊天解闷、心理慰藉、老年人服务热线、法律援助、助浴服务、上门探访、社区日间照料、老年辅具用品租赁等。陈小杭(2019)则从特定的家庭医生式养老服务需求出发，将养老服务分为基本医疗服务包括就诊预约、诊疗服务、健康咨询，和国家基本公共卫生服务，包括建立居民健康档案、生活方式评估、健康状况评估、常规检查、体检，以及健康管理服务包括提供定期生命体征测量服务、制订健康管理计划等。上海市在社区居家养老服务规范(2010)中将养老服务分为以下类型(见表1-8)：

表1-8 上海市社区居家养老服务规范中的养老服务

服务项目	服务内容
助餐	上门送餐 上门做餐 上门喂餐 代购菜品
助浴	浴具清洁 辅助洗浴 搓背保健 足部护理
助洁	居家清洁 衣物洗涤 指甲修剪 理发修面 厨卫清洁 储物整理
助急	家电维修 开锁修锁 管道疏通 水电报修 家具补修 居室补修 缝衣修伞 换液化气
助行	陪同买菜 陪同购物 陪同散步 陪领工资 陪同咨询
助医	家庭病床 陪医就诊 康复治疗 按摩保健 开药买药 心理咨询 医疗讲座
助乐	公益活动 老年活动 文娱体育 旅游参观
助安	煤气检测 水电安检 防火安全 窗门锁检 环境检测
助聊	读书读报 写信读信 聊天陪伴 助老咨询
助学	兴趣活动 老年大学 技能培训 各类讲座

2020年6月1日，山东省民政厅等11个部门联合印发《关于发布山东省基本养老公共服务清单的通知》，进一步明确了老年人基本养老公共服务项目，并对各级发布基本养老公共服务清单提出明确要求。明确了特困老年人兜底保障项目、困难老年人养老服务项目、普惠型老年人服务和优待项目、养老服务优惠扶持项目等4大类15项具体服务项目。综合上述几种观点，本书将养老服务分为四个大类20个小类共67个服务项目(见表1-9)。

表 1-9 养老服务的分类

服务类型		服务项目
生活照料服务	供餐服务	老年餐桌、送餐配餐、上门做饭
	家政清洁	个人卫生清洁、家政清扫、衣物清洗
	托老照料	日间机构、上门照料、短期托养
	代办服务	代购物品、代办代缴
	应急援助	紧急呼叫设备(安装)、应急援助、应急(家具)维修
	安全保障	室内(助老)改造、室外(无障碍)改造 居家安全指导、出行陪护、定期探访
	服务咨询	服务热线、服务中介咨询、服务信息公示
医疗护理保健服务	健康教育	用药指导、康复指导、健康咨询讲座
	健康管理	定期体检、疾病预防、健康档案、慢性病维护
	康复护理	术后康复、护理服务
	就诊服务	社区医疗、陪同就医、专业义诊、协助转诊
	家庭助医	家庭病床、签约医生、配药送药、上门看病、远程医疗、(医疗)器具租赁、临终关怀
社会参与服务	老年教育	老年大学、老年培训(班)
	精神关爱	读书读报、陪同聊天、陪同散步、心理咨询疏导
	互动参与	健身设施(室)、老年活动(图书)室、组织老年活动、老年参与(就业、志愿服务)
	权益维护	法律援助、纠纷调解、养老(政策)宣传
政务服务	兜底保障	特困老年人救助供养、免费居家养老服务、独居老年人巡访
	经济补贴	低保老年人补贴、残疾老年人补贴、百岁老人长寿补贴
	社会优待	人文体育休闲优待、生活服务优待
	优惠扶持	养老服务资金安排、养老服务机构奖补、养老服务机构税费减免、养老服务设施配建

4. 养老服务的供给

养老服务供给是指为满足人们对养老服务的需求，由家庭、社会以及政府作为供给方为人们提供养老物品和服务。养老服务供给包括家庭对老人的赡养义务、政府针对老年人的养老需求设立的各项制度与政策，以及社会为老年人的养老需求提供的各类养老物品和服务。

(1)养老服务的供给内容。穆光宗(2018)认为，我国的养老服务分为基本养老服务与非基本养老服务。基本养老服务服务于全体老人，是具有普适性的基本养老福利，包括了生活照料、医疗服务、娱乐服务及心理慰藉等服务项目，而非基本养老服务是对基本养老服务进行的补充。袁文娟(2018)认为，养老服务供给的内容包括日常生活照料、医疗保健、精神慰藉、社会参与等，具有全面性和层次性的特征。周湘莲、林琛(2013)认为养老服务的内容应当包括生活照料、家政服务、康复护理和精神慰藉养老服务等。政府也在《关于加快发展养老服务业的若干意见》(国发〔2013〕35号)中提到，养老服务内容应当包括生活照料、医疗护理、精神慰藉、紧急救援、老年产品用品、老年健康服务、老年体育健身、老年文化娱乐、老年金融服务、老年旅游等。

(2)养老服务的供给主体。施巍巍、罗新录(2014)认为政府居于主导地位，政府是整个养老保障制度的制定者，以平等为核心保障全社会养老，在养老保障中主要承担着主导者和干预者的角色。陈园(2018)认为，市场是养老服务供给中的灵活主体，家庭是养老服务供给的基本主体，社区是另一个重要供给主体，作为传统家庭主体和其他主体之间重要的沟通桥梁。韩俊江、刘迟(2012)认为社区在养老服务供给中处于依托性地位，需要承担起老年人在休闲娱乐、学习咨询、社会参与、心理调适等方面的需求。李灵芝、张建坤、石德华等(2014)则提出社会组织参与养老服务供给的关键，社会组织在吸收公共服务资源的基础上，能够最大限度地调动社会力量，提高养老服务资源的利用效率。周敏(2015)则认为家庭需要为老年人提供舒适的居家环境，一定的经济支持和及时反馈老年人养老服务需求与效果。王浦姻、萨拉蒙等(2010)认为养老服务提供要探索一种新的模式：政府发挥引导作用，提供财政支持；社会组织积极协调各方资源与力量，与市场等社会力量共同生产养老服务。

(3)养老服务的供给方式。按照养老资金来源与养老服务提供者的不同，白友涛(2007)将养老服务划分为自我和家庭养老、社区和邻里养老、市场养老、政府和机构养老四类。张良礼(2006)从养老职能的承担者的角色出发，认为养老服务有现代家庭养老、社会养老、自我养老三种。陈立行和柳中权(2007)指出，养老服务供给分为养老事业和养老产业两种概念。养老事业是政府提供公共物品、公共服务的非营利性事业，体现了保障老年人基本生活需求的政府责任，是普遍性福利的概念。养老产业是向老年人提供商品和服务的民间营利性服务产业范畴，是满足老年人生活多样化、更高层次生活需求的市场模式的产业概念。揭爱花(2011)将国外的主要服务提供方式总结为以下几种：①服务承包，这种方法也通常被称为购买服务；②补贴制度，政府通过补助制度以降低其服务收费；③市场，消费者自行从民间市场中选择服务；④志愿服务，义工通过慈善或义务机构，提供原本由政府提供的服务；⑤凭单购买，此为带有现金性质的兑换券，让接受公共服务的人在指定金额内购买所需要的服务。

5. 养老服务的人才队伍建设

孙泽宇(2007)认为面对老人在生活照料、精神慰藉和康复保健等方面的需求，养老服务人才队伍缺口尚大。针对养老服务人员不足的问题，提出可将下岗人员纳入养老服务人才队伍。张静、张丽霞(2009)则提出可以通过引入志愿者服务的方式，充实养老服务人才队伍。范西堇(2013)从结构性差异的视角对养老服务人才队伍进行研究，发现护工在养老服务人员中所占比例最大，整体学历低、流动性大，医护人员等专业养老服务人员所占比例小。童玉林(2014)通过调研分析发现，由具有较高专业技能和知识水平的养老服务人员为老年人提供服务，能获得老年人对养老服务的更多的认可，继而可激发老年人对养老服务的需求。

(二)长期照护服务

1. 长期照护服务的内涵

长期照护(Long Term Care，LTC)又被称为“长期介护”、“长期照顾”、“长期护理”等，最早由美国医疗救助福利部(DHEW)于1963年提出。Rosalie A. Kane 和 Robert L. Kane(1987)年首次提出这一概念，认为长期照护是在一段持续的时期内给丧失活动能力的人提供一系列健康护理、个人照料和社会服务项目，其目的在于促进或维持身体功能，增进其独立自主的正常生活能力①。桑特勒、纽恩(2005)认为长期照护是在持续一段时期内给丧失活动能力或从未有过某种程度活动能力的人提供一系列

① Rosalie A Kane，Robert L Kane. Long-Term Care：Principles，Programs，and Policies[M]. New York：Springer Pub. Co.，1987.

健康护理、个人照料和社会服务项目。世界卫生组织(WHO)的定义是由非正规照护者(家人、朋友、邻居)和专业人员(卫生、社会工作者和其他)进行的活动体系，以保证缺乏完全自理能力的人能够根据个人的优先选择，保持较高的生活质量，并享有最大可能的独立、自主、参与、个人充实和人格尊严(WHO，2000)。世界卫生组织(WHO)在《中国老龄化与健康国家评估报告》中指出：长期护理主要是指在持续一段时间内给丧失活动能力或从未有过某种程度活动能力的人提供一系列健康护理、个人照料和社会服务项目。美国国家卫生统计中心将“长期照护”界定为：“为因慢性疾病、伤病、身体残疾、认知或精神残疾，或其他身体条件而导致自我照顾能力有限的老年人和其他成年人提供包括健康管理、个人护理和支持服务在内的一系列相关服务。”Brody(1997)认为长期照护是为患慢性病或心理疾病导致身心障碍进入长期照护机构的失能老人提供诊断、治疗、康复、预防、支持与维护等一系列服务，使其达到最佳的身体、心理和社会功能状态，强调长期照护对失能老人状态的调整①。Evashwick(2005)认为长期照护是通过正式或非正式方式为失能老人提供照护服务，以最大限度地提高失能老人的生活自理能力，强调了长期照护的来源②。Kane(1997)认为长期照护的时间是长期的，一般是六个月以上③，也有的是连续照护 90 天以上(桑特勒、纽恩，2005)。Huskamp 等(2011)认为长期照护是指给失去自我照顾能力的个体提供个人护理、社会服务、家居服务、交通、医疗、康复等服务，以及将照护对象送到护理院、辅助生活设施场所等所需到达的地方，强调了长期照护的系统性④。

我国关于长期照护的概念是从英文单词“Long-Term Care”翻译过来的，有长期照护、长期护理、长期照顾、长期照料、长期介护等多种译法。其中，长期护理、长期介护偏重于专业医疗护理，长期照顾、长期照料偏重于家庭事务，而长期照护可涵盖专业生活护理、专业康复和必要医疗，以及家庭和社区提供的多种照料与护理(杨团，2016)⑤。为由于衰老和疾病导致心理、生理和社会功能障碍引起生活自理能力不全的老年人所

① Brody E M. Long-term Care of Older People：A Practical Guide[R]. 1997.

② Evashwick C J. The Continuum of Long-term Care(3rd edition)[M]. Thompson Learning Inc. 2005.

③ Kane R A. Long term care[R]. Encyclopedia of Social Work. Vol 2. 18th ed. Silver Spring，MD：National Association of Social Workers，1987：59-72.

④ Huskamp H A，Kaufmann C，& Stevenson D G. The Intersection of Long-term Care and End-of-Life Care[J]. Medical Care Research and Review，2011 (9)：1-42.

⑤ 杨团. 中国长期照护的政策选择[J]. 中国社会科学，2016(11)：87-110，207.

提供的心理呵护、慢性病康复、生活照料和社会支持服务(邬沧萍，2001；裴晓梅，2010)，一般认为一个较为合理的“长期”应为六个月以上，其目的在于尽可能长久地维持和增进老年人的身体功能，提高其生存质量，并不以完全康复为目标(荆涛，2010；黄方超，2011)。长期照护服务具有以下特点：(1)正规化和专业化，不是简单的非专业照料；(2)长期化，一般是六个月以上；(3)连续性；(4)照料和护理相结合①。学界关于长期照护服务的研究主要聚焦于长期照护的概念界定、服务需求与供给以及各国家的经验等方面。从理论角度分析，长期照护的服务人群可以是各年龄段人口，但学者普遍认为各国实践均表明长期照护服务的对象主要是老年人②。因此，对于失能以及长期照护的理解均是以老年人为基础。

综上所述，本书认为长期照护是指在较长的时期内，持续地为患有慢性疾病或是处于伤残状态下即功能性损伤的人提供的照顾和护理服务。主要内容是为失能、半失能人群提供生活照料、康复护理、精神慰藉、社会交往和临终关怀等综合性、专业化的服务。基本目标是满足那些患有各种疾病，或是身体残疾的人们对于保健和日常生活的需求。服务的方式包括家庭、社区和机构提供的从饮食起居照料到急诊或康复治疗等一系列长期服务。长期照护不同于通常意义上的家庭照料，是在特定的政治、经济、文化、社会背景下，由多个部门构成的一种制度性安排，而不是简单的生活照料，正规化和专业性是长期照护的显著特征。除此之外，长期照护需要照料、康复和保健相结合，体现了对需求人员照护的连续性。长期照护是指在至少六个月的较长时期内持续为失能、半失能老人提供照顾和护理服务，包括生活照料、康复护理、精神慰藉、社会交往和临终关怀等专业化的服务，满足那些患有疾病，或身体残疾的老人对于保健和日常生活的需求。服务的方式包括家庭、社区和机构等提供的从饮食起居照料到急诊或康复治疗等一系列长期服务。

2. 长期照护服务的性质

随着人口老龄化进程的快速发展，医疗保险和医疗服务承受着越来越大的压力。有研究表明：人口老龄化是西方国家医疗费用大幅度增长的主

---

① 北京老年医院. 什么是长期照护[EB/OL]. http://health.sohu.com/20160706/n458003320.shtml

② 彭希哲，宋靓珺，黄剑焜. 中国失能老人长期照护服务使用的影响因素分析——基于安德森健康行为模型的实证研究[J]. 人口研究，2017，41(4)：46-59.

要之一①。尤其是护理费用为主的“临终前的短期医疗费用”大幅增加②。于是西方发达国家从20世纪80年代开始就将本应属于临床护士工作的基础护理，亦即日常生活照料，和一部分非治疗性的护理和康复服务，从医疗服务中剥离出来；此类服务的目标不是为了“治愈”，而是为了延缓老年人罹患的慢性病病情发展，并尽可能地维持老人生理机能和精神健康。上述两项服务合并到一起，形成一个独立的专业和职业，就是长期照护。

按照国际惯例，长期照护常常被纳入社会服务的范畴，与医疗服务分开，由在社会服务领域专设的老年服务机构提供的，长期照护的专业团队由护士、社会工作者、营养师、康复师和心理咨询师等构成，是专门从事老年照护的服务人员，譬如日本的“介护师”和“介护士”。将长期照护纳入社会服务可以有效地降低服务成本。

因此，长期照护服务与其他养老服务和社会公共服务一样，集公共服务、准公共服务和市场化服务于一体。一般长期照护的服务对象主要是失能老人，按照老人失能的严重程度可分为三个阶段：最初是丧失社会生活活动能力，继而是丧失基本生活活动能力，最后就是完全失能，包括失智。失能老人带来了个人风险、家庭风险和社会风险，在老年人占比越来越高的老龄化社会，为了化解这种风险，就需要政府承担责任，为老年人提供公共服务或准公共服务，特别是对丧失基本生活活动能力甚至完全失能老人，政府通过公办养老院收养这些生活不能自理的老年人，或者向市场购买长期照护服务，或者为失能老年人家庭提供经济补贴，是体现政府公共服务职能的必要制度安排。

3. 长期照护服务的风险

个人风险是指当一个人在他人、社会和不可抗力等外界因素的影响下，处于不稳定状态的不确定性后果主要或全部由个人承担。家庭风险是指当个人风险外溢并给家庭或家庭成员带来不确定性的风险。社会风险是指当个人风险和家庭风险外溢并给非关联的他人和家庭带来不确定性风险，这种不确定性风险汇集到一定程度就有可能引发社会秩序混乱等社会问题。长期照护服务存在着不可分割的三种风险，一是个人风险；二是家庭风险；三是社会风险(见表1-10)。要化解这三种风险，建构老年长期照护服务体系和制度成为必然选择。

---

① 崔玄，李玲，陈秋霖. 老龄化对医疗卫生体系的挑战[J]. 中国市场，2011(16)：56-59.

② 杨燕绥，于淼. 人口老龄化对医疗保险基金的影响分析[J]. 中国社会保险，2014(10)：12-15.

表 1-10 三种风险属性和四种福利体制下的老年长期照护制度

风险属性	个人风险	社会风险			家庭风险
福利体制	自由主义福利模式	民主主义福利模式		法团主义福利模式	家庭主义福利模式
制度模式	社会救助型	国家保障型		社会保险型	家庭保障型
制度类型	补缺型	普享型		混合型	
筹资来源	税收	税收	社会保险	税收和社会保险	税收
代表国家	英国、美国、加拿大、新西兰、澳大利亚、爱尔兰	瑞典、丹麦、挪威、芬兰	荷兰、德国、卢森堡、日本、韩国	法国、奥地利、比利时	西班牙、葡萄牙、意大利、希腊、捷克、匈牙利、斯洛伐克、波兰

资料来源：张盈华. 老年长期照护：制度选择与国际比较[M]. 北京：经济管理出版社，2015：29-30.

据美国国家卫生统计中心的数据显示，美国约有 1000 万人口需要长期照护，其中 60%是 65 岁及以上老年人口，也就是说美国有 600 万老年人需要长期照护。除了来自社会或家人的日常生活照顾以外，许多完全丧失生活自理能力的人不得不入住护理院接受长期照护。一般地，护理院的费用为平均每月 6500 美元(每年 7 万~8 万美元)，这个数额是 65 岁及以上老年人平均收入的 3 倍。即使那些具备部分生活自理能力的老年人选择居家或社区照护服务，仍需要每月支付 1800 美元。在美国，65 岁及以上老年人一生用在长期照护上的支出平均为 47000 美元，其中 16% 的人支出超过 10 万美元，5%的人甚至超过 25 万美元。美国有着世界最好的医疗卫生设施，却被称为“老年人的地狱”，主要源自养老服务社会化程度高，人工服务费用高，导致中低收入老年人负担过重甚至无力负担。

4. 长期照护服务的对象与内容

美国健康保险学会(HIAA，1997)界定为“患有慢性疾病，譬如早老性痴呆等认知障碍或处于伤残状态下，即功能性损伤的人”①。Kane(1998)界定为“缺少自我看护能力的人”，长期照护是指“为缺少某些自我看护能力的人在健康、个人看护及社会需求方面提供的各种服务”②。

① 曹艳春，王建云. 老年长期照护研究综述[J]. 社会保障研究，2013(3)：56-65.

② Van Houtven C H，Coe N B，Konetzka R T. Family Structure and Long-Term Care Insurance Purchase[J]. Health Economics，2015，24(S1)：58-73.

OECD(2005)认为，长期照护对象就是“身心功能障碍人口”①。Long-Term Care(LTC)的最早提出者 Kane② 认为长期照护服务是为先天或后天失能者提供医疗护理、个人照顾和社会性服务。世界卫生组织认为长期照护对象是缺乏完全自理能力的人；欧洲经合组织(OECD)认为长期照护对象是身体机能低下人群。

对长期照护的内容，OECD (2005)将长期照护服务范围分为健康、个人与社会三个方面③；美国健康保险学会(HIAA，1997)认为长期护理内容包括医疗服务、社会服务、居家服务、运送服务或其他支持性的服务，指出长期护理与健康护理主要区别是：健康护理针对患病群体提供对疾病的治疗，而长期护理侧重于针对慢性疾病或失能失智人员提供长期的照护④。根据马斯洛、默里、阿尔德夫等的需求理论，结合失能老人的生理心理特征，本研究认为失能老人的需求主要是长期照护服务需求，包括日常生活照料、康复护理保健、精神慰藉、社会参与和社会服务等方面。例如成都市长期照护服务包含生活照料、护理照护、风险防范、功能维护四大类共 31 项服务项目。成都市的长期照护服务项目包括生活照护(沐浴、擦浴，洗脸、洗手、洗足，洗头，口腔清洁，会阴清洁，协助进食/水及指导，排泄照护及指导，协助更衣及指导，协助如厕及指导，整理床单，剃须、剪指/趾甲等)、安全照护(脱抑制行为、游荡/走失行为、攻击行为、跌倒/坠床、噎食的照护及居住环境安全等)、非治疗性照护(皮肤、睡眠、活动、用药、保护性限制、精神行为问题等)、功能维护(语言功能、定向力功能、运动功能、感知觉功能的维护等)等。

长期照护服务机构提供的长期照护服务(Long term care)与医疗机构提供的医疗服务(Acute care)有着本质区别。(1)长期照护服务是以失能人群为服务对象，以功能维持和减缓衰老为目的，关注身体机能和功能康复的同时，也关注其心理和社会参与能力；而医疗服务是提供急性疾病的诊疗，以疾病的治愈和康复为目的。(2)长期照护主要由居家、社区和机构服务实现，是非正式照料；而医疗服务是正式照料，主要是疾病的治疗和护理。(3)医疗服务是以疾病种类来划分服务内容和服务管理的；而长

① OECD. Long—Term Care for Older People[M]. OECD Publishing, 2005.

② Kane R L, Kane R A. Long-Term Care: Principles, Programs, and Policies[M]. New York: Springer Pub. Co, 1987: 648-659.

③ Rie Fujisawa, Francesca Colombo. The Long-term care workforce: Overview and strategies to adapt supply to a growing demand[R]. OECD Health Working Papers, 2009: 44.

④ John, Ameriks, Joseph, et al. Long-term Care Utility and Late in Life Saving[J]. Working Paper, 2015: 12.

期照护按照失能程度进行服务管理。(4)二者应分别由长期照护保险制度和医疗保险制度支付。(5)医疗服务由各级医疗卫生机构提供，长期照护服务应由民政部门管理的养老服务体系和家政服务体系承担。

表 1-11 各国老年长期照护服务费用的分担(2007) (单位:%)

国家	公共财政	社保基金	商业保险	个人自付	占 GDP 比重	制度模式
瑞典	99. 2	0	0	0. 8	3. 6	国家保障型
挪威	89. 3	0	/	10. 7	2	
丹麦	89. 6	0	0	10. 4	1. 8	
芬兰	77. 2	7. 6	0	14. 2	1. 8	
奥地利	81. 1	0. 7	/	17. 1	1. 3	社会保险型
法国	44. 8	54. 4	0. 4	0. 4	1. 7	
比利时	31. 4	58. 7	9. 8	0. 2	1. 7	
荷兰	25	67	0	8	3. 5	
韩国	46. 2	30. 7	0	17. 8	0. 3	
日本	44. 2	44. 8	4	7. 1	1. 4	
德国	12. 5	54. 7	1. 7	30. 4	0. 9	
新西兰	92	0	1. 3	4. 4	1. 3	社会救助型
加拿大	81. 6	0. 4	0. 4	16. 8	1. 2	
澳大利亚	88. 9	0	0. 3	8. 5	0. 8	
美国	46	23	9	22	0. 6	
西班牙	61. 7	10. 2	0	28. 1	0. 6	家庭保障型
爱沙尼亚	48. 2	39. 3	0. 1	12. 4	/	
捷克	30. 5	69. 5	0	0	1. 4	
葡萄牙	2	51. 4	1. 1	45. 4	0. 1	
匈牙利	60. 1	30. 2	0. 9	2. 4	0. 3	
波兰	43. 1	49. 2	0	0. 3	0. 4	
斯洛文尼亚	18. 3	57. 1	0. 5	24	0. 8	

资料来源：张盈华. 老年长期照护：制度选择与国际比较[M]. 北京：经济管理出版社，2015：34-35.

5. 长期照护服务的责任主体

长期照护服务费用由政府、社会和个人共同分担(见表 1-11)。其中公共财政和社会保险是老年长期照护费用的主要承担者。除个别国家外，个人承担老年长期照护服务费用的份额较小，老年长期照护社会保险的规模很小和占比较小。根据各主体承担的责任的大小区别，可将老年长期照护的制度模式分为国家保障型、社会保险型、社会救助型和家庭保障型。在国家保障型长期照护制度模式中，政府承担主要责任；在社会保险型长期照护制度模式中，社会和政府分担责任；在社会救助型长期照护制度模式中，政府承担“兜底”责任；在家庭保障型长期照护制度模式中，家庭承担主要责任(见表 1-12)。

表 1-12 老年长期照护制度类型的比较

项目	国家保障型	社会保险型	社会救助型	家庭保障型
政府责任	承担全责	组织社会保险“兜底”	基础照护服务“兜底”	鼓励家庭非正式照护
公共支出资金来源	财政收入	社保缴费收入	财政收入	财政收入
公共支出使用方向	公共部门提供各类老年长期照护服务	向市场购买各类照护服务	只用于购买专业机构的照护服务	向有照护服务需求的家庭发放津贴
制度覆盖面	全体有照护服务需求的社会成员	有照护需求并已参保的社会成员	低收入、照护需求高但无力付费的弱势群体	所有符合条件的照护服务使用者个人或其家庭成员

资料来源：张盈华. 老年长期照护：制度选择与国际比较[M]. 北京：经济管理出版社，2015：40.

Anttonen 和 Sipla(1999)认为，老年人长期照护筹资体系包括 8 种方式：志愿主义、商业主义、灰色市场、社会保险、公共的边际主义、普遍主义、为照护付费、家庭主义①。Burchardt(1999)阐述了提供长期照护补助的 8 个部门：纯粹的公共部门服务、使用者付费、由消费者付费的外包服务、由政府购买的外包服务、免费的市场服务、消费券、由消费券购买

① Anttonen A, Sipila J. Restoring the Welfare Mix-approach the Ways of Producing Care[R]. Paper Presented to the European Conference of Sociology, Amsterdam: August, 1999: 11.

的公共部门提供的服务、由个人购买的公共部门提供的服务①。Glendinning (2004)认为，长期照护的筹资来源包括：私人储蓄、公共部门的税收支持，一般税、现金补助和服务补助，社会保险、商业保险②。

（三）长期照护服务与养老服务的联系与区别

长期照护服务是指在一段时间内，家庭、市场、政府等正式或非正式支持网络对失能老人等特殊老年群体，提供医疗、康复、照料等在内的连续、长期照护服务，是以保障受众人群的基本生存质量，并有效延长其寿命为目的的（邬沧萍，2015；罗丽娅，2019；高传胜，2016；唐钧，2018）。养老服务是指以非正式支持为主，正式支持为保障，为满足老年或进入老年阶段人群的多样化服务需求，而提供的包含日常照料、精神慰藉、医疗服务、长期照护、紧急救援等一系列物质和精神服务的过程（唐钧，2014；王丹彤，2020；WHO，1946；宋盼，2020），唐钧（2019）认为最基本的养老服务就是长期照护③。二者之间存在包含与被包含的概念关系（见表 1-13）。

表 1-13 养老服务与长期护理服务概念对比表

对比项目	养老服务	老年长期照护服务
服务提供主体	政府、社会、家庭及养老机构	家庭、政府及医护人员为主
服务基本内容	日常生活照料、医疗护理康复、精神慰藉、社会参与	医疗护理康复、日常生活照料等
服务对象	自理半自理老人、失能半失能老人	失能半失能老人
时间敏感程度	不固定	6 个月以上
需求满足的侧重点	生理、心理和社会参与的健康状态	身体机能残缺的弥补
服务目的	满足老年人的各类需求	维持生命机能延续为主

① Burchardt T. Boundaries between Public and Private Welfare：A Typology and Map of Services [R]. Publ. As Private Welfare and Public Policy，Burchardt，Hills and Propper，Rowntree Foundation，Jan 1999. Case Papers，1999.

② Glendinning C，Davies. B，Pickard L，Comas-Herrera A. Funding Long-term Care for Older People：lessons from other Countries Country Reports[R]. York：Social Policy Research Unit and London：School of Economics，Personal Social Services Research Unit，2004.

③ 唐钧. "最基本的养老服务"就是长期照护[J]. 中国人力资源社会保障，2019(5)：55.

(1)服务提供主体基本相同：二者服务供给主体可根据养老模式的不同大致分为家庭、社区、机构三类主体(唐钧，2014)；也可根据照护本身的正式程度分为非正式照护人员(邻里亲朋)和正式照护人员(政府、机构和其他专业人员)(WHO，2000)；又可根据照护服务来源分为国家、社会、个人三类主体(王丹彤，2020)；还可根据责任的不同分为政府(负责资金和监管环境的构建)，家庭和市场(负责实体服务的供应)(Simonazzi，2012)。

(2)服务内容基本相同：二者均从生理、精神、社会健康的角度出发(WHO，1946)提出了一系列服务内容。生理健康相关服务内容有：临床护理、医疗护理、康复训练等(邬沧萍，2015)。精神健康相关的服务内容有：心理呵护、精神抚慰、心理咨询室等(邬沧萍，2015；蔡菲菲，2014；陆杰华，2018)。社会健康相关的服务内容有：在线学习、虚拟聊天室、夕阳红婚恋角等(席恒，2014)。老年长期照护服务就是最基本养老服务的具象化表述(唐钧，2019)。

(3)服务对象有差异：长期照护服务的服务对象多为由于长期患病、先天或后天致残、认知功能障碍等导致生活难以自理的人群，这一类群体大多为老年失能、半失能、失智等特殊群体(罗丽娅，2019)。养老服务的受众对象为居家、社区或者机构养老模式背景下需要提供服务的各类老年人群。这既包含上述群体，也包含上述以外的健全老年群体(丁文均，2019)。

(4)服务时间长度不同：美国健康保险学会(HIAA)认为，长期照护服务应满足，一定时间段内的连续与持续。且通常认为这个一定时间段为6个月以上(荆涛，2006；高和荣，2019)。反观其他养老服务，如“为老餐厅”供应与配送餐饮时间、家政服务总时长、互助养老服务时间等，但并未有明确的时间限制。

(5)服务需求的侧重点不同：对于养老服务而言，学者通过魅力质量理论对22项养老服务进行实证分析后得出，生活照料、医疗保健、精神娱乐及援助维权四大类服务中，各类社区居家养老服务项目的需求具有一定的层次性和优先顺序(侯冰，2017)。而对于老年长期照护服务而言，应着重满足医疗护理、心理健康服务、生活照料和其他支撑性服务(戴卫东，2011)。急需为生活难以自我维持的老年人群提供临床陪护、术后护理、康复训练等服务(邬沧萍，2015)。

(6)服务目的有差异：老年长期照护服务是以提升生命质量，最大限度地维持老年人基本生活能力为目的，为其提供“医、康、养、卫”相结合的服务过程(高传胜，2016；唐钧，2018；荆涛，2010)。而养老服务则是以满足老年人日常需要、保障生活质量、培育孝老环境、开展健康管理、丰富老年人精神生活等为目的而开展的一系列活动(宋盼，2020；王石泉，2008)。

综上，本书认为养老服务与老年长期照护服务的概念在服务供应主体、内容、对象、时间、侧重点、目的等项目上存在包含与被包含的关系。长期照护服务是养老服务中的一部分，是最基本的养老服务，也是需求较迫切，供给难度较大的一类养老服务。

四、养老模式与长期照护服务模式

(一)养老模式

养老，是指赡养老人。《老年人权益保障法》中规定：赡养老人包括经济供养、生活照料、精神慰藉等和特殊需要的满足。模式，是一种可复制、能推广、有特色的组合方式，养老模式是指为老年人提供经济供养、生活照料、精神慰藉等需求的、有特色、较稳定、能复制的赡养方式。养老模式是介于宏观养老体系和微观养老方式之间的中观概念，是一种稳定、核心的养老状态，一旦形成将会长期维持稳定[①]。因此，本书将供养老年人物质、生活和精神需求的稳定、特定的养老要素组合称为"养老模式"。不同的养老模式的区别在养老地点、养老服务提供方、养老资源提供方、养老技术和养老的组织管理形式等要素的差异。

按照不同的分类标准，传统的养老模式可以分为不同的类型：按养老资源的来源可分为家庭养老、自我养老、社会养老和政府养老等模式[②③]。按养老地点可分为家庭养老、自我养老、社区养老、机构养老、异地养老等模式[④]。

1. 传统的养老模式

穆光宗(1999)认为，根据养老资源的提供者不同，可以将养老模式分为家庭养老、社会养老和自我养老三种模式。在此基础上，结合现实生活中家庭、社会和自我养老的相互渗透的情况，可将养老模式分为六种：完整的家庭养老模式；不完整的家庭养老模式(以家庭养老为主、社会养

---

① 青连斌. 居家养老是适合我国国情的养老方式[N]. 人民日报，2014-12-26(007).

② 宋小霞，王子玲，赖洪潮，范林风，俞万源. 近十年来我国养老模式研究综述[J]. 嘉应学院学报，2015，33(10)：90-95.

③ 谢琦. 中日养老模式比较研究[J]. 劳动保障世界，2018(9)：32.

④ 唐咏. 中国老年领域研究十年文献综述[J]. 新疆社会科学，2012(3)：123-129.

老或自我养老为辅)；完整的社会养老模式；不完整的社会养老模式(以社会养老为主，家庭养老或自我养老为辅)；完整的自我养老模式；不完整的自我养老模式(以自我养老为主，家庭养老或社会养老为辅)。陈赛权(2000)认为养老模式主要包括完整的家庭养老、不完整的家庭养老、社会养老、自我养老和居家养老等，其本质是家庭养老和社会养老两大类。罗月等学者(2017)认为，养老模式分为传统的养老模式和基于整合照料理念下的新型养老模式。而传统的养老模式又可以分为家庭养老、机构养老和社区居家养老三种模式(见表 1-14)。

王梅梅(2016)从代际关系的视角，将中国城市老年人的养老模式划分为家庭代际分居养老模式、家庭代际合居养老模式和机构养老模式。城市老年人的养老模式更加多样化，但是多元养老模式以家庭养老为主体，即家庭代际分居养老模式和家庭代际合居养老模式。家庭代际分/合居养老模式是我国城市养老模式的主体模式。同时中国城市表现出新型的养老形态：①合居不分家；②合居但分家；③分居不分家；④分居并分家。唐咏(2012)也认为在目前中国的社会环境下，老年人的养老模式主要可以分为居家养老、机构养老和社区养老三种模式。石人炳(2012)结合中国的实际，根据老人照料的主体将养老模式分为五类：亲情模式、市场模式、友情模式、志愿者模式和福利模式，并将前四种模式称为非正式照料，第五种模式称为正式照料；而按照老年人的居住方式可以分为居家养老方式和机构养老方式，将根据照料主体划分的五种养老模式和居住方式划分的两种养老方式进行组合，可以进一步细分为“居家—亲情模式”“居家—友情模式”等 8 种模式。陈建兰(2012)认为伴随着家庭养老功能的弱化，在中国城市社会出现了两种主要的替代性养老模式，这就是社会养老和自我养老。社会养老和自我养老的发展在经济供养、生活照料和精神慰藉等三个方面都有所体现。

2. 新型的养老模式

随着传统养老模式的相互融合、相互嵌入，以及网络技术的推广应用，出现了很多新型养老模式，近年来涌现出许多新型的养老模式的提法，比如：王娟娟(2018)提出解决养老问题“互联网+社区”的模式也是一种新的选择；张姣(2017)基于老年人幸福感的视角下提出农村互助养老模式是解决农村养老问题的关键；易旻(2016)设计并介绍了一种新型养老模式——前医后院的养老模式；赵欢(2014)结合孝文化和现代的人文关怀的思想提出了“文化型养老模式”；杨琼(2014)提到“3+2”综合养老模式、互助组合养老模式、“社区+机构+家庭” 模式等新型的养老模式；

表 1-14 我国传统养老模式的分类

	划分方法	划分标准	养老模式分类
传统划分	二分法	“孝文化”(夏磊，2012)	家庭养老和社会养老
		经济供养来源(谢琦，2016)	家庭养老和机构养老
		经济供养来源(宋小霞，2015)	以房养老和以地养老
		社会支持(吴海迪，2010)	非正规化养老模式(传统养老方式)、正规化养老模式(养老主要靠社会保险或商业保险)
	三分法	老年生活质量的角度(刘金华，2009)	社区居家养老、社区托老、机构模式
		养老的地点(宋晓霞，2015；李中秋，2013)	居家养老、社区养老、机构养老
		养老权利的实现(王寒，2018)	家庭养老、社区养老、社会养老
		养老支持的主要来源(陈建兰，2012)	家庭养老、社会养老、自我养老
		养老资金来源(李中秋，2013)	个人养老、政府养老、社会养老
		农村新型养老模式(郑庆堂，2018)	居家养老、以地养老、社会养老
		农村老年人生活质量(林闽钢，2003)	家庭“反哺”式养老形式、农村集体经济提供的养老形式、社会养老形式
		日常的生活照料(宋小霞，2015)	遗赠养老、搭伴养老和“迷你”家庭养老院
		代际关系(王梅梅，2016)	家庭代际分居养老模式、家庭代际合居养老模式和机构养老模式
新型划分	四分法	养老居住的方式(宋小霞，2015)	“居家养老+社区养老”、回归田园养老、异地养老、旅游养老
		满足不同需求的居家养老社区服务(曾智，2008)	“政府购买服务”模式(宁波市)、“家庭养老院”模式(大连市)、“无围墙养老院”模式(北京市)、“居家养老服务券”模式(上海市)
		供养主体的不同(李娜，2018)	家庭养老、居家养老、机构养老、社区照顾
		农村新型养老模式(郑庆堂，2018)	政府养老模式、合作养老模式、红利养老模式和集体养老模式
		老年人生活质量指标体系(杨琼，2014)	机构养老、联合养老、迁徙养老、以房养老
	多分法	多种需求的实现(孙仲，2011)	社区+居家、候鸟式养老、以房养老、搭伴养老、旅游养老、异地养老、乡村田园养老、抱团式养老、“日间托老”模式等

吴翠萍(2010)认为就现阶段而言，家庭养老仍然是重要的养老方式，社会养老、家庭养老、自我养老都是可行的选择，可以考虑试行自身、社会、子女养老三合一的新方式或者居家式社会化养老。汤浩帧(2011)提出一种新型的养老模式——城市就地养老模式，等等。卜谦祥和巢飞(2011)提出了基于互联网技术的“虚拟养老院”模式。和红(2014)提出了老人间的互助、志愿者互助、“时间储蓄”为载体的互助等三种互助养老服务模式。曾新勇(2013)提出了“智慧社区”的养老新模式，顾文媛(2013)对这种模式的设计和实现进行了研究。孙仲(2011)从老年人多种需求的角度提出社区+居家、候鸟式养老、以房养老、搭伴养老、旅游养老、异地养老、乡村田园养老、抱团式养老、“日间托老”模式、异地集中养老，等等。胡晨(2016)认为根据我国国情，在我国社会上主要实行的养老模式还是家庭养老模式，辅以社区养老、机构养老，再有异地养老等模式作为补充模式，其共同构成了今天我国的养老模式。张彩华(2017)把互助养老分为居家型和集中居住型，居家型互助养老指参与互助的老人居住在自己家中，由其他老人提供上门帮助的养老形式；集中居住型互助养老是指老人居住在特定的场所中，老人在共同的生活中实现互助。

国内还有很多学者对处于起步阶段的社区养老模式进行分析探究。杜翠欣(2006)将国内养老模式按照实用性、整体性、普遍性的原则构建一个新的城市社区养老模式：即以社区照顾为主，以社区活动为辅，以社会参与为补充的社区养老模式。刘国萍(2013)认为，社区养老模式可分为社区居家养老模式、社区养老院、社区养老服务中心。她认为，在绝大多数的中小城市因为社区的规模各种资源的匮乏等原因，有些尚在起步阶段，有些还没有开始，现阶段的社区养老模式主要以社区居家养老模式为主，社区的日托服务以及社区养老院为辅。李娜(2018)认为社区照顾包括两个方面，即社区内照顾和由社区照顾，最典型的是“虚拟养老院”，被称为“没有围墙的养老院”。

王长青、陈娜(2014)等提出了医养融合模式。佘瑞芳(2014)认为，现阶段我国医养结合的主要形式是家庭养老、社区居家养老、高校创办托老中心、专业机构养老、高级养老社区、候鸟式养老等模式。她认为虽然目前许多医院都开展了不同形式老年照护服务，如与养老院合作、开办老年病房等，但总体仍以家庭养老照护为主。刘亚慧(2015)将医养结合机构养老模式的类型分为：养老机构与医疗机构合作模式、医疗机构转型为医养结合服务机构模式、医疗机构转型为医养结合服务机构模式。李硕(2015)从医疗资源和养老资源的广泛性和综合性角度，将“医养结合”养老模式划分为三类：内置型、联动型和辐射型。作者通过对“医养结合”养老模式的对比分析得出：辐射型覆盖的老年人群更广，更加符合我国老年人居家养老的国情，是城市“医养结合”养老模式未来大力发展的方向。国内外学者对医养结合模式的类型有不同的界定。宫芳芳(2015)将其分为六种：养老机构内设医疗机构、医疗机构增设养老功能、医疗机构与养老机构协作、医疗机构托管养老机构、医疗机构开办养老机构、医疗机构转型老年病专科医院或医养融合型养老机构等。查静思(2017)将其分为四种：基层全科医生定期为老年人提供上门诊疗服务；养老机构与就近的医疗机构合作，以预约就诊、双向转诊的方式实现资源共享、优势互补；养老机构内设立医疗卫生中心，为机构内的老年人提供专业的医疗保健服务；二级以上的医疗机构设立老年科，或内设以医疗保健及病后康复为特色的养老机构。钟晓利(2017)将其分为四种：医疗卫生机构增设养老服务；养老机构开展医疗服务；医疗机构与养老机构合作；医养结合进社区、进家庭。洪羚(2017)将其分为四种：居家照护模式、医养融合契约模式、医养融合互设模式、医养融合综合体模式。黄佳豪(2014)归纳了五种：天津市较为突出的是养老机构内设医疗机构，合肥市是医院内设养老机构，郑州市则是养老机构与医疗机构联手，长沙市则倡导社区居家养老服务中心与医疗机构整合，青岛市对老年参保患者试行医疗专护管理。刘清发(2014)基于嵌入性理论的关系性和结构性嵌入，从嵌入性视角把医养结合养老服务创新模式归纳为三类，即医养结合科层组织模式、医养结合契约模式、医养结合网络模式。王素英(2013)将医养结合养老服务模式分为三种：“整合照料”模式、即单一机构具备养老与医疗功能，提供医养结合服务；“联合运行”模式，即由养老机构与医疗机构相互合作，使养老资源与医疗资源融合，互利共赢；“支撑辐射”模式，即社区卫生服务机构或医疗机构与社区养老服务中心合作，提供健康养老服务。张旭(2014)从机构协作的角度出发，将医养结合养老服务模式分为三种类型：养老机构和医疗机构达成合作关系，联合提供服务；医院设立养老照料科室，转型为医养结合服务机构；让养老机构进驻医疗机构，使养老机构医养一体化经营。

3. 国外的养老模式

世界卫生组织(WHO，2000)将养老模式一般分为以下三类：以家庭为依托的居家照护服务，以社区为平台的社区养老服务，以专门养老机构为基础的机构养老服务。各个国家和地区的具体服务内容有所不同(见表1-15)。

谢琦(2018)对中日养老模式进行比较，日本养老模式有看护型养老院、健康型养老院；中国的养老模式有家庭养老模式、机构养老模式、社

表 1-15 部分国家和地区养老模式的主要类型与内容

	英国	美国	日本	中国香港	中国台湾
居家养老	居家医疗照顾 居家护理 保健照顾 个人生活照顾	居家照料服务 老人公寓	访问日常照料、访问康复、访问入浴服务、访问护理、居家疗养管理指导 短期设施日常照料、短期设施疗养日常生活照料; 痴呆患者的集中日常照料; 收费老人院的日常照料; 福利辅助用具的借贷与购买服务; 住宅改建资助; 日常照料计划制定; 日间来所日常照料; 日间来所康复服务项目	综合家居照顾服务 公共房屋 优质住房	居家服务 喘息服务 紧急救援 居家无障碍
社区养老	日间医院 日托中心 短期护理服务中心	托老所 荣誉公民社区中心 食品供应所、荣誉公民营养所、送饭服务所 收容所、暂住所、公营住所 生活辅助设施 日间照料中心 退休社区	小型特别养老老人院; 小组托老所; 小型多功能养老院; 老年痴呆病患者共同生活养老; 老年痴呆病患者共同生活养老; 长者日间护理中心	长者邻舍中心 长者地区中心 长者活动中心 长者日间护理中心 长者度假中心 长者志愿服务队 改善家居及社区照顾服务	日间照顾 日间护理 社区复健
机构养老	老人院 老人福利院 老人护理员	长住型养老院 日托型养老服务中心 护理院 临终关怀机构	特别护理老人院; 养老疗养型保健院、养老老人保健院; 养老付费养老院	长者宿舍(正逐步转型至护理安老院舍) 安老院(正逐步转型至安老院) 护理安老院 护养院 长者住宿暂托服务 紧急住宿服务	安养机构 养护机构 身心障碍机构 长期养老机构 护理之家 财团法人护理之家 医院附设护理之家 退伍军人之家

资料来源：根据 Douglas A. Singh(2010)，Lina Maria Ellegard(2012)，Mie Morikawa(2014)，I-chuan Li，Shwu-ling Fann，Huai-Ting Kuo(2011)，Luis Salvador-Carulla，Javier Alvarez-Galvez(2013)整理。

区养老模式。马璇等(2016)比较了国外养老模式和国内养老模式。国外养老模式有独立型——欧美模式、高福利——新加坡模式、同居型——日本模式、自助养老社区——丹麦模式以及异地、跨国养老模式;国内养老模式有家庭养老、机构养老和社区居家养老。郭丽辉(2015)比较了国外养老模式。美国为产业类型的居家养老、社区养老/机构养老和以房养老;英国为居家照料、养老院和老年痴呆护理;澳大利亚为居家和社区照料模式。赵一红(2015)比较了国外和国内养老模式,英国为社区照顾模式;瑞典为居家养老、老人公寓和养老院;国内为机构养老与社区养老。毛丽芳等(2015)比较了国外和国内的养老模式,国外为独立型、高福利、同居型养老模式;国内为家庭养老和社会养老。宋元元等(2015)比较了国内外养老模式,国外为家庭养老、机构养老、社区养老;国内为社区养老、居家养老和养老院养老。

邓大松(2017)对国外社区居家养老模式进行分类,一是根据政府对居家养老管理的层次和幅度的差异,分为福利型和监管型;二是根据政府对居家养老补贴覆盖范围的差异,分为普惠型、重点型以及普惠重点兼容型;三是根据居家养老服务提供主体优先程度的差异,分为家庭优先型和社会优先型。夏磊(2012)根据社会经济发展水平、风俗习惯、文化、气候、地理等因素将国外的养老模式分为:居家养老、机构养老、异地养老、以房养老、自助养老等。除此之外,他将英国的社区照顾养老模式又细分为:居家服务、家庭照顾、医疗保健、院舍服务、社区服务中心。刘金华(2012)对国外的养老模式列出了较为详细的分类(见表1-16)。杨琼

表 1-16　国外养老模式分类

模式分类	地区	养老模式内涵
社区养老模式	英国	第一,生活照料(饮食起居的照顾,打扫卫生,代为购物等),生活照料又分为居家服务、家庭照顾、老年人公寓、托老所等多种形式;第二,物质支援(提供食物、安装设施、减免税收等);第三,心理支持(治病、护理、传授养生之道等);第四,整体关怀(改善生活环境、发动周围资源予以支持等)
以房养老	美国	最典型的形式是“倒按揭”模式
自助养老	丹麦	DIY 养老模式,老人之间互相帮助
异地养老	北欧	城市老人到农村养老
机构养老	美国	美国包括以技术护理照顾型养老机构、中级护理照顾型养老机构和一般照顾型养老机构等不同功能的养老机构

资料来源:刘金华. 我国养老模式研究综述[J]. 人口·社会·法制研究,2011(2):173-177.

(2014)将国外的养老模式分为：产业化养老模式(美国)、多元化养老模式(日本)、福利型养老模式(北欧)，她认为很多居住在养老院的老年人心理很容易出现孤独感，失去了亲人的关心倍感失落，所以发达国家的养老模式有由养老院向家庭养老回归的趋势。杜翠欣(2006)将国外的社区养老进行划分(见表1-17)。

表1-17　国外社区养老模式分类

模式分类	实施国家	主要内容
社区照顾	英国	第一，生活照料饮食起居的照顾，打扫卫生，代为购物等，生活照料又分为居家服务、家庭照顾、老年人公寓、托老所等种形式；第二，物质支援，提供食物、安装设施、减免税收等；第三，心理支持，治病、护理、传授养生之道等；第四，整体关怀，改善生活环境、发动周围资源予以支持等
退休社区	美国	“退休新镇”、“退休村”、“退休营地”、“老人照顾中心”、“继续照顾退休社区”
社区养老服务中心	日本	有四种社区养老组织形式：第一种，由政府和民政人员组成；第二种，是得到政府部分资助的民间组织，如社会福利协会、社会福利商社、社会福利法人等；第四种是企业式的养老服务

资料来源：杜翠欣. 我国城市社区养老模式研究[D]. 大连：大连理工大学，2006.

3. 不同养老模式的区别与联系

随着传统养老模式的相互融合、相互嵌入，以及信息网络技术的推广应用，促进了养老服务资源的有效整合，涌现出许多新型的养老模式，主要有社区养老、互助养老、智慧养老、互联网+养老、医养结合等。此外还有候鸟式养老、以房养老、搭伴养老、旅游养老、异地养老、乡村田园养老、抱团式养老、“日间托老”、异地集中养老等模式。

机构养老包括公办机构、民办机构，公办民营、民办公助等养老模式。家庭养老按代际关系分，包括家庭代际合居、家庭代际分居、自我养老等①，这是我国的主要的养老模式。互助养老包括老人间的邻里互助、志愿者互助、“时间储蓄”等模式②。“互联网+养老”是通过运用互联网、

① 王梅梅. 转型期中国城市居民养老模式及影响因素研究[D]. 兰州：兰州大学，2016.

② 和红. 福建农村社会化养老服务的模式、机制及其适应性研究[J]. 华侨大学学报(哲学社会科学版)，2014(4)：134-140.

云计算、大数据等信息网络技术，整合养老管理中心、老人及子女、医疗机构、养老服务企业商家等各主体，通过手机应用软件、信息化平台等技术手段实现各主体之间线上线下的交互沟通①，卜谦祥、巢飞(2011)提出了基于互联网技术的“虚拟养老院”模式②，睢党臣、彭庆超(2017)提出“互联网+社区养老”模式③，王洋(2019)总结了武汉市“互联网+居家养老”的社区嵌入、中心辐射、网络平台统分结合等三种模式④。智慧养老是指利用互联网技术、社交平台、移动网络技术、传感技术等对老年人各方面养老需求提供智慧支持和管理，通过可穿戴设备对老年人的健康数据进行安全检测和健康预警。智慧养老包括智慧家庭、智慧社区、智慧养老机构等养老模式⑤。社区养老模式可分为社区居家养老、社区养老院、社区养老服务中心等。医养结合养老模式包括：以医为主、以养为主、医养合作、医疗服务延伸到社区、家庭等⑥。

综合来看，在养老实践中，经过理论创新和实践探索，表现为多种养老模式。由于依据的标准不同，养老模式的分类各异，既有家庭和社会养老的二分法，也有家庭、社区和机构养老的三分法，还有异地养老、以房养老、互助养老、智慧养老、医养结合、互联网+养老等类型的多分法(见图1-3)。也有按照养老供给主体和主导力量不同，分为政府主导公办型、企业主导民营型、社区主导互助型和家庭主导自主型四种模式。其中，政府主导的公办养老机构和企业主导的民营养老机构虽然同为机构养老，但是在经费来源、人员身份、物质保障方面区别较大，因此一般将两者区分开来。

(二)长期照护服务模式

关于长期照护模式选择的分类，现有研究主要综合考量服务提供对象、服务发生场所和所实施服务的专业化程度三方面因素进行模式划分。邬沧萍(2001)指出，老年人长期照护的主体可以是家庭、社区或者养老

① 蔡果恬.“互联网+”养老模式研究[A]// 杭州师范大学、浙江省长三角城乡社区发展研究院.《社区心理的浙江研究》学术研讨会论文集，2019：5.

② 卜谦祥，巢飞.虚拟养老院——对解决农村社区养老问题的有益探索[J].社会保障研究，2011(3)：20-23.

③ 睢党臣，彭庆超.我国城市“互联网+社区居家养老”服务模式的构建基础分析[J].社会保障研究，2017(3)：18-26.

④ 王洋.武汉市“互联网+居家养老”模式研究[D].武汉：武汉科技大学，2019.

⑤ 曾新勇.基于智慧社区的“居家养老”服务模式研究[J].常州工学院学报(社科版)，2013，31(6)：92-94.

⑥ 朱米霞，刘亚慧，方佳倩，虢舒月，何文秀，崔仕臣.医养结合机构养老需求及影响因素分析——以温州市为例[J].劳动保障世界，2016(26)：8-10.

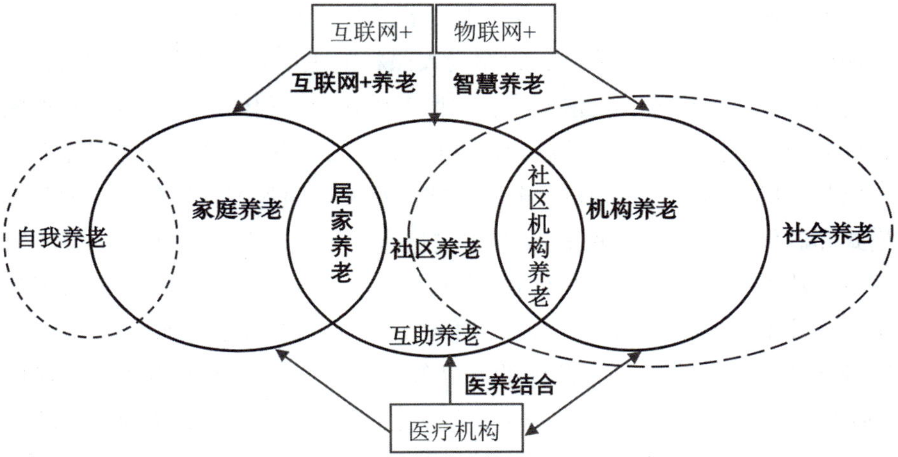

图 1-3 养老模式的主要类型和相互关系

机构，是为生活不能自理的老年人在其失能期内持续提供日常生活照料和专业医疗护理的服务模式①。曹艳春等(2013)依据长期照护服务的发生场所，将其划分为家庭照护、集中机构照护、社区照护三类②。加拿大没有社区长期照护模式的分类，但在于戈等(2009)的研究中却指出有特别满足失能老人对尊严需求的安宁照护③。裴晓梅(2010)同样将长期照护分为以家庭、社区、专业机构为组织平台的三种递送服务模式④，这种划分并不是对长期照护的简单分割，而是强调三者间的相互渗透和重叠，并指出长期照护的基本发展趋势是居家化和社区化。洪都等(2014)将长期照护模式分为家庭式、养老机构式和社区—居家式三大类⑤。其中，社区—居家式长期照护模式比较适合我国国情且行之有效被社会大众所普遍接受。近年来，随着我国老年人口老龄化、失能化的加剧，将长期照护融入医疗体系逐渐成为新的发展趋势。秦陈荣(2018)同样注重养老与医疗资源的整合优化，建议通过构建失能老人分级照护的模式来更好满足他们多层次、多样性的照护需求⑥。唐咏(2012)也认为在目前中国的社会环境下，

① 邬沧萍，苏苹，陈杰，王岸柳. 有关研究健康老龄化方法论的几点思考[J]. 中国人口科学，2001(S1)：103-108.

② 曹艳春，王建云. 老年长期照护研究综述[J]. 社会保障研究，2013(3)：56-65.

③ 于戈，杨刚. 加拿大的长期照护[J]. 社会福利，2009(5)：54-55.

④ 裴晓梅. 长期照护导论[M]. 北京：社会科学文献出版社，2010：72-97.

⑤ 洪都，林梅. 浅谈我国老年人长期照护模式的应用现状及前景[J]. 科技资讯，2014，12(8)：227.

⑥ 秦陈荣. 医养结合视角下失能老人照护路径探讨 [N]. 中国人口报，2018-02-26(003).

老年人的照护主要可以分为居家照护、机构照护和社区照护三种模式。石人炳(2012)结合中国的实际，根据老人照料的主体将老年照料分为五类：亲情模式、市场模式、友情模式、志愿者模式和福利模式，并将前四种模式称为非正式照料，第五种模式称为正式照料；而按照老年人的居住方式可以分为居家养老方式和机构养老方式，将根据照料主体划分的五种照料模式和居住方式划分的两种养老方式进行组合，可以进一步细分为“居家—亲情模式”“居家—友情模式”等八种。卜谦祥和巢飞(2011)提出了基于信息技术的“虚拟养老院”模式。和红(2014)提出了老人间的互助、志愿者互助、“时间储蓄”为载体的互助等三种互助养老服务模式。曾新勇(2013)提出了“智慧社区”的养老新模式，顾文媛(2013)对这种模式的设计和实现进行了研究。王长青、陈娜(2014)提出了医养融合模式。

综上，由于长期照护服务是养老服务的一个重要组成部分，结合国内外学者相关研究成果可以发现，失能半失能老人的长期照护模式在表述上与养老服务模式的表述并无显著区别，均包括传统的家庭、居家以及机构长期照护三种模式，和新型的智慧养老、医养结合、互助养老等新兴模式。

(三)不同养老服务模式的评价和比较

文献中评价比较不同养老模式的方法主要有生活质量量表及指标体系①、生活满意度②、主观幸福感③、健康状况④、人际关系⑤、养老成本⑥⑦、经济效益⑧⑨等指标与方法对居家养老、社区养老和机构养老等

---

① 吴冬梅，邓秋园，叶炜，王倩倩，李啟健，吴炜炜. 不同养老模式下老年人生活质量比较及影响因素分析[J]. 护理研究，2016，30(14)：1758-1760.

② 包少少，肖惠敏，何佳琳，郭雪洁，林惠珍，程小春. 不同养老模式下老年人健康老龄化的比较研究[J]. 中华护理教育，2018，15(9)：687-691.

③ 王子. 不同养老方式下老年人幸福度的比较研究——以毕节试验区为例[J]. 三峡论坛(三峡文学·理论版)，2018(1)：94-97.

④ 米拉依，唐莉，胡莹. 不同养老模式下老年人心理健康状况的比较[J]. 成都医学院学报，2016，11(5)：631-633，637.

⑤ 赵瑞芳，孙颖，林明鲜. 不同养老模式下老年人亲属关系的比较研究[J]. 兰州大学学报(社会科学版)，2015，43(1)：120-129.

⑥ 邓颖，吴先萍，李宁秀，何君，刘朝杰，张宁梅，任晓晖，刘丹萍，杨晓妍，袁建国，汪凯. 不同养老模式的养老成本及成本—效用分析[J]. 预防医学情报杂志，2004(4)：373-376.

⑦ 贾亚娟. 事实养老、养老成本对老人养老模式选择意愿的影响——来自陕西省农村915位老人的证据[J]. 地域研究与开发，2020，39(1)：152-156.

⑧ 侯学元，陈友华，沙荣胜，李大伟. 现代民政视角下的老年社会救助研究[J]. 社会政策研究，2017(4)：82-98.

⑨ 杨赞，林晏平. 基于北京居家养老服务的特许经营模式经济效率研究[J]. 工程管理学报，2017，31(2)：136-140.

养老模式进行评价和比较，有学者运用成本效用分析法①、层次分析法②、因子分析法③，也有学者提出了养老服务供需耦合评价的构想④⑤。

文献中评价比较不同养老模式的方法主要有生活质量量表及指标体系（WHO，2000；吴冬梅，2016；白杨，2016；管凤仙，2019；李文梅，2019；刘金华，2005）、生活满意度（许加明，2019；包少少，2018；董惠玲，2017；罗盛等，2016）、主观幸福感（王智玉，2018；王子，2018）、健康状况（纪青等，2014；米拉依，2016）、人际关系（赵瑞芳，2015）、养老成本（邓颖，2004；汤浩帧，2011；赵敏，2018）、经济效益（侯学元，2017；杨赞，2017）等指标和方法对居家养老、社区养老和机构养老等养老模式进行评价和比较，有学者运用成本效用分析法（王林，2017）、层次分析法（韩彦林，2015）、因子分析法（杨群，2019），也有学者提出了养老服务供需耦合评价的构想（张乃仁，2013；陈会星，2015；彭金玉，2015）。

通过初步比较可知，家庭养老、社区养老、公办机构养老和民营机构养老等养老模式各有优劣，均面临着不同的外部发展机遇和挑战，既存在相互补充，更有竞争关系。社区养老的生命质量最高，其次是家庭养老，机构养老生命质量最低（管凤仙，2019；李文梅，2019；刘金华，2012）。居家养老在心理领域、生理领域、社会关系领域、自身生存质量主观感受得分较高；机构养老在环境领域、自身健康状况主观感受得分较高；居家养老的生活质量总分高于机构养老（吴冬梅，2016）。社区养老的生命质量和自我感觉两项得分最高，机构养老的两项得分最低；在生理领域家庭养老得分最高，机构养老得分最低；家庭养老在心理领域得分较高，机构养老在社会关系领域得分较高（白杨，2016）。家庭养老和机构养老的安全及护理事故发生率高于社区养老（管凤仙，2019）；社区养老是一种使老人心理健康方面更优的养老模式（米拉依，2016；苏淑文，2019）。家庭养老在生活满意度、心理健康、社会支持、与亲属关系紧密程度方面得分高于机构养老（许加明，2019；包少少，2018；董惠玲，2017；赵瑞芳，2015）。但老人当生活完全不能自理时，机构养老更能减轻患者的抑郁程

① 王林．不同医养结合养老模式的成本及效用比较分析[D]．南京：南京医科大学，2017.

② 韩彦林．层次分析法在养老模式选择中的应用[J]．科技视界，2015(29)：226，241.

③ 杨群，李旋宇．基于因子分析法的医养融合养老模式评价研究[J]．邢台学院学报，2019，34(2)：14-17.

④ 张乃仁．农村居家养老中的双向耦合机制[J]．郑州大学学报(哲学社会科学版)，2013，46(3)：36-39.

⑤ 彭金玉．实现城市社区老龄服务需求度与满意度的耦合研究——以南京市X社区为例[J]．老龄科学研究，2015，3(6)：12-20.

度，提高主观幸福感(王智玉，2018)。从养老成本和效益角度分析，居家养老成本最低，效用最高；社区养老次之；机构养老成本最高，效用最低(邓颖，2004；汤浩帧，2011；赵敏，2018；王林，2017)。但是机构养老能够提供老年人多元化的养老需求(Howard Giles，2015)。侯学元(2017)认为传统家庭养老模式缺乏效率和竞争，必须引入市场竞争参与养老服务供给。杨赞、林晏平(2017)从经济效率角度，研究了特许经营用于家庭养老模式的经济效率、配置效率和生产效率，建议加大PPP在家庭养老模式中的推广力度。孙婉琳、丁心兰(2017)分析了养老供给模式的效率影响因素，认为传统养老模式效率不高，应该引入互联网+养老的联合发展模式。

在公办养老机构养老模式下，以行政方式和指令为导向，公办养老机构由于获得了政府高度关注，吸纳的社会养老资源较多，财政支持较大，养老项目上马快。但是，政府导向下的养老项目，不以养老市场供需为评判标准，往往难以符合老年人养老需求和当地实际。加上与市场联系少，政策变化大，导致养老供给不够稳定，容易半途而废，造成养老资源浪费。而且，由于政府主导过度，行政干预过多，会造成养老效率低，可持续性差。在民办机构养老模式下，企业坚持市场导向，依据市场养老行情判断供给方向，在当前养老需求旺盛的趋势下，能够吸纳社会资源参与养老供给，有效提高养老积极性，长期来看效果向好，可持续性较强。同时，由于养老企业是营利性质，按照公司利益最大化运营，对进入民营养老机构的老年人实行准入制，城镇老人接受养老服务必须支付较高的赡养费用，养老范围较窄。在社区主导模式下，社区老人自愿加入社区，形成互助养老组织方式，根据政府养老政策和市场养老需求，在有限的社区资金和资源下，城镇老人能够享受居家的便利，短期养老见效快，老年人积极性高、参与人数多，养老产业与市场衔接紧密，长期来看养老可持续性好。但是，目前一些社区资源少、实力弱、发展慢，社区养老资源供不应求难以满足养老需求。家庭养老是自主、自助型养老，由于人员分散，组织能力不强，难以获得养老项目和资金支持，依靠子女和自身维持，与养老市场联系不够紧密，功能逐步衰弱，难以满足社会化养老要求，仅能勉强维持温饱，效果不佳，长期来看发展势头不好，养老可持续性有待提升(类延村等，2018)①(见表1-18)。

---

① 类延村，冉术桃. 农村“精准养老”模式的建构：从同一性向差异化的转型[J]. 理论导刊，2018(9)：55-65.

表 1-18　差异化供给主体下养老模式要素比较

要素	家庭养老	社区养老	公办机构养老	民营机构养老
供给主体	家庭	社区	政府	企业
养老形式	自助型	互助型	公办型	民营型
运作方式	传统自主方式	合作社方式	行政方式	商业方式
养老导向	自行决定	政策和市场导向	指令导向	市场导向
养老项目	无项目、资源	资源最少，时间最慢	公共资源多，项目上马快	调配资源少，时间较慢
财政支持	很少	大部分	全部	小部分
养老人员	子女和老年人自己	社工、志愿者、医护人员	公办机构工作人员	民营机构工作人员
资金来源	子女少量扶助，退休金	子女部分扶助，退休金、政府投入	子女较多扶助，退休金、政府投入	子女很多扶助，退休金、企业投入
养老场所	自住房，政府无支持	社区房产日间照料，夜间回自住房	政府大量投入建公办养老场所	企业根据市场供需自建或租房
情感维护	子女全部投入	社区邻里网络、社工关怀，子女扶助	机构人员和社工关怀、子女少量慰藉	民企人员和社工关怀、子女少量慰藉
市场衔接	衔接最少	衔接紧凑，兼顾贫困户利益	联系少，政策变化大，半途而废多	紧密联系市场，公司利益重
养老性质	个体	准公共性	非营利性	营利性
养老范围	缺少社区和机构养老的家庭	自愿参与，社区老人较多	范围广泛、分散	公司准入把关，养老人员范围较窄
发展现状	功能衰弱，逐渐难满足要求	发展慢，实力弱，联结市场，供不应求	一家独大，脱离市场，变动多、不稳定	链接市场，渐成规模但提成多，追求自身利益
短期效果	勉强维持温饱，效果不佳	社区组织养老，见效较快	调动资源多，项目短期见效快	签订合作协议生产，见效慢
长期效果	发展不好，可持续性差	市场化、合作，可持续性好	政府易主导过渡，可持续性差	市场化，可持续性较好

资料来源：类延村，冉术桃. 农村“精准养老”模式的建构：从同一性向差异化的转型[J]. 理论导刊，2018(9)：55-65.

郝双娉(2016)按照SWOT理论，从优势(S)、劣势(W)、机遇(O)、挑战(T)四个维度探讨家庭养老、社区养老、公办机构养老和民营机构养老的区别(见表1-19)。家庭养老的优势是具有孝老传统、情感维护、成本最低、范围最广，不足是养老水平低、子女少、能力弱，养老观念发生转变；机遇是社保体系逐渐完善，养老法制加强；挑战是养老功能衰减，外部竞争大和家庭结构变化。社区养老的优势是节约资源、费用低、服务便捷、情感满足；不足是财政支持少、人员、设备、物资和资金欠缺；外部机遇是政府重视、政策鼓励、符合城镇老人生活实际；挑战是养老机构竞争，社区老人参与度低，范围窄，保障弱。公办机构养老的优势是养老兜底、社保政策和财政支持；不足是服务水平低，发展参差不齐；机遇是容易获得政策支持、外部捐赠；外部挑战是社会投入少、专业人才不足，外部竞争大。民营机构养老的优势是适合市场，服务全、专业强，机制灵活；不足是成本高、收费多、情感慰藉少；外部发展机遇是国家政策鼓励、企业参与度高；外部挑战是老人购买力弱、参与低，吸引外部资源少。

表1-19 养老模式SWOT比较分析

项目	家庭养老	社区养老	公办机构养老	民营机构养老
优势(S)	情感维护、成本最低、范围最广	节约资源、费用低、服务便捷、情感满足	养老兜底、社保政策和财政支持	适合市场，服务全、专业强，机制灵活
劣势(W)	水平低、子女少能力弱，观念转变	财政支持少、人员、设备、物资和资金不足	服务水平低，发展参差不齐	成本高、收费多、情感慰藉少，
机遇(O)	社保体系逐渐完善，养老法制加强	政府重视、政策鼓励、符合老人生活实际	容易获得政策支持、外部捐赠	国家政策鼓励、企业社会参与度高
挑战(T)	功能衰减，外部竞争、家庭结构变化	养老机构竞争，参与度低，范围窄，保障弱	公共投入少、专业人才不足，竞争大	老人购买力弱、参与低，吸引资源少

资料来源：郝双娉. 人口老龄化背景下我国城镇多元养老模式研究[D]. 昆明：云南财经大学，2016.

赵瑞芳等(2017)认为家庭依然是多数老年人养老的首要选择，居家养老是目前城市老年人普遍偏好的一种养老方式。刘欢等(2016)认为家庭养老比机构养老更有助于促进老年人心理健康。米拉依等(2016)认为社区养老对于老年人来说，是一种可取的养老模式。常婧(2014)发现当前适合北京的养老模式应为社区居家养老模式。

李中秋(2013)使用SWOT战略分析工具对三种养老方式的比较(见表1-20)。李中秋认为，就现在情况来看，居家养老还是目前老年人养老的首选，尤其是农村老人更离不开自己的家。社区养老和机构养老虽然有很多优势，但是水平高一点的机构收费就会较高，有些老人负担不起。

表 1-20 三种主要养老模式的比较(李中秋)

养老方式	优势(strength)	劣势(weakness)	机遇(opportunity)	威胁(threat)
家庭养老	家庭亲情 传统美德 互相关爱	经济负担 医疗服务 独自在家	子女关怀 精神满足 照护用心	工作压力 职场竞争 寂寞孤独
机构养老	同龄人好沟通 专业医疗服务 日常专业护理	减少和家人相处 疾病容易传播 美德弘扬	政府补贴 社会力量、义工 特殊照顾	适用范围 机构定位 统一管理
社区养老	专业服务 社区力量 体会亲情	家庭观念 传统势力 显现制约	广泛重视 符合潮流 专业发展	农村养老 范围拓展 事业产业

资料来源：李中秋. 中国人口老龄化背景下的多元化养老模式研究[D]. 成都：西南财经大学，2013.

杨琼(2014)从多个方面、多个角度对三种养老模式进行评析(见表1-21)。她认为，家庭养老幸福感最高，机构养老最低；而从生活质量的五个方面来看，则三种养老模式各有优缺点。家庭养老的老年人对生活质量的评价相对较高，这在很大程度上受到我国传统孝道思想以及中国熟人社会结构的影响。社区养老应该是未来我国老龄化社会最主要的养老模式之一，但目前的调查也反映出社区养老事业的发展进程落后于老龄化速度的这一现实。机构养老老年人生活质量评价低，这同老年人对社会养老的认知以及目前机构养老的服务水平较低有关。

表 1-21 三种主要养老模式的比较(杨琼)

指标	结　论
主观幸福感	三种不同养老模式老年人对生活质量的总体评价具有差异性，其中家庭养老最高，机构养老最低
人口特征	家庭养老的老年人中高龄、女性、丧偶、文化程度低等弱势老年人远多于其他两种养老模式
经济特征	家庭养老的老年人收入相对不稳定多依赖子女，养老资金储备明显低于机构养老和社区养老；机构养老的老年人经济状况评价最好；社区养老的老年人的居住条件则最佳，绝大多数有自己的房间
精神休闲状况	参与休闲娱乐活动的频率与精神生活满意度呈正比关系，家庭养老的老年人参与休闲娱乐活动的频率和对精神生活的满意度最低，社区养老的老年人则最高
身心健康特征	社区养老的老年人健康状况优于其他家庭养老和机构养老，而对于健康生活质量的满意度三种养老模式的老年人的差异性则不明显
家庭和谐关系	与子辈交流频率、家庭话语权，还是对赡养及家庭生活的满意度，家庭养老的老年人都是最高的，而机构养老则最低
社会活动情况	社区养老的老年人在社会公益活动的参与度上略高于其他两种养老模式，且这种参与度与社区组织活动的频率有直接关系

资料来源：杨琼. 城市老年人养老模式选择及其生活质量比较研究[D]. 长沙：中南大学，2014.

丁一(2014)认为失能老人的性别、婚姻状况、身体状况、居住状况显著影响他们的长期照护模式需求，女性、有配偶的失能老人、身体状况较好、非独居的失能老人，更倾向于选择与家庭及子女联系密切的长期照护方式。以家庭照护为核心，居家照护为基础，社区照护为依托，机构照护为支撑，家庭病床为补充，具体包括八种实现方式：家庭照护、居家照护、社区照护、养老院、家庭照护和家庭病床的结合、居家照护和家庭病床的结合、社区照护和家庭病床的结合以及护理院。其中，家庭照护对应的是不需要医疗护理且有充足家庭照护资源的失能老人；居家照护主要适用于处于轻度、中度失能，不需要医疗服务，并且没有充足家庭照护资源的老人；社区照护主要适用于处于轻度、中度失能，不需要医疗服务，并且家庭照护资源匮乏的老人；养老院主要是为重度失能、家庭照护资源匮乏并且不需要复杂医疗照护的老人提供长期照护；家庭照护和家庭病床相结合主要针对需要简单医疗护理且有充足家庭照护资源的失能老人；居家照护和家庭病床相结合主要适合于轻度、中度失能老人，家庭照护资源不足且需要简单医疗护理的老人；社区照护和家庭病床相结合主要是为轻度、中度失能，家庭照护资源匮乏并且需要简单医疗护理的老人提供长期照护；护理院主要针对重度失能并且需要系统复杂医疗护理的老人。根据相关测算，该长期照护模式可以使养老院和护理院的床位供给压力减少约75%。胡晨(2016)对我国的各类养老模式的优劣进行评析(见表1-22)。

表1-22 几种主要养老模式的比较(胡晨)

分类	结　论
家庭养老模式	家庭养老在某种程度上可以降低政府的财政负担，但是不可避免存在使老年人生活负担加重、日益受到家庭结构的不利影响、老人的生活难以得到足够照顾、缺乏精神慰藉等问题的出现
机构养老模式	机构养老与家庭养老相比，其效果好，服务好，专业性强。但是机构养老模式还是面临着多数养老机构运行成本较高、养老机构工作人员的专业知识水平较低、老年人多层次需求并没有得到满足等一些问题
社区养老模式	可以合理地运用社区资源，对于机构养老模式收费高这个方面，通过社区进行养老，只要花费很少的资金就可以，一般的家庭或老人都能够承受，受惠的老年人也会更多。但是也存在基础设施薄弱、社区服务人员素质不高等问题
异地养老模式	可以改变生活环境，获得精神上的满足，生活质量也会有所提高。但是也会存在个人情感问题、新建立异地养老基地困难、健康与安全问题等一些现实问题
以房养老模式	以房养老可以从某种程度上保障了老年人的晚年生活，可以使其生活无忧，物质精神都可得到满足。但适用范围不大、传统观念的冲击造成家庭矛盾、一些客观因素带来不可预知的风险

资料来源：胡晨. 我国养老模式的中国道路问题初探[D]. 武汉：湖北省社会科学院，2016.

通过比较可知，家庭养老、社区养老、公办机构养老和民营机构养老等养老模式各有优劣，均面临着不同的外部发展机遇和挑战，既存在互补效应，也存在竞争关系。

第三节 理论基础

一、需求理论

消费行为学认为：需求是产生于人的生理、心理和社会本能的需要，被刺激物唤醒，成为指向某一特定物品的欲望，在能力的限制下，人们的欲望转化为需求。也可理解为在需要基础上加上主管约束和客观约束，就形成需求。需求量是一组特定区域、特定时间、特定环境、特定顾客群的约束条件的函数(萨缪尔森，1970)：需求量 $=f$(人口或顾客数量，购买力，购买动机)

(一)马斯洛的需求层次理论

需求层次理论是由美国心理学家亚伯拉罕·马斯洛创立，他在1943年的著作《人类激励理论》中把需求从较低层次到较高层次分为生理需求、安全需求、社交需求、尊重需求和自我实现需求。马斯洛认为，只有低层次的需求得到满足后，其他的需求才能成为新的激励因素。生理需求是维持人类自身生存的最基本要求。安全需求包括对人身安全、健康保障、住房、财产、道德和工作职位保障以及家庭安全等的需求。社交需求包括对友情、亲情等的需求。尊重需求包括自我尊重、成就、信心、对他人尊重以及被他人尊重等。自我实现需求包括实现个人理想、抱负，表现自我潜力，达到自我实现境界的最高层次的需求。失能老人作为一个弱势群体，具有普通人所共有的需求，不过他们的生理需求和安全需求表现得更为强烈，只有这些最基本的需求得到满足才会产生更高层次的社交需求、尊重需求和自我实现需求。随着中国特色社会主义进入新时代，我国社会主要矛盾已经转化为人民日益增长的美好生活需要和不平衡不充分的发展之间的矛盾；人民美好生活需要日益广泛，不仅对物质文化生活提出了更高要求，而且在民主、法治、公平、正义、安全、环境等方面的要求日益增长；更加突出的问题是发展不平衡不充分，这已经成为满足人民日益增长的美好生活需要的主要制约因素。

（二）KANO需求理论

日本学者狩野纪昭（1979）根据产品或服务对需求的满足程度，提出KANO模型，KANO模型定义了三个层次的顾客需求：基本型需求、期望型需求和兴奋型需求（见图1-4）。基本型需求是顾客认为产品“必须有”的属性或功能。当其特性不能满足顾客需求时，顾客很不满意；当其特性能够满足顾客需求时，顾客的满意程度也不会很高。期望型需求要求能够提供一些并不是“必须”但是他们希望得到的产品或服务，期望型需求与顾客的满意度高度相关，当满足了这些需求时，顾客就越满意；当没有满足这些需求时，顾客就不满意。兴奋型需求要求提供给顾客一些完全出乎意料的产品属性或服务行为，使顾客产生惊喜。提供这类需求中的服务有助于提高顾客的忠诚度。

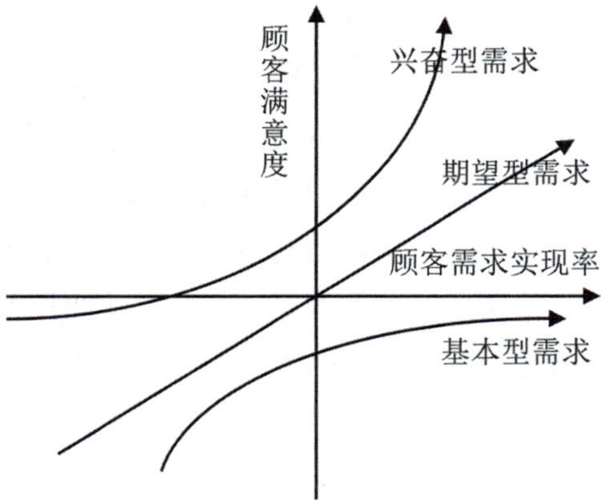

图1-4　需求分类的KANO模型

（三）凯恩斯的有效需求理论

英国经济学家凯恩斯（1936）在其发表的《就业、利息和货币通论》中提出了一系列拯救资本主义社会经济危机的理论和政策主张，成为大部分资本主义国家制定经济政策和建立社会保障制度的重要理论。他提出“有效需求”不足理论，认为资本主义制度下存在的生产过剩和“非自愿失业”都是“有效需求”不足造成的。他主张制定经济政策刺激需求增长以达到“充分就业”。为了拉动内需，他主张推行扩张性的财政政策，政府直接兴办公共设施，以增加社会总需求，实现充分就业。他还提出国家干预措施如：建立社会保障制度、制定最低工资法、消除贫困、限制工时等。在其理论影响下，美国罗斯福政府通过制定并颁布《社会保障法》，建立一整套社会保障制度，极大地缓解了因经济危机激化的资产阶级和劳动者的矛盾。

二、供给理论

供给理论主张对劳动力、工资、价格、产量增长等总供给的调节来达到管理与调节宏观经济的目的。“供给学派”经济学家萨伊、阿瑟·拉弗等人的主要观点是：生产的增长决定于劳动力和资本等生产要素的供给和有效利用，“经济增长—增加供给—增强刺激—利用减税—减少干预”有利于摆脱经济滞胀的困境，治本之方是增加生产和供给。萨伊提出了著名的观点——“供给能够创造其本身的需求”(Supply creates its own demand)，即所谓的“萨伊定律”(Say’s Law)。他认为：每个生产者之所以愿意从事生产活动，如果不是为了满足自己对该产品的消费欲望，那么就是为了想将其所生产的物品与他人换取物品或服务。萨伊否定生产过剩的存在，产品总是用产品来购买，买者同时也就是卖者，买卖是完全统一的。萨伊认为商品买卖实质上是商品交换，货币只在刹那间起媒介作用。因此，商品的供给会为自己创造出需求，总供给与总需求必定是相等的。局部供求不一致也会因价格机制的调节而达到均衡。在中共中央财经领导小组第十一次会议上习近平总书记首次提出“供给侧改革”这一新概念①，是供给理论的新发展。

三、供给需求均衡理论

一般来说，市场价值或生产价格决定价格，价格决定供求；反过来，供求决定价格，并通过调节不同生产条件下的生产，影响市场价值的形成与决定。因而市场价值或生产价格、价格与市场供求关系形成一种辩证关系。市场供求与价格的关系，首先是市场价值或生产价格决定价格，市场价值或生产价格是价格形成与运动的内在基础和实体，是市场价格波动的中心，价格调节着市场供求关系，而市场供求关系反作用于价格，成为支配或影响市场价格形成与运动的基本因素。因此，它们相互影响、相互制约。供给和需求的关系可用供给和需求曲线来解释：供给曲

---

① 陈二厚，刘铮. 习近平提“供给侧结构性改革”，深意何在？[EB/OL]. http://news.xinhuanet.com/politics/2015-11/19/c_128444441.htm.2015-11-19.

线与需求曲线的相交点是均衡点。当需求数量上升，而供给数量不变，均衡价格和均衡交易量(即均衡数量)也会上升，均衡价格、数量会出现变动，反之亦然。

四、福利经济学与福利多元主义理论

福利经济学起源于20世纪初英国的现代经济学分支，“福利经济学之父”庇古是其主要代表人物，庇古认为国民收入总量和国民收入分配均等化程度是检验社会福利的两个标准，影响经济福利的大小。庇古认为，社会保障政策具有收入再分配功能，可以增加一国的“经济福利”。当国民收入总量一定的情况下，如果政府通过强制性的转移支付和税收政策，将富人收入的一部分转移到老年人或低收入人群，提高它们实际收入的绝对份额，就可以改善社会总体福利，达到收入的均等化。因此，福利经济学理论成为整个西方国家现代社会保障制度的思想基础。

福利多元主义理论来源于《沃尔芬德的志愿组织的未来报告》，认为通过志愿组织等非政府部门的作用可以弥补政府部门的福利功能，减弱国家在福利提供中的主导地位。罗斯认为，福利是全社会的产物，社会福利应由国家、市场、家庭三方共同提供。这三方所提供的福利总和就是社会的总福利。福利多元主义强调社会福利的提供者是多元化的，不能仅依靠政府，应加入市场、社区、家庭、非营利性组织等非政府组织。

福利多元主义认为政府可以通过不同的方式资助福利服务，通过与特定的机构签订合同，也可以直接向个人提供补贴费用，让市场来供给福利。它的核心在于通过建立一个“福利市场”，将经济市场所拥有的竞争、物品和服务增值、保护价格的合理性的功能转入福利服务的供给中，能使消费者在较低的价格水平下获得更多自由选择的空间。与此同时，政府却不能抛弃自身的责任，而是一种互换，实现直接的生产与供给转向间接的供给与购买，利用财政补助或资金、政策支持等方式完成养老服务物品的供给，从独立的供给方式转向多元主体共同提供的方式，并在此基础上形成多元委托代理关系，有利于服务效率的增进和服务质量的提高。

对于养老服务的供给问题，福利多元主义理论提出了一个供给、融资和决策的三维度框架。供给即养老服务的供应者，融资即资金的来源是国家财政预算还是私人资金，决策即指服务对象对相应物品与服务的选择权，此分类能够组成不同的供给模式，纯公共福利服务是政府融资、政府供给和政府决策；纯私营福利服务即私人融资、私人提供和私人控制，是消费者自行决定、自费向私人服务提供者购买的服务。政府购买养老服务则介于“纯公共福利服务”与“纯私营福利服务”之间，往往是混合物品与服务，其中最典型的为4A象限的物品，即政府决定物品的购买数量与标准，私人机构提供物品，由政府财政提供资金。4B象限是对于购买物品的数量与质量是由公民个人进行决策，而非政府进行决定，也不符合当前中国的实际。对于处于左半球的纯私营福利或一些公办的高端养老服务项目，政府是无须购买的，而由政府出资兴办的养老机构也不在购买行列(见图1-5)。

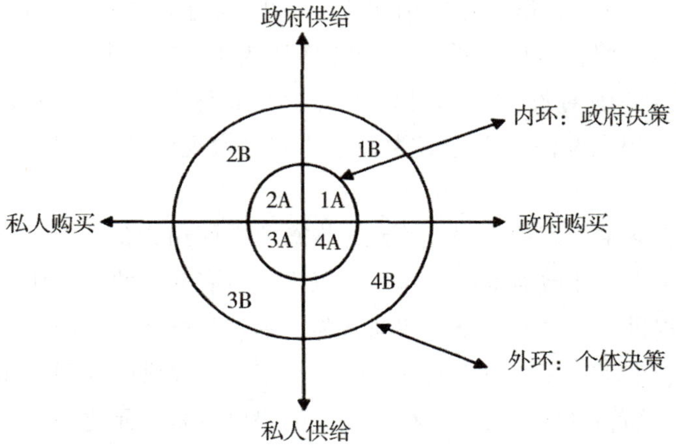

图1-5　福利多元主义象限

政府在养老服务供给过程中承担主要责任，社区、家庭、市场以及非政府组织都参与其中并承担自己的义务和责任，才能推动养老服务供给体系可持续发展。政府在养老服务供给中应同养老服务供给主体之间相互协调，处理好各方之间的关系，在完善养老服务供给，提供养老服务方面有不可推卸的责任。

五、耦合理论与方法

耦合是物理学中的一个概念，指两个或两个以上的系统通过相互作用而彼此影响、相互作用的现象。耦合度(Coupling)是对系统内各模块间关联程度的度量(吴大进等，1990)。耦合协调度表示的是两个或多个不同系统之间相互作用中良性耦合程度的大小，反映系统间良性协调的程度，是对耦合模型中良性耦合情况的定量分析。

耦合模型主要包括耦合度模型和耦合协调度模型。两个系统之间的耦合度表示为：$C=2\{(U_1\times U_2)/[(U_1+U_2)(U_1+U_2)]\}^{1/2}$。耦合度 C 有两个极端值，当 $C=0$ 时，系统及其内部要素之间完全不相关，系统也会向着无序发展；当 $C=1$ 时，耦合度达到理想状态，系统及其内部要素之间达到完全耦合，此时系统就会呈现出有序发展状态，所以一般定义 $C\in[0,1]$。其中 U_1、U_2 分别代表两个系统的综合评价值，通过对需求、供给两个子系统将各自的耦合元素进行熵值赋权法得到。公式为 $U_{i=1,2}=\sum\lambda_{ij}u_{ij}$（其中 $\sum\lambda_{ij}=1$，$i=1,2$，$j=1$）。

耦合协调度模型为：

$$D=(C\times T)^{1/2}$$

$$T=aU_1+bU_2$$

D 代表的就是耦合协调度，耦合度为 C，将 T 定义为两大系统的综合评价指数，它的作用是衡量两大系统的整体协同效应。为了保证 $D\in[0,1]$ 方便使用，一般定义 $T\in[0,1]$。a、b 为待定系数，通常将两个待定系数分别赋值为 0.4 和 0.6。$D\in[0,1]$，耦合协调度值的大小决定了系统的耦合协调度程度的高低。D 越大，两大系统及其内部要素之间的耦合协调情况越好，二者呈正相关。一般认为：当 $0<D\leqslant0.4$ 时，为低度协调的耦合；当 $0.4<D\leqslant0.5$ 时，为中度协调的耦合；当 $0.5<D\leqslant0.8$ 时，为高度协调的耦合；当 $0.8<D\leqslant1.0$ 时，为极度协调的耦合。

第四节　文献综述

一、长期照护服务需求

（一）需求的内涵和分类

经济学的需求理论认为：人的欲望产生需要，在效用、风险、价格、财富与时间、预期等因素的影响下，需要产生需求（希克斯，1937）。需求量取决于产品价格、消费者收入、相关产品价格、消费者偏好、期望价格以及购买者数量（萨缪尔森，1954）。马斯洛（1943）把需求依次由低层次到高层次排列，分成生理需求、安全需求、社交需求、尊重需求和自我实现需求。英国学者布赖德肖（Bradshaw，1972）归纳总结出规范性需求、感觉性需求、表达性需求、比较性需要等四种需求的类型。韦伯（1904）

认为，需求是社会中遭遇困境的群体或者个体对风险的存在及风险事件的发生作出的反应，他提出了“风险事件—压力应对—需求分析—支持回应”的研究范式。郭竞成(2012)根据老年人对不同养老服务项目的需求强度、迫切性和不可或缺性的差异将养老服务项目分为可舍弃类、强弹性类、弱弹性类、无弹性类等四类。菲利普·科特勒(1967)认为“市场是所有实际和潜在的购买者组成的集合”①。市场包含有某种需要的人、购买能力和购买欲望三个要素。只有三者结合起来才构成现实的市场，才能决定市场的规模和容量。需求量是一组特定区域、特定时间、特定环境、特定顾客群的约束条件的函数(钱旭潮，王龙，2013)。按照消费者的购买欲望与购买能力来划分市场需求，可分为现实需求与有效需求。现实需求是指已经存在的市场需求，表现为消费者既有欲望，又有一定的购买力，货币支付能力。潜在需求是指消费者有消费欲望，但由于没有购买能力或供给不足，还没有显示出来的需求。一旦条件成熟，潜在需求就转化为现实需求。刘建江、袁冬梅(1998)将潜在需求分为四种不同类型：购买力不足型的潜在需求，适销商品短缺型的潜在需求，商品不熟悉型的潜在需求，市场竞争倾向型的潜在需求。潜在需求的实现过程为：潜在需求导致购买动机——购买行为——需求满足——新的潜在需求。这种转化是在潜在需求和现实需求间发生的(见图 1-6)。

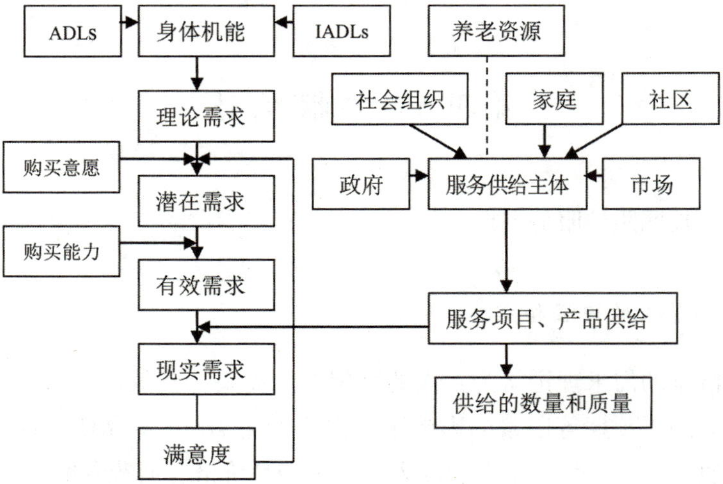

图 1-6 失能老人长期照护服务需求产生的机理

① Philip Kotler. Marketing Management: Application, Planning, Implementation and Control [M]. 北京：清华大学出版社，2007.

(二)长期照护服务需求

西方学者将老年人的需求概括为三个“M”：Money(资金)、Medical(医疗)和 Mental(精神慰藉)。我国学者(邬沧萍，姚远，2000)将之补充为“4M”，增加了生活照料服务需求(Manual Service)。《中华人民共和国老年人权益保障法》所认定的法定养老内容包括经济供养、生活照料、精神慰藉三方面。其中，经济供养需求是养老的物质需求，生活照料需求和精神慰藉需求是养老的服务需求。

表 1-23 长期照护服务需求的分类

大类	中类	小类
居家日常照护需求	个体自身日常照护需求	饮食照料、起居、穿脱衣、个人卫生等
	日常家务的照护需求	居室清扫、洗衣、物品整理、修理家用物品等
	陪伴外出	陪伴购物等
	代办服务	代购等
	其他	
医疗陪护需求	疾病预防	健康咨询、定期检查
	陪护就医	陪同看病
	家庭护理	疾病护理、康复护理、心理护理
生命安全——紧急救助需求	突发性意外伤害	
	人为意外伤害	
精神慰藉需求	亲人邻里关怀需求	亲情慰藉、邻里关怀等
	社会关怀需求	社会关心、社会交往和参与、心理咨询、服务热线、法律援助等

资料来源：作者整理。

根据失能老人长期照护服务需求是否实现将其分为有效需求和现实需求，有效需求是指失能老人因为身体机能衰退，而导致生活不能自理，为了实现正常的生活状态，失能老人需要得到外界的长期照护服务以弥补身体机能的不足，因此失能老人对长期照护服务有着明确意识的欲望，但由于经济条件、服务供给的现实条件等种种原因尚未显现的需求，一旦经济收入和服务供给的条件成熟，有效需求就转化为现实需求。现实需求是指失能老人既有欲望，又有一定的购买力，并且有供给条件，即失能老人已经存在或已经享受到的需求。

根据马斯洛、默里、阿尔德夫等的需求理论和失能老人的生理心理特征，陈晶晶(2016)认为失能老人的养老需求主要是长期照护服务需求，包括日常生活照料需求、日常外出陪伴照料需求、康复护理保健需求、生命安全以及精神慰藉需求等方面(见表1-23)。除了以上长期照护服务需求外，陈会星(2015)认为老年人对养老服务设施有一定的需求，他把养老服务设施分为五大类：休闲娱乐设施、商业购物设施、教育文化设施、医疗卫生设施、生活照料设施等。

(三)长期照护服务需求的影响因素

长期照护服务的影响因素主要有失能程度、个人因素、家庭因素、政府和社会支持因素等。

1. 失能程度

刘运东、冯雅楠、王玉环(2016)研究发现：影响失能老人长期照护需求的因素为失能原因和失能程度。刘运东、冯雅楠、王玉环(2016)对新疆石河子市失能老年人长期照护的需求进行调查分析，经多元线性回归分析，影响其长期照护需求的因素为失能原因和失能程度。徐萍(2015)采用多元线性回归分析研究发现：社区居家失能老人的能力等级不同，其长期照护服务需求存在一定的差异性。失能程度越轻，对精神慰藉、心理服务需求越高；失能程度越重，对专科护理、康复护理的需求越高。社区居家失能老人长期照护服务需求的影响因素由大至小依次为能力等级、年龄、慢性病患病数量、经济来源、居住状况。

2. 个人及家庭因素

丁一(2014)认为失能老人的性别、居住状况、身体状况、婚姻状况显著影响他们的长期照护需求，女性、有配偶的失能老人，身体状况较好、非独居的失能老人，更希望选择与家庭及子女联系密切的长期照护模式。张玉琼、许琳(2016)调查研究发现：经济状况、健康状况、精神状态、文化程度等因素对老年人智能养老服务的需求意愿有影响。李强、岳书铭、毕红霞(2015)基于山东农村调查数据，认为农村失能老年人对长期照护需求强烈，最偏好的长期照护方式是家庭照护，最需要的长期照护服务是康复护理类服务，年龄、可支配收入、子女数量、文化程度、视力、基本生活自理能力、慢性疾病数量、独立居住或夫妻同住、工具性活动自理能力和精神慰藉对农村失能老年人长期照护的需求程度有显著影响。

3. 政府和社会支持因素

刘晔翔(2016)等通过对调查数据进行 Logit 回归分析得出：慢性病护理服务、生活帮助服务、日常生活活动能力得分和是否患慢性病对 LTC 需求有影响。翟绍果、郭锦龙(2013)对老年人 LTC 需求意愿的影响因素是性别、生活能否自理、精神生活、当前养老方式、当前长期照护服务是否全面、对当前长期照护服务是否满意等。石小盼等(2016)基于调查数据 Logit 回归分析表明：月收入、社会支持和失能程度是长期照护模式选择意愿的影响因素。侯志强(2014)通过研究发现，失能程度、健康状况、经济状况、家庭支持、照护模式等因素对居家失能老人长期照护的满足情况有显著影响①。李伟峰(2014)对武汉市部分老年人长期照护现状的调查发现，老年人的经济收入、日常生活能力、就医方便程度和健康状况对长期照护需求存在影响。王玉环等(2015)对援疆汉族失能老人的长期照护研究中也指出，影响老年人居家照护需求的主要因素包括老年人的在职状态、月收入、主要经济来源、失能时间、失能原因和失能程度。王晓亚(2014)通过对农村老年人社区居家养老服务需求的影响因素进行计量分析，认为年龄、健康状况、子女月探望次数、生活自理能力、家庭经济水平、文化程度、养老服务价格等，都对农村老年人的社区居家养老服务需求意愿产生了不同程度的影响。

(四)长期照护服务需求增长趋势预测

根据全国老龄办 2010 年全国城乡老年人口状况追踪调查显示，失能老人的生活照料(特别是老年餐桌、家政服务)、医疗、康复护理和精神文化服务需求旺盛、市场容量巨大。按照失能老人调查可接受的平均价格测算，为失能老人上门做家务和老年餐桌的年销售额将分别由 2015 年的 992 亿元和 645 亿元，增加到 2050 年的 3261 亿元和 2121 亿元(见表 1-24)。

---

① 侯志强. 城市居家失能老人长期照护服务保障完善研究[D]. 上海：华东理工大学，2015.

表 1-24　中国城市地区上门做家务/老年餐桌销售额预测　（单位：亿元）

年份	上门做家务销售总额	老年餐桌销售总额
2015	992	645
2020	1291	839
2025	1697	1104
2030	2224	1447
2035	2660	1730
2040	2845	1850
2045	3024	1967
2050	3261	2121

数据来源：根据中国老年科研中心“2015 年中国城乡老年人口状况追踪调查”数据预测.

根据全国老龄办 2010 年全国城乡老年人口状况追踪调查显示，我国老年人口中完全失能老人约为 6. 8%，其中 16. 6%的失能老人愿意入住养老机构，完全失能老人的平均卧床时间为 2. 1 年，目前养老机构中护理人员与失能老人的比例为 1 ∶ 3，即可推算出未来我国完全失能老人所需的养老床位数和护理人员数将分别由 2015 年的 489 万张和 163 万人，增长到 2050 年的 1041 万张和 347 万人(见表 1-25)。

表 1-25　我国完全失能老人所需养老床位和护理人员数量预测

年份	完全失能老人（万人）	入住养老机构意愿(%)	床位周转率（年）	所需床位数（万张）	护理人员数量（万人）
2015	1404	16. 6	2. 1	489	163
2020	1638	16. 6	2. 1	571	190
2025	1915	16. 6	2. 1	668	223
2030	2312	16. 6	2. 1	806	269
2035	2632	16. 6	2. 1	918	306
2040	2720	16. 6	2. 1	948	316
2045	2815	16. 6	2. 1	981	327
2050	2986	16. 6	2. 1	1041	347

数据来源中国老年科研中心“2010 年中国城乡老年人口状况追踪调查”原始数据：李本公. 中国人口老龄化发展趋势百年预测[M]. 北京：华龄出版社，2007.

二、长期照护服务供给

如前所述，长期照护服务的供给一般由家庭、社区、社会中介组织、志愿者、企业(市场)和政府提供，由失能老人本人、家庭或者政府购买(杨团，2016)。国内外学者对长期照护服务供给方面的研究主要集中在长期照护服务供给的模式和运作机制方面，已有研究对长期照护服务供给机制的关注点主要集中在：由国家主导的供给机制、市场机制、准市场机制、社会化机制、志愿服务机制、社区自治机制等。可以按照服务类型、性质等对服务供给进行分类(见表1-26)。

表1-26 低中高端长期照护服务对比分析表

类型	营利与否	性质	服务对象	供应主体及政府角色	类别	属性
低端	不营利	福利性	孤寡、低收入的失能及高龄困难老人	政府供给：自我监管	公共服务	养老事业
中端	微利	准市场性	面向所有老人，主要是“夹心层”老人	服务供应商供给，政府引导、扶持、监管	准公共服务	养老事业 养老产业
高端	营利	市场性	有足够资金购买高端养老服务，享受高品质、多样化晚年生活的老人	服务供应商供给，政府监管	私人服务	养老产业

(一)供给主体

Higgin(1986)认为养老的社会支持主要来自政府、营利性机构、非专业护理人员、雇员和行业协会、志愿者或非政府组织、非营利性组织等。Glennerster(1992)指出社区养老服务的资金主要来源于政府、保险基金、个人、私营业主、行业协会和慈善团体捐赠等。孙慧峰(2010)认为政府、企业、社区、非政府组织及家庭是主要的供给主体。养老的行为主体是配偶、子女、其他家庭成员、国家、集体、社区、志愿者等(纪晶晶，2007)。Cantor(1985)根据照顾主体，将老年人的社会支持体系分为非正式支持体系和正式支持体系(由政治和经济制度、社会福利机构和各类社会志愿团体组成)，在这个模型中(见图1-7)，老人处在中心位置，系统的外围是老年人可获得的各种资源。Gibson(1998)归纳了西方国家老年人

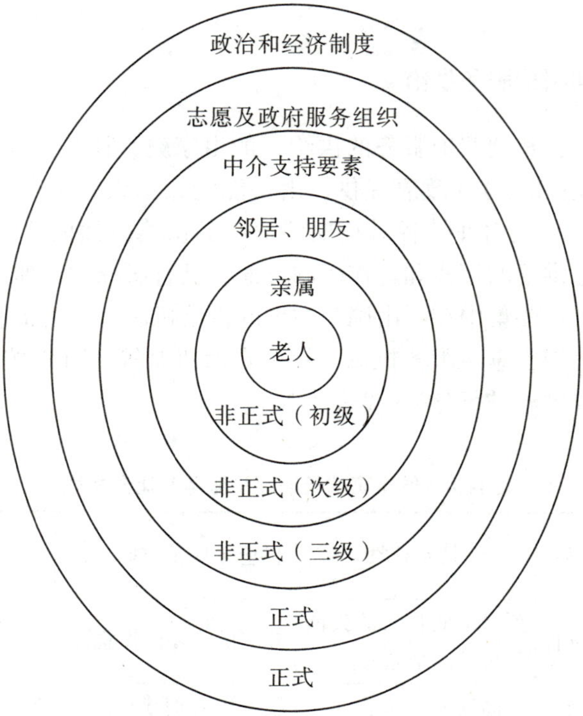

图 1-7　老年人的社会支持体系

养老服务的变化趋势：(1)各国政府更偏向于“就地老化”、“去机构化”；认为居家照护优于机构照护和医疗照护。(2)通过对家庭照护资源的利用降低政府的公共支出。(3)建立服务质量的评估指标和监控体系，重视照顾质量；政府多采用委托外包的方式提供服务。(4)通过立法保护养老服务对象的权利和自主性。

(二)供给模式

长期照护服务除了具有部分养老产业的市场特征外，部分长期照护服务还具有政府举办的公益事业特征，另有部分长期照护服务兼有事业和产业的特征(见表 1-26)。可见，长期照护服务市场是一个复杂的市场。其市场主体除了供应商、购买者、潜在进入者、替代品和同行业竞争者外，还有政府作为出资购买者向生产者购买长期照护服务，社会中介组织作为志愿者、生产者或购买者，而一些企业和组织，则作为生产者参与其中。

萨瓦斯(2000)在区分“供应”与“生产”的基础上，总结了公共服务供给的十种安排：政府服务、政府出售、政府间协议、合同承包、特许经营、政府补助、凭单制、自由市场、志愿服务、自我服务①。基于国家和市场之间的取舍或不同程度的结合，国家、非营利机构以及市场在提供长期照护服务方面担当着不同的角色。国际上的不同国家采取不同的模式来提供长期照护服务，包括国家主导模式、传统混合经济模式、现代混合经济模式，以及市场主导模式(Johnson，1999)。国家主导模式从服务提供、经费来源和管理层级都以政府为主(见表 1-27)，市场主导模式的服务提供来自商业机构，经费来源是服务收费，而管理由市场操控。而位于二者之间的传统混合经济模式和现代混合经济模式，政府、机构和市场分别占据了不同的份额。

表 1-27　国家和市场分工模式下的长期照护服务模式

分类	服务提供	经费来源	管理者	国家/地区	管理模式
国家主导模式	政府	政府	政府	中国(1980 年以前)	政府提供资金和管理
传统混合经济模式	政府 志愿机构	政府 私人资金	政府 自治机构	中国(1980 年以后)、香港、澳大利亚、加拿大、英国	中间过渡状态
现代混合经济模式	政府 志愿机构 商业机构	政府 私人资金 服务收费	政府 自治机构 市场	德国、日本	
市场主导模式	商业机构	服务收费	市场	美国、中国台湾地区	多元化、私营制提供资金和管理

在资金来源方面，Higgins J.（1986)认为社区服务主要由政府、营利性机构、非专业护理人员、志愿者或非政府非营利组织等组成。Glennerster H.(1992)对社区护理的资金来源进行了研究，认为主要是来自政府财政、个人和保险基金捐赠等。Alber J.（1992)的研究认为，英国职业私人养老基金在政府的支持下逐渐发展成为本国社区服务资金的主要来源。发达国家在筹集养老服务资金方面动员了大量的社会资源。除政府财政补贴和政府购买等方式支持养老服务发展以外，还鼓励社会上的商业性养老服务机

① Arrighi Y, Davin B, Trannoy A, et al. The non-take up of long-term care benefit in France: A pecuniary motive? [J]. Health Policy, 2015, 119(10): 1338-1348.

构、社会福利机构参与，并给予减免税收等政策鼓励和政策支持。另外，各种慈善组织、民间团体和个人也会捐助资金，为养老服务奉献爱心。日本的长期护理保险的经费来源于中央财政、地方财政和个人，同时商业保险公司和商业老年服务机构的介入分散了护理保险制度面临的风险，实现了服务供给的多元化。

（三）长期照护服务的供给机制

从制度层面上看，长期照护服务日益形成了以行政机制为基础，以准市场机制、市场机制、志愿机制、自治机制等为补充的多种供给机制共同作用的趋势。(1)政府的行政机制。萨缪尔森的公共支出理论认为：国家代表公共权力，需要维护社会公众利益。政府通过代理机制获得合法授权，制定政策并直接提供公共服务①。郭凤英(2011)认为：在政府主导的基础上，多种社会力量广泛参与，逐渐形成政府、家庭、社区、市场、居民等多元主体供给公共服务的局面，弥补了我国社会保障的薄弱环节，也有效补充了我国财力不足，是符合我国国情的长期照护服务供给机制。(2)市场化机制。政府失灵的缺陷兴起了公共服务市场化改革的热潮。利用市场“看不见的手”可以实现资源优化配置，调解社会生活会优于国家强制干预②。由此出现了萨瓦斯(E. S. Savas，2000)的民营化思想③等。盖伊·彼得斯(2001)主张在政府部门的所有工作中引入竞标方式。(3)准市场机制。准市场机制——“政府购买市场服务”，通过直接拨款或公开招标购买社会服务，是政府按市场原则满足社会公共服务需求，实现政府财政效力最大化的重要方式(萨拉蒙，2008)。(4)社会化机制。随着社会中介组织、志愿者组织和慈善机构等社会力量的发展壮大，为挖掘社会资源提供政府和老年人急需的服务有了可能(朱浩，2015)④。(5)志愿服务机制。政府通过发动社会志愿者、学生志愿者组织、民间志愿队伍等志愿者服务队伍的力量，使之参与养老服务工作，可以提供精神慰藉、陪聊等政府难以完成的服务(郭凤英，2011)。(6)第三方评价机制。公正客观的第三方评价机构代表社会公众，自由、独立、客观地进行检验、测评和监

---

① Jr. F M . Long-Term Care[J]. Aviation Week & Space Technology, 2007(17): 166.

② Arora K. Three Essays on the Supply of Long-Term Care Services to the Elderly in the US[R]. 2015.

③ E. S. 萨瓦斯. 民营化与公私部门的伙伴关系[M]. 北京：中国人民大学出版社，2002：33.

④ 朱浩. 城市社区养老服务的递送机制研究[D]. 杭州：浙江大学，2015.

督养老机构，代替政府行使监管职能，形成完善的评价标准和合理监督机制，控制成本，提高服务态度和服务质量，协调养老机构与政府部门之间的利益关系等(唐钧，2015)。侯志强(2015)认为家庭照护资源紧缺、市场供给不足、国家保障薄弱，居家失能老人的长期照护需求无法得到有效满足，长期照护服务供给面临保障不足①。

(四)长期照护服务供给中的政府责任

著名经济学家凯恩斯在《就业、利息和货币通论》中提出政府干预市场的原则，他指出政府应该承担更多的公共服务责任，通过财政转移支付等方式补贴穷人，凯恩斯思想为西方政府发展和建设养老服务，建设福利国家奠定了理论基础。受上述思想影响，政府承担了大部分的责任，导致政府的长期照护服务支出过大，财政上逐渐吃紧，甚至出现“入不敷出”的窘境。因此，各国政府开始着力研究在养老服务中政府应负的责任和权限。罗尔斯认为，政府在公共服务中所起的作用是有限的，其供给模式应是补缺型的。在此之后的福利多元主义学者也强调政府不是唯一的福利责任承担者，而应该由政府、非营利组织、家庭、社区共同承担。

陈海敏(2017)、陈红珠(2007)通过对当地养老服务中政府责任的现状和问题分析，指出政府要通过在养老服务中坚持主导责任，抓好制度设计引导、要落实政府扶持责任，调动社会养老力量；要履行社会监管责任，推动养老服务标准化；要维护公平正义，筑牢养老服务根基四个方面履行养老责任。沈毅(2008)指出我国在经济不发达的情况之下进入人口老龄化，家庭承担了大量养老责任，但是随着人口老龄化加快，家庭规模减小，养老能力下降，迫切需要政府作为社会公共管理机构来承担制定制度政策、财政保障、监管实施及发展老年服务业责任等。周湘莲、林琛(2013)是从居家养老服务入手研究政府责任，认为在居家养老服务中，政府具有制度规划、监督管理、资金支持等责任。张世青、王文娟、陈岱云(2015)是从农村养老服务入手研究政府责任，认为政府具有契约型养老责任、财政扶持责任、培育市场发展责任、完善社会保障制度责任等(见表1-28)。

① 侯志强. 城市居家失能老人长期照护服务保障完善研究[D]. 上海：华东理工大学，2015.

表 1-28 养老服务供给中的政府责任分类

时间	作者	文献	政府责任
2008	沈毅	人口老化过程中的政府责任	制度政策、财政保障、监管实施、发展老年服务业
2013	周湘莲 林琛	居家养老服务民营化中政府责任的缺失及其治理	制度规划、监督管理、资金支持
2019	朱冬梅 曹延雯	我国养老服务供给中的政府责任研究——基于委托代理视角	组织责任、制度设计与规范责任、财政责任、监督责任
2019	易艳阳 周沛	元治理视阈下养老服务供给中的政府责任研究	制度设计、财务出资、统筹监督
2019	江旭成	养老服务体系中的公共风险和政府责任研究	改善人口结构、增加老年人收入、实行制度改革、纠正失衡、主导建设
2020	张鹏程	政府在城市居家养老服务中的责任定位	政策制定、资金支持、监督管理、组织引导
2020	靳楠	石家庄市政府在养老服务供给中的责任研究	政策引导、体制构建、财政支持、监督管理
2020	栾晓岑	大连高新区居家养老服务中基层政府责任研究	制定和实施政策、资金支持、监督管理、宣传活动、引导社会各界参与养老服务、培育各类专业人才

在对养老服务中的政府责任研究中，不同学者的意见也不尽相同，陈曦(2017)认为政府责任包括以下四个方面：政策制定——政府责任的铺垫；监督管理——政府责任的透视；财政支持——政府责任的关键；政策实施——政府责任的中心。朱慧(2013)认为政府应转变角色，扮演养老服务的制度规范者、购买者、监督者，将养老服务的部分责任分担给其他供给主体。

在对政府的职责定位中，赵青(2010)认为在养老服务中政府必须起主要作用，但是又必须明确政府的责任是“掌舵”而不是“划桨”。赵乐(2010)从具体的职责定位出发，认为政府作为治理主体，应当负责有关法律法规的制定和实施、大部分区域公共设施和公共服务的提供，应承担大部分的养老服务责任，在此同时引入市场机制，避免政府在养老服务中的垄断。孙慧峰(2010)认为对政府来说要进行角色的合理定位，政府的角色是管理者、监督者和推动者，而不是具体的执行者，其职责概括而言主要包括五个方面：倡导示范、发布规划、政策扶持、监督评估、整合资源。

在政府的具体角色进行细化时，马威(2009)提出政府的角色：一是养老服务社会化体系的规划者，二是维护弱势老年群体公平享受养老服务责任的调解者，三是提供和整合社会养老服务资源的保障者，四是养老服务社会化体系规范发展监督者。李正龙、汪泓(2012)论述了政府在养老服务社会化过程中政策制定者、资源提供者、服务监管者的角色。陕西民政厅在《构建城乡一体化的社会化养老服务体系研究》一文中对政府角色的定位：老年人需求满足能力的保障者、部分养老服务设施的直接投资者、养老服务标准的制定者、养老服务市场的引导者和监管者。

大多数学者认为政府在养老服务中应当起到主导作用，表现为如下几个方面：首先是财政支出，其次是政策制定，再次是综合协调，最后是监督管制。比如赵丽宏(2007)认为，各级政府应当把发展养老事业列入发展规划的重要内容，还特别强调了政府有责任为经济困难的老年人提供服务。赵靓雯(2014)强调政府对社会的观念引导，提高社会对养老的关注度，提倡政府通过立法来规制养老，但是也提到政府不可过分干预，避免“大政府，小社会”的局面。胡玉娟(2015)提到对养老服务的设施兴办、资金来源、项目内容、运作方式，政府并不承担直接责任，而是在宏观范围内引导、鼓励与扶持，在微观范围内救助特困老人。

综合以上文献，可以把养老服务中的政府责任细分为：①财政、资金支持责任，包括政府投资，政府购买，社会保险，政府补贴；②组织宣传、主导责任，包括主导工作，教育引导，开展宣传，加大优惠；③政策制定、制度规划责任，包括立法保障，制定标准，完善制度，统筹协调；④专业人才培养责任，包括职业培训，绩效评估，职业认同，资格认定；⑤培育和监管市场主体责任，包括政策扶持，加强监管，良性竞争，市场培育等。

根据养老服务的具体内容和服务属性，可以将包含兜底保障、经济补贴、社会优待、优惠扶持等政务服务的，面向“三无”老人、“五保”老人、经济困难老人和失能老人等群体的，具有福利性质的基础性政务服务，定义为公共服务，在这一类服务中，政府责任主要为财政、资金支持责任，包括政府投资、社会保险、政府补贴等(见表1-29)。

表 1-29 政府责任与养老服务对照表

政府责任清单			养老服务清单	
财政、资金支持责任	政府投资		政务服务	兜底保障(公共服务)
	政府购买			经济补贴(公共服务)
	社会保险			社会优待(公共服务)
	政府补贴			优惠扶持(公共服务)
组织宣传、主导责任	组织主导		生活照料	供餐服务(市场化服务)
	教育引导			家政清洁(市场化服务)
	开展宣传			托老照料(公共服务)
	优惠政策			代办服务(市场化服务)
制定政策、制度规划责任	立法保障			应急援助(公共服务)
	制定标准	⇔		安全保障(公共服务)
	完善制度			服务咨询(市场化服务)
	统筹协调		康复护理保健	健康教育(公共服务)
专业人才培养责任	职业培训			健康管理(公共服务)
	绩效评估			康复护理(准公共服务)
	职业认同			就诊服务(准公共服务)
	资格认定			家庭助医(市场化服务)
培育和监管市场主体责任	政策扶持		精神慰藉	老年教育(公共服务)
	加强监管			精神关爱(公共服务)
	良性竞争			互动参与(准公共服务)
	市场培育			权益维护(公共服务)

将面向普通老年人，可由市场提供的供餐服务、家政清洁、托老照料、代办服务、应急援助、安全保障、服务咨询等生活服务定义为市场化服务。在这一类服务中，政府责任主要为包含职业培训、绩效评估、行业培育、资格认定的专业人才培养责任和包含政策扶持、加强监管、维护良性竞争、培育市场的监管市场主体责任。

将强调公平和社会利益的，具有有限的非竞争性或有限的非排他性的，已经列入政府基本公共服务清单的健康教育、健康管理、康复护理、就诊服务、家庭助医等医疗保键服务和包含老年教育、精神关爱、互动参与、权益维护等精神慰藉服务，定义为公共服务或准公共服务。在这一类服务中，应采取政府和市场共同分担的原则。政府责任为主导责任，主要有财政资金支持、教育引导、宣传组织，以及立法保障、制定标准、完善制度、统筹协调、政策规划等方面的责任。

三、长期照护服务供需均衡研究

（一）供需失衡原因分析

从现有文献分析看，长期照护服务供需均衡的主要原因有：

（1）供给不足。姜向群、郑研辉（2015）认为传统观念以及社区养老服务供给动力不足、社会认可度低等因素的制约，社区养老服务在需求、供给、利用方面存在着严重失衡现象①。汪钰（2015）和 Hue L、Wang K M（2016）认为服务人员规模偏小且总体专业化水平偏低；居家养老服务刚性需求大，但购买力不足是居家养老服务供需失衡的主要原因②③。边恕、黎蔺娴、孙雅娜（2016）用 Logit 模型对影响养老需求的因素进行了定量研究，认为养老需求丰富化；养老服务投入不足；养老服务缺乏有效引导机制，全社会参与率低；缺乏专业性的服务人员；对养老服务质量没有量化考核监管体系等原因，导致养老服务领域产生了供需不对称、供需失衡的问题④。Jia M、Heath T（2016）认为照护机构的数量与规模供给不足、供给结构失衡，养老床位等机构设施建设不足、照护人员紧缺与专业性不足以及照护服务质量和水平普遍较低等是失能老人机构服务照护供需失衡的基本特征，供需失衡的主要原因有国民经济基础薄弱、政府统筹规划及服务不到位、财政投入不足、护理行业发展不充分以及失能老人照护风险高等⑤。汪波（2016）和房立冰（2014）社区养老供需失衡的根源在于政府

① 姜向群，郑研辉. 社区养老服务的供需失衡问题及对策研究——以北京市为例［J］. 社会建设，2015（4）：67-76.

② 汪钰. 居家养老服务供需失衡现状及其原因研究——基于保定市 F 社区的调查［A］// Information Engineering Research Institute, USA. Proceedings of 2015 3rd International Conference on Social Science and Education（ICSSE 2015 V75）. Information Engineering Research Institute, USA，2015：135-139.

③ Hue L，Wang K M. Decision Analyses of Medical Resources for Disabled Elderly Home Care：The Hyper Aged District in Taiwan［M］. Frontier Computing. Springer Singapore，2016：85-95.

④ 边恕，黎蔺娴，孙雅娜. 社会养老服务供需失衡问题分析与政策改进［J］. 社会保障研究，2016（3）：23-31.

⑤ Jia M，Heath T. China's diversifying demand for housing for the elderly［J］. International Journal of Housing Markets and Analysis，2016，9（2）.

供给错位、市场购买力不足、社会团体的供给失灵。

(2)供需结构失调。朱凤梅、王震(2016)和邹华(2016)基于案例调查，认为公办养老机构效率低下、部门条块分割以及养老机构难以降低的劳动力投入成本是导致当前长期照护服务供需均衡的根本性原因①。Jiao M(2016)通过国内外老年人长期照护服务供给的比较分析，认为我国和发达国家长期照护服务的供给背景、供给形式、供给内容、供给性质等方面有许多共同点，在供给基础、供给重点、供给制度、供给支持等方面存在较大区别。同时我国的长期照护服务存在供需矛盾突出、功能难以充分发挥、筹资渠道有限、保障要素不足等问题②。

(3)需求缺乏调查评估。桂雄(2015)认为养老服务供需失衡的原因是对养老需求缺乏科学评判、对服务对象缺乏严谨评估、对社会资本缺乏有效引导、对服务人才缺乏系统培训等③。养老服务的需求评估机制欠缺(孙洪波，2020)④，对养老服务需求缺乏评估和监督机制(阳慧，2020)⑤。

(4)需求增长快。田北海、王彩云(2014)通过实证分析得出结论：当身体机能下降且家庭养老资源不足时会导致老年人对社会养老服务产生刚性需求⑥。涂爱仙(2016)认为历史造成的低出生率和预期寿命延长导致老龄化严重，某些方面的政府责任缺位，当前社会养老服务政策滞后且落实不到位等是我国失能老人长期照护服务供需严重失衡问题的深层原因。

(5)养老资源贫乏。罗小华(2014)认为我国城市失能老人长期照护服务面临着供需矛盾，床位不足与床位“空置”并存、服务内容不能满足失能老人的需求，是失能老人数量增长快与长期照护事业发展缓慢的矛盾、失能老人服务需求多元化与照护水平单一的矛盾等。造成城市失能老人长期照护困境的主要原因有长期照护的政策制度缺乏、长期照护的保障要素不足、长期照护的有效需求不足、家庭照护失能老人的功能逐渐弱化等。

---

① 邹华. 中国老年人长期照护服务供给的国际比较及发展对策[J]. 社会福利(理论版)，2016(5)：44-48.

② Jiao M, Heath T. China's diversifying demand for housing for the elderly[J]. International Journal of Housing Markets and Analysis, 2016, 9(2).

③ 桂雄. 当前我国社会养老服务体系建设存在的问题和建议[J]. 经济纵横，2015(6)：100-103.

④ 孙洪波. 城市社区养老服务问题与对策研究[D]. 青岛：山东科技大学，2020.

⑤ 阳慧. 积极老龄化视角下城市社区互助养老问题研究[D]. 蚌埠：安徽财经大学，2020.

⑥ 田北海，王彩云. 城乡老年人社会养老服务需求特征及其影响因素——基于对家庭养老替代机制的分析[J]. 中国农村观察，2014(4)：2-17，95.

这些原因有的是客观因素造成的，有的是主观观念导致，有的是老龄化过程中长期缓慢形成的，有的是高龄老人人口数量在短期内急剧增长引发等①。

(6)购买力不足。Yu W、Li M、Gee Y(2015)认为造成供求失衡的原因主要是服务人员规模不足且专业水平总体偏低，居家养老服务刚性需求大，但购买力不足②。汪钰(2015)和张增芳(2012)认为家庭规模渐小对机构养老需求增多；养老机构建设缓慢造成供给严重不足；养老服务发展与养老服务需求不适应；养老服务队伍自身素质与养老服务机构功能作用不适应是机构养老供需失衡的根源。

(二)供需失衡的分析方法

最常见的供需均衡测量是建立新古典经济学供求理论基础上的供求曲线的价格弹性分析。但是，供需失衡的分析不能简单套用供需均衡的分析方法。特别是长期照护服务包含准公共品和私人品，并且处于行业发展的初级阶段，是一种不完全竞争状态下的供给与需求，市场机制并不能起主导作用，价格也不能完全反映供求关系。因此运用供需均衡分析的方法有一定的局限性。文献中有一些新的方法，其中耦合系统指标体系评价法值得借鉴。

(1)描述统计分析法。对于通过文献检索分析，有一些新的供需均失衡的分析方法。姜向群、郑研辉(2015)通过调查数据，比较养老服务项目的利用率、利用差、供给率、需求差进行分析。

(2)耦合系统指标体系评价法。Yang W、He A J、Fang L(2016)建立了评价指标体系，对长期护理保险的融资政策进行评价③。盛欢(2012)构建了物流供给子系统和物流需求子系统的评价指标体系，然后应用数据包络分析方法(DEA)分别计算出了各子系统内和子系统之间的“协同效度”“发展效度”“协同发展综合效度”④。另外在旅游经济学领域，陈青松(2015)建立了城市旅游耦合协调评价指标体系。其中，系统层由入境旅

① 罗小华. 我国城市失能老人长期照护问题研究[D]. 成都：西南财经大学，2014.

② Yu W，Li M，Gee Y，et al. Transformation of potential medical demand in China：A system dynamics simulation model[J]. Journal of Biomedical Informatics，2015，57：399-414.

③ Yang W，He A J，Fang L，et al. Financing institutional long-term care for the elderly in China：A policy evaluation of new models[J]. Health Policy and Planning，2016，31(10)：1391-1401.

④ 盛欢. 湖北物流系统的供需均衡研究[D]. 武汉：武汉理工大学，2012.

游需求系统和入境旅游供给系统组成；目标层中入境旅游需求系统包含7个指标，入境旅游供给系统由核心供给、基本供给和辅助供给组成，包含28个指标①。

（三）改变供需失衡状况的对策建议

姜向群、郑研辉（2015）认为应该从加强社区养老服务网络建设、因地制宜合理配置服务资源以及转变观念提升老人的有效需求。边恕、黎蔺娴、孙雅娜（2016）提出以社区养老为主体、以服务链理论为指导、明确政府定位等。朱凤梅、王震（2016）认为解决供需失衡问题需要实现养老机构间的公平竞争，打破部门间的行政壁垒，以及充分利用非正规就业人群解决劳动力短缺问题。涂爱仙（2016）认为解决失能老人的养老照护问题必须有效发挥政府的主导作用，落实优惠政策、加大财政投入、扩大养老服务供给，实施家庭照护补贴制度，推行长期护理保险制度，在完善养老服务体系中突出政府对失能老人的责任②。侯志强（2014）和姚俊（2015）提出要完善筹资机制，逐步探索长期照护保险制度；协调各方，加快长期照护业发展，增加照护资源供给；建立和完善家庭照护支持政策。赵怀娟、刘玥（2016）做到四个协同：主体协同、服务协同、平台协同、供需协同③。胡宏伟等（2015）认为嵌入式养老模式有利于为老年人提供便利、个性和专业的服务④。Shen S、Li F、Tanui J K（2014）借用世界银行的多支柱养老保险体系的模式，提出了构建具有需求差异性的多支柱养老服务体系的观点⑤。童星（2015）认为应将社会化养老服务的落脚点放在社区，以“社区居家养老”的形式来实现家庭与机构的有机衔接。倪东生、张艳芳（2015）提出了政府购买养老服务，进而起到引领作用。李晓琳、吴健（2015）针对老年养老需求，认为应打造多元供给格局、重视居家和社区养老服务、强化需求管理。

---

① 陈青松. 城市旅游供需耦合协调度级别甄选评价研究［D］. 西安：陕西师范大学，2015.

② 涂爱仙. 供需失衡视角下失能老人长期照护的政府责任研究［J］. 江西财经大学学报，2016（2）：70-76.

③ 赵怀娟，刘玥. 多元复合与福利治理：老年人长期照护服务供给探析［J］. 老龄科学研究，2016（1）：45-51.

④ 胡宏伟，汪钰，王晓俊，张澜. “嵌入式”养老模式现状、评估与改进路径［J］. 社会保障研究，2015（2）：10-17.

⑤ Shen S，Li F，Tanui J K. Long-term care insurance in China：public or private?［J］. Social Work in Health Care，2014，53（7）：679-692.

四、长期照护服务供需均衡的评价研究

李森(2015)等借鉴物理学中的容量耦合系统模型，衍化得到旅游产业与城市化的耦合度模型。国内学者将旅游产业与区域经济两个系统通过各自的耦合元素，对彼此之间产生相互影响的程度定义为旅游产业——区域经济耦合度，它的大小反映了旅游产业与区域经济两者之间相互协调的程度(吴跃明等，1996；杨勇，2006)。翁钢民等和刘雨萌(2014)通过阐述旅游公共服务需求与旅游公共服务供给相互协调发展的作用机理，建立了旅游公共服务供需失衡的评价协调度指标体系，引入耦合协调度数学模型及计算方法，选取了东中西部共 10 个旅游城市 2012 年的数据为样本，对其旅游公共服务的供需失衡的评价协调度进行了实证分析并得出了相应结论①。罗津津(2016)运用变异系数、熵值法对供需两大系统的发展水平进行了综合测评，同时研究了全县基本公共文化服务供需失衡的评价协调度水平及其空间分异②。吴冰、马耀峰(2015)基于对西安市入境游客的问卷调查，获取饭店游客服务供需失衡的评价协调状况的一手数据，分析饭店游客服务供给——需求系统耦合协调程度，并利用结构方程分析不同要素与饭店游客服务供需失衡评价之间的定量关系③。

赵湘莲(2015)通过建构目标层、系统层、功能层和指标层组成的基本养老保险与金融耦合协调发展的评价指标体系，运用熵值法和耦合协调度模型对我国 1990—2012 年基本养老保险与金融的耦合协调度进行测度和评价，以便考察两者的协调发展水平和相互影响程度。该研究结论显示：我国基本养老保险与金融耦合协调度偏低，且耦合协调度类型主要是金融发展滞后型，但两者的耦合协调度呈逐步上升趋势，耦合协调发展水平在不断改进和提高。建议加强金融市场的深化发展，提升金融发展水平，并制定合理的金融政策，促使金融与基本养老保险有效融合与优质协调发展。在评价耦合状况时，文献中最常用的指标是耦合协调度，其次是耦合度，也有少量文献运用了满意度评价指标(见表 1-30)。

---

① 翁钢民，刘雨萌. 旅游公共服务供需耦合协调度分析[J]. 中国集体经济，2014(13)：72-73，78.

② 罗津津. 基本公共文化服务供需耦合协调度研究[D]. 武汉：华中师范大学，2016.

③ 吴冰，马耀峰. 西安市入境游客需求与饭店供给耦合实证研究[J]. 西北大学学报(自然科学版)，2015(4)：660-664.

表 1-30　耦合评价中常用的指标

作者	年份	文献标题	指标
涂舒云	2016	休闲农业与美丽乡村协同发展的耦合度评价研究	耦合度、耦合协调度
纪雪等	2016	旅游开发型美丽乡村绿地多功能耦合协调度研究	耦合协调度、满意度
刘雨萌	2014	旅游公共服务的供需失衡的评价协调机理与均衡机制建构研究	耦合协调度
王搏	2014	基于耦合模型的我国区域经济生态环境协调发展动态研究	耦合度、耦合协调度
郭静静	2016	中国省域生态环境与经济发展耦合关系研究	耦合度、耦合协调度
董亚娟	2012	供需视角入境旅游流驱动与城市目的地响应耦合关系研究	耦合度、耦合协调度
王永明	2011	城市旅游经济与交通发展耦合协调度分析	耦合协调度
彭英等	2016	基于需求与满意度耦合视角的“村改社”社区体育公共服务供给研究	满意度

王高华(2015)认为，居家养老和社区养老的耦合包括经济耦合、服务设施耦合和服务主体耦合，通过政策支持、资金支持、技术和服务支持等实现。张乃仁(2013)认为，在社区中具有一定社会资本的老年人通过互惠机制可以形成供需双向耦合机制，产生规模经济效应和协同效应。双向耦合机制的两个前提包括：居家养老机构提供经济供养、生活照料和精神慰藉等三个层次的养老服务；老年人自身的比较优势，也即老年人的人力资本、社会资本和精神资本等三种个人资本。陈会星(2015)通过二元 Logit 回归模型探讨养老资源配置的影响因素。彭金玉(2015)认为：要提高城市社区老龄服务的满意度，实现城市社区老年服务需求度与满意度的耦合，必须清晰界定各类老龄服务主体的职责、畅通“上下结合”的需求表达渠道、建构老龄服务无缝隙供给机制。

五、对现有研究和文献的评价

通过检索国内外文献，失能老人长期照护服务方面的研究文献最近几年快速增长，特别是对失能老人的研究增长很快，这些成果都具有很强的理论和实践意义。但是对长期照护服务供需均衡的定量研究不够深入，特别是有关失能老人长期照护服务需求与供给匹配或失衡程度的分析方法研究较少。从以上的文献分析可以看出，随着人口老龄化步伐加快，对长期照护服务需求、供给方面的理论和实证研究不断深入，为本研究打下了坚实的文献基础。现将现有文献的贡献和薄弱环节评述如下：

（一）现有研究和文献的理论和实证贡献

（1）对失能老人、养老服务、长期照护服务、养老资源等概念的界定和分析已经比较成熟，概念非常清晰。

（2）对失能老人长期照护服务的社会支持和社会保障问题的研究比较深入，对人口老龄化背景下的长期照护模式、长期照护的责任分担、供给主体、供给模式、养老资源的类型、养老资金的筹资方式、失能保险、失能补贴等方面的研究比较深入。

（3）通过问卷调查或统计资料对失能老人长期照护服务供给和需求的现状、困难、存在的问题、供需失衡等都有一定的研究和描述性统计分析。

（4）对解决失能老人长期照护服务的需求和供给提出了一些建设性的对策和建议，有的文献还从需求管理和供给侧改革的角度提出政策建议。

（二）现有研究和文献存在的薄弱环节

（1）现有理论和文献中缺少一种测度长期照护服务供需均衡程度的方法，对供需失衡的评价状况进行精准、客观的评价，只能定性地描述供大于求、供小于求或者供需结构性失调。现有的供给需求均衡理论是建立在价格弹性基础上，对市场竞争状况下的产品或服务的需求与供给的一般规律进行分析研究，而长期照护服务是供给不充分，市场化程度较低的一种公共服务和经营性服务兼而有之的特殊新兴服务，因此运用现有经济学的建立在价格弹性分析基础上的供需均衡理论来阐释，有一定的局限性。旅游经济学部分学者引入物理学的耦合度和耦合协调度，是一个很好的评价供需失衡状况的思路，但是只考虑到数量的耦合，没有考虑质量的耦合，因此尚有改进和完善的空间。

（2）已有研究成果一般是通过调查数据，对长期照护服务的需求或/和供给的现状进行描述性分析，找出供需失衡的问题所在，提出对策。部分文献对需求的影响因素进行分析，但往往忽略了有效需求和现实需求的区别，对需求优先顺序的研究较少且不够深入。

（3）对长期照护服务需求与供给之间相互影响相互作用的耦合机制的

研究不够深入，对需求和供给的形成机理“黑箱”缺乏进一步更深入的揭示。当然，供给和需求之间相互影响相互作用的机制也是理论和实证研究的一个难题，很少有学者去触碰这一领域。

(4)对长期照护服务中各主体的责任划分不太清晰，福利多元主义理论对政府、家庭、社会、市场等主体的责任有一个概括性的描述，但是对责任划分不够具体，特别是政府作为主要的责任方，应该承担什么责任，不是很清晰。

(5)现有文献对长期照护服务的供给管理和需求管理方面的管理对策研究比较薄弱，缺乏整体性、系统性和针对性。

第五节　研究内容与研究思路

一、研究内容

全书从三个方面进行论述：

一是文献回顾及理论基础部分。在对现有文献进行了梳理和分析的基础上，对失能及失能老人、养老及长期照护模式、长期照护服务及其需求、失能老人的养老资源、长期照护服务的供给及其作用机制等核心概念进行分析，总结归纳需求理论、供需均衡理论、福利经济学及福利多元主义理论的基础上，建构长期照护服务供需均衡评价的理论、方法和模型。

二是实证分析部分。

(1)分析失能老人长期照护服务需求，在抽样调查的设计和实施，以及样本的描述性统计分析的基础上，将需求分为有效需求和现实需求。通过调查研究，运用因子分析方法进行数据分析，将有效需求分为三类，首先是失能老人必须优先满足的“基本型需求”——康复护理保健类的长期照护服务需求；其次是失能老人在满足基本需求的基础上应该尽可能满足的“期望型需求”——日常生活照料和关怀类的长期照护服务需求；再次是在满足上述两类需求的基础上，提高失能老人生活质量的可选择性“兴奋型需求”——社会服务与社会参与类的长期照护服务需求，最后对影响失能老人长期照护需求的影响因素进行回归分析。

(2)分析失能老人长期照护服务供给，对失能老人长期照护服务养老资源与服务供给的现状和特征进行分析，分析供给和有效需求、现实需求以及其他因素之间的相互影响关系。从三者之间相互关系的角度分析供需失衡的原因，在此基础上分析失能老人长期照护服务体系建设存在的问题，最后分析供给的影响因素。

(3)失能老人长期照护服务供需耦合评价和比较分析，这是本研究的重点，本研究从耦合度、耦合协调度等方面对失能老人长期照护服务的供需失衡问题进行了实证研究。归纳供需失衡的基本特征，那就是城市优于农村，养老机构养老优于居家养老。初步从定量分析的角度得出供需失衡问题的原因。失能老人长期照护服务需求与供给的耦合评价，包括有效需求与供给的耦合评价、现实需求与供给的耦合评价两个方面。原因就是失能老人长期照护服务的供给之前没有开展需求评估，有效需求和供给之间存在严重的信息不对称，供给的利用率和有效需求的满足率较低，供给不足和供需错位同时存在，所以中央提出的供给侧改革在长期照护服务中势在必行。同时其他因素也对供需之间的互动关系产生了一定的影响。不同类型的需求和供给之间的互动关系又有差异。通过对供需失衡评价的基本特征、耦合度与耦合协调度的计算，以及耦合度与耦合协调度的比较分析，分析耦合协调程度差异存在的原因。

(4)对我国东部、中部、西部三个不同区域的失能老人长期照护服务的供给和需求特征进行对比分析，进一步从实证的角度分析我国不同地区长期照护服务的区域差异。

(5)对我国城乡不同的长期照护服务模式的成本效益进行比较分析，通过构建成本效益模型，对城市和农村不同长期照护服务模式的成本效益进行比较排序，为城乡长期照护服务模式的选择提供数据支撑。

三是管理对策部分。提出促进失能老人长期照护服务需求与供给管理的公共政策。通过比较分析国内外失能老人长期照护服务需求与供给管理的基本经验，提出长期照护服务需求管理、供给管理及供需集成融合的公共政策，包括人力、物力、资金、制度建设、机制建构等方面提出了一些政策设想和对策措施。

二、研究思路

现有文献中对供给的描述是“有”、“无”，对有效需求的描述是“需要”、“不需要”，对现实需求的描述是“用过”、“未用过”，这种较为粗略的描述统计不利于后续进行更为深入的计量分析。如全国老龄办的《全国城乡老年人生存状况追踪调查(2015)》和全国城乡失能老人状况调查(2010)，中国人民大学中国调查与数据中心《中国老年社会追踪调查(CLASS)(2011，2012，2014)》，北京大学的《中国健康与养老追踪调查

(CHARLS)(2008，2011—2015，2018)》。本研究基于量化分析的需要，采用李克特五级量表将十个典型长期照护服务项目的供给、有效需求、现实需求定量化，在数据统计分析的过程中分别对这十个长期照护服务项目进行赋值、加权、汇总，进行更为精准的实证分析。通过分析失能老人长期照护服务需求和供给的基本状况和特征，对失能老人长期照护服务有效需求、现实需求和供给的耦合状况进行评价，找出影响长期照护服务有效需求、现实需求和供给的主要因素，对三者之间的耦合机制和作用机理进行分析，找出存在的问题，提出相应的对策建议。

本研究将综合运用管理学、经济学、统计学等相关学科理论，将理论分析与实证研究相结合，综合运用文献研究法、调查研究法、定量研究法等研究方法。

(一)调查研究方法

在抽样调查中，招募有调研经验的入户调查员(本科生和研究生)约120名，联合老龄工作部门、统计部门对调查员进行系统专业的培训。在湖北省、四川省、云南省、浙江省、江苏省等地老龄工作部门的支持配合下，由课题组成员带队，到受访的村(社区)，支持和引导调查人员入户调查，并对当地市(区)的老龄办进行访谈。本研究选择湖北省武汉市、黄冈市红安县、天门市、宜昌市夷陵区，以及西部的四川省江油市、云南省玉溪市元江县、曲靖市宣威市和东部的浙江省长兴县、杭州市淳安县、江苏省常熟市。每个市(县)选择4个街道办事处(乡镇)，每个街道办事处(乡镇)选择3个社区(村)、2~3个养老机构进行调研，并完成约3126份有效问卷，其中合格问卷2656份。

(二)文献研究法

本研究通过查阅大量的国内外期刊论文、学术专著、统计年鉴、政府公告、政策动态等多种文献资料，搜集大量最新数据作为本研究的论据。

(三)定量分析法

(1)采用SPSS25.0对长期照护服务的有效需求、现实需求和供给的影响因素进行回归分析。(2)采用探索性因子分析确定失能老人长期照护服务有效需求的影响因子，并根据影响因子对有效需求进行分类；(3)采用层次分析法(AHP)，运用MATLAB软件对有效需求、现实需求及供给相互之间的敏感度进行分析。

三、技术路线

本研究采用理论分析、调查分析、实证分析和对策分析相结合的研究思路，通过理论和文献分析建构理论框架，在此基础上进行调查研究和实证分析，提出对策建议(见图 1-8)。

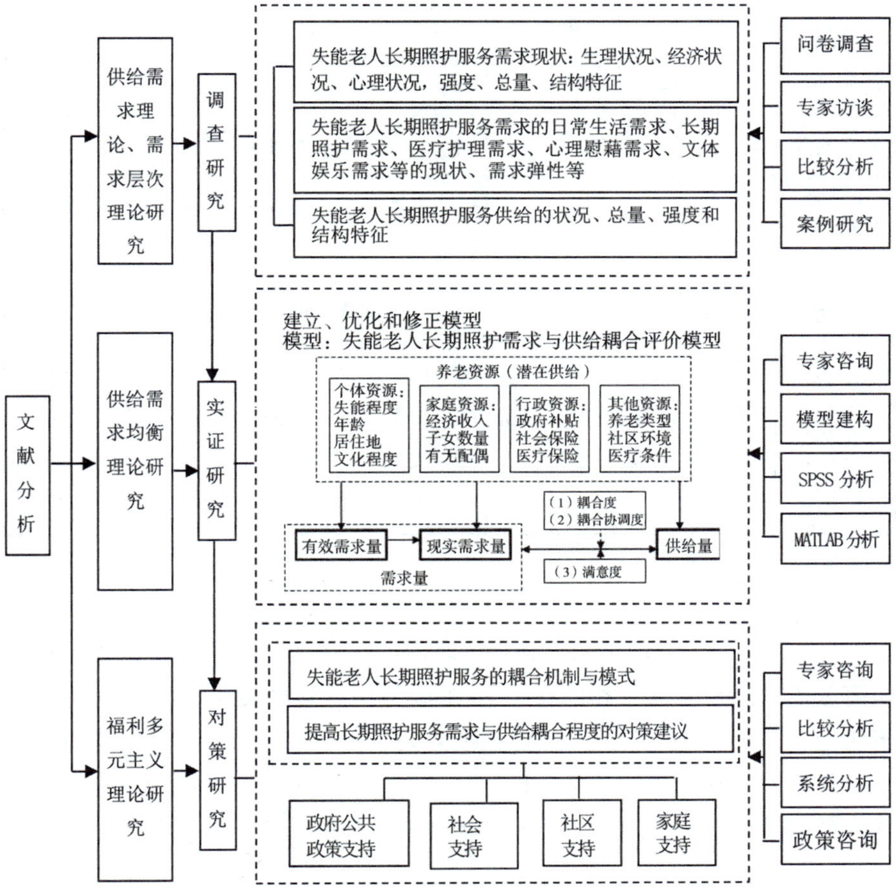

图 1-8 本研究的技术路线

四、创新之处

本研究的创新点主要有：

(一)理论创新

(1)建构了失能老人长期照护服务供给与需求的耦合评价理论、方法及模型。其中需求分为有效需求和现实需求，因此分为有效需求与供给的耦合，以及现实需求与供给的耦合。虽然失能老人长期照护服务需求与供给系统耦合分析与经济学中的供需均衡分析都是研究供需二者的匹配关系，有着一定的相似之处，但二者的思路和方法却有着本质的区别(见表 1-31)。

表 1-31　微观经济学中的供需均衡分析与本研究供需均衡耦合分析的区别

项目	供需均衡分析	供需系统耦合分析
适用条件	完全市场竞争状态下	不限
分析对象	供给曲线、需求曲线	供给系统、需求系统
分析目标	既定价格下的最优供给量和需求量	供给系统和需求系统的匹配程度，特别是良性匹配程度
主要指标	均衡价格、均衡数量	耦合度、耦合协调度、满意度
指标内涵	均衡点所代表的既定价格、均衡数量	耦合度——供需两个系统数量的匹配程度 耦合协调度——供需两个系统数量的良性匹配程度 满意度——供需两个系统质量的匹配程度

资料来源：作者整理。

(2)有效需求、现实需求和供给之间的相互关系进行回归分析。本书将有效需求、现实需求和供给的 10 个服务项目由分类变量(有、无)改为五级定序变量(即：非常不需要、不需要、一般、需要、非常需要)，通过赋值加权平均后进行计量分析，并结合敏感度分析和影响因素分析，探索有效需求、现实需求、供给和其他要素之间的作用机制。

(二)内容创新

(1)在全国范围内首次以省级区域为样本，开展了失能老人长期照护服务的需求与供给状况的专题调研。以我国东中西部的湖北、四川、云南、浙江、江苏为代表，进行随机分层抽样，最终选择了中部的湖北省武汉市、黄冈市红安县、天门市、宜昌市夷陵区，西部的四川省江油市、云南省玉溪市元江县、曲靖市宣威市和东部的浙江省长兴县、杭州市淳安县、江苏省常熟市等县(市、区)的 120 多个村(社区)和 50 多个养老机构为样本，共完成有效调查问卷 3126 份，其中合格问卷 2656 份。

（2）采用因子分析和聚类分析对失能老人长期照护服务的有效需求进行分类，并对需求的类别和项目进行排序，有利于制定政策时有所为、有所不为。

（三）方法创新

本研究首次将物理学中的耦合方法应用于失能老人长期照护服务的研究中，并对耦合方法进行改进，在耦合度和耦合协调度的基础上加入满意度指标。通过计算长期照护服务的耦合度、耦合协调度和满意度测量失能老人长期照护服务供求的匹配程度，其中耦合度和耦合协调度用来测量“数量”的匹配程度，满意度用来测量“质量”的匹配程度。

第二章　长期照护服务供需均衡评价的理论建构

第一节　长期照护服务的属性

国家“十四五”规划纲要提出要健全基本养老服务体系，大力发展普惠型养老服务，强化对失能、部分失能特困老年人的兜底保障。政府的基本职能之一是提供公共服务。现代社会中的公共服务，是政府运用公共权力和公共资源向公民提供的各种服务，以使基本人权得到保障①。公共服务是与私人服务相对的一个概念，区别在于供给主体、方式和服务对象范畴不一样。传统上，公共服务的生产者和提供者均为政府，政府是公共服务的责任方、出资方和直接提供者。公共服务是面向全体公民并保证其基本公民权利的服务。私人服务则由私人机构生产并且通过市场机制来进行提供。私人服务面向特定的群体，具有明确的竞争性和排他性，接受服务者需要付费才能享受相应的服务。一般意义上，长期照护服务可分为三种不同属性的服务：公共服务、准公共服务和私人服务。三种属性之间的差异可以从政府责任和服务需求的角度加以分析。

首先，从政府责任的角度分析，公共服务性质的养老服务应是对老年人提供的基本养老服务，归属于基本公共服务的范畴。基本的养老服务惠及全部老年公民。由于这类服务具有一定的社会福利属性，仅依靠市场无法实现有效的供给，因此需要政府承担供给的责任。私人服务性质的养老服务通过市场机制提供，由老年人自己支付费用，具有受益的排他性和消费的竞争性。准公共服务性质的养老服务介于以上两者之间，政府承担部

---

① 王浦劬，［美］萨拉蒙(Salamon L M)，等. 政府向社会组织购买公共服务研究：中国与全球经验分析[M]. 北京：北京大学出版社，2010.

分的供给责任。

其次，从服务需求的角度分析，界定长期照护服务的公共服务和准公共服务属性，应结合老年人自身的健康水平与自理能力、年龄和需求内容优先次序来划分。需求层次理论将人的基本需求定义为生理需求、安全需求、社交需求、尊重需求和自我实现需求。借鉴这一理论，可以认为老年人的生理需求和安全需求相叠加的部分，即“生存需求”是基本公共服务的保障领域。所谓“基本”的含义，并不是仅以人口覆盖的范围进行衡量，而是以社会需求回应的必要性进行排序。通常年龄、身体健康及自理水平是预测和标志老年人生理需求和安全需求的基本生存需求的变量。共同居住的家庭成员对老年人的支持也是其生存需求的保障。在我国人口老龄化的社会背景下，基本公共服务属性的养老服务所保障的人群应限于缺乏一定家庭支持和经济来源保障的老年人中的全部或部分失能老年人。基本养老服务内容应限于医疗和护理相结合的长期照护服务。长期照护服务不需要进一步区分低龄老人和高龄老人。能够自理的老年人的非照护需求不属于基本公共服务保障范围的内容。准基本公共服务层次的养老服务针对的应是不满足基本公共服务条件的老年人长期照护康复护理保健方面的需求，以及适应于60周岁以上老年人日常生活照料和社会交往、社会参与方面的各类服务，以此来实现社会对老年群体的尊重，保障老年人的基本权利，提高老年人生活质量。基本养老公共服务和准基本养老公共服务之外都归属为私人养老服务。

长期照护服务是老龄社会中不可或缺的公共服务类别。长期照护服务之所以是基本公共服务和准基本公共服务，首先，这类服务针对的是身体功能丧失或有严重丧失风险的老年人，能够保障这部分弱势老年人群的生活，保障其基本权利，履行政府的公共服务职能。其次，基本公共服务属性与市场供给服务有明晰的界限。市场机制并不适合于提供这类服务。

《北京市“十二五”时期社会公共服务发展规划》对公共服务和基本公共服务等概念进行了界定(见表2-1)。规划认为“公共服务”是指政府为满足本国民众生存权和发展权，运用法定权力和公共资源，面向全体公民或某一类社会群体，组织协调或直接提供的以共同享有为特征的各种服务，具有公共性、福利性、增值性、规范性等特征。根据服务的公益性和经营性程度不同，可将公共服务分为基本公共服务、准公共服务和经营性公共服务。基本公共服务是为维持经济社会稳定和社会公平正义，保障公民最基本的生存权和发展权所必须提供的公共服务。现阶段，基本公共服务主要包括义务教育、特殊教育、公共卫生、基本医疗、公共文化、历史文化遗产保护、公共体育、公共安全、公共就业服务、社会保障、基本社会福利、社会救助、优抚安置等。不同的养老服务有着不同的属性。首先，享受基本养老服务是所有老年人的公民权益之一，因而养老服务对老年群体来说具有非排他性。其次，养老服务作为一种服务产品，必然具有一定的商品属性，市场在组织养老服务的生产供应中效率更高。因此，养老服务按照性质可以分为公共服务、准公共服务和市场化服务。国务院《“十三五”推进基本公共服务均等化规划》提出老年健康管理、居民健康档案、健康教育、养老金发放等属于基本公共养老服务项目。山东省制定了《山东省基本养老公共服务清单》，规定为困难老年人购买居家养老服务、为特殊困难老年人家庭实施适老化改造、老年人健康管理、老年人生活服务优待、老年人法律援助等 15 项为基本公共服务。

表 2-1　与长期照护服务有关的社会公共服务

分类	基本社会公共服务	非基本社会公共服务	
		准基本社会公共服务	经营性社会公共服务
医疗卫生领域	各种疾病预防控制、紧急救援、突发公共卫生事件应急处理和医疗救治、健康教育、公共卫生信息和卫生监督执法等公共服务	提供社会保障体系之内的基本医疗服务等	提供满足特殊需求的医疗服务和卫生保健服务等
社会福利救助领域	社会救助，优抚安置，以及法律规定的为老年人、残疾人等特定群体提供的养护、康复、托管等公共服务	为老年人、残疾人等特定群体提供的、政府定价且不足以补偿成本的多样化服务	提供满足老年人、残疾人等群体特殊需求的养护、康复、托管等市场化服务

资料来源：北京市“十二五”、“十三五”时期公共服务发展规划。

综上所述，长期照护服务在属性上兼具有基本公共服务、准公共服务和市场化服务的一些特征，国务院基本公共服务清单以及山东等省市的基本养老公共服务清单中的老年人健康管理、慢性病患者管理、严重精神障碍患者管理等服务项目属于长期照护服务的项目。在北京市的公共服务规划中，紧急救援、健康教育、康复、养护、托管等属于基本社会公共服务，满足为老年人等特定群体提供的、政府定价且不足以补偿成本的多样化服务属于准基本社会公共服务项目，满足老年群体特殊要求的一些服务项目如家政服务、健康咨询等属于市场化服务。从服务的供给角度来看，长期照护服务中的一部分服务项目既属于公共服务，一部分服务项目属于准公共服务，也有一部分服务项目属于经营性公共服务。

第二节　长期照护服务供需均衡的理论分析

根据长期照护服务不同服务项目的特点，可以将其界定为经营性长期照护服务、准公共长期照护服务与基本公共长期照护服务三类。(1)经营性的长期照护服务主要针对有较高经济收入的失能老人，他们希望享受更高层次、更高品质的长期照护服务。(2)准公共服务类型的长期照护服务主要针对失能的“空巢老人”、高龄老人等，由于人口流动加速以及“4-2-1”家庭结构变化，需要政府与养老机构提供长期照护服务。这类老人享受的服务属于准公共服务。(3)基本公共服务类型的长期照护服务主要针对失能的农村“五保”老人、鳏寡孤独残疾老人、城市“三无”老人，这部分老年人的长期照护服务就属于政府“保基本，兜底线”的范畴，应由政府负责提供服务。本研究尝试运用供求均衡分析方法，揭示它们不同的供求规律，为下文展开的供需失衡耦合分析提供理论支撑。

一、经营性长期照护服务的供需均衡

私人经营性质的长期照护服务市场需求数量，是每一个价格水平上所有失能老人对长期照护服务产品需求量的总和。假定长期照护服务市场上有 n 个老年人，均有不同的需求函数，则整个长期照护服务的市场需求函数为：

$$D(p) = \sum_{i=1}^{n} D_i(p) \qquad i = 1, 2, \cdots, n \tag{1}$$

上式中，$Di(p)$是第 i 个老年人的长期照护服务需求函数；$D(p)$为整个长期照护服务市场的需求函数。私人经营性质的长期照护服务市场供给曲线(见图 2-1)，是由该行业内所有服务提供者的短期供给曲线的水平加总而得到，即：

$$S(p) = \sum_{i=1}^{n} S_i(p) \qquad i = 1, 2, \cdots, n \tag{2}$$

上式中，$Si(p)$为第 i 个长期照护服务提供商的短期供给函数；$S(p)$是整个长期照护服务行业的短期供给函数。这条供给曲线上每一个价格水平相对应的供给量就是全体长期照护服务提供商在该价格水平下取得利润最大化或亏损最小化的最优产量。

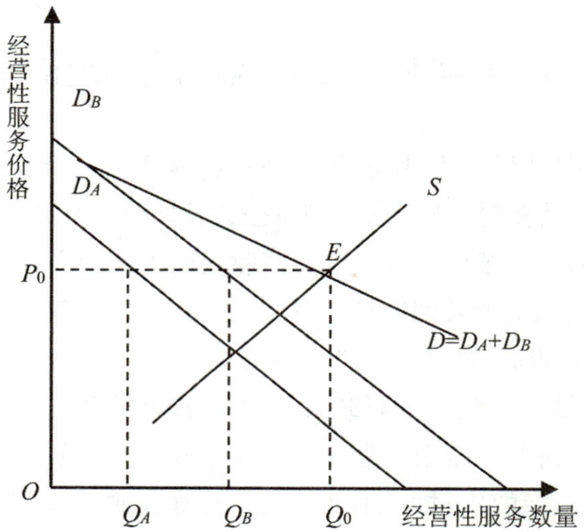

图 2-1　经营性长期照护服务的价格决定与有效供给

在分析了长期照护服务市场需求曲线与市场供给曲线之后，就可以讨论市场均衡时的最优数量与最优价格。假定市场上只有 A 和 B 两位老年服务的消费者，A 和 B 的需求曲线 D_A和 D_B水平相加得到市场需求曲线 D。这条市场需求曲线与市场供给曲线 S 的交点决定了该长期照护服务的均衡数量 Q_0和均衡价格 P_0。这一均衡数量 Q_0就是长期照护服务市场的最优数量，因为在这个产量水平上，每个老人得到的边际利益恰好等于服务提供商的边际成本，即 $GQ_A = HQ_B = EQ_0$。根据公共经济学的基本理论，经营性质的长期照护服务帕累托最优的实现条件是：$\mathrm{MSR} = \mathrm{MR}_i = \mathrm{MSC}$（$i = 1, 2, 3, \cdots, n$），即：社会边际收益 = 私人边际收益 = 社会边际成本，个人的边际效用 = 社会边际效用。在图 2-1 中 E 点处，社会边际成本等于社会边际收益，实现帕累托最优。

根据以上分析，经营性质的长期照护服务价格由市场决定，政府应放开价格管制，充分发挥市场机制的作用。供应者根据不同消费能力的老年人群的需求，提供差异性的长期照护服务，制定不同的价格，以此实现长期照护服务资源的优化配置。这是市场化的养老产业的属性所决定的。

二、公共服务性长期照护服务的供需均衡

由于市场失灵，公共服务性质的长期照护服务的生产和消费不能完全由市场决定(见图 2-2，具体分析略)。当然，政府供给长期照护服务的方式可以是直接提供(如：公办养老机构)，也可以是间接提供(如：政府购买长期照护服务)。但是，两种方式政府都必须考虑成本——收益问题。公办养老机构收取部分费用，政府购买长期照护服务的价格均应低于市场价格，由政府财政支付，这是公益性的养老事业的属性所决定的。

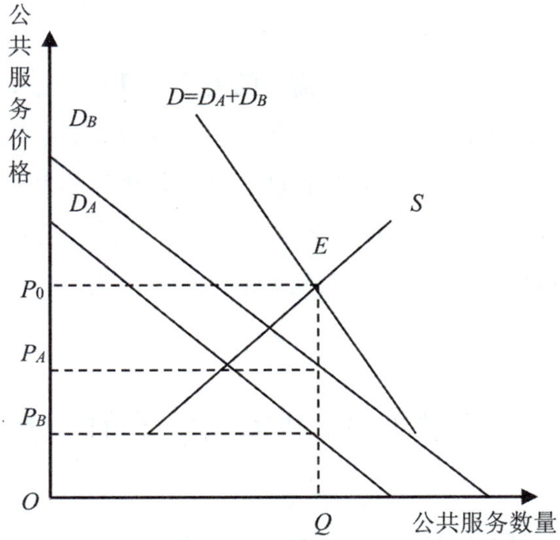

图 2-2　公共服务性长期照护服务的价格决定与有效供给

根据萨缪尔森规则，公共服务性质的长期照护服务的最优供给条件为：

$$\mathrm{MRS}^{B}_{G,X}=\mathrm{MRT}_{G,X}-\mathrm{MRS}^{A}_{G,X} \tag{3}$$

或

$$\mathrm{MRS}^{i}_{G,X}=\mathrm{MRT}_{G,X} \tag{4}$$

它说明在最优点上，其经济学含义是人们对公共服务性质长期照护服务的边际支付意愿之和等于公共服务性质的长期照护服务与经营性长期照

护服务之间的边际转换率。

在一个竞争性厂商依据边际成本定价的经济中，应该满足生产效率条件，$P_X = \mathrm{MC}_X$，这说明公共服务性长期照护服务对所有人的边际收益之和应该等于公共物品产出的边际成本。一般来说，当有 n 个消费者时，公共物品供给的一般均衡条件为：

$$\sum_{i=1}^{n} \mathrm{MRS}_{G,\ X}^{i} = \sum_{i=1}^{n} \mathrm{MB}_{G}^{i} = \sum_{i=1}^{n} P_{G}^{i} = \mathrm{MC}_{G} \tag{5}$$

由此可知，对于公共服务性长期照护服务的定价，由于存在市场失灵，长期照护服务生产和消费不能完全由市场决定，必须由政府承担起这类长期照护服务的供给任务。当然，政府供给长期照护服务的方式可以是直接提供(如：公办养老机构)，也可以是间接提供(如：政府购买长期照护服务)。但是，无论哪种方式政府都需要考虑成本——收益问题。公办养老机构存在收取部分费用的问题，政府购买长期照护服务存在购买的价格问题，这些定价问题都应以上述理论为基础。

根据需求与供给理论，供给和需求的关系可用需求曲线来解释，供给曲线与需求曲线的相交点是均衡点。当需求数量 Q 上升(则需求曲线沿着坐标轴 Q 的正向移动)，而供给数量 Q' 不变，均衡价格和均衡交易量(即均衡数量)亦会上升，均衡价格、数量会出现变动，反之亦然。因此，需求和供给之间存在着交互作用和匹配关系。

第三节　长期照护服务供需均衡评价的理论框架

一、长期照护服务供需均衡的评价指标体系

失能老人长期照护服务的需求和供给是两个相互影响相互作用的系统，根据长期照护服务需求的内涵，失能老人长期照护服务需求包括可以用耦合理论与方法来测量彼此的耦合程度。

失能老人长期照护服务耦合度和耦合协调度的计算如下。

耦合度表示为：$C=2\{(U_1 \times U_2)/[(U_1+U_2)(U_1+U_2)]\}^{1/2}$。 (6)

耦合协调度表示为　$D=(C \times T)^{1/2}$

$$T=aU_1+bU_2 \tag{7}$$

将 T 定义为失能老人长期照护服务供给和需求两大系统的综合评价指数，它的作用是衡量失能老人长期照护服务供给和需求两大系统的整体协同效应。失能老人长期照护服务耦合评价指标体系构建如表 2-2 所示。

表 2-2　长期照护服务供需均衡的评价指标体系

<table>
<tr><th>目标层</th><th>系统层</th><th colspan="2">功　能　层</th><th>指标层</th></tr>
<tr><td rowspan="8">长期照护服务供需均衡的评价协调发展系统</td><td rowspan="4">长期照护服务需求系统(U1)</td><td>日常生活照料需求</td><td>送饭、做家务等</td><td rowspan="8">耦合度
耦合协调度
满意度</td></tr>
<tr><td>康复护理保健需求</td><td>上门看病等、上门护理</td></tr>
<tr><td>生命安全——紧急救助需求</td><td>紧急救援等</td></tr>
<tr><td>精神慰藉需求</td><td>聊天解闷、老年热线等</td></tr>
<tr><td rowspan="4">长期照护服务供给系统(U2)</td><td>日常生活照料供给</td><td>送饭、做家务等</td></tr>
<tr><td>康复护理保健供给</td><td>上门看病等、上门护理</td></tr>
<tr><td>生命安全——紧急救助供给</td><td>紧急救援等</td></tr>
<tr><td>精神慰藉供给</td><td>聊天解闷、老年热线等</td></tr>
</table>

二、长期照护服务供需均衡的耦合评价模型

根据失能老人长期照护服务需求与供给系统耦合模型的内涵及协调度特征，遵循指标选取的科学性、可操作性、完备性、主成分性和独立性原则，分别采用频数统计法、理论分析法对指标进行设置和筛选。

因此，借鉴部分文献的做法，本研究加入“满意度”指标，衡量失能老人长期照护服务供需均衡的评价的质量，这样，从数量和质量两方面来测量供需失衡的耦合程度。

根据长期照护服务供需均衡的评价理论，现建立有效需求、现实需求、供给和养老资源(潜在供给)之间的研究模型(见图 2-3)：根据需求、有效需求与现实需求的内涵，经济学中“需求”是指在某一价格水平下，消费者愿意并且能够购买的商品数量。有效需求是指消费者有欲望和购买能力，但没有实现或实施的需求。而现实需求是既有购买意愿，又有购买力和商品供给。有效需求在购买力和供给条件满足的情况下会转化成现实需求。

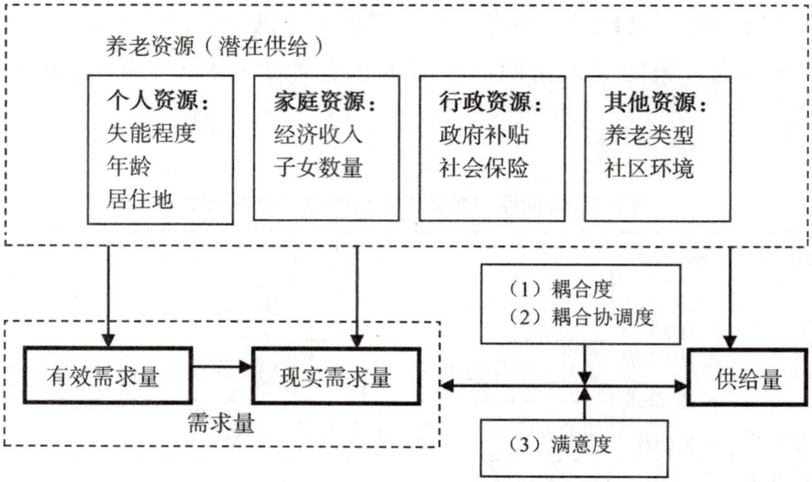

图 2-3　长期照护服务供需均衡的耦合评价模型

马克斯·韦伯(1904)在研究社会网络时提出了“风险事件—压力应对—需求分析—支持回应”的研究范式。因为“失能”这一风险事件，失能老人的生活正在遭遇功能的丧失、生活的困境、机遇的剥夺等各种境遇。风险的存在必然给失能老人带来压力，而为了应对压力，失能老人个体、所在的家庭和社会必然运用社会网络中所拥有的养老资源，包括个体资源、家庭资源、行政资源、社区资源、社会资源和市场资源。对其所面对的生存环境采取有效的控制措施。面对功能的丧失、经济能力的弱化，他们在生活中具有多方面的需求。

根据需求与供给理论，供给和需求的关系可用供需曲线来解释，供给曲线与需求曲线的相交点是均衡点。需求和供给之间存在着交互作用和匹配关系。本研究用耦合度和耦合协调度测量失能老人长期照护服务需求和供给数量的耦合程度，用满意度测量失能老人长期照护服务需求和供给质量的耦合程度。

第四节　统计调查与变量选择

一、调查设计与实施

为了全面了解和掌握城乡失能老人长期照护服务的需求与供给的基本

情况，本研究以中部的湖北省、东部的江苏省和浙江省、西部的四川省和云南省为调查样本区域，分析政府、机构、社区及家庭在失能老人长期照护服务中所起到的作用，研究如何才能建立一个以政府为主导、整合各方力量参与的立体型长期照护服务体系，以改善失能老人的生活及健康水平。课题组联合各地民政、老龄管理部门开展此项调查研究。本研究以此次调查数据为基础分析失能老人长期照护服务的供需现状。

（一）数据来源

在此之前，国内涉及老年人养老服务需求和供给情况的大规模调查主要有类似的调查主要有全国老龄办《全国城乡老年人生存状况追踪调查(2015)》和全国城乡失能老人状况调查(2010)，中国人民大学中国调查与数据中心《中国老年社会追踪调查(2011，2012，2014)》，北京大学的《中国健康与养老追踪调查(CHARLS)(2008，2011—2015，2018)》，国家统计局组织的全国人口普查(2010、2020)，以及江苏省、浙江省、青岛市组织的失能老人生存情况的调查。其中北京大学项目组从社区供给和对社区服务的期望这两个角度对老年人的社会服务需求(包括：起居照料；上门看病、送药；精神慰藉，聊天解闷；日常购物；组织社会和娱乐活动；提供法律援助(维权)；提供保健知识；处理家庭邻里纠纷；其他)进行调查分析。全国老龄办针对老年人的调查主要从“本地有”、“用过”、“需要”等三个角度对老年人的养老服务需求(上门看病、聊天解闷、上门做家务、老年人服务热线、老年饭桌或送饭、康复治疗、上门护理、陪同看病、法律援助、帮助日常购物)进行调查分析，反映了老年人长期照护服务资源的供给、有效需求(服务期望)和现实需求(服务利用)等三个方面的情况，所选择的十个长期照护服务类型也具有一定的代表性，因此本研究主要参考借鉴了全国老龄办的调查问卷的相关内容，并对养老机构和非养老机构的失能老人的不同特点分别设计调查问卷，分农村和城市进行抽样调查。

本次调查突出东中西部地区的城乡和区域差异分析，对于失能老人的基本特征、地区分布等方面进行综合调查分析。为了了解社会服务在失能老人照护方面发挥的作用，本次调查还涉及机构养老设施的调查，同时了解街道和社区在为老服务方面对于解决失能老人照料问题所发挥的作用。本问卷涉及城镇和农村、机构和非机构(居家)这样两两组合共四种情况。调研一方面参照 2015 年第四次全国城乡老年人追踪调查和 2010 年全国失能老人调查在湖北省调查的部分数据；另一方面，调研采取分层随机抽查的方法，选择所调查地，共采集3126份有效调查问卷，利用两方面的相关数据，从而较科学地调查出湖北省及东部、西部、中部地区的失能老人相关数据。

根据样本的差异，涉及东部、西部、中部地区不同省份城镇、农村两个不同的人口地理分布类型，东部、中部、西部三个不同的区域以及机构和居家两种不同类型。在分层抽样过程中，按照地域分布情况，将湖北省17个市州划分为东、中、西三个区域。武汉、孝感、咸宁、黄石、鄂州、黄冈为东部地区，襄阳、随州、荆州、荆门、仙桃、潜江、天门为中部地区，十堰、神农架林区、宜昌、恩施为西部地区。课题组于2019年1月开展了第一次问卷调查，此次问卷调查招募了83名调研员利用寒假时间在湖北省内进行失能老人问卷调查。在湖北省随机概率抽样调查阶段，中部选取天门市(竟陵街道办事处和卢市镇)；西部选取宜昌市西陵区(西陵街道和云集街道)；东部选取红安县(七里坪镇和华家河镇)，以及武汉市。

表2-3　失能老人问卷调查样本分配表　(样本量：N=3126)

<table>
<tr><th colspan="2" rowspan="3">调查阶段</th><th rowspan="3">调查对象</th><th colspan="6">调查区域</th><th rowspan="3">调查方法</th></tr>
<tr><th colspan="3">城镇</th><th colspan="3">农村</th></tr>
<tr><th>东部</th><th>中部</th><th>西部</th><th>东部</th><th>中部</th><th>西部</th></tr>
<tr><td rowspan="2">一</td><td rowspan="2">分层随机抽样调查</td><td>机构(公办、民办养老服务机构、医院)</td><td colspan="6" rowspan="2">分层随机抽样调查湖北省武汉市、红安县、天门市和宜昌市西陵区的1214位失能老人。</td><td rowspan="2">分层随机抽样调查，面访</td></tr>
<tr><td>居家(居委会、村委会)</td></tr>
<tr><td rowspan="2">二</td><td rowspan="2">分层随机抽样调查</td><td>机构(公办、民办养老服务机构、医院)</td><td colspan="6" rowspan="2">共调查中部地区湖北省武汉市、红安县、天门市和宜昌市西陵区共800份问卷；东部的浙江省长兴县、杭州市淳安县、江苏省常熟市问卷630份问卷；西部的四川省江油市、云南省玉溪市元江县、曲靖市宣威市482份问卷。</td><td rowspan="2">分层随机概率抽样调查，面访</td></tr>
<tr><td>居家(居委会、村委会)</td></tr>
</table>

这几个地区基本上代表了湖北省的经济发展水平高中低三个不同类别的区域，也是代表了湖北省武汉市及东中西三个不同的地理区域，共选取 85 个村(社区)，了解各地失能老人的总量数据、分布结构和所在地区失能老人的个体数据，完成 1214 份调查问卷。课题组成员又于 2019 年 4～7 月在上述地区针对湖北省失能老人展开了第二次实地问卷调查研究。在定点调查阶段，在了解失能老人分布状况的情况下，在上述四个地区缩小抽样调查范围，共完成 800 份调查问卷。另外在 2019 年 4～7 月，课题组同时对西部的四川省江油市、云南省玉溪市元江县、曲靖市宣威市和东部的浙江省长兴县、杭州市淳安县、江苏省常熟市进行了对比调研，共完成问卷 1112 份，用于我国东中西部对比分析；两阶段一共调查了 3126 位失能老人，共回收有效调查问卷 3126 份(见表 2-3)，其中东部地区 630 份，西部地区 482 份，中部地区 2014 份。其中合格问卷 2656 份。问卷合格率 84.96%。

(二)失能老人人口统计特征及供需决定因素变量选取

本研究重点选择有效需求、现实需求和供给，分别作为影响因素和被影响因素，再选择人口统计特征变量作为控制因素，变量及赋值如表 2-4、表 2-5 所示：

表 2-4 因变量、自变量名称、类型、赋值及样本中的分布描述 (N=2656)

变量名	变量值	频率
有效需求量	不需要 1～5 需要	100
现实需求量	未用过 1～5 用过	100
供给量	本地无 1～5 本地有	100
一、个人因素		
1. 性别	1=男	40.5
	0=女	59.5
2. 户籍类型	1=农业户口	56.9
	0=非农业户口	43.1

变量名	变量值	频率
9. 以前的主要职业	1=农民	55.9
	2=企业	17.6
	3=事业单位	9.4
	4=国家机关	6.6
	5=个体经营	1.9
	6=无业	5.8
	7=其他	2.8

续表

变量名	变量值	频率
3. 失能程度	1=一项失能(轻度)	32.2
	2=二项失能(轻度)	18.1
	3=三项失能(中度)	10.8
	4=四项失能(中度)	10.0
	5=五项失能(重度)	11.4
	6=六项失能(重度)	17.4
4. 失能持续时间	1=0~0.5 年	6.6
	2=0.5~1 年	10.3
	3=1~3 年	24.9
	4=3~5 年	17.6
	5=5 年以上	40.6
5. 地址	0=城市	47.3
	1=农村	52.7
6. 年龄	均值	77.11
7. 受教育程度	1=不识字	50.2
	2=识字(含私塾)	13.6
	3=小学	16.0
	4=初中	10.6
	5=高中(职高、中专)	6.4
	6=大专	1.2
	7=本科及以上	2.0
8. 生活满意度	1. 非常不满意	6.2
	2. 比较不满意	22.2
	3. 一般	35.3
	4. 比较满意	31.2
	5. 非常满意	5.2

变量名	变量值	频率
二、社会支持因素		
1. 养老类型	1=非机构养老	78.9
	2=机构养老	21.1
2. 健在子女的数量	1=0 个	9.2
	2=1 个	10.1
	3=2 个	17.6
	4=3 个	20.7
	5=4 个	21.0
	6=5 个及以上	21.3
3. 每月收入	1=500 元及以下	51.4
	2=501~1000 元	11.1
	3=1001~2000 元	23.3
	4=2001~3000 元	10.3
	5=3000 元以上	3.8
4. 是否有医疗保险	1=有医疗保险	94
	0=无医疗保险	6
5. 是否有政府救助	1=有政府救助	27.9
	0=无政府救助	72.1
6. 有无配偶	1=有配偶	44.9
	0=无配偶	55.1
7. 是否有家庭照料	1=是	78.4
	0=否	21.6

表 2-5　有效需求、现实需求、供给的变量名称、类型、赋值及样本中的分布描述　（N＝2656）

变量名	变量值	变量名	变量值	变量名	变量值
一、有效需求		二、现实需求		三、供给	
1. 上门看病	不需要 1~5 需要	1. 上门看病	未用过 1~5 用过	1. 上门看病	本地无 1~5 本地有
2. 聊天解闷	不需要 1~5 需要	2. 聊天解闷	未用过 1~5 用过	2. 聊天解闷	本地无 1~5 本地有
3. 上门做家务	不需要 1~5 需要	3. 上门做家务	未用过 1~5 用过	3. 上门做家务	本地无 1~5 本地有
4. 老年人服务热线	不需要 1~5 需要	4. 老年人服务热线	未用过 1~5 用过	4. 老年人服务热线	本地无 1~5 本地有
5. 老年饭桌或送饭	不需要 1~5 需要	5. 老年饭桌或送饭	未用过 1~5 用过	5. 老年饭桌或送饭	本地无 1~5 本地有
6. 康复治疗	不需要 1~5 需要	6. 康复治疗	未用过 1~5 用过	6. 康复治疗	本地无 1~5 本地有
7. 上门护理	不需要 1~5 需要	7. 上门护理	未用过 1~5 用过	7. 上门护理	本地无 1~5 本地有
8. 陪同看病	不需要 1~5 需要	8. 陪同看病	未用过 1~5 用过	8. 陪同看病	本地无 1~5 本地有
9. 法律援助	不需要 1~5 需要	9. 法律援助	未用过 1~5 用过	9. 法律援助	本地无 1~5 本地有
10. 帮助日常购物	不需要 1~5 需要	10. 帮助日常购物	未用过 1~5 用过	10. 帮助日常购物	本地无 1~5 本地有

二、数据和变量的描述性分析

(一)相关变量的描述性分析

通过 SPSS25.0 软件对变量进行描述统计分析，本次调查回收有效问卷 3126 份，其中合格问卷 2656 份，问卷合格率为 84.96%。结果如表 2-6。

表 2-6　相关变量的描述统计量

项　目	N	均值		标准差
	统计量	统计量	标准误	统计量
养老类型	2656	1.21	0.010	0.408
地址	2656	1.54	0.012	0.498
性别	2656	1.59	0.012	0.491
年龄	2656	77.11	0.213	8.571
受教育程度	2654	2.21	0.038	1.516
有无配偶	2656	0.45	0.012	0.497
户籍类型	2638	1.43	0.012	0.495
职业	2654	2.09	0.041	1.644
健在子女	2652	3.98	0.039	1.574
个人经济状况评价	2650	3.61	0.022	0.903
每月收入	2646	2.03	0.031	1.221
失能程度	2653	3.03	0.047	1.897
失能持续时间	2649	3.75	0.031	1.266
是否有医疗保险	2651	0.94	0.006	0.237
是否有政府救助、政府救济	2653	0.72	0.011	0.448
生活满意度	2655	3.07	0.025	0.991
供给量(本地有的养老服务)	2652	1.99	0.069	2.800
现实需求量(用过的养老服务)	2651	1.50	0.068	2.746
有效需求量(需要的养老服务)	2648	4.08	0.072	2.897

（二）数据的信度和效度检验

从数据的可靠性分析看，调查统计数据有着较好的信度和效度（见表2-7，表2-8，表2-9）。R^2用来衡量回归方程的拟合优度，R^2大于0.8说明拟合效果很好。此回归方程的拟合优度达到0.831，表明拟合效果很好。回归模型方差分析显示，F值为78.780，显著性概率是0，表明回归极显著。KMO值为0.760，表明本调查具有良好的信效度。

表2-7　可靠性统计量

Cronbach's Alpha	基于标准化项的 Cronbachs Alpha	项数
0.831	0.750	19

表2-8　ANOVA统计

		平方和	df	均方	F	Sig
组间		12074.379	1568	7.700		
组内	项之间	8385192.169	18	465844.009	78.780	0
	残差	167109.410	28224	5.921		
	总计	8552301.579	28242	302.822		
总计		8564375.958	29810	287.299		

表2-9　问卷效度检测结果

KMO 和 Bartlett 的检验		
取样足够度的 Kaiser-Meyer-Olkin 度量		0.760
Bartlett 的球形度检验	近似卡方	2891.830
	df	2984
	Sig.	0.000

第三章　长期照护服务的需求及其影响因素

第一节　样本基本特征的描述性统计分析

一、失能老人的基本特征

（一）失能老人的数量特征

我国地域辽阔，东中西部的区域差异比较大，本研究以湖北省为重点，通过抽样调查，描述失能老人的一些基本特征，重点分析湖北省失能老人的基本情况。据国家统计局数据，2018 年末湖北省常住人口（常住本省半年以上）5917 万人，其中：城镇 3568 万人，乡村 2349 万人。城乡人口比约为 1.5∶1。在 2019 年本调查研究的抽样样本中，湖北省城镇失能老人占城镇常住总人口的比例约为 1.48%，湖北省农村失能老人占农村常住总人口的比例约为 2.49%。由此测算湖北省城乡失能老人占常住总人口的比例约为 1.88%，约占 60 岁以上老年人口的 11.30%。考虑到调查过程中的误差（主要是调查过程中可能存在的遗漏），笔者将调查估计值上调 15%后取整数。得到：湖北省城乡失能老人占常住总人口的比例约为 2.16%，占 60 岁以上老年人的比例约为 13.00%（见表 3-1）。由此推算出湖北省城乡失能老人总数约为 128 万人。

（二）失能老人的人口学特征

从年龄分布情况看，失能老人的平均年龄为 76.8 岁，其中 80 岁左右（76～85 岁）的失能老人所占相对比例较大，约占失能老人总数的 42.90%。50.48%的失能老人不识字，80.23%的失能老人为小学及以下文化程度。51.39%的失能老人丧偶。55.54%的失能老人是农民。60.19%的

表 3-1　失能老人调查样本的数量特征

调查样本区域（村、社区）	常住总人口数	60 岁以上常住老年人口	失能老人常住人口总数	失能老人占总人口的比例	60 岁以上老人的失能比例
城镇	120413	19128	1778	1.48%	9.30%
农村	156762	27230	3898	2.49%	14.32%
城乡总计	277175	46358	5676	1.88%（修正为 2.16%）	11.30%（修正为 13.00%）

失能老人因病失能，80%以上的失能老人患有一种或多种急慢性疾病，失能老人的高血压、中风、心脏病、类风湿的患病率占前四位，分别达到 49.27%、25.89%、19.96%和 19.60%。湖北省城乡失能老人的平均月支出为 993.77 元，其中 51.4%的失能老人月均支出在 500 元以下。

1. 年龄分布

80 岁左右年龄段的失能老人所占比例较大。从失能老人的年龄分布情况看，80 岁左右(76~85 岁)的失能老人所占相对比例较大，约占失能老人总数的 42.90%(见表 3-2)。显而易见，如果计算每个年龄段的失能率，应该是随着年龄的增长，失能老人占该年龄段老人的比率逐渐增长，随着年龄的增长，年龄越大，老人失能的绝对比例较大。农村非机构养老的失能老人在 71~85 岁的失能所占相对比例较大(占比 61.07%)，相比其他三种类型的老人，失能的年龄提前了 5 年。

表 3-2　失能老人的年龄分布特征　　(单位:%)

类型		60~65 岁	66~70 岁	71~75 岁	76~80 岁	81~85 岁	86~90 岁	90 岁以上	平均年龄
非机构样本	城市	13.33	13.87	14.05	20.90	21.26	11.53	5.05	76.38
	农村	10.52	12.98	19.13	22.81	19.13	10.66	4.78	76.41
机构样本	城市	10.81	10.04	10.42	22.39	24.71	16.60	5.02	77.99
	农村	8.23	13.29	12.66	20.89	22.15	14.56	8.23	78.11
城市合计		12.53	12.65	12.90	21.38	22.36	13.14	5.04	76.90
农村合计		10.11	13.03	17.98	22.47	19.66	11.35	5.39	76.70
非机构合计		11.73	13.36	16.94	21.99	20.05	11.03	4.90	76.40
机构合计		9.83	11.27	11.27	21.82	23.74	15.83	6.24	78.04
合计		11.27	12.85	15.55	21.95	20.95	12.21	5.22	76.80

2. 受教育程度

失能老人的文化程度普遍较低。从失能老人的受教育程度来看，50.48%的失能老人不识字(见表3-3)，共有80.23%的失能老人为小学及以下文化程度。仅有3%的失能老人为大专以上文化程度。可见失能老人的文化程度是很低的，这更加重了失能老人的社会弱势地位。另外，也可以看出，城市的失能老人的文化程度大大高于农村失能老人。

表3-3 失能老人的受教育程度分布特征 (单位:%)

类型		不识字	识字(含私塾)	小学	初中	高中(职高、中专)	大专	本科及以上	合计
非机构样本	城市	33.57	16.25	16.43	15.88	11.19	2.71	3.97	100.00
	农村	63.52	11.75	16.80	4.92	2.46	0.27	0.27	100.00
机构样本	城市	42.50	13.33	17.50	15.83	7.08	0.83	2.92	100.00
	农村	61.39	13.29	10.13	9.49	5.06	0.00	0.63	100.00
城市合计		36.27	15.37	16.75	15.87	9.95	2.14	3.65	100.00
农村合计		63.15	12.02	15.62	5.73	2.92	0.22	0.34	100.00
非机构合计		50.62	13.69	16.64	9.64	6.22	1.32	1.87	100.00
机构合计		50.00	13.32	14.57	13.32	6.28	0.50	2.01	100.00
合计		50.48	13.60	16.15	10.51	6.24	1.13	1.90	100.00

3. 婚姻状况

一半以上的失能老人丧偶。从失能老人的婚姻状况看，丧偶和有配偶并共同生活的失能老人这两种情况最常见，分别占失能老人总数的41.91%和51.39%(见表3-4)。有配偶但分居、离婚、未婚这几种情况的失能老人较少见，共约为6.7%。进一步的数据交叉分析：丧偶的失能老人入住养老机构的比例为32.53%，远高于有配偶并共同生活的失能老人入住养老机构8.06%的比例，并且城市43.71%的丧偶失能老人入住养老机构，远远高于农村丧偶的失能老人入住养老机构的比例(21.16%)。2/3以上(67.6%)入住养老机构的失能老人"丧偶"。而非机构失能老人只有45.49%"丧偶"，这说明"丧偶"后失去了主要的日常照料者，是失能老人入住养老机构的一个主要原因。

表 3-4　失能老人的婚姻状况　（单位：%）

类型		有配偶并共同生活	有配偶、分居	丧偶	离婚	未婚	合计
非机构样本	城市	52. 17	1. 99	44. 40	0. 72	0. 72	100
	农村	49. 32	2. 05	46. 31	0. 55	1. 78	100
机构样本	城市	13. 17	1. 65	78. 60	3. 29	3. 29	100
	农村	15. 82	0. 63	57. 59	1. 90	24. 05	100
城市合计		40. 28	1. 88	54. 83	1. 51	1. 51	100
农村合计		43. 37	1. 80	48. 31	0. 79	5. 73	100
非机构合计		50. 54	2. 02	45. 49	0. 62	1. 32	100
机构合计		14. 21	1. 25	70. 32	2. 74	11. 47	100
合计		41. 91	1. 84	51. 39	1. 13	3. 73	100

4. 户籍类型

约八成失能老人在户籍地生活。从失能老人的户籍类型看，大部分(75. 87%的非农业户口在城市和 85. 51%的农业户口在农村)失能老人在户籍地生活，大约 1/5 的失能老人户籍所在地与常住地之间有一定的偏差，这反映了人口迁移和流动的一些特点，即农业人口到城市居住和养老，甚至入住城市的养老机构。非农业人口到农村居住和养老，甚至入住农村的养老机构(见表 3-5)。

表 3-5　失能老人的户籍分布特征　（单位：%）

类型		农业	非农业	合计
非机构样本	城市	17. 57	82. 43	100
	农村	86. 48	13. 52	100
机构样本	城市	38. 49	61. 51	100
	农村	81. 01	18. 99	100
城市合计		24. 13	75. 87	100
农村合计		85. 51	14. 49	100
非机构合计		56. 85	43. 15	100
机构合计		54. 88	45. 12	100
合计		56. 38	43. 62	100

5. 以前的主要职业

失能老人中农民占一半以上。从职业类型看，农民占一半以上(55.54%)(见表3-6)，是失能老人的重点群体。而农民的社会保障条件较差，收入较低，这更增加了失能老人长期照护服务问题的解决难度。

表3-6 失能老人的职业分布特征 (单位:%)

类型		农民	企业	事业单位	国家机关	个体经营	无业	其他	合计
非机构样本	城市	22.78	32.73	12.84	11.75	3.07	12.12	4.70	100.00
	农村	84.50	6.72	3.70	2.33	0.27	1.78	0.69	100.00
机构样本	城市	33.87	22.58	16.53	6.85	4.03	12.10	4.03	100.00
	农村	70.70	5.10	11.46	7.01	1.27	1.91	2.55	100.00
城市合计		26.22	29.59	13.98	10.24	3.37	12.11	4.49	100.00
农村合计		82.05	6.43	5.08	3.16	0.45	1.81	1.02	100.00
非机构合计		57.88	17.94	7.64	6.40	1.48	6.24	2.42	100.00
机构合计		48.15	15.80	14.57	6.91	2.96	8.15	3.46	100.00
合计		55.54	17.43	9.31	6.52	1.84	6.70	2.67	100.00

6. 失能程度

失能老人平均有3项指标失能，轻度失能约占一半。从失能老人的失能状况看，吃饭、穿衣、上厕所、上下床、在室内走动、洗澡这六项指标中，失能老人平均有3项做不了。各项指标的失能率从大到小依次是洗澡>在室内走动>上厕所>上下床>穿衣>吃饭(见表3-7)。其中轻度失能占48.16%，中度失能占22.83%，重度失能占29.01%(见表3-8)。

表3-7 失能老人的失能情况分析

类型		吃饭	穿衣	上厕所	上下床	在室内走动	洗澡
非机构样本	不费力	26.38%	15.04%	7.76%	9.40%	5.05%	1.47%
	有些困难(可自理)	31.90%	33.43%	26.85%	34.96%	27.61%	7.29%
	做不了(需要帮助)	17.27%	27.09%	41.01%	31.26%	42.95%	66.80%
机构样本	不费力	11.22%	6.76%	2.17%	3.94%	2.35%	0.18%
	有些困难(可自理)	8.05%	8.28%	8.40%	9.58%	7.52%	2.70%
	做不了(需要帮助)	5.17%	9.40%	13.87%	10.93%	14.57%	21.50%

表 3-8　失能老人的失能程度统计

失能程度	失能指标数量	所占比例	所占比例
轻度失能	1 项指标	30. 41%	48. 16%
	2 项指标	17. 75%	
中度失能	3 项指标	11. 56%	22. 83%
	4 项指标	10. 10%	
重度失能	5 项指标	11. 38%	29. 01%
	6 项指标	17. 63%	
总计		100%	100%

7. 失能持续时间

失能老人平均失能状况持续时间约为 3. 71 年。从失能老人的失能持续时间看，湖北省城乡失能老人失能平均持续时间为 3. 71 年。其中，持续 5 年以上的失能老人所占比例最大，约占 40%。其中城市机构养老的失能老人失能持续的平均时间较短，为 2. 91 年(见表 3-9)。

表 3-9　失能老人的失能持续时间状况分析

类型		1~6 个月	0. 5~1 年	1~3 年	3~5 年	5 年以上	合计	持续失能平均时间
非机构样本	城市	2. 07%	3. 20%	8. 06%	5. 57%	13. 98%	32. 88%	3. 81 年
	农村	2. 43%	4. 32%	9. 48%	8. 35%	18. 60%	43. 19%	3. 89 年
机构样本	城市	1. 13%	2. 07%	5. 81%	2. 31%	3. 32%	14. 63%	2. 91 年
	农村	0. 83%	0. 89%	2. 01%	1. 48%	4. 09%	9. 30%	3. 80 年
非机构合计		4. 50%	7. 52%	17. 54%	13. 92%	32. 58%	76. 07%	3. 85 年
机构合计		1. 95%	2. 96%	7. 82%	3. 79%	7. 41%	23. 93%	3. 26 年
城市合计		3. 20%	5. 27%	13. 86%	7. 88%	17. 30%	47. 51%	3. 53 年
农村合计		3. 26%	5. 21%	11. 49%	9. 83%	22. 69%	52. 49%	3. 87 年
总计		6. 46%	10. 49%	25. 36%	17. 71%	39. 99%	100%	3. 71 年

8. 失能原因

疾病是失能老人失能的主要原因。湖北省失能老人失能的最主要原因是疾病，占60.19%(见表3-10)，其次是随着年龄增大而导致的身体机能老化，占30.09%。意外损伤和残疾分别占14.45%和6.22%。随着年龄的增长，老年人的身体各项机能开始衰退，高血压和中风等疾病常常在老年人群中出现。作为威胁人类健康的三大疾病之一的中风，它的发病率高、致残率高、复发率高、并发症多，会导致人偏瘫，甚至成为植物人。这种生活不能自理的老人，就成为失能老人。失能老人的不断增加，会导致社会的抚养难度不断提高，劳动力的负担和成本加大，使得子女和配偶在长期照护服务中力不从心，难以为继。因此，解决失能老人的医疗服务问题迫在眉睫。

表3-10　失能老人失能的主要原因

类型		疾病	意外损伤	残疾	随着年龄增大而导致的身体机能老化	其他
非机构样本	城市	21.92%	4.56%	0.95%	9.60%	0.18%
	农村	24.11%	6.22%	3.67%	14.75%	0.65%
机构样本	城市	9.66%	1.95%	0.47%	3.38%	0.06%
	农村	4.50%	1.72%	1.13%	2.37%	0.18%
非机构合计		46.03%	10.78%	4.62%	24.35%	0.83%
机构合计		14.16%	3.67%	1.60%	5.75%	0.24%
城市合计		31.58%	6.52%	1.42%	12.97%	0.24%
农村合计		28.61%	7.94%	4.80%	17.12%	0.83%
所占比例		60.19%	14.45%	6.22%	30.09%	1.07%

对于患疾病的类型，高血压、中风、心脏病、类风湿占据患病比率最高的前四位，患病率分别达到49.27%、25.89%、19.96%和19.60%(见表3-11)。所以应该有针对性地为失能老人开展的医疗保健服务，加强常见老年疾病的预防和治疗是失能老人长期照护的一项重要内容。

表 3-11　失能老人患病情况统计

类型	非机构(N=1266)		机构(N=748)		合计(N=2014)		备注
	频数	百分比	频数	百分比	频数	百分比	
高血压	638	18.9%	169	19.7%	807	49.27%	第 1 位
青光眼、白内障	225	6.7%	57	6.7%	282	17.22%	第 5 位
类风湿	260	7.7%	61	7.1%	321	19.60%	第 4 位
糖尿病	139	4.1%	36	4.2%	175	10.68%	第 10 位
颈/腰椎病	188	5.6%	58	6.8%	246	15.02%	第 6 位
皮肤病	31	0.9%	4	0.5%	35	2.14%	
其他呼吸系统疾病	83	2.5%	20	2.3%	103	6.29%	
阿尔茨海默病	123	3.6%	33	3.9%	156	9.52%	
听力丧失	130	3.8%	27	3.2%	157	9.58%	
关节炎	182	5.4%	55	6.4%	237	14.47%	第 7 位
冠心病、心脏病	275	8.1%	52	6.1%	327	19.96%	第 3 位
癌症、肿瘤	28	0.8%	2	0.2%	30	1.83%	
神经系统病	43	1.3%	10	1.2%	53	3.24%	
其他心血管病	187	5.5%	33	3.9%	220	13.43%	第 8 位
中风	311	9.2%	113	13.2%	424	25.89%	第 2 位
慢性支气管炎	86	2.5%	11	1.3%	97	5.92%	
骨质疏松	148	4.4%	45	5.3%	193	11.78%	第 9 位
肝病	11	0.3%	2	0.2%	13	0.79%	
肾病	22	0.7%	1	0.1%	23	1.40%	
其他消化系统病	93	2.8%	24	2.8%	117	7.14%	
其他慢性病	178	5.3%	44	5.1%	222	13.55%	

(三)失能老人的区域分布

从失能老人的养老类型看，调查样本中，68.18%的城市失能老人在非机构养老(主要是居家养老)(见表 3-12)。农村的失能老人非机构(居家)养老比例为 82.25%。

表 3-12 失能老人养老类型的分布情况

项目	机构	非机构	合计
城市	31.82%	68.18%	100%
农村	17.75%	82.25%	100%

(四)失能老人的性别特征

从失能老人的性别来看，男性和女性失能老人的比例分别是 40.26% 和 59.74%(见表 3-13)，二者之比约为 4∶6，女性多于男性的特征非常明显。

表 3-13 失能老人的性别分布特征

项目	机构	非机构	总计
男性	42.93%	39.39%	40.26%
女性	57.07%	60.61%	59.74%
合计	100%	100%	100%

二、失能老人长期照护面临的问题

(一)失能老人的经济收入偏低

调查显示，68.18%的城市失能老人和 82.25%的农村失能老人选择居家养老(含独居老人)。失能老人平均有 2.98 个健在的子女，其中子女数最多的农村失能老人的平均子女数为 3.18 个。最主要的经济来源是家庭——子女赡养。失能老人的日常生活照料主要由配偶(37.48%)和子女(70.51%)共同承担，来自其他人的照料较少。49.19%的失能老人失能后对配偶和子女的工作和生活影响很大。

(二)失能老人的社会保障乏力

从总体上看，湖北省针对社会弱势群体的社会保障进一步加强，但针对失能老人的社会支持比较薄弱，失能老人作为特殊的社会弱势群体未引起社会的重视和特别关注。据 2020 年《湖北省国民经济与社会发展统计公报》显示：2020 年末全省参加城镇职工基本养老保险 1746.09 万人(其中离退休人员 596.47 万人)；参加城乡居民基本养老保险 2368.86 万人；2013 年末湖北省参加基本养老保险的离退休人员 395.8 万人，占湖北省 936 万老年人的养老保险覆盖率为 68.57%。其中失能老人 21.74%的参保率大大低于湖北省老年人的平均水平。农村失能老人享有农村合作医疗的比例约为 80.27%，城市失能老人享有城镇居民医疗保险、城镇职工医疗保险的比例分别为 29.31%和 36.32%。只有 3.76%的失能老人享有公费医疗，没有任何医疗保障的失能老人占 7.16%。商业医疗保险的比例不到 1%。高龄老人经济补贴、基本养老保险、低保、老年优待证是 4 种最常见的优惠待遇，在失能老人群体中的覆盖率分别为 23.05%、21.74%、20.81%、16.49%。没有任何优待(政府救济、政府补贴)的失能老人占 26.54%。

(三)失能老人的长期照护服务供需脱节

失能就意味着需要帮助、需要长期照护服务。但是，由于失能老人无钱支付服务费用，服务质量达不到失能老人的心理预期，为老服务的供给不足等多方面的原因，失能老人长期照护服务的需求无法得到满足，只能是有效需求，不能变成现实的有效需求。老年人是社会的弱势群体，失能老人更是老年人中的弱势群体，其购买力远低于老年人群体的平均水平。因此大部分失能老人无能力承担长期照护服务的费用。养老服务机构和养老服务设施无法满足大部分老年人的长期照护服务需求。养老机构的长期照护服务供给严重不足，这既表现在养老机构的数量上，也表现在长期照护服务的服务质量上，同时还表现在养老机构的经营效率低下，无法合理、有效地利用现有的养老资源，养老机构经营的高成本导致收费高。一方面，养老床位不够。2019 年，全国需要 1300 多万张养老床位，但只建成 775 万张，差距很大。另一方面，床位利用率低。2019 年全国各类养老服务机构仅收养老年人约 500 万人，床位利用率约为 70%。民办养老机构的床位空置率高达 40%~50%。同时，护理人员数量短缺而且素质偏低。需要长期照护的老年人难以获得护理型床位，和服务内容、服务质量、服务价格、机构地点等方面都比较合适的养老机构。

(四)农村和居家的失能老人生存艰难

农村非机构(含居家、独居)养老的失能老人更早地进入失能高峰状态，在71~85岁的失能所占失能老人的比例较大，达到61.07%，相比其他生活环境的老人，失能的年龄提前了约4年。农村失能老人月平均支出在500元以下的占73.71%，总体平均值为564.04元，大约是城市失能老人月平均支出的38%。非机构失能老人月平均支出在500元以下的占55.63%，总体平均值为883.06元，大约是机构失能老人月平均支出的65%。农村、居家失能老人对生活的满意度也大大低于养老机构养老或城市的失能老人。

第二节　长期照护服务的有效需求分析

需求是指在一定的时期和价格水平下，消费者有意愿并且有购买能力的商品数量。有效需求是指消费者虽然有明确意识的欲望，一旦条件成熟，有效需求就转化为现实需求。有效需求在购买力和供给条件满足的情况下会转化成现实需求。现实需求是指消费者既有欲望又有货币支付能力和相应供给条件下的需求。有效需求是具有购买意愿，而现实需求是既有购买意愿，又有购买力和供给。萨伊的需求理论认为“供给能够创造其本身的需求”，因此，供给对现实需求甚至有效需求有一定的促进和刺激作用。

根据失能老人长期照护服务需求的内涵，由于失能，失能老人除了具有一般非失能老人相应的需求外，还有很多因失能而引发的医疗、照料、护理等需求。失能老人长期照护服务的供给是建立在相应的养老资源基础上的，既受到失能老人长期照护服务需求的影响，也受到失能老人可利用的养老资源的制约(见图3-1)。

对于失能老人的长期照护服务需求、供给与利用情况的调查，主要通过失能老人对上门做家务、上门护理、上门看病、聊天解闷、老年饭桌或送饭、陪同看病、康复治疗、帮助日常购物、法律援助、老年人服务热线等10种具有代表性的长期照护服务项目的需求情况、失能老人所住社区是否有这些服务、失能老人是否利用过这些服务的情况，以此来反映失能老人长期照护服务的有效需求、供给状况和现实需求。

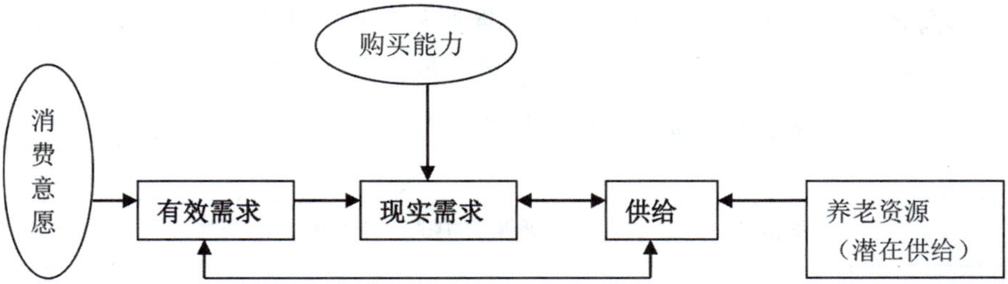

图 3-1　长期照护服务需求、供给和养老资源的关系

为了便于比较失能老人长期照护服务的有效需求、现实需求与养老资源、供给之间的关系，在此引入平均需求量的概念，失能老人长期照护服务的平均需求量 Q 为 10 种长期照护服务需求频率的加权平均数，为了便于计算和统计分析，同时结合 24 名专家(包括 5 名学者、8 名老龄管理工作者、11 名硕士学历的资深市场调研员)的意见，计算 10 种长期照护服务需求的权重。平均需求量 Q 可表示为：

$$Q = \sum_{i=1}^{10} q_i p_i,\ i = 1,\ 2,\ \cdots,\ 10 \tag{8}$$

本研究采用德尔菲法，就失能老人长期照护服务需求的重要性征求 24 位老龄工作管理者、高校专家和市场调研员为主的专家的意见，以专家打分法为基础，基于 AHP 的模糊综合评价将长期照护服务有效需求这一复杂问题，层层分解成不同的具体指标，尔后通过专家意见对指标进行两两比较，从而建构判断矩阵以取得指标权重。再通过专家对长期照护服务需求量指标进行打分，建构需求量评价指标隶属度矩阵，以对长期照护服务需求量作出科学、公正、客观的评价，确定权重如表 3-14 所示。

表 3-14　失能老人有效需求的权重分布　（单位：%）

项目	上门看病	康复治疗	上门护理	聊天解闷	老年饭桌和送饭	做家务	陪同看病	购物帮助	服务热线	法律援助	总计
权重	11.3	10.2	9.5	10.0	7.9	12.9	11.3	10.0	8.6	8.3	100

一、长期照护服务的有效需求特征

（一）失能老人养老模式的选择

1. 失能老人倾向于选择在“家中”和“公立养老机构”接受长期照料护理

总体来看，愿意在“家中”接受长期照料护理的失能老人占绝大多数，为71.03%(见表3-15)，其次为“公立养老机构”，占19.87%。选择“社区”和“民办养老机构”的为2.87%和5.44%。

表3-15 失能老人对长期照料护理地点和方式的选择

类型	家中	社区	公立养老机构	条件较好的民营养老机构	价格便宜的民营养老机构	其他	合计
所占比例	71.03%	2.87%	19.87%	2.69%	2.75%	0.79%	100%

2. 失能老人普遍比较认同传统的家庭养老(子女养老、自我养老)和公办机构养老模式

不同的老人对养老方式的选择是不同，这主要涉及一个观念问题。不管是城市还是农村失能老人，最优先选择的养老方式还是子女养老，占43.66%(见表3-16)。其次依次是自我养老、公办机构养老和民办机构养老，分别占19.16%、17.95%、14.13%，选择社区养老的仅为4.00%。不过，在养老机构养老的失能老人还是将机构养老作为第一选择，占42.04%，远高于子女养老方式的19.32%。这说明，在机构养老的失能老人比较能够接受机构养老的方式，这与“子女养老”的传统观念有较大区别。

表3-16 失能老人对养老方式的选择

类型	子女养老	自我养老	公办机构养老	民办机构养老	社区养老	其他	合计
所占比例	43.66%	19.16%	17.95%	14.13%	4.00%	1.09%	100%

(二)失能老人对长期照护服务的需求非常迫切

失能老人由于身体机能退化而导致的生活不能自理，拥有的物质资源极其有限，因此，从必要性和可行性角度考虑，失能老人的主要需求包括对食物、健康、人身安全、情感的需求。即四大需求：一是基本的物质生活保障，二是日常生活照料，三是医疗保健服务，四是精神慰藉

服务。

1. 七成以上的失能老人需要护理服务

从调查数据看，失能老人对护理服务的需求是非常迫切的。总体来看，城乡失能老人需要护理的比例达到73.46%(见表3-17)，其中机构养老的失能老人对护理服务的需求高于非机构，城市高于农村。城市机构养老的失能老人需要护理服务的比例达到90.45%，农村机构养老的失能老人需要护理服务的比例达到81.70%，城市非机构养老的失能老人需要护理服务的比例为77.22%，最低的农村非机构养老的失能老人需要护理服务的比例也达到了64.29%。总之，失能老人对护理服务的需求是相当大的，现实上，这方面的护理服务的供给是严重不足的。

表3-17　失能老人对长期护理服务的需求

类型		需要护理	不需要护理	合计	需要护理的比例
非机构样本	城市	77.22%	22.78%	100%	77.22%
	农村	64.29%	35.71%	100%	64.29%
机构样本	城市	90.45%	9.55%	100%	90.45%
	农村	81.70%	18.30%	100%	81.70%
非机构合计		69.79%	30.21%	100%	69.79%
机构合计		86.65%	13.35%	100%	86.65%
城市合计		80.78%	19.22%	100%	80.78%
农村合计		67.31%	32.69%	100%	67.31%
总计		73.46%	26.54%	100%	73.46%

2. 在日常生活照料方面，失能老人对专业的医疗和护理服务有一定的需求

根据对失能老人的调查，不论是机构还是非机构养老的失能老人，最大的需求是医疗服务需求，其次是护理服务需求。尤其是非机构失能老人的需求更为强烈，对医疗服务需求的比例达到了21.7%(见表3-18)，对护理服务需求的比例达到16%。非机构失能老人对日常起居照料的需求也较为强烈，达到18.4%。

表 3-18 失能老人对长期照护服务项目需求的比例

非机构养老(N=1266)			机构养老(N=748)		
类型	频数	百分比	类型	频数	百分比
上门看病	708	21.7%	上门看病	233	14.0%
上门做家务	600	18.4%	上门护理	201	12.1%
上门护理	522	16.0%	康复治疗	199	11.9%
老年饭桌和送饭	355	10.9%	老年饭桌和送饭	183	11.0%
聊天解闷	271	8.3%	帮助日常购物	180	10.8%
康复治疗	239	7.3%	聊天解闷	171	10.3%
陪同看病	212	6.5%	上门做家务	167	10.0%
法律援助	142	4.4%	陪同看病	139	8.3%
帮助日常购物	121	3.7%	老年人服务热线	119	7.1%
老年人服务热线	94	2.9%	法律援助	75	4.5%

3. 七成以上的失能老人需要政府提供专门针对老年人护理服务

总体来看，无论是城市还是农村，机构还是非机构，失能老人对政府提供专门针对老年人护理服务的需求是非常强烈的，70.55%的失能老人“非常需要”或“比较需要”政府提供专门针对老年人护理服务(见表3-19)。只有16.33%的失能老人“不太需要”或“完全不需要”政府提供专门针对老年人护理服务。

表 3-19 失能老人对政府提供专门针对老年人护理服务的需求

类型		非常需要	比较需要	一般	不太需要	完全不需要	合计	需要程度(赋值后的值)
非机构样本	城市	35.32%	37.12%	10.63%	13.33%	3.60%	100%	3.87
	农村	24.79%	42.42%	15.29%	16.39%	1.10%	100%	3.73
机构样本	城市	39.62%	36.79%	14.62%	8.02%	0.94%	100%	4.06
	农村	29.22%	42.21%	9.74%	18.18%	0.65%	100%	3.81
非机构合计		29.35%	40.12%	13.27%	15.07%	2.19%	100%	3.79
机构合计		35.25%	39.07%	12.57%	12.30%	0.82%	100%	3.96
城市合计		36.51%	37.03%	11.73%	11.86%	2.87%	100%	3.92
农村合计		25.57%	42.39%	14.32%	16.70%	1.02%	100%	3.75
所占比例		30.66%	39.89%	13.11%	14.45%	1.88%	100%	—

备注：本研究对不同的选项赋值如下：非常需要为5，比较需要为4，一般为3，不太需要为2，完全不需要为1。下同。

4. 失能老人需要政府、社会提供物质和医疗方面的保障

总体来看，失能老人的需求是多方面的，首先需要的是通过政府救济、政府补助提供的物质需求，“提高对失能老人的救济、补助金额”占77.11%(见表3-20)。其次是医疗需求，“提供康复救助和医疗保障”占57.53%。再次是护理服务的需求，占26.08%。最后是精神慰藉，“关注失能老人的精神、文化生活”占11.75%。

表3-20　失能老人对社会支持的总体需求情况

类型	提高救济、补助金额	提供康复救助和医疗保障	改善居住条件	提供护理服务	关注精神、文化生活	其他	合计
所占比例	77.11%	57.53%	6.39%	26.08%	11.75%	1.51%	100%

5. 失能老人认为年轻人在退休以前有必要缴纳老年护理保险

总体来看，失能老人对“年轻人在退休以前缴纳老年护理保险的必要性”是比较赞成，必要性的程度值为2.44(见表3-21)，介于“一般”和“有必要”之间。55.15%的失能老人认为“非常必要”或“有必要”。只有22.37%的失能老人认为“没必要”或“完全没必要”。

表3-21　失能老人对“年轻人在退休以前缴纳老年护理保险的必要性”的看法

类型		非常必要	有必要	一般	没必要	完全没必要	合计	必要程度(赋值后的值)
非机构样本	城市	18.66%	40.76%	24.64%	14.49%	1.45%	100%	3.61
	农村	9.34%	39.01%	21.98%	27.06%	2.61%	100%	3.25
机构样本	城市	21.11%	49.75%	18.09%	10.05%	1.01%	100%	3.80
	农村	7.19%	44.44%	22.88%	18.95%	6.54%	100%	3.27
非机构合计		13.36%	39.77%	23.13%	21.64%	2.11%	100%	3.41
机构合计		15.06%	47.44%	20.17%	13.92%	3.41%	100%	3.57
城市合计		19.31%	43.14%	22.90%	13.32%	1.33%	100%	3.66
农村合计		8.97%	39.95%	22.13%	25.65%	3.29%	100%	3.26
总 计		13.73%	41.42%	22.49%	19.98%	2.39%	100%	3.44

6. 失能老人比较认同在家庭附近建设提供长期护理服务的社区护理服务中心

总体来看，不同类型的失能老人的意见比较一致，对“家附近建有社区护理服务中心，专门针对老人的日托所(白天服务，晚上居家)，为您提供长期护理服务”是比较赞成，必要性的程度值为2.45(如表3-22)，介于“一般”和“有必要”之间。56.93%的失能老人认为“非常必要”或“有必要”。只有24.23%的失能老人认为“没必要”或“完全没必要”。2013年湖北省共有城镇社区服务中心、站共4700个，为发展社区养老模式奠定了较好的基础。

表3-22 失能老人对“建设社区护理服务中心必要性”的看法

类型		非常必要	有必要	一般	没必要	完全没必要	合计	必要程度(赋值后的值)
非机构样本	城市	20.77%	39.71%	14.21%	20.95%	4.37%	100%	3.52
	农村	11.31%	43.86%	20.28%	22.34%	2.21%	100%	3.40
机构样本	城市	17.24%	39.41%	25.12%	17.24%	0.99%	100%	3.55
	农村	14.38%	38.56%	20.26%	24.18%	2.61%	100%	3.38
非机构合计		15.38%	42.07%	17.66%	21.74%	3.14%	100%	3.45
机构合计		16.01%	39.04%	23.03%	20.22%	1.69%	100%	3.47
城市合计		19.81%	39.63%	17.15%	19.95%	3.46%	100%	3.52
农村合计		11.85%	42.94%	20.27%	22.67%	2.28%	100%	3.39
总计		15.52%	41.41%	18.83%	21.41%	2.82%	100%	3.45

二、长期照护服务需求的分类

根据日本学者狩野纪昭(1979)提出的KANO模型，将顾客需求从机构上分为基本型需求、期望型需求和兴奋型需求。如果把这一模型应用到失能老人的长期照护服务有效需求的分类依据时，可以认为“基本型需求”就是失能老人必须优先满足的需求；“期望型需求”是失能老人在满足基本需求的基础上应该尽可能满足的需求；“兴奋型需求”是在满足上述两类需求的基础上，提高失能老人生活质量的可选择性需求。

（一）失能老人有效需求的分类

运用因子分析法对以上十类需求进行分层聚类分析，可以发现，“上门看病”、“康复治疗”、“上门护理”等三种需求为一类，“需要老年人服务热线”、“ 需要帮助日常购物”、“需要法律援助”为一类，其他的需求为第三类（见图 3-2）。

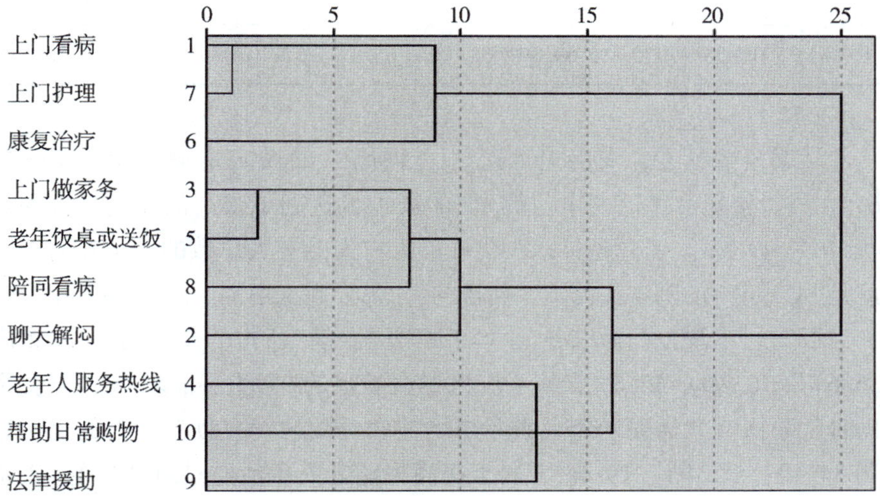

图 3-2　失能老人“有效需求”的因子聚类分析

郭竞成（2012）将居家养老服务需求弹性可分为可舍弃、强弹性、弱弹性、无弹性四类①。李兆友（2016）将农村长期照护服务需求强度分为最强、较强、中等、较弱、最弱五类，所对应的需求弹性依次为强弹性、中等弹性、弱弹性、无弹性、可弃类五类②。本研究参照以上文献的做法，同时结合图 3-2 的分类，将失能老人长期照护服务的有效需求按照需求量占总体的比例分成三类（见表 3-23）。

① 郭竞成. 农村居家养老服务的需求强度与需求弹性——基于浙江农村老年人问卷调查的研究[J]. 社会保障研究，2012(1)：47-57.

② 李兆友，郑吉友. 农村社区居家养老服务需求强度的实证分析——基于辽宁省 S 镇农村老年人的问卷调查[J]. 社会保障研究，2016(5)：18-26.

表 3-23 失能老人有效需求的分布特征

项目	基本型需求（≥45%）			期望型需求（35%<<45%）				兴奋型需求（≤35%）		
	康复护理保健类			日常生活照料和关怀类				社会服务与社会参与类		
	上门看病	康复治疗	上门护理	聊天解闷	上门做家务	老年饭桌或送饭	陪同看病	帮助日常购物	老年服务热线	法律援助
有（%）	65.0%	49.7%	49.5%	40.2%	36.6%	36.2%	35.6%	34.3%	32.4%	19.1%
无（%）	35.0%	50.3%	50.5%	59.8%	63.4%	63.8%	67.4%	59.7%	67.6%	80.9%

从调查情况看，失能老人对“上门看病”的需求是最迫切的，达到65%，对“康复治疗”、“上门护理”的需求也达到了很高的比例，分别是49.7%、49.5%。有这些需求的失能能人占失能老人总数的一半左右，因此是“必须有”的基本型需求。同样的，“需要聊天解闷”、“需要老年饭桌和送饭”、“需要上门做家务”、“需要陪同看病”所占的比例达到40.2%、36.6%、36.2%、35.6%，属于应该尽力满足的“期望型需求”。“需要帮助日常购物”、“需要老年人服务热线”、“需要法律援助”所占的比例达到34.3%、32.4%、19.1%，属于提高失能老人生活质量可选择的“兴奋型需求”。

（二）失能老人有效需求的基本特征分析

从表3-31中的统计情况看，失能老人有效需求的平均量呈现出一定的显著特征：(1)在养老机构养老的失能老人的10种需求项目的需求量均高于不在养老机构养老的失能老人；在养老机构养老的失能老人长期照护服务的平均需求总量 Q 也高于不在养老机构养老的失能老人。(2)除“上门看病”以外，家住城市的失能老人的9种需求项目的需求量均高于农村的失能老人；家住城市的失能老人长期照护服务的平均需求总量 Q 也高于农村的失能老人。根据统计资料的数据：2018年湖北省城市人口与农村人口之比为1.5：1，养老机构养老与非养老机构养老的老人之比为3%：97%。结合表3-17，根据抽样的比例计算得出失能老人有效需求的需求量（见表3-25）。

表 3-24　失能老人有效需求的比较分析

需求类型		需要上门看病	需要聊天解闷	需要上门做家务	需要老年人服务热线	需要老年饭桌和送饭	需要康复治疗	需要上门护理	需要陪同看病	需要法律援助	需要帮助日常购物	需求量
需求量		2. 89	2. 45	2. 42	2. 41	2. 52	2. 67	2. 59	2. 57	2. 48	2. 64	2. 56
养老类型	非机构样本	2. 71	2. 10	2. 02	2. 35	2. 10	2. 60	2. 38	2. 24	2. 71	2. 30	2. 35
	机构样本	2. 97	2. 89	2. 97	2. 58	3. 13	2. 63	2. 76	3. 00	2. 13	3. 11	2. 82
	机构-非机构	0. 26	0. 79	0. 95	0. 23	1. 03	0. 03	0. 38	0. 76	-0. 58	0. 81	0. 47
居住地	城市	2. 52	2. 03	2. 21	2. 27	2. 19	2. 38	2. 27	2. 16	2. 60	2. 38	2. 30
	农村	3. 24	2. 92	2. 58	2. 69	2. 88	2. 97	2. 89	3. 04	2. 36	2. 90	2. 85
	城市-农村	-0. 72	-0. 89	-0. 37	-0. 42	-0. 69	-0. 59	-0. 62	-0. 88	0. 24	-0. 52	-0. 55

表 3-25　失能老人有效需求的需求量

项目		需要上门看病	需要聊天解闷	需要上门做家务	需要老年服务热线	需要老年饭桌或送饭	需要康复治疗	需要上门护理	需要陪同看病	需要法律援助	需要帮助日常购物	总量	医疗康复护理类	日常照料与关怀类	社会服务与社会参与类
非机构	城市	2.41	1.86	1.88	2.13	1.89	2.42	2.16	1.91	2.76	2.11	2.15	2.33	1.95	2.25
	农村	3.31	2.60	2.30	2.80	2.53	2.98	2.82	2.90	2.63	2.67	2.75	3.04	2.60	2.68
机构	城市	2.79	2.46	3.01	2.61	2.94	2.28	2.54	2.77	2.21	3.04	2.67	2.54	2.94	2.43
	农村	3.15	3.31	2.92	2.56	3.31	2.97	2.97	3.22	2.04	3.18	2.96	3.03	3.16	2.64
非机构		2.71	2.10	2.02	2.35	2.10	2.60	2.38	2.24	2.71	2.30	2.35	2.56	2.17	2.39
机构		2.97	2.89	2.97	2.58	3.13	2.63	2.76	3.00	2.13	3.11	2.82	2.79	3.05	2.53
城市		2.52	2.03	2.21	2.27	2.19	2.38	2.27	2.16	2.60	2.38	2.30	2.39	2.24	2.30
农村		3.24	2.92	2.58	2.69	2.88	2.97	2.89	3.04	2.36	2.90	2.85	3.03	2.85	2.66
总体		2.89	2.45	2.42	2.41	2.52	2.67	2.59	2.57	2.48	2.64	2.56	2.72	2.54	2.45

三、长期照护服务需求的重要性排序

根据上述分析，失能老人长期照护服务的有效需求可以分为三类：康复护理保健类的基本型需求，日常生活照料和关怀类的期望型需求，社会服务与社会参与类的兴奋型需求。其中康复护理保健类需求包括：需要上门看病、需要康复治疗、需要上门护理；日常生活照料和关怀类需求包括：需要帮助日常购物、需要聊天解闷、需要上门做家务、需要老年饭桌和送饭、需要陪同看病；社会服务与社会参与类需求包括：需要老年人服务热线、需要法律援助。本研究根据失能老人长期照护服务需求的累计频率的大小，结合基于KANO模型的因子聚类，可以得到失能老人长期照护服务需求的重要性排序：康复护理保健类的基本型需求>日常生活照料和关怀类的期望型需求>社会服务与社会参与类的兴奋型需求。按照需求项目的排序来看，需要上门看病>需要康复治疗>需要上门护理>需要帮助日常购物>需要聊天解闷>需要上门做家务>需要老年饭桌和送饭>需要陪同看病>需要老年人服务热线>需要法律援助(见表3-26)。具体到城市、农村、养老机构和非养老机构的失能老人长期照护服务的需求，排序略有变动，这个需求重要性排序对政府部门合理安排养老资源，供给失能老人长期照护服务项目具有参考价值。

表3-26 失能老人长期照护服务需求的重要性排序

需求项目 需求类型排序		需要上门看病	需要聊天解闷	需要上门做家务	需要老年人服务热线	需要老年饭桌和送饭	需要康复治疗	需要上门护理	需要陪同看病	需要法律援助	需要帮助日常购物
总体需求排序		一	五	六	九	七	二	三	八	十	四
养老类型	非养老机构需求排序	一	四	六	八	七	二	二	八	十	五
	养老机构需求排序	一	四	七	九	六	二	三	八	十	五
城乡分布	城市需求排序	一	四	七	五	六	三	二	九	十	八
	农村需求排序	一	五	七	九	八	二	三	六	十	四

四、长期照护服务有效需求的影响因素分析

根据有效需求的内涵，有效需求主要是一种购买意愿和购买能力的反映。马斯洛需求层次理论把人的需求从低到高分为生理需求、安全需求、社交需求、自尊需求和自我实现的需求。失能老人由于身体机能下降，特别是疾病的困扰，首先需要解决的是生理需求，包括温饱问题和疾病治疗的问题，因此受到自身生理条件、经济条件、政府支持、家庭支持等因素的限制，同时也会受到现实需求、供给的影响。前面的相关分析和方差分析显示，性别、养老类型、年龄、受教育程度、月平均经济收入、失能程度、婚姻状况、家庭规模、健在子女数量、生活满意度、现实需求、供给等与老年人长期照护服务的有效需求存在着一定的相关性。为了探讨老年人长期照护有效需求的主要影响因素，本书进一步做回归分析。由于分组变量中，有部分组内变量为分类变量，因此进行回归分析时，将分类变量作为控制变量，构造线性回归分析(下文同理)，这样有利于更好地探讨影响老年人长期照护有效需求的主要因素。

本研究以“有效需求量”为因变量构造线性回归模型进行分析。

$$Y = \beta_0 + \beta_1 x_1 + \beta_2 x_2 + \cdots + \beta_i x_i + \varepsilon \tag{9}$$

基于上述模型，结合数据可得性，选择自变量如下：影响因素为养老类型、年龄、性别、婚姻状况、所在地、职业、教育程度、失能程度、是否有配偶、生活满意度、现实需求、供给、健在子女数量、月平均经济收入、是否有医疗保险、是否有政府救济政府救助、是否有家庭照顾。此外遗漏的影响因素通过设置家庭所在地控制变量加以控制(见表 3-27)。

从回归模型逐步分析的最终结果来看，失能老人有效需求的影响因素主要受到现实需求的影响，供给量对其影响并不显著。同时还受到所在地、年龄、健在子女数量、户籍类型、养老类型、生活满意度等个人资源和个人因素的影响，以及是否有医疗保险、是否有政府救助等政府资源的影响。但是从不同类别的长期照护服务有效需求来看，康复护理保健类的长期照护服务有效需求还受到供给、月平均经济收入、受教育程度的影响，社会服务和社会参与类的长期照护服务有效需求还受到“职业”因素的影响(见表 3-27、表 3-28、表 3-29、表 3-30)。

表 3-27　长期照护服务有效需求的影响因素

因变量	自变量	B	R^2	t	sig	DW
有效需求	常数项	0.687		9.077	0	1.89
	现实需求	0.328	0.096	12.523	0	
	是否有医疗保险	-0.115	0.105	-3.964	0	
	养老类型	0.095	0.114	4.989	0	
	年龄	-0.003	0.121	-3.784	0	
	所在地	-0.047	0.125	-3.289	0.001	
	健在子女数量	0.015	0.131	3.111	0.002	
	生活满意度	-0.02	0.135	-2.766	0.006	

表 3-28　失能老人有效需求(康复保健护理类)的影响因素

因变量	自变量	B	R^2	t	sig	DW
有效需求(康复护理保健类)	常数项	0.304		10.724	0.000	1.751
	年龄	-0.002	0.301	-5.932	0.000	
	供给(康复护理保健类)	0.136	0.312	5.109	0.000	
	受教育程度	-0.006	0.327	-2.542	0.011	
	生活满意度	-0.01	0.342	-3.491	0.000	
	养老类型	0.035	0.358	4.433	0.000	
	健在子女	0.007	0.37	3.802	0.000	
	月平均经济收入	-0.008	0.382	-2.583	0.01	
	职业	0.004	0.385	2.151	0.032	

表 3-29　失能老人有效需求(日常生活照料关怀类)的影响因素

因变量	自变量	B	R^2	t	sig	DW
有效需求(日常照料关怀类)	常数项	0.177		8.939	0.000	1.886
	现实需求(日常照料关怀类)	0.416	0.139	13.234	0.000	
	是否有医疗保险	-0.073	0.153	-4.882	0.000	
	是否有政府救助、政府救济	-0.023	0.16	-2.879	0.004	
	月平均经济收入	0.009	0.165	2.842	0.005	
	养老类型	0.021	0.168	2.216	0.027	

表 3-30　失能老人有效需求(社会服务和社会参与类)的影响因素

因变量	自变量	B	R^2	t	sig	DW
有效需求(社会服务与社会参与类)	常数项	0.134		9.5	0.000	1.87
	现实需求(社会服务与社会参与类)	0.602	0.239	21.455	0.000	
	是否有医疗保险	−0.035	0.25	−3.947	0.000	
	所在地	−0.017	0.258	−3.766	0.000	
	是否有政府救助、政府救济	−0.011	0.261	−2.2	0.028	
	生活满意度	−0.006	0.263	−2.643	0.008	
	养老类型	0.013	0.266	2.37	0.018	

第三节　长期照护服务现实需求分析

一、长期照护服务现实需求的基本特征分析

现实需求是得到满足的、实现了的需求。失能老人长期照护服务的现实需求既要受到服务供给的制约，又要受到失能老人自身购买能力不足的限制。因此，失能老人长期照护服务的现实需求只是其有效需求中的较小部分。

从调查情况看(见表 3-31、表 3-32)，失能老人长期照护服务需求的满足程度——现实需求是比较低的，其中“用过上门看病”的比例占32.9%，其他类型的现实需求用过的比例均低于20%，有的甚至低于10%。这与失能老人长期照护服务的有效需求匹配程度很低。这主要是因为失能老人的购买能力身体机能下降，在经济收入上处于弱势地位，购买能力较低，心有余而力不足，导致长期照护服务供给的市场机制尚未形成，供给不能满足需求。

从表 3-31 中的统计情况看，失能老人现实需求的平均量呈现出一定的显著特征：(1)除“老年人服务热线”外，在养老机构养老的失能老人的9 种需求项目的需求量均高于不在养老机构养老的失能老人；在养老机构养老的失能老人长期照护服务的平均需求总量 Q 也高于不在养老机构的失能老人。(2)除“上门看病”以外，家住城市的失能老人的 9 种需求项目的需求量均高于农村的失能老人；家住城市的失能老人长期照护服务的平

均需求总量 Q 也高于农村的失能老人。

表 3-31　失能老人现实需求的分布特征

项目	用过上门看病	用过聊天解闷	用过上门做家务	用过老年服务热线	用过老年饭桌或送饭	用过康复治疗	用过上门护理	用过陪同看病	用过法律援助	用过帮助日常购物
有(%)	28.1%	14.0%	9.8%	12.0%	12.2%	14.0%	10.9%	12.1%	11.2%	13.4%
无(%)	71.9%	86.0%	90.2%	88.0%	87.8%	86.0%	89.1%	87.9%	88.8%	86.6%

表 3-32　失能老人现实需求的比较分析

项目		用过上门看病	用过聊天解闷	用过上门做家务	用过老年人服务热线	用过老年饭桌和送饭	用过康复治疗	用过上门护理	用过陪同看病	用过法律援助	用过帮助日常购物	需求量总
总体(频率)		2.12	2.09	2.16	1.92	2.18	2.03	2.04	2.07	2.03	2.05	2.07
养老类型	非机构样本	1.74	1.71	1.67	1.71	1.70	1.73	1.59	1.61	2.06	1.55	1.71
	机构样本	2.60	2.69	2.90	2.38	2.99	2.43	2.66	2.71	2.08	2.82	2.63
	机构-非机构	0.86	0.98	1.23	0.67	1.29	0.7	1.07	1.1	0.02	1.27	0.92
城乡分布	城市	1.85	1.83	1.99	1.93	1.94	1.79	1.74	1.71	2.24	1.73	1.88
	农村	2.35	2.39	2.27	1.97	2.48	2.27	2.31	2.45	1.81	2.40	2.27
	城市-农村	-0.50	-0.56	-0.28	-0.04	-0.54	-0.48	-0.57	-0.74	0.43	-0.67	-0.39

二、长期照护服务现实需求的影响因素分析

根据现实需求的内涵，现实需求是购买意愿、购买力和供给三者的结合，缺一不可。失能老人由于身体机能下降，特别是疾病的困扰，首先需要解决的是温饱问题和疾病治疗的问题，因此受到自身生理条件、经济条件、政府支持、家庭支持等因素的限制，同时也会受到有效需求、供给的影响。前面的相关分析显示，受教育程度、月平均经济收入、失能程度、

婚姻状况、家庭规模、健在子女数量、生活满意度、现实需求、供给等有可能与老年人长期照护服务的有效需求存在着一定的相关性。为了探讨老年人长期照护现实需求的主要影响因素，本书进一步做回归分析。由于分组变量中，有部分组内变量为分类变量，因此进行回归分析时，将分类变量作为控制变量，构造线性回归分析，这样有利于更好地探讨影响老年人长期照护现实需求的主要因素。

本研究以“现实需求量”为因变量构造线性回归模型进行分析。

$$Y = \beta_0 + \beta_1 x_1 + \beta_2 x_2 + \cdots + \beta_i x_i + \varepsilon \tag{10}$$

基于上述模型，结合数据可得性，选择自变量如下。影响因素为养老类型、年龄、性别、婚姻状况、所在地、职业、教育程度、失能程度、是否有配偶、生活满意度、现实需求、供给、健在子女数量、月平均经济收入、是否有医疗保险、是否有政府救济政府救助、是否有家庭照顾。此外遗漏的影响因素通过设置家庭所在地控制变量加以控制(见表 3-33、表 3-34、表 3-35、表 3-36)。

表 3-33 失能老人现实需求的影响因素

因变量	自变量	B	R^2	t	sig	DW
现实需求	常数项	-0.674		-9.073	0.000	1.42
	供给	0.368	0.243	16.255	0.000	
	有效需求	0.216	0.286	10.684	0.000	
	受教育程度	0.025	0.314	5.242	0.000	
	年龄	0.003	0.324	4.251	0.000	
	健在子女数量	-0.019	0.331	-4.798	0.000	
	生活满意度	0.023	0.337	3.856	0.000	
	失能程度	0.011	0.345	3.545	0.000	
	所在地	0.103	0.351	6.677	0.000	
	户籍类型	0.106	0.369	6.089	0.000	
	职业	-0.014	0.375	-3.387	0.001	
	由谁照顾	-0.034	0.377	-2.306	0.021	
	月平均经济收入	0.017	0.379	2.572	0.01	
	是否有政府救助、政府救济	0.031	0.381	2.399	0.017	
	性别	0.027	0.383	2.188	0.029	

表 3-34 失能老人现实需求(康复护理保健类)的影响因素分析

因变量	自变量	B	R^2	t	sig	DW
现实需求(康复护理保健类)	常数项	-0. 095		-5. 205	0. 000	1. 503
	供应(康复护理保健类)	0. 379	0. 227	18. 641	0. 000	
	受教育程度	0. 007	0. 245	4. 264	0. 000	
	所在地	0. 038	0. 252	6. 609	0. 000	
	户籍类型	0. 027	0. 266	4. 087	0. 000	
	由谁照顾	-0. 021	0. 271	-3. 678	0. 000	
	月平均经济收入	0. 008	0. 277	3. 095	0. 002	
	有无配偶	-0. 014	0. 282	-3. 034	0. 002	
	是否有政府救助、政府救济	0. 011	0. 284	2. 198	0. 028	
	生活满意度	0. 006	0. 287	2. 462	0. 014	
	失能程度	0. 003	0. 289	2. 374	0. 018	
	职业	-0. 003	0. 291	-2. 047	0. 041	

表 3-35 失能老人现实需求(日常生活照料关怀类)的影响因素分析

因变量	自变量	B	R^2	t	sig	DW
现实需求(日常照料关怀类)	常数项	-0. 241		-7. 709	0. 000	1. 472
	供应(日常照料关怀类)	0. 435	0. 329	20. 761	0. 000	
	有效需求(日常照料关怀类)	0. 196	0. 384	11. 937	0. 000	
	受教育程度	0. 01	0. 401	5. 135	0. 000	
	健在子女数量	-0. 01	0. 408	-5. 971	0. 000	
	年龄	0. 001	0. 418	4. 105	0. 000	
	生活满意度	0. 009	0. 422	3. 689	0. 000	
	失能程度	0. 005	0. 428	3. 699	0. 000	
	所在地	0. 033	0. 431	5. 16	0. 000	
	户籍类型	0. 045	0. 443	6. 43	0. 000	
	职业	-0. 006	0. 447	-3. 245	0. 001	
	性别	0. 012	0. 449	2. 355	0. 019	
	失能持续时间	-0. 004	0. 45	-2. 192	0. 029	
	是否有政府救助、政府救济	0. 012	0. 452	2. 118	0. 034	

表 3-36 失能老人现实需求(社会服务和社会参与类)的影响因素分析

因变量	自变量	B	R^2	t	sig	DW
现实需求(社会服务与社会参与类)	常数项	-0.187		-9.387	0.000	1.521
	有效需求(社会服务与社会参与类)	0.313	0.239	19.129	0.000	
	供应(社会服务与社会参与类)	0.318	0.343	13.643	0.000	
	受教育程度	0.007	0.373	5.392	0.000	
	户籍类型	0.031	0.383	6.667	0.000	
	所在地	0.028	0.402	6.679	0.000	
	年龄	0.001	0.41	4.39	0.000	
	职业	-0.005	0.417	-4.122	0.000	
	失能程度	0.004	0.423	4.547	0.000	
	生活满意度	0.007	0.429	4.219	0.000	
	健在子女数量	-0.005	0.434	-4.598	0.000	
	养老类型	-0.016	0.44	-3.606	0.000	
	月平均经济收入	0.005	0.442	2.781	0.005	
	是否有政府救助、政府救济	0.008	0.444	2.272	0.023	
	性别	0.008	0.446	2.26	0.024	

从回归模型逐步分析的最终结果来看，失能老人现实需求的影响因素主要受到有效需求和供给因素的影响，同时还受到受教育程度、年龄、健在子女数量、生活满意度、失能程度、所在地、户籍类型、职业、养老类型、失能持续时间等个人资源和个人因素的影响，以及是否有政府救助等政府资源的影响。但是从不同类别的长期照护服务现实需求来看，康复护理保健类和社会服务与社会参与类的长期照护服务现实需求还受到月平均经济收入、有无配偶的影响。

第四节 结论与讨论

个体的需求是很难测量的，因为人的欲望是无限的。失能老人的需求反而是具体的可测的，因为失能老人的需求主要集中在康复护理保健、日常生活照料等最基本的生理需求。本研究通过对具体的十个有代表性的长期照护服务项目的需求调查，分析失能老人的基本特征及有效需求、现实需求的基本状况，通过因子聚类分析将失能老人长期照护服务需求分为三类，“康复护理保健类”为“基本型需求”，“日常生活照料和关怀类”为“期望型需求”，“社会服务与社会参与类”为“兴奋型需求”。其中康复护理保健类的长期照护服务需求是失能老人长期照护服务需求中最迫切的“刚性”需求。根据失能老人长期照护服务需求的累计频率的大小，结合基于KANO模型的因子聚类，可以得到失能老人长期照护服务需求的重要性排序：康复护理保健类的基本型需求>日常生活照料和关怀类的期望型需求>社会服务与社会参与类的兴奋型需求。按照需求项目的重要性排序来看，需要上门看病>需要康复治疗>需要上门护理>需要帮助日常购物>需要聊天解闷>需要上门做家务>需要老年饭桌和送饭>需要陪同看病>需要老年人服务热线>需要法律援助。具体到城市、农村、养老机构和非养老机构的失能老人长期照护服务的需求，排序略有变动。现有研究大多是通过频数统计分析对需求进行比较，并未从理论上归纳出不同的需求类别。通过这一分类和排序对失能老人长期照护服务需求按照重要性进行细分，对党委政府制定政策具有一定的指导意义和参考价值。本研究的需求分类和排序，可以进一步置于一定的情境中，如针对农村、城市、养老机构和非养老机构等不同的对象进一步深入分析。

本研究通过逐步线性回归分析发现：失能老人长期照护服务的现实需求和有效需求之间存在相关关系，并且受到老年人的个体资源、家庭资源、行政资源、社区资源、社会资源和市场资源等养老资源的影响。失能老人有效需求的影响因素主要受到现实需求的影响，供给量对其影响并不显著。同时还受到所在地、年龄、健在子女数量、户籍类型、养老类型、生活满意度等个人资源和个人因素的影响，以及是否有医疗保险、是否有政府救助等政府资源的影响。失能老人现实需求主要受到有效需求和供给因素的影响，同时还受到受教育程度、年龄、健在子女数量、生活满意度、失能程度、所在地、户籍类型、职业、养老类型、失能持续时间等个人资源和个人因素的影响，以及是否有政府救助等政府资源的影响。其中供给因素是影响需求实现的最主要因素。在文献中有类似研究，但是本研究将“供给”作为自变量，纳入影响因素的分析之中，这是一个不同点。从失能老人的有效需求和现实需求来看，养老资源贫乏，特别是农村的人力、物力、资金、养老基础设施、医疗卫生等养老资源非常短缺，导致供给不足，这是一个非常严重的短板。

第四章 长期照护服务的供给及其影响因素

第一节 长期照护服务的养老资源供给状况

失能老人离不开长期照护服务，但其长期照护服务需求的形成离不开养老资源供给这个基础条件，养老资源既包括各级政府、各级组织、机构、企业、社区等提供的资金、人力、养老机构、医院、公共基础设施等物质方面的客观支持和精神方面的主观支持。也包括家庭成员(配偶、子女、其他亲属)、邻居、朋友、志愿者等提供的住房、资金、人力等物质方面的客观支持和精神方面的主观支持。我国养老资源供给体系包括自我供给、家庭供给、社区供给、政府供给和市场供给等五种供给方式，它们在养老资源供给体系中地位和作用不同，有着不同的运行机理。

一、人力资源供给

(一)失能老人平均有2.98个健在的子女

从失能老人的子女情况来看，失能老人的子女数量平均值为2.98个(见表4-1)，其中农村失能老人的平均子女数量为3.18个，城市失能老人的平均子女数量为2.77个。可以看出，进入养老机构养老的失能老人的子女数量均低于平均水平，如进入机构养老的城市失能老人的子女数量平均值为2.54个(比平均水平少0.44个)，进入机构养老的农村失能老人的子女数量平均值为1.53个(比平均水平少1.45个)，远低于农村失能老人的平均子女数量。可见，子女数量偏少是失能老人，特别是农村失能老人进入养老机构养老的重要原因。从机构养老的失能老人子女特征看，儿子(养子)和女儿(养女)特征基本一致，非机构养老失能老人的儿子(养子)

表 4-1　失能老人的健在子女分布特征

类型			0个	1个	2个	3个	4个	5个及以上	合计	子女平均数
健在子女总数	非机构样本	城市	2.0%	13.7%	26.2%	25.1%	18.4%	14.5%	100.0%	2.88
		农村	4.2%	6.4%	14.1%	17.4%	23.0%	34.9%	100.0%	3.53
	机构样本	城市	15.3%	12.2%	14.1%	28.2%	22.4%	7.8%	100.0%	2.54
		农村	47.5%	10.1%	7.0%	13.3%	21.5%	0.6%	100.0%	1.53
	合计		9.2%	10.0%	17.4%	21.2%	21.3%	21.0%	100.0%	2.98
健在儿子（养子）数	非机构样本	城市	16.7%	37.4%	28.6%	13.6%	2.6%	1.3%	100.0%	1.52
		农村	11.1%	30.2%	27.8%	20.1%	7.3%	3.6%	100.0%	1.93
	机构样本	城市	26.7%	27.5%	27.9%	12.7%	4.4%	0.8%	100.0%	1.43
		农村	62.0%	14.6%	12.0%	9.5%	1.9%	0.0%	100.0%	0.75
	合计		20.0%	30.7%	26.6%	15.9%	4.8%	2.1%	100.0%	1.61
健在女儿（养女）数	非机构样本	城市	23.2%	34.2%	26.5%	12.2%	2.6%	1.3%	100.0%	1.41
		农村	17.8%	28.5%	25.9%	17.6%	7.4%	2.7%	100.0%	1.76
	机构样本	城市	29.8%	33.7%	14.7%	16.7%	4.4%	0.8%	100.0%	1.35
		农村	58.2%	17.1%	12.0%	9.5%	2.5%	0.6%	100.0%	0.83
	合计		25.1%	30.1%	23.1%	14.9%	4.9%	1.8%	100.0%	1.50

表 4-2 失能老人的日常照料的主要依托对象

（单位:%）

项目	类型	配偶	儿子	儿媳	女儿	女婿	孙子女	外孙子女	亲友	邻居	保姆	养老机构护工	医院	社区护理服务人员	家政服务人员	其他
非机构样本	城市	43.5	30.1	15.5	23.9	5.7	1.6	0.4	0.5	1.1	1.5	1.6	0.7	0.1	0.9	11
	农村	66.2	51.4	22.2	32.4	7.1	1	1.2	0.5	0.6	0.1	0	0.3	0	0	0.1
机构样本	城市	9.1	7.9	5.9	6.1	3.3	2.2	0.6	0.7	1.7	0.4	76.3	2	0.3	0.4	6.8
	农村	4.3	5.4	4.1	6.5	3.8	2.7	1.1	3.2	1.6	4.8	74.8	1.1	0	0	13.8
非机构合计		57.1	42.9	19.5	29.0	6.5	1.2	0.9	0.5	0.8	0.7	0.6	0.5	0.0	0.4	4.5
机构合计		7.2	6.9	5.2	6.3	3.5	2.4	0.8	1.7	1.7	2.2	75.7	1.6	0.2	0.2	9.6
城市合计		33.2	23.4	12.6	18.6	5.0	1.8	0.5	0.6	1.3	1.2	24.0	1.1	0.2	0.8	9.7
农村合计		47.6	37.6	16.8	24.6	6.1	1.5	1.2	1.3	0.9	1.5	22.4	0.5	0.0	0.0	4.2
总计		37.5	32.1	17.5	21.9	5.8	1.6	0.5	1.1	1.4	2.5	22.6	0.5	0.2	0.5	11

略多于女儿(养女)数量，机构养老失能老人的女儿(养女)略多于儿子(养子)数量，区别不明显。64.8%的失能老人入住养老机构的原因是因为家人照顾不了，家庭照顾资源严重匮乏。

(二)失能老人的日常生活照料主要由配偶和子女承担

总体上看，失能老人的日常生活照料主要由(按重要程度排序)配偶、儿子、女儿、儿媳、养老机构的护工、女婿等承担，分别占37.5%、32.1%、21.9%、17.5%、22.6%和5.8%(见表4-2)，来自其他人的照料较少。但在农村，儿媳的重要性超过女儿。在养老机构，儿子和女儿的重要性超过配偶。可见，配偶和子女仍是失能老人照料的主要依托对象。

表4-3 失能老人对子女、配偶、亲朋好友工作的影响

类型		没多大影响	对配偶的工作有点影响	对配偶的工作影响很大	对子女的工作有点影响	对子女的工作影响很大	对亲戚朋友的工作有点影响	对亲戚朋友的工作影响很大	对其他人工作有点影响	合计
非机构样本	城市	30.3%	6.8%	7.7%	27.6%	28.1%	0.7%	0.7%	0.0%	100.0%
	农村	21.2%	13.9%	16.8%	29.7%	19.0%	2.3%	1.7%	0.1%	100.0%
机构样本	城市	45.2%	2.2%	2.2%	37.7%	12.3%	1.3%	1.8%	0.4%	100.0%
	农村	66.7%	3.3%	1.3%	18.3%	8.5%	2.6%	0.0%	0.0%	100.0%
非机构合计		25.1%	10.8%	12.9%	28.8%	22.9%	1.6%	1.2%	0.1%	100.0%
机构合计		53.8%	2.6%	1.8%	29.9%	10.8%	1.8%	1.0%	0.3%	100.0%
城市合计		34.6%	5.5%	6.1%	30.5%	23.5%	0.9%	1.0%	0.1%	100.0%
农村合计		29.1%	12.0%	14.1%	27.7%	17.2%	2.4%	1.4%	0.1%	100.0%
总计		31.69%	8.96%	10.34%	29.04%	20.14%	1.68%	1.20%	0.12%	100%

(三)失能后对配偶和子女的工作影响较大

总体来看，失能以后对他人没什么影响的占31.69%(见表4-3)；

对子女的工作有点影响的占 29.04%，对子女工作影响很大的占 20.14%，二者合计占 49.19%。其次对配偶的工作影响很大，占 10.34%，对配偶的工作有点影响，占 8.96%，二者合计占 19.30%。对其他亲戚朋友的影响很小，均在 2%以下。但 29.71%的农村非机构养老的老人失能以后对子女的工作有点影响，占第一位，对子女工作影响很大的占 18.71%，二者合计占 48.69%。可见失能老人失能以后，如果非机构养老，受影响的首先是子女，其次是配偶。如果在养老机构养老，对子女和配偶的影响相对较小，特别是对配偶没有什么影响。其中特别突出的是，农村非机构养老的老人失能后，对子女和配偶工作的影响是非常大的。

二、资金供给

(一)失能老人的收入来源主要是家庭赡养、政府补助和养老保险

本调查所指的失能老人平均每月的所有收入包括子女赡养费、亲朋馈赠、政府和社会捐助等，这些收入主要用于衣食住行和医疗保健、日常护理、精神慰藉等日常开支。从失能老人的个人收入来源来看，不同类型的失能老人的收入主要来源是大同小异的。湖北省城乡失能老人的首要经济来源是子女赡养，政府补助、政府救济和养老保险也是失能老人的主要收入来源。城市的失能老人的收入主要来源中，自己或配偶的离退休金居第二位(见表 4-4、表 4-5)。

(二)失能老人平均每月收入为 993.77 元

其中农村和非机构失能老人收入在 500 元以下的占一半以上。本调查所指失能老人的所有收入，包括子女赡养费、亲朋馈赠、政府和社会捐助等货币和实物，用于失能老人的日常基本生活保障和医疗保健、日常护理、精神慰藉等开支。从失能老人的收入水平看，湖北省城乡失能老人的平均月收入为 993.77 元(见表 4-6)，其中城市失能老人的月平均收入最高，为 1474.25 元，机构失能老人的月均收入为 1350.88 元，非机构失能老人的月均收入为 883.06 元，农村失能老人的月均收入最低，为 564.04 元。

表 4-4 失能老人的经济收入分布特征

类型	自己或配偶的积蓄	自己或配偶的劳动所得	经营、投资所得	自己或配偶的离退休金	养老保险	子女赡养	(外)孙子女们赡养	亲戚、朋友的赠与	其他人情收入	政府补助、政府救济	集体经济补助、救济	企业捐助	其他途径
非机构样本合计	15.0%	10.7%	0.2%	30.3%	33.6%	59.5%	1.9%	2.7%	0.5%	37.6%	0.9%	0.1%	0.7%
机构样本合计	14.1%	1.5%	0.7%	28.3%	21.2%	50.7%	2.9%	4.6%	1.0%	32.9%	0.2%	1.5%	1.0%
城市合计	12.8%	4.0%	0.5%	47.7%	21.8%	50.2%	1.5%	2.5%	0.5%	22.9%	1.2%	0.7%	1.0%
农村合计	16.6%	12.5%	0.2%	13.6%	38.6%	63.9%	2.7%	3.8%	0.7%	48.8%	0.3%	0.1%	0.6%

注：部分失能老人的经济收入有多种来源

表 4-5 失能老人的经济来源的重要性排序

类型／排序	第一位	第二位	第三位	第四位	第五位	第六位
非机构失能老人	子女赡养	政府补助、政府救济	养老保险	自己或配偶的离退休金	自己或配偶的积蓄	自己或配偶的劳动所得
机构的失能老人	子女赡养	政府补助、政府救济	自己或配偶的离退休金	养老保险	自己或配偶的积蓄	——
城市的失能老人	子女赡养	自己或配偶的离退休金	政府补助、政府救济	养老保险	自己或配偶的积蓄	——
农村的失能老人	子女赡养	政府补助、政府救济	养老保险	自己或配偶的积蓄	自己或配偶的离退休金	自己或配偶的劳动所得

表 4-6 失能老人的经济收入水平

类型		500 元以下	501～1000 元	1001～2000 元	2001～3000 元	3000 元以上	合计	月平均收入(元)
非机构样本	城市	28. 11%	12. 61%	35. 86%	16. 40%	7. 03%	100%	1358. 56
	农村	76. 50%	9. 56%	9. 84%	3. 14%	0. 96%	100%	522. 54
机构样本	城市	13. 28%	9. 96%	34. 85%	35. 68%	6. 22%	100%	1740. 66
	农村	60. 76%	11. 39%	19. 62%	6. 33%	1. 90%	100%	756. 33
非机构合计		55. 63%	10. 88%	21. 06%	8. 86%	3. 57%	100%	883. 06
机构合计		32. 08%	10. 53%	28. 82%	24. 06%	4. 51%	100%	1350. 88
城市合计		23. 62%	11. 81%	35. 55%	22. 24%	6. 78%	100%	1474. 25
农村合计		73. 71%	9. 89%	11. 57%	3. 71%	1. 12%	100%	564. 04
总计		51. 40%	10. 79%	22. 89%	12. 46%	3. 80%	100%	993. 77

按照城市、农村和机构、非机构两个维度细分，城市机构养老的失能老人的月均收入最高，为 1740. 66 元，城市非机构养老的失能老人月均收入为 1358. 56 元，农村机构养老的失能老人的月均收入为 756. 33 元，农村非机构养老的失能老人的月均收入最低，为 522. 54 元。可见，失能老人的经济收入的城乡差别是比较大的。同时，机构和非机构养老的失能老人的经济收入也有较大的差别。其中，农村失能老人月收入在 500 元以下的占 73. 71%，非机构失能老人月收入在 500 元以下的占 55. 63%。

三、社会保障政策供给

从总体上看，湖北省针对社会弱势群体的社会保障进一步加强，但针对失能老人的社会支持尚未起步，失能老人作为特殊的社会弱势群体未引起社会的重视和特别关注。据 2018 年《湖北省国民经济与社会发展统计公报》显示：2018 年末全省参加城镇职工基本养老保险 1601. 3 万人，离退休人员 554. 1 万人；参加城乡居民基本养老保险 2283. 3 万人；年末湖北省参加基本养老保险的离退休人员 395. 8 万人，养老保险的参保率为 67%，离退休人员养老保险参保率为 71. 83%。从这些数据来看，湖北省 797 万老年人的养老保险覆盖率为 49. 66%，不到一半。其中失能老人的参保率大大低于老人的平均水平(见表 4-7、表 4-8)。据统计湖北省 2018 年全年全省城镇居民最低生活保障对象 37. 8 万人，农村居民最低生活保障人数 133. 8 万人，国家抚恤、补助各类优抚对象 41. 5 万人。但是从失能老人的调查数据看，失能老人的社会保障状况不容乐观，尚有较多失能老人没有任何社会保障。

（一）失能老人的医疗保障不健全

失能老人的医疗保障现状不容乐观，农村失能老人享有农村合作医疗的比例约为80.27%（见表4-7），城市失能老人享有城镇居民医疗保险、城镇职工医疗保险的比例分别为29.31%和36.32%。只有3.76%的失能老人享有公费医疗，没有任何医疗保障的失能老人占7.16%。商业医疗保险的比例不到1%。

表4-7 失能老人的医疗保障

类型		是否享用城镇居民医疗保险	是否享用城镇职工医疗保险	是否享用公费医疗	是否享用商用医疗保障	是否享用合作医疗	是否享用其他医疗保障	没有保障	合计
非机构样本	城市	30.38%	40.51%	3.25%	1.27%	18.26%	1.08%	8.50%	100%
	农村	4.81%	7.15%	1.51%	0.14%	83.08%	1.38%	3.58%	100%
机构样本	城市	26.61%	25.69%	7.34%	2.75%	33.49%	2.75%	16.06%	100%
	农村	11.33%	7.33%	11.33%	0.00%	66.67%	1.33%	6.67%	100%
非机构合计		15.86%	21.56%	2.27%	0.63%	55.08%	1.25%	5.70%	100%
机构合计		20.38%	18.21%	8.97%	1.63%	47.01%	2.17%	12.23%	100%
城市合计		29.31%	36.32%	4.41%	1.69%	22.57%	1.56%	10.64%	100%
农村合计		5.93%	7.18%	3.19%	0.11%	80.27%	1.37%	4.10%	100%
总计		16.87%	20.81%	3.76%	0.85%	53.28%	1.46%	7.16%	100%

（二）失能老人的商业保险覆盖率极低

失能老人购买商业保险的比例极低，89.88%的老人没有买任何商业保险（见表4-8），有医疗保险和养老保险的比例也很低。

表4-8 失能老人的商业保险

类型	养老保险	医疗保险	意外伤害险	人寿保险	其他保险	都没买	合计
总计	6.12%	4.91%	0.91%	0.61%	1.03%	89.88%	100%

（三）失能老人享有政府提供多种形式的物质支持覆盖面较小

从失能老人获得的优待（政府救济、政府补贴）来看，高龄老人经济补贴、基本养老保险、低保、老年优待证是4种最常见的优惠待遇，在失能老人群体中的覆盖率分别达到了23.05%、21.74%、20.81%、16.49%（见表4-9）。没有任何优待（政府救济、政府补贴）的失能老人占26.54%。

表4-9 失能老人的政府救济、政府补贴

类型	老年优待证	高龄老人经济补贴	特困老年人救助	低保	民政优抚补助	基本养老保险	五保户	其他优待	都没有	合计
所占比例	16.49%	23.05%	1.31%	20.81%	5.52%	21.74%	2.35%	5.73%	26.54%	100%

第二节 长期照护服务的供给分析

一、失能老人长期照护服务供给的基本特征

失能老人长期照护服务供给也存在着地区差异和养老类型的差异。从调查情况看（见表4-10），失能老人长期照护服务供给水平是比较低的，除了“用过上门看病”的比例占41.6%，其他类型的现实需求用过的比例均为14%~22%。这与失能老人长期照护服务的有效需求匹配程度很低。这主要是因为失能老人的购买能力身体机能下降，在经济收入上处于弱势地位，购买能力较低，心有余而力不足，导致长期照护服务供给的市场机制尚未形成，供给不能满足需求。

表4-10 失能老人长期照护服务供给的分布特征

项目	本地有上门看病	本地有聊天解闷	本地有上门做家务	本地有老年人服务热线	本地有老年饭桌或送饭	本地有康复治疗	本地有上门护理	本地有陪同看病	本地有法律援助	本地有帮助日常购物
有（%）	41.6%	16.60%	20.70%	14%	19.30%	20.80%	21.30%	14.60%	17.40%	15.60%
无（%）	59.0%	83.4%	79.3%	86.0%	80.7%	79.2%	78.7%	85.4%	82.6%	84.4%

从表 4-11 中的统计情况看，失能老人长期照护服务供给的平均量呈现出一定的显著特征：

表 4-11　失能老人长期照护服务供给的比较分析

类型		本地有上门看病	本地有聊天解闷	本地有上门做家务	本地有老年人服务热线	本地有老年饭桌和送饭	本地有康复治疗	本地有上门护理	本地有陪同看病	本地有法律援助	本地有帮助日常购物	供给量
总体(频率)		2.64	2.75	2.92	2.65	2.74	2.75	2.71	2.54	3.11	2.73	2.75
养老类型	非机构样本	2.15	2.31	2.41	2.38	2.16	2.31	2.19	1.92	3.14	2.17	2.31
	机构样本	3.30	3.38	3.67	3.18	3.61	3.36	3.45	3.44	3.32	3.52	3.42
	机构-非机构	1.15	1.07	1.26	0.8	1.45	1.05	1.26	1.52	0.18	1.35	1.11
城乡分布	城市	2.29	2.58	2.77	2.70	2.48	2.46	2.46	2.11	3.37	2.35	2.56
	农村	2.97	2.85	2.99	2.61	2.96	3.02	2.90	2.99	2.94	3.10	2.93
	城市-农村	-0.68	-0.27	-0.22	0.09	-0.48	-0.56	-0.44	-0.88	0.43	-0.75	-0.37

(1)养老机构养老的失能老人的 10 种长期照护服务供给项目的需求量均高于居家养老的失能老人；在养老机构的失能老人长期照护服务的需求量也高于居家养老的失能老人。

(2)除“上门看病”以外，城市的失能老人的 9 种需求项目的需求量均高于家住农村的失能老人；城市的失能老人长期照护服务的平均需求总量 Q 也高于家住农村的失能老人。

二、长期照护服务供给的影响因素分析

根据经济学中“供给”的内涵，供给主要受到需求和价格的影响。由于失能老人长期照护服务是人口老龄化背景下一项新兴的社会保障性质的公共服务，不是一个完全竞争市场，所以价格因素影响供给的机制比较复杂，政府的社会保障公共政策也会影响供给。也就是说，除了经济因素以外，需求因素、政府的政策因素和失能老人的个人因素构成了失能老人长期照护服务供给的主要影响因素。为了探讨老年人长期照护供给的主要影响因素，本书进一步做回归分析。由于分组变量中，有部分组内变量为分类变量，因此进行回归分析时，将分类变量作为控制变量，构造线性回归

分析，这样有利于更好地探讨影响老年人长期照护供给的主要因素。

本研究以“供给量”为因变量构造线性回归模型进行分析。

$$Y = \beta_0 + \beta_1 x_1 + \beta_2 x_2 + \cdots + \beta_i x_i + \varepsilon \tag{11}$$

基于上述模型，结合数据可得性，选择自变量如下。影响因素为养老类型、年龄、性别、婚姻状况、所在地、职业、教育程度、失能程度、是否有配偶、生活满意度、现实需求、供给、健在子女数量、月平均经济收入、是否有医疗保险、是否有政府救济政府救助、是否有家庭照顾。此外遗漏的影响因素通过设置家庭所在地控制变量加以控制（见表4-12、表4-13、表4-14、表4-15）。

表4-12　失能老人服务供给的影响因素分析

因变量	自变量	B	R^2	t	sig	DW
供给	常数项	0.182		2.398	0.017	1.734
	现实需求	0.392	0.243	17.312	0.000	
	养老类型	0.158	0.314	9.948	0.000	
	月平均经济收入	0.049	0.352	7.662	0.000	
	职业	0.026	0.367	6.3	0.000	
	户籍类型	-0.082	0.372	-4.65	0.000	
	所在地	-0.049	0.378	-3.111	0.002	
	有无配偶	-0.041	0.38	-3.115	0.002	
	年龄	-0.002	0.382	-2.379	0.017	
	由谁照顾	-0.03	0.383	-1.974	0.049	

表4-13　失能老人服务供给（康复护理保健类）的影响因素分析

因变量	自变量	B	R^2	t	sig	DW
供给（康复护理保健类）	常数项	-0.03		-2.676	0.008	1.718
	现实需求（康复护理保健类）	0.47	0.227	18.494	0	
	养老类型	0.047	0.271	7.623	0	
	月平均经济收入	0.02	0.296	7.713	0	
	有效需求（康复护理保健类）	0.105	0.308	4.787	0	
	职业	0.01	0.315	5.597	0	
	户籍类型	-0.032	0.326	-4.81	0	

表 4-14 失能老人服务供给(日常生活照料关怀类)的影响因素分析

因变量	自变量	B	R^2	t	sig	DW
供给(日常照料关怀类)	常数项	-0.002		-0.085	0.932	1.775
	现实需求(日常照料关怀类)	0.47	0.329	21.339	0	
	养老类型	0.068	0.389	9.95	0	
	月平均经济收入	0.016	0.417	5.772	0	
	职业	0.009	0.429	5.012	0	
	所在地	-0.027	0.433	-4.104	0	
	户籍类型	-0.024	0.437	-3.134	0.002	
	有无配偶	-0.015	0.44	-2.899	0.004	

表 4-15 失能老人服务供给(社会服务和社会参与类)的影响因素分析

因变量	自变量	B	R^2	t	sig	DW
供给(社会服务与社会参与类)	常数项	0.066		3.162	0.002	1.768
	现实需求(社会服务与社会参与类)	0.331	0.182	15.081	0.000	
	养老类型	0.036	0.24	8.326	0.000	
	职业	0.007	0.277	6.354	0.000	
	月平均经济收入	0.011	0.293	6.18	0.000	
	由谁照顾	-0.014	0.297	-3.37	0.001	
	户籍类型	-0.021	0.301	-4.215	0.000	
	所在地	-0.016	0.308	-3.62	0.000	
	有无配偶	-0.011	0.311	-3.107	0.002	
	年龄	-0.001	0.314	-2.566	0.01	

从回归模型逐步分析的最终结果来看，失能老人长期照护服务供给主要受到现实需求的影响，同时还受到每月收入、职业、户籍类型、地址等个人资源和个人因素的影响，以及养老类型等政府资源的影响。但是从不同类别的长期照护服务现实需求来看，日常生活照料关怀类和社会服务与社会参与类的长期照护服务现实需求还受到户籍类型、有无配偶、年龄等因素的影响。

第三节　供给、有效需求及现实需求比较分析

一、供给与需求匹配的基本特征

长期照护服务的需求、供给和服务利用之间存在一定的落差，本研究引入“需求差”和“利用差”两个概念来反映这一差距。“需求差”指为有效需求（简称“需求”）与服务供给的差值，“利用差”即为服务供给与现实需求（利用）之间的差值（王莉莉，2012）。需求差越大，说明失能老人长期照护服务的供需缺口越大；利用差越大，说明失能老人长期照护服务的过剩程度越大。

（一）失能老人的需求实现率较低

从失能老人长期照护服务的供给、需求和利用现状分析，失能老人长期照护服务的供给、需求和利用之间匹配程度差，有着较大的需求差和利用差。一方面，从长期照护服务的需求和供给情况上看，上门看病服务、康复治疗服务、上门护理服务等三项服务存在着供给不足的问题（需求差为正值，即有效需求>供给），其中，三项基本型的医疗康复护理类的服务，包括“康复治疗服务”、“上门护理服务”、“上门看病服务”存在着最大的需求差，分别达到31%、29.3%、26.4%；其次是应该尽力满足的期望型的日常照料关怀类的服务，包括上门做家务、老年饭桌和送饭、帮助日常购物、聊天解闷、陪同看病的需求差相对较大，为17.2%~27.2%。而对于兴奋型的社会服务与社会参与类服务，包括法律援助和老年服务热线，其需求差相对较小，分别为17.2%和1.9%。从需求差数据可以看出，失能老人长期照护服务的服务内容和失能老人的长期照护服务需求之间存在着结构性失衡问题。特别是老年人需要最迫切的基本型的医疗康复护理类的3类服务——上门看病服务、上门护理服务和康复治疗服务，存在着供给不能满足需求、供给不足的问题，而对于应该尽力满足的期望型的日常照料关怀类的服务——上门做家务、老年饭桌和送饭、帮助日常购物、聊天解闷、陪同看病的需求，其需求差也相对较大。供给严重不足，越是迫切需要的服务项目，需求差越大，供给不足越发明显，结构性失调的问题非常严重。

（二）长期照护服务的供给利用率低

从长期照护服务的供给和利用情况来看，普遍存在着较为严重的服务过剩问题，除“帮助日常购物”这项服务之外，其他的 9 项服务都存在利用差，说明长期照护服务体系中存在着服务供给过剩的问题。从失能老人最迫切需要的上门看病服务、上门护理服务和康复治疗服务的利用差来看，供给和利用之间的落差为 8.7%、8.7%、7.3%，利用率为 79.1%、65.7%、60.1%（见图 4-1）。这说明，尽管失能老人有提供长期照护服务的需求，并且在供给维持在较低水平的情况下，但是供给的利用率也不高，存在着有限的供给资源浪费的情况（见表 4-16）。

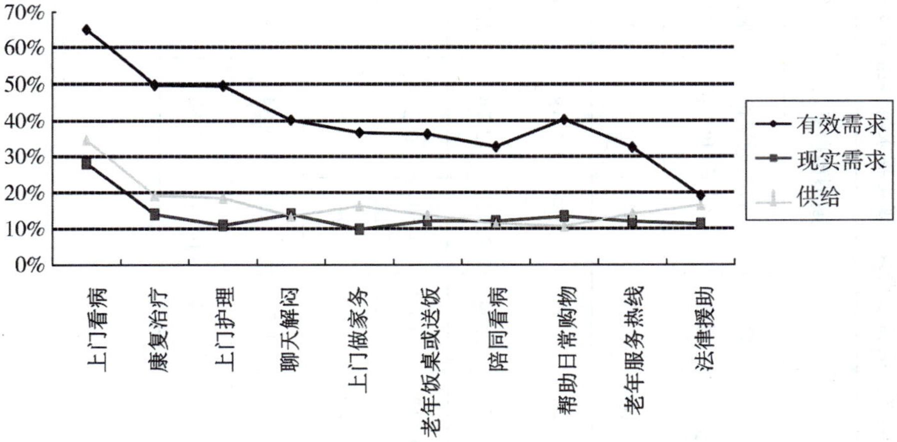

图 4-1　失能老人长期照护服务需求、供给与利用比较

二、供给与需求匹配率低的原因

从失能老人长期照护服务需求、供给与利用的情况来看，一方面存在着长期照护服务现实需求低于供给和有效需求的现象；另一方面服务利用低于服务供给，利用率偏低。既有失能老人长期照护服务需求得不到满足，同时又有现有养老资源得不到充分利用的问题。这一研究结论与王莉莉（2012）的研究结论基本一致，经过了近十年的发展，我国养老服务市场存在的供给总量不足和供给利用率低的问题依然没有改观。如何提高养老服务资源的利用率，值得深思。

对于失能老人的长期照护服务需求得不到满足，其原因在于，一方面，

表 4-16 失能老人的有效需求、现实需求与供给比较分析

项目	基本型服务			期望型服务				兴奋型服务			需求量
	上门看病	康复治疗	上门护理	陪同看病	上门做家务	老年饭桌和送饭	聊天解闷	帮助日常购物	老年人服务热线	法律援助	
有效需求	2. 89	2. 67	2. 59	2. 57	2. 42	2. 52	2. 45	2. 64	2. 41	2. 48	2. 56
现实需求(利用)	2. 12	2. 03	2. 04	2. 07	2. 16	2. 18	2. 09	2. 05	1. 92	2. 03	2. 07
供给	2. 64	2. 75	2. 71	2. 54	2. 92	2. 74	2. 75	2. 73	2. 65	3. 11	2. 75
需求差(供给-有效需求)	-0. 25	0. 08	0. 12	-0. 03	0. 50	0. 22	0. 30	0. 09	0. 24	0. 63	0. 19
利用差(供给-现实需求)	0. 52	0. 72	0. 67	0. 47	0. 76	0. 56	0. 66	0. 68	0. 73	1. 08	0. 69
需求实现差(有效需求-现实需求)	0. 77	0. 64	0. 55	0. 50	0. 26	0. 34	0. 36	0. 59	0. 49	0. 45	0. 50
供给的利用率(现实需求/供给)	0. 80	0. 74	0. 75	0. 81	0. 74	0. 80	0. 76	0. 75	0. 72	0. 65	0. 75

在提供长期照护服务供给的过程中，政府"自上而下"的服务供给模式是从政府所能提供的养老资源和政绩工程的角度出发，往往忽略了调查评估失能老人长期照护服务的实际需求。这导致了所提供的服务项目与失能老人实际需要的服务项目之间的不匹配。另一方面，我国养老服务的市场化机制还相对滞后，市场在养老资源配置中的主体地位还没有确立。因此，形成了长期照护服务供给不能满足需求的情况。

对于失能老人的长期照护服务供给不足、利用率偏低的情况，其原因是：一方面，失能老人对长期照护服务的利用受到失能老人的经济支付能力和实际消费意愿的限制。从失能老人的经济支付能力来看，调查对象中62.5%的是失能老人的月平均经济收入在1000元以下，其中51.4%的失能老人的月平均经济收入在500元以下，说明失能老人的经济支付能力十分有限，对社区提供的养老服务的消费能力不足。从失能老人的实际消费意愿调查来看，通过调查失能老人"您是否需要政府提供服务护理?"，发现73.95%的调查者表示"非常需要"和"比较需要"，仅有15.02%的调查者表示"不太需要"和"完全不需要"。在向失能老人解释，说明政府免费护理服务，不需要支付报酬，失能老人又选择"需要"，这说明政府在提供服务时，需要考虑失能老人的支付能力，必须要在失能老人的经济可接受的范围之内。还要转变失能老人的消费观念，提高失能老人"购买服务"的意识。另一方面，社区提供的养老服务的质量问题也会影响到失能老人对服务的利用。在对失能老人的访谈中发现，大部分失能老人对社区提供的上门服务的质量存在一定程度的担忧。尽管失能老人对"上门看病服务、上门护理和康复治疗"的需求较高，但是由于服务质量或者供给短缺的原因，导致服务的利用率不高。

第四节　供给、有效需求及现实需求的作用机制

一、供给、有效需求及现实需求的影响因素综合比较分析

如前所述，长期照护服务的有效需求、现实需求和供给的影响因素分析中，可以看出，供给与现实需求之间互为影响因素，有效需求和现实需求之间互为影响因素，但是供给与有效需求之间的相互影响关系并不显著。

长期照护服务的有效需求、现实需求和供给的影响因素中，养老类

型、居住所在地、职业、户籍类型等因素对有效需求、现实需求和供给均产生了影响。性别几乎没有显著影响，失能程度对现实需求和供给产生了影响，失能持续时间仅对现实需求产生了影响，年龄对有效需求、现实需求产生了显著影响，受教育程度对现实需求产生了显著影响，生活满意度对现实需求产生了显著影响，健在子女的数量对有效需求、现实需求产生了显著影响，月平均经济收入对供给产生了影响，医疗保险对有效需求产生了显著影响，政府救济救助对有效需求、现实需求产生了显著影响，有无配偶、是否有家庭照料的影响不显著(见表4-17)。

综上所述，可以发现，在失能老人长期照护服务的有效需求、现实需求和供给的相互影响、相互作用中，供给与有效需求之间的作用机制并未建立，也就是说失能老人长期照护服务的有效需求并未对供给产生影响，有效需求的信息并未传达到供给方，供给方并未按照失能老人长期照护服务有效需求的信息进行有针对性的供给。可能的原因之一是信息不对称导致的，供给方缺乏对失能老人长期照护服务有效需求的调查评估，失能老人也缺乏将有效需求信息传达到供给方的有效渠道，有效的需求信息表达——识别机制尚未建立。可能的原因之二是失能老人的购买力偏低，不能购买到供给方的长期照护服务，导致供给方的服务供给不能持续供给。原因之三是农村、居家养老的失能老人居住分散，供给成本高，难以形成规模化的有效供给。这可能是目前失能老人长期照护服务的有效需求、现实需求和供给之间不均衡、耦合状况不佳的问题存在的根本原因。

二、供给、有效需求及现实需求相互作用的敏感度分析

本研究分别将有效需求、现实需求、供给作为输出变量和输入变量，建立神经网络模型，对测试数据集中变量的实测值施以加、减10%的干扰，建立测试数据组。调用matlab中的sim函数进行运算，对干扰前后的变量进行仿真计算，并比较两次仿真计算结果的大小。每个变量的敏感度按下列公式计算。

$$\text{敏感度：Sensitivty}(100\%) = \frac{1}{N}\sum_{i=1}^{N}\left|\frac{C' - C}{C}\right| \times 100 \qquad (12)$$

其中，C'表示对网络输入变量施以干扰值后网络仿真输出值，C表示对网络输入变量未施干扰值时变量的网络仿真输出值，N表示网络仿真输出数量。

从敏感度矩阵可以看出，现实需求与供给相互之间的敏感度分别为$S_{12}=1.4653$，$S_{21}=1.7597$，二者差异不大，相互之间的影响作用机制比较

表 4-17　有效需求、现实需求和供给之间相互影响的关系

因变量	自变量及控制变量																		
	有效需求	现实需求	供给	性别	户籍类型	失能程度	失能持续时间	所在地	年龄	受教育程度	生活满意度	职业	健在子女的数量	养老类型	每月收入	是否有医疗保险	是否有政府救助	有无配偶	是否家庭照料
有效需求		√						√	√		√		√	√		√			
康复护理保健类			√						√	√	√	√	√	√	√				
日常生活照料关怀类		√												√	√	√	√		
社会服务和社会参与类		√						√			√			√		√	√		
现实需求	√		√	√	√	√		√	√	√	√	√	√		√		√		√
康复护理保健类			√		√	√		√		√	√	√			√		√	√	√
日常生活照料关怀类	√		√	√	√	√	√	√	√	√	√	√	√				√		
社会服务和社会参与类	√		√	√	√	√		√	√	√	√	√	√	√	√		√		
供给		√			√			√	√			√		√	√			√	√
康复护理保健类	√	√			√							√		√	√				
日常生活照料关怀类		√			√			√				√		√	√			√	
社会服务和社会参与类		√			√			√	√			√		√	√			√	√

稳定。现实需求与有效需求相互之间的敏感度差异较大，$S_{23}=1.0452$，$S_{32}=2.9355$，后者为前者的2.8倍，说明有效需求对现实需求的敏感度高于现实需求对有效需求的敏感度。而供给与有效需求相互之间的敏感度分别为$S_{13}=0.7184$，$S_{31}=3.3649$，二者差异很大，后者为前者的4.7倍，说明有效需求对供给的敏感度远高于供给对有效需求的敏感度。二者之间的影响作用机制不稳定。

三、供给、需求及其他因素相互作用机理分析

(一)总体状况

结合失能老人长期照护服务的有效需求、现实需求、供给及其他影响因素的回归分析结果，同时结合敏感度分析(见表4-18)结果，画出失能老人长期照护服务的有效需求、现实需求、供给及其他影响因素相互作用的网络分析示意图(见图4-2)。从回归分析结果可以看出，供给量和有效需求量之间的相关关系并不显著。现实需求量—有效需求量，现实需求量—供给量之间的相关关系非常显著，特别是现实需求量—供给量之间的相关关系显著，并且相互之间的敏感度差别很小。从影响因素看，现实需求的影响因素最多，所在地、年龄、性别、户籍类型、职业、失能程度、受教育程度、生活满意度等个体因素，由月平均经济收入、由谁照顾、健在子女数量等家庭因素，以及政府救济和救助等行政因素都对现实需求产生显著影响。有无配偶、地址、年龄、养老类型、户籍类型、月平均经济收入、由谁照顾、职业等因素对供给量的影响很显著。养老类型、所在地、年龄、生活满意度、健在子女数量、医疗保险等因素对有效需求产生显著影响。

表4-18 需求与供给的敏感度矩阵

项目	供给	现实需求	有效需求
供给	—	1.7597	3.3649
现实需求	1.4653	—	2.9355
有效需求	0.7184	1.0452	—

有效需求、现实需求与供给之间的敏感度，结合三者之间的相互影响关系，可以综合得出三者之间以及养老资源(个体资源、家庭资源、政府

资源、其他资源)之间的神经网络关系图。从上面的分析，结合图 4-2 可以得出结论，失能老人长期照护服务的有效需求和现实需求之间的相互影响作用很强烈，现实需求与供给之间的相互影响作用很强烈，但是有效需求和供给之间的相互影响作用不是很显著。可能的原因是：支付能力不足、信息不对称、供给渠道不畅、供给不足或没有供给、零散的需求或供给无法形成规模效应、失能老人的行动能力有限，从而造成有效需求与供给之间的互动作用不敏感。

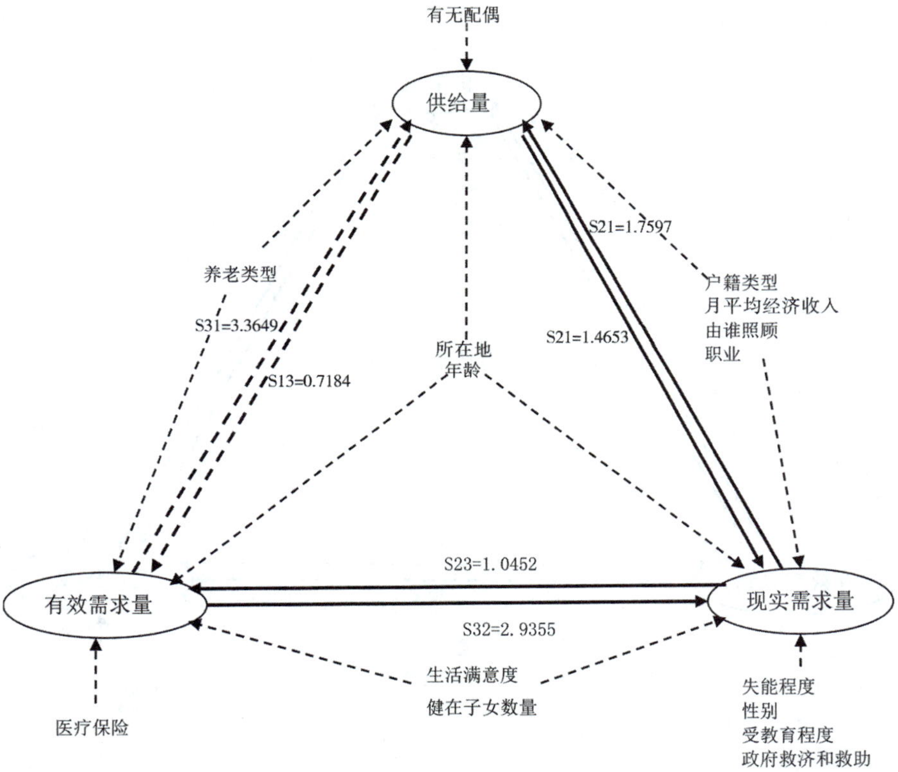

图 4-2　失能老人长期照护服务的需求与供给影响机制分析网络

（二）康复护理保健类

结合失能老人长期照护服务的有效需求、现实需求、供给及其他影响因素的回归分析结果，同时结合敏感度分析结果，画出失能老人长期照护服务的有效需求、现实需求、供给及其他影响因素相互作用的网络分析示意图(见图 4-3)。从回归分析结果可以看出，供给量和有效需求量之间的相关关系并不显著。现实需求量—有效需求量，现实需求量—供给量之间的相关关系非常显著，特别是现实需求量—供给量之间的相关关系显著，并且相互之间的敏感度差别很小。从影响因素看，现实需求的影响因素最多，受教育程度、所在地、户籍类型、生活满意度、失能程度、职业等个体因素，月平均经济收入、有无配偶、由谁照顾等家庭因素，以及政府救济和救助等行政因素都对现实需求产生显著影响。养老类型、户籍类型、月平均经济收入、职业等因素对供给量的影响很显著。养老类型、月平均经济收入、职业、年龄、健在子女数量等因素对有效需求产生显著影响。

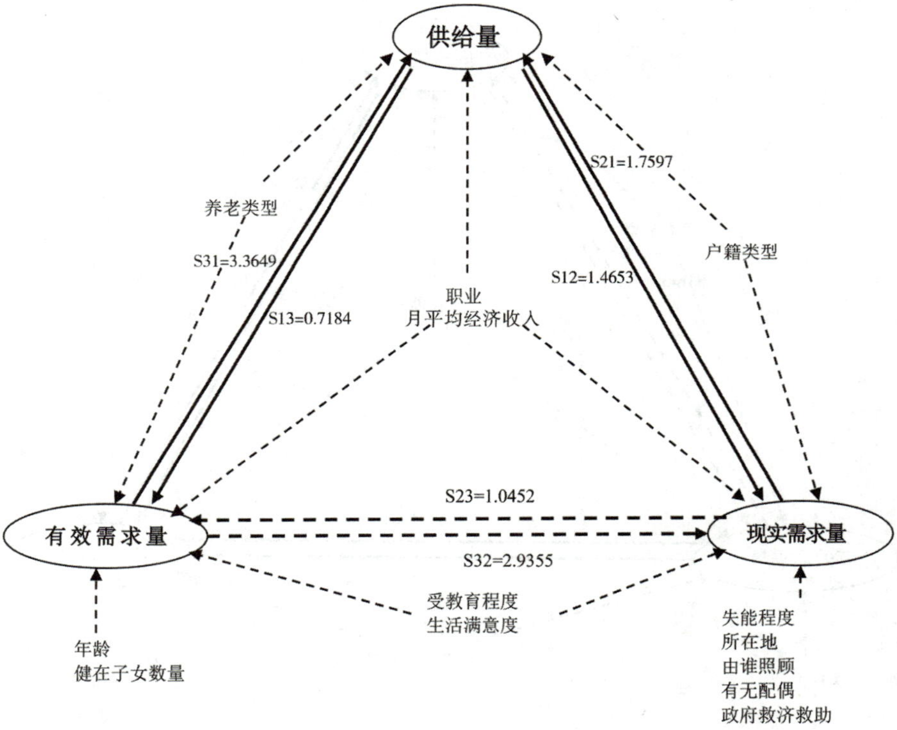

图 4-3 失能老人长期照护服务的需求与供给(康复护理保健类)影响机制分析网络

(三)日常照料与关怀类

结合失能老人日常照料与关怀类长期照护服务的有效需求、现实需求、供给及其他影响因素的回归分析结果，同时结合敏感度分析结果，画出失能老人日常照料与关怀类长期照护服务的有效需求、现实需求、供给及其他影响因素相互作用的网络分析示意图(见图 4-4)。从回归分析结果可以看出，供给量和有效需求量之间的相关关系并不显著。供给量—有效需求量，现实需求量—有效需求量之间的相关关系非常显著，特别是现实需求量—供给量之间的相关关系显著，并且相互之间的敏感度差别很小。从影响因素看，现实需求的影响因素最多，性别、居住地、年龄、户籍类型、职业、失能程度、失能持续时间、受教育程度、生活满意度等个体因素，健在子女数量等家庭因素，以及政府救济和救助等行政因素都对现实需求产生显著影响。有无配偶、所在地、养老类型、户籍类型、月平均经济收入、职业等因素对供给量的影响很显著。养老类型、月平均经济收入、政府救济救助、医疗保险等因素对有效需求产生显著影响。

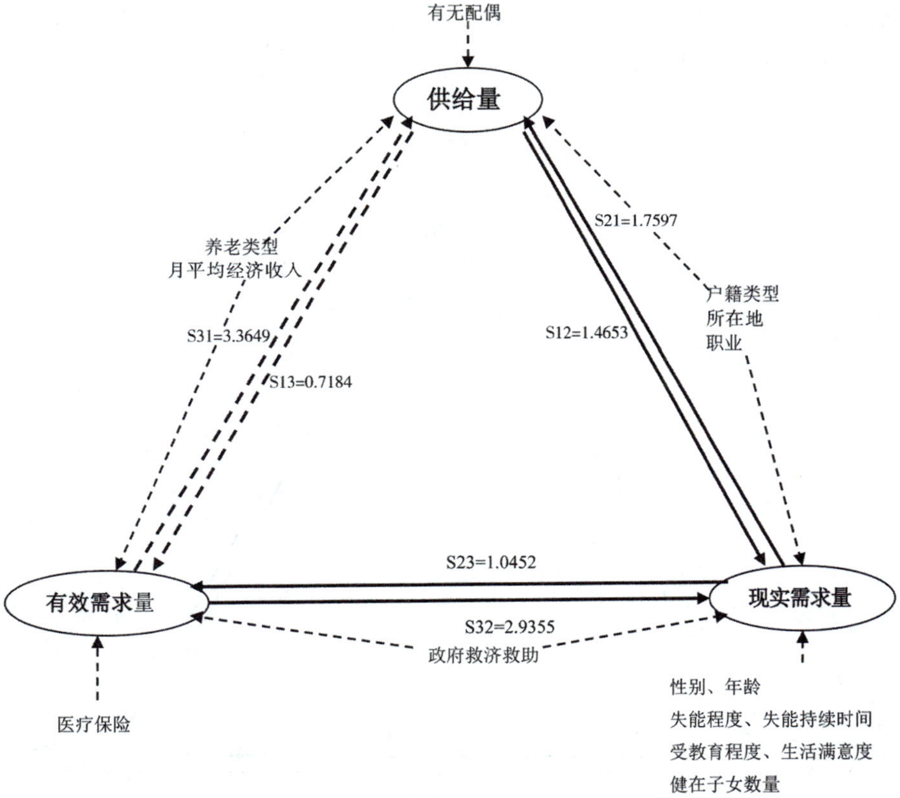

图 4-4　失能老人长期照护服务的需求与供给（日常照料关怀类）影响机制分析网络

（四）社会服务与社会参与类

结合失能老人社会服务与社会参与类长期照护服务的有效需求、现实需求、供给及其他影响因素的回归分析结果，结合敏感度分析结果，画出失能老人医疗康复护理类长期照护服务的有效需求、现实需求、供给及其他影响因素相互作用的网络分析示意图(见图4-5)。从回归分析结果可以看出，供给量和有效需求量之间的相关关系并不显著。现实需求量—有效需求量，现实需求量—供给量之间的相关关系非常显著，特别是现实需求量—供给量之间的相关关系显著，并且相互之间的敏感度差别很小。从影响因素看，现实需求的影响因素最多，性别、失能程度、受教育程度、户籍类型、年龄、职业、生活满意度等个体因素，由月平均经济收入、健在子女数量等家庭因素，以及政府救济和救助等行政因素都对现实需求产生显著影响。户籍类型、年龄、职业、月平均经济收入、有无配偶、是否家庭照料等因素对供给量的影响很显著。生活满意度、政府救济救助、医疗保险等因素对有效需求产生显著影响。

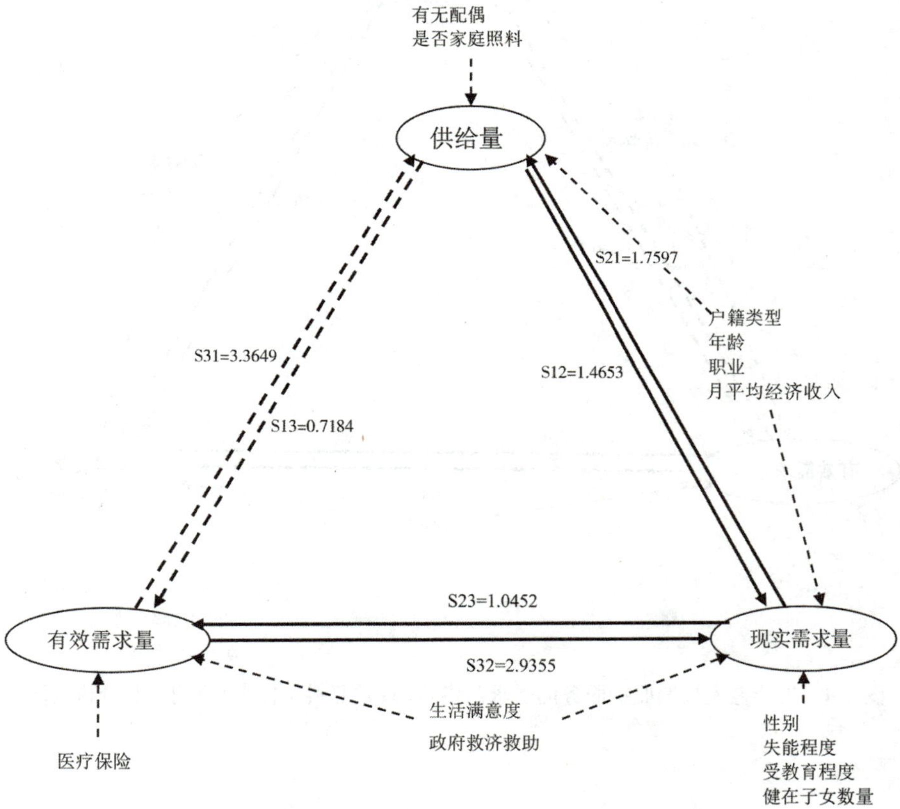

图4-5 失能老人长期照护服务的需求与供给(社会参与和社会服务类)影响机制分析网络

第五节　结论与讨论

在市场机制作用下，需求和价格决定供给。但是失能老人长期照护服务的市场化供给机制尚未形成，作为兼具公共服务和经营性服务特征的长期照护服务的供给主要由政府、社区、家庭和社会多元主体承担，并且责任不清晰，主体不明确，失能老人的购买力偏低。因此，政府失灵和市场失灵使得长期照护服务的供给不足、供给与需求结构性失调的特征非常明显。

通过数据分析可知，失能老人长期照护服务供给主要受到现实需求的影响，同时还受到月平均经济收入、职业、户籍类型、所在地等个人资源和个人因素的影响，以及养老类型等政府资源的影响。对需求与供给进行对比分析，发现失能老人的需求实现率较低、长期照护服务的供给利用率低。主要原因有：一是在提供长期照护服务供给的过程中，政府“自上而下”的服务供给模式往往是从政府所能提供的养老资源和政绩工程的角度出发，往往忽略了快速变化的失能老人长期照护服务的实际需求。二是养老服务的市场化机制还相对滞后，市场在养老资源配置中的主体地位还没有确立。三是失能老人对长期照护服务的利用受到失能老人的经济支付能力和实际消费意愿的限制。四是社区提供的养老服务的质量问题也会影响到失能老人对服务的利用。

如前所述，在长期照护服务的有效需求、现实需求和供给的影响因素分析中，结合有效需求、现实需求与供给之间的敏感度分析，可以看出，供给与现实需求之间互为影响因素，有效需求和现实需求之间互为影响因素，但是供给与有效需求之间的相互影响关系并不显著。供给与有效需求之间的作用机制并未建立，也就是说失能老人长期照护服务的有效需求并未对供给产生影响，有效需求的信息并未传达到供给方，供给方并未按照失能老人长期照护服务有效需求的信息进行有针对性的供给。可能的原因之一是信息不对称导致的，供给方缺乏对失能老人长期照护服务有效需求的调查评估，失能老人也缺乏将有效需求信息传达到供给方的有效渠道，有效的需求信息表达——识别机制尚未建立。可能的原因之二是失能老人的购买力偏低，不能购买到供给方的长期照护服务，导致供给方的服务供给不能持续供给。原因之三是农村、居家养老的失能老人居住分散，供给成本高，难以形成规模化的有效供给。这可能是目前失能老人长期照护服务的有效需求、现实需求和供给之间供需失衡问题存在的根本原因。

第五章　长期照护服务供需均衡的评价

第一节　供需均衡的评价模型与指标

一、供需均衡的评价模型

本研究从耦合的角度分析需求与供给均衡的耦合程度。其中包括有效需求系统和供给系统、现实需求系统与供给系统的耦合两个方面。需求系统和供给系统分别由不同的子系统构成，子系统包括若干个指标。需求量和供给量由若干个指标加权计算得到。耦合程度测量包括耦合度、耦合协调度和满意度三个维度，从而形成供需失衡的评价的评价指标体系。其中，耦合度、耦合协调度代表数量上的耦合程度，满意度代表质量上的耦合程度(见图 5-1)。

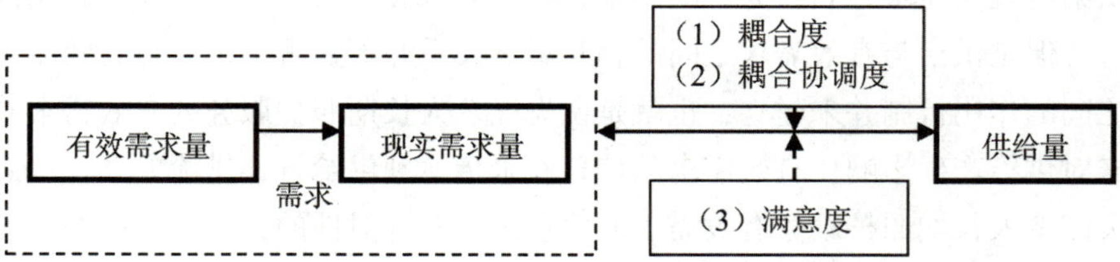

图 5-1　长期照护服务的供需均衡的评价模型

根据失能老人的长期照护服务需求与供给系统的耦合模型内涵及协调度特征，分别采用理论分析法和频度统计法设置和筛选指标(见表 5-1)。本研究对前述有效需求、现实需求和供给的调查数据进行标准化处理。按照耦合度、耦合协调度公式计算得到。满意度指标通过问卷调查中的数据直接加权处理得到。

表 5-1　长期照护服务供需均衡的评价指标体系

目标层	系统层	功能层	指标层	单位
失能老人的长期照护服务需求与供给的耦合协调发展系统	长期照护服务需求系统(U1)	康复护理保健类需求(U11)	需要/用过上门看病、 需要/用过康复治疗、 需要/用过上门护理	标准值
		日常生活照料关怀类需求(U12)	需要/用过上门做家务、 需要/用过老年饭桌和送饭、 需要/用过帮助日常购物、 需要/用过聊天解闷、 需要/用过陪同看病	同上
		社会服务和社会参与类需求(U13)	需要/用过老年人服务热线、 需要/用过法律援助	同上
	长期照护服务供给系统(U2)	康复护理保健类需求(U21)	本地有上门看病、 本地有康复治疗、 本地有上门护理	同上
		日常生活照料关怀类需求(U22)	本地有上门做家务、 本地有老年饭桌和送饭、 本地有帮助日常购物、 本地有聊天解闷、 本地有陪同看病	同上
		社会服务和社会参与类需求(U23)	本地有老年人服务热线、 本地有法律援助	同上

二、供需均衡的评价指标

失能老人对失能老人的长期照护服务的需求与供给属于两个系统。分别用指标对两个系统的发展水平进行评价。为消除指标量级不同所产生的影响，应将两个系统中的指标进行阈值无量纲标准化处理，其标准化处理公式如下：

$$U_{ij}\begin{cases}[x_{ij}-\min(x_{ij})]/[\max(x_{ij})-\min(x_{ij})](u_{ij}\text{为正向指标})\\ [\max(x_{ij})-x_{ij}]/[\max(x_{ij})-\min(x_{ij})](u_{ij}\text{为负向指标})\end{cases} \tag{13}$$

式(13)中，第 i 个系统的第 j 个指标 u_{ij} 的值为 x_{ij}($i=1$，2；$j=1$，2，…，n)，$\max(x_{ij})$代表指标 x_{ij} 的最大值，$\min(x_{ij})$代表指标 x_{ij} 的最小值。

通过集成方法来实现需求系统与供给系统的子系统中各指标对总系统的贡献程度，本研究采用线性加权法。公式如下：

$$U_{i=1,\ 2}=\sum_{i=1,\ 2}^{n}\lambda_{ij}u_{ij}\ ,\ \sum_{j=1}^{n}\lambda_{ij}=1 \tag{14}$$

式(14)中，U_1、U_2分别为失能老人长期照护服务需求系统和供给系统的综合评价函数；λ_{ij}表示权重，采用熵值赋权法计算得到，可以在一定程度上避免主观误差。

本研究借鉴物理学中的耦合系统模型，建构供给与需求的耦合度模型，表示为：

$$C=\frac{2\sqrt{U_1U_2}}{U_1+U_2} \tag{15}$$

由于需求与供给两个子系统各自的发展水平存在差异，往往会出现两个子系统发展水平都较低，而耦合度却较高的结果，发展水平都很高，耦合度也会很高。本研究需要反映出两个子系统发展水平都较高而且耦合度也较高的状态，因此引入需求与供给的耦合协调度模型，客观反映需求系统与供给系统的协调发展水平，即：

$$D=\sqrt{CT}\,(T=aU_1+bU_2) \tag{16}$$

式(16)中，D 为耦合协调度，T 为失能老人的长期照护服务需求与供给综合评价指数，a、b 为待定系数。由于失能老人的长期照护服务需求与供给的协调发展过程中，需求与供给之间的相互促进程度是有差异的，供给的发展一定能够满足和促进需求，但供给发展是多种要素综合作用的结果，需求不是供给的唯一驱动力。在失能长期照护服务的供需均衡作用中，供给不足是最主要的因素。因此，在权重赋值时，征集 25 名专家打分的意见后，确定供给的系数 a 值高于需求的系数值 b。二者的权重系数 a、b 值分别赋值为 0.6、0.4。为了更直观反映失能老人的长期照护服务供需均衡的评价协调发展状况，本研究采用均匀分段函数法来划分耦合协调度的区间和等级(见表 5-2)。

表 5-2　耦合协调度的区间和等级

序号	协调度区间	协调等级
1	0~0.1	极度失调
2	0.1001~0.2	严重失调
3	0.2001~0.3	中度失调
4	0.3001~0.4	轻度失调
5	0.4001~0.5	濒临失调
6	0.5001~0.6	勉强协调
7	0.6001~0.7	初级协调
8	0.7001~0.8	中级协调
9	0.8001~0.9	良好协调
10	0.9001~1	优质协调

同时，由于 U_1/U_2 值是表示供给系统和需求系统发展规模和发展程度之比，能够以此比值衡量两个系统对耦合程度的贡献大小之比，所以将 U_1/U_2 值也作为参考（见表 5-3）。

表 5-3　长期照护服务供需均衡的耦合发展的评判标准和基本类型

耦合协调度 D	水平分类	U_1/U_2	耦合发展类型
$0.9 \leqslant D \leqslant 1$	优质协调发展	$U_1/U_2>1.2$	优质协调发展需求主导型
		$0.8 \leqslant U_1/U_2 \leqslant 1.2$	优质协调发展同步型
		$U_1/U_2<0.8$	优质协调发展供给主导型
$0.8 \leqslant D \leqslant 0.9$	良好协调发展	$U_1/U_2>1.2$	良好协调发展需求主导型
		$0.8 \leqslant U_1/U_2 \leqslant 1.2$	良好协调发展同步型
		$U_1/U_2<0.8$	良好协调发展供给主导型
$0.7 \leqslant D \leqslant 0.8$	中级协调发展	$U_1/U_2>1.2$	中级协调发展需求主导型
		$0.8 \leqslant U_1/U_2 \leqslant 1.2$	中级协调发展同步型
		$U_1/U_2<0.8$	中级协调发展供给主导型
$0.6 \leqslant D \leqslant 0.7$	初级协调发展	$U_1/U_2>1.2$	初级协调发展需求主导型
		$0.8 \leqslant U_1/U_2 \leqslant 1.2$	初级协调发展同步型
		$U_1/U_2<0.8$	初级协调发展供给主导型

续表

耦合协调度 D	水平分类	U_1/U_2	耦合发展类型
$0.5 \leqslant D \leqslant 0.6$	轻度失调发展	$U_1/U_2 > 1.2$	轻度失调发展需求主导型
		$0.8 \leqslant U_1/U_2 \leqslant 1.2$	轻度失调发展同步型
		$U_1/U_2 < 0.8$	轻度失调发展供给主导型
$0.4 \leqslant D \leqslant 0.5$	中度失调衰退	$U_1/U_2 > 1.2$	中度失调衰退需求主导型
		$0.8 \leqslant U_1/U_2 \leqslant 1.2$	中度失调衰退同步型
		$U_1/U_2 < 0.8$	中度失调衰退供给主导型
$D < 0.4$	严重失调衰退	$U_1/U_2 > 1.2$	严重失调衰退需求主导型
		$0.8 \leqslant U_1/U_2 \leqslant 1.2$	严重失调衰退同步型
		$U_1/U_2 < 0.8$	严重失调衰退供给主导型

第二节 供需均衡评价的实证分析

经过分析计算，得到耦合度、耦合协调度和满意度分析表。值得注意的是，耦合度分为两种情况：需求与供给二者均为极大值的高度耦合，也有二者均为极小值的高度耦合。因此，仅从耦合度的值并不能准确地表达出需求与供给二者均为极大值的高度耦合在总体中所占比例，而耦合协调度就排除了二者均为极小值的高度耦合的情况，因此主要参考耦合协调度的值进行综合分析更能得出准确的分析结果。由于 U_1/U_2 值是表示供给系统与需求系统发展规模和发展程度的比值，能够以此比值衡量两个系统对耦合程度的贡献大小之比，因此，结合 U_1/U_2 和耦合协调度的值可以清晰地看出两个系统之间的耦合情况(见表 5-3)。因此，本研究的供给与需求的耦合程度分析以耦合协调度为主，同时参考耦合度、满意度和 U_1/U_2 值。

一、总体的耦合状况分析

(一)高耦合度与低耦合协调度并存

从总样本看，现实需求与供给的耦合度为 0.96，有效需求与供给的耦合度为 0.95，都比较大，而耦合协调度都比较小，分别为 0.62 和 0.63。说明供需之间的耦合有大量的非良性耦合，即供给和需求都不足的比例比较大。其中农村现实需求与供给的耦合协调度偏小，为 0.58，说明农村的现实需求量和供给量都非常小，高供给和高需求的良性耦合状况所占的比例较低。其次，非养老机构的耦合协调度也较低。养老机构和城市的耦合协调度稍高一些。

(二)耦合协调度和满意度的结论基本一致

供给与现实需求的耦合协调度和满意度均呈现出“养老机构”>“城市”>“非养老机构”>“农村”的状况(见表 5-4)，供给与有效需求耦合协调度和满意度也呈现出“养老机构”>“城市”>“非养老机构”>“农村”的状况。可以看出，除极个别情况外，耦合协调度和满意度的数据是比较一致的，耦合协调度高，满意度也高。二者在反映良性耦合程度中所呈现出来的规律是一致的。在养老机构和城市，完备的社会保障措施和经济发展水平为失能老人长期照护需求的满足创造了良好的条件，农村和非养老机构的养老资源供给条件较差，需求和供给之间的耦合程度均较高，说明供给和需求中的极小值耦合情况所占比例较大，供给和需求均不足的情况占很大比例。并且所有的耦合协调度均为 0.5~0.7，属于“轻度失调发展”和“初级协调发展”的水平，农村的现实需求和供给之间是“轻度失调发展”，供需失衡的现象比较严重。

表 5-4　总体耦合度、耦合协调度、满意度、U_1/U_2值一览表

指标 类型	供给与现实需求耦合度 C_1	供给与有效需求耦合度 C_2	供给与现实需求耦合协调度 D_1	供给与有效需求耦合协调度 D_2	供给/现实需求 $(U_1/U_2)_1$	供给/有效需求 $(U_1/U_2)_2$	满意度
总体	0.96	0.95	0.62	0.63	0.62	0.59	3.64
养老机构	0.96	0.96	0.65	0.67	0.67	0.65	3.78
非养老机构	0.95	0.95	0.59	0.61	0.60	0.58	3.50
城市	0.96	0.96	0.63	0.67	0.65	0.63	3.67
农村	0.95	0.95	0.58	0.60	0.57	0.54	3.52

(三)供需失衡属于“轻度失调发展”或“初级协调发展”的类型

从供给与有效需求的比值来看，除了养老机构、城市的 U_1/U_2 值为 0.67、0.65，结合表 5-3 的评价标准，属于有效需求与供给“初级协调发展供给主导型”，其他的如养老机构、非养老机构和农村的供给/有效需求 $(U_1/U_2)_2$ 的比值为 0.5~0.7，属于“轻度失调发展供给主导型”。而从供给与现实需求的比值来看，供给/现实需求 $(U_1/U_2)_1$ 的比值为 0.5~0.7，属于“轻度失调发展供给主导型”。因此，供需失衡的评价协调度均为“初级协调发展”和“轻度失调发展”，从现实需求、有效需求和供给三者的影响关系来看，“现实需求”和“供给”之间，主导者是“现实需求”；“有效需求”和“供给”之间，主导者是“供给”。

二、现实需求与供给的耦合情况分析

从现实需求的 10 个需求项目来看，耦合度的差别较小，但是耦合协调度则是养老机构和城市的较高。从具体服务项目看，上门看病、上门做家务、法律援助三个项目的耦合协调度相对较高，分别是 0.70、0.72、0.70，是“中级协调发展”的程度。其他的项目为“初级协调发展”的程度(见表 5-5)。在养老机构和城市，供给和需求的耦合协调度明显要比农村和非机构高 0.1 左右。但是在农村，供给和需求都偏低的状况，“法律援助(0.68)”的耦合协调度是最高的。

三、有效需求与供给的耦合情况分析

从现实需求的 10 个需求项目来看，“养老机构”和“城市”的耦合协调度和满意度较高，长期照护服务的需求相对比较容易得到满足，农村和非养老机构(居家)的耦合协调度和满意度较低，耦合协调度属于“初级协调发展”等级(见表 5-6)，养老机构主要是“良好协调发展”，城市主要是“中级协调发展”。从具体服务项目看，“上门做家务”、“上门看病”、“康复治疗”、“法律援助”、“上门护理”等服务项目的耦合协调度相对较高，分别达到 0.72 以上，均属于“中级协调发展”水平。其他的项目为“初级协调发展”或“中级协调发展”的程度。与“现实需求与供给”的耦合情况进行对比分析，可以发现“有效需求与供给”的耦合程度稍高一些。

表 5-5　现实需求与供给的耦合度与耦合协调度

指标	项目	上门看病	聊天解闷	上门做家务	老年服务热线	老年饭桌或送饭	康复治疗	上门护理	陪同看病	法律援助	帮助日常购物
养老机构	耦合度	0.96	0.96	0.97	0.95	0.97	0.97	0.95	0.95	0.93	0.94
	耦合协调度	0.79	0.79	0.81	0.73	0.73	0.81	0.79	0.78	0.73	0.77
非养老机构	耦合度	0.97	0.97	0.96	0.96	0.97	0.96	0.97	0.97	0.94	0.97
	耦合协调度	0.65	0.64	0.64	0.61	0.65	0.64	0.64	0.65	0.74	0.66
城市	耦合度	0.97	0.97	0.96	0.95	0.97	0.96	0.96	0.96	0.94	0.96
	耦合协调度	0.72	0.73	0.77	0.71	0.68	0.74	0.72	0.69	0.67	0.71
农村	耦合度	0.97	0.97	0.97	0.96	0.98	0.97	0.96	0.97	0.93	0.95
	耦合协调度	0.62	0.63	0.65	0.63	0.63	0.63	0.62	0.61	0.68	0.62
总体	耦合度	0.97	0.97	0.96	0.95	0.97	0.96	0.96	0.96	0.94	0.96
	耦合协调度	0.71	0.69	0.72	0.67	0.67	0.69	0.69	0.67	0.70	0.68

表 5-6　有效需求与供给的耦合度与耦合协调度

指标 \ 项目		上门看病	聊天解闷	上门做家务	老年服务热线	老年饭桌或送饭	康复治疗	上门护理	陪同看病	法律援助	帮助日常购物
养老机构	耦合度	0. 97	0. 96	0. 97	0. 95	0. 97	0. 97	0. 96	0. 96	0. 95	0. 94
	耦合协调度	0. 84	0. 82	0. 82	0. 77	0. 75	0. 84	0. 82	0. 80	0. 78	0. 79
非养老机构	耦合度	0. 94	0. 95	0. 95	0. 95	0. 95	0. 94	0. 94	0. 95	0. 95	0. 95
	耦合协调度	0. 68	0. 66	0. 65	0. 62	0. 66	0. 66	0. 66	0. 67	0. 75	0. 67
城市	耦合度	0. 95	0. 96	0. 96	0. 96	0. 96	0. 95	0. 95	0. 96	0. 96	0. 95
	耦合协调度	0. 78	0. 76	0. 80	0. 77	0. 72	0. 79	0. 76	0. 74	0. 74	0. 74
农村	耦合度	0. 95	0. 95	0. 96	0. 94	0. 95	0. 95	0. 95	0. 95	0. 93	0. 94
	耦合协调度	0. 67	0. 65	0. 68	0. 67	0. 65	0. 66	0. 65	0. 65	0. 72	0. 66
总体	耦合度	0. 96	0. 95	0. 96	0. 95	0. 96	0. 95	0. 95	0. 95	0. 95	0. 95
	耦合协调度	0. 74	0. 68	0. 73	0. 70	0. 69	0. 73	0. 72	0. 68	0. 74	0. 69

四、不同类别“现实需求与供给”的耦合情况分析

从现实需求的3个类别来看，养老机构和城市的耦合度状况较好，耦合协调度“养老机构”较高。从具体服务项目看，“康复护理保健类需求”的耦合协调度相对较高，为0.78，为“中级协调发展”的等级(见表5-7)，“日常生活照料关怀类”的耦合协调度为0.82，“社会服务和社会参与类需求”的耦合协调度相对较低，为0.73，可见养老机构的供需均衡状况相对是最好的。城市的“康复护理保健类需求”的耦合协调度为0.73，为“中级协调发展”的等级，“日常生活照料关怀类”的耦合协调度为0.74，相对较高。农村和非机构的“康复护理保健类需求”的耦合协调度都较低，“日常生活照料关怀类”“社会服务和社会参与类需求”的耦合协调度都处于较低水平，也处于“初级协调发展”和“中级协调发展”之间的等级水平。

表5-7　不同类别现实需求与供给的耦合度与耦合协调度

指标＼类型		康复护理保健类需求	日常生活照料关怀类需求	社会服务和社会参与类需求
养老机构	耦合度	0.96	0.96	0.95
	耦合协调度	0.78	0.82	0.73
非养老机构	耦合度	0.97	0.97	0.96
	耦合协调度	0.64	0.71	0.70
城市	耦合度	0.96	0.96	0.95
	耦合协调度	0.73	0.67	0.74
农村	耦合度	0.97	0.97	0.95
	耦合协调度	0.63	0.64	0.65
总体	耦合度	0.96	0.96	0.95
	耦合协调度	0.68	0.69	0.67

五、不同类别“有效需求与供给”的耦合情况分析

从有效需求的3个类别来看，养老机构和城市的耦合度状况较好，耦合协调度“养老机构”较高。从具体服务项目看，“康复护理保健类需求”的耦合协调度相对较高，为0.79，为“中级协调发展”的等级(见表5-8)，

“日常生活照料关怀类”的耦合协调度为0.84，“社会服务和社会参与类需求”的耦合协调度相对较低，为0.72，可见养老机构的供需均衡状况相对是最好的。城市的“康复护理保健类需求”的耦合协调度为0.75，为“中级协调发展”的等级，“社会服务和社会参与类”的耦合协调度为0.76，相对较高。“日常生活照料关怀类”的耦合协调度为0.68，相对较低。农村和非机构的“康复护理保健类需求”的耦合协调度都较低，“日常生活照料关怀类”“社会服务和社会参与类需求”的耦合协调度都处于较低水平，也处于“初级协调发展”和“中级协调发展”之间的等级水平。

表5-8 不同类别有效需求与供给的耦合度与耦合协调度

指标 \ 类型		康复护理保健类需求	日常生活照料关怀类需求	社会服务和社会参与类需求
养老机构	耦合度	0.97	0.96	0.95
	耦合协调度	0.79	0.84	0.72
非养老机构	耦合度	0.94	0.95	0.95
	耦合协调度	0.66	0.74	0.72
城市	耦合度	0.95	0.96	0.96
	耦合协调度	0.75	0.68	0.76
农村	耦合度	0.95	0.95	0.94
	耦合协调度	0.67	0.65	0.62
总体	耦合度	0.95	0.96	0.95
	耦合协调度	0.73	0.71	0.72

第三节 长期照护服务供需失衡的原因分析

从以上分析可以看出，失能老人长期照护服务供需均衡的评价状况不容乐观，“有效需求与供给”的耦合情况比“现实需求与供给”的耦合程度更低，处于“严重失调”的状况，而由于“城市”和“养老机构”的经济条件和基础设施较好，长期照护服务的供给要优于“农村”和“非养老机构”的失能老人，供需失衡的评价状况要优于“农村”和“非养老机构”。通过分析失能老人长期照护服务的耦合协调度，同时参考耦合度、满意度和 U_1/U_2 值进行分析的结果，可以得出以下结论：

一、供给严重不足

无论是从本次调查的数据看，还是从民政部、国家统计局和全国老龄办的统计数据分析，都可以看出失能老人长期照护服务供给严重不足。除了上门看病的比率达到41%以外，其他九个服务项目的供给率均在21%以下。供需的缺口很大，供需缺口的比率平均在50%左右。但是供需的利用率很高，平均在80%左右。供给不足的主要表现在：(1)我国的养老床位数量有巨大的缺口，但是近年来床位建设增长速度缓慢。(2)失能老人的个人收入偏低，有很多失能老人想入住养老院，但是承担不起昂贵的费用。(3)提供长期照护服务的社会中介组织和志愿者队伍的发展速度较为缓慢。(4)国家也出台了很多优惠扶持政策，但是很多好政策执行不力，例如对民办养老机构和养老地产的扶持政策。前者始终无法落实到位，造成民办养老机构成本高企始终无法得到很好的解决，盈利水平普遍较低，行业缺乏可持续发展的动力。后者却被房地产商用作商业地产，造成了高端养老地产的虚假繁荣。(5)因为行业的平均薪酬水平偏低，从业人员队伍的整体专业素质不高，始终无法与长期照护服务的专业化服务要求相匹配，产生了长期照护服务的整体质量不高的问题。(6)因为长期照护保险、长期照护津贴、失能补贴等制度政策没有建立完善，长期照护服务资金短缺的问题是需求实现的最大障碍。(7)失能老人的生存环境和条件无法达到规模化供给的要求。失能老人长期照护服务供需均衡的评价状况与外部的经济环境、居住环境相关。例如农村和居家养老的养老资源非常分散，无法形成具有规模效应的供给，缺乏有效的供给条件。总之，要想实现失能老人长期照护服务需求与供给的耦合，首先要改善失能老人的生存环境，包括居住环境、经济收入、公共设施配套条件等，主要靠失能老人自身和其家庭的支持，没有政府和社会力量的强力介入，很难满足失能老人的基本需求。

二、供给结构性失调

从调查情况看，十个服务项目中，有的服务利用率接近100%，而有的只有59%。失能老人长期照护服务供给的结构性失调主要表现在以下几个方面：一是管理规范、收费低、服务态度和服务质量好、环境舒适的养老机构数量少，养老床位供不应求；相反，大多数民办养老机构管理不规范、收费高、服务态度和服务质量差，环境相对较差，床位空置率高。失能老人的个人状况较差，服务成本较高，很难进入公办养老机构，也不愿进入民办养老机构，或者无法承担民办养老机构高昂的费用。二是大众化的养老服务项目无法形成规模化效应，老年人的购买力有限，无法承担高昂的成本，实现稳定的盈利，而高端养老服务项目供给过剩，也无法形成可持续的盈利机制，这就需要合理的制度和政策设计，政策扶持可以从补供方向补需方转变。三是由于我国的传统文化因素的影响，老年人最需要的长期照护服务是居家为基础的社区服务，而目前我国的社区建设在不断弱化，社区的中介组织和养老服务行业从业队伍的发展尚不能够支撑居家养老服务项目的供给。四是服务信息的传递渠道不通畅，导致有的服务项目信息无法有效传达到失能老人。失能老人行动不便，自理能力差，使用信息网络设备的能力差，所以在失能老人长期照护服务项目的供给上，要特别重视服务信息的精准传递、有效送达。

三、有效需求缺乏调查和评估

通过前面的分析可知，失能老人长期照护服务的有效需求是非常旺盛的。65%的失能老人有“上门看病”的需求，其他服务项目的需求比例都在19%~50%，平均在40%左右，失能老人的数量又非常庞大，增长速度也很迅速，因此失能老人的长期照护服务需求量和市场潜力是非常大的。但是由于供给严重不足，失能老人的收入普遍偏低，购买力受到很大的限制，导致需求和供给脱节。从耦合程度分析数据上看，耦合度都比较高，耦合协调度比较低，说明失能老人长期照护服务的需求和供给之间存在着大量的极小值的耦合情况，即需求量和供给量都比较低的情况所占比例较大。同时也有一部分有需求没供给的情况，有供给无需求的情况从现实情况来看出现的概率较小。从市场营销学的角度来看，市场的培育、发展、成熟需要做的第一件事就是市场调查和评估，确定细分市场和目标市场。供给方应该对需求方的需求信息和个人信息、经济状况、家庭情况、生存环境、人口规模和市场规模做一个详细的了解。失能老人的长期照护服务是一个兼具公共服务和经营性服务的服务类型，分别属于养老事业和养老产业。其中属于公共服务的养老事业的长期照护服务项目，政府既是出资方，也是供给委托方、购买方，同时还是监管方。对失能老人长期照护服务市场的培育、发展和成熟承担有一定的政府责任，并且需要对失能老人的失能程度进行评价和鉴定，可以以此为根据通过政策、制度、法律无偿对失能老人给予救助救济、补贴。因此由政府承担失能老人的需求调查和评估是不二选择。目前，国内只有中国老龄科研中心2010年做过一次“城乡老年人生存状态”调查，还有北京大学和中国人民大学的类似调查，其中涉及失能老人的内容，并没有专门开展失能老人的全面调查，青岛市、浙江省2015年做过类似的抽样调查，包括湖北省老龄办2015年、2018年组织的调查，关于失能老人的这类调查近年来主要由高校组织开展进行小样本抽样调查统计。通过本研究的分析，笔者觉得非常有必要由政府部门主持开展失能老人长期照护服务的专项调查和评估，为失能老人长期照护服务的供给打基础。

四、有效需求对供给影响不够

根据前面的理论分析，养老资源作为潜在的供给，与供给、有效需求、现实需求，四者之间形成了紧密的相互作用和影响。四者之间紧密联系、相互转化、相互影响。但是通过调查数据分析发现，现实需求和有效需求之间的相互关系是很紧密的，影响机理是显著的。现实需求和供给之间的相互关系和作用机理也是非常显著的，但是有效需求和供给相互之间的影响、作用和转化机理并不显著(具体参见第四章的分析)。而通过相关性分析发现二者之间是相关的。因此需要建立供给和有效需求二者之间的相互影响、相互转化和相互作用的联系，提高失能老人长期照护服务需求与供给的耦合程度。具体涉及要促进供给和有效需求的信息、资金、监管、政策等方面的耦合：一是建立需求信息的表达机制，减少信息不畅通导致供需信息脱节的问题，同时可以推行集中供养、大力推进城镇化等，改善农村失能老人居住条件等办法和手段，逐步解决大部分失能老人居住的分散性导致长期照护服务成本高，无法满足和形成规模化的供给条件的问题。二是建立资金多元筹措机制，减少失能老人及其家庭因经济收入原因而无法承担相应的长期照护服务费用的问题。三是建立医养融合的衔接协调机制，解决医疗卫生保健设施与养老脱节导致无法保障失能老人长期照护服务中需求最强烈的基本需求——康复护理保健类需求。四是建立需求调查评估机制，充分了解失能老人的需求特征。五是建立长期照护服务的人力资源保障机制。这样，通过物质、资金、基础设施、人力资源、供给主体、信息等要素的耦合，以及居家养老与社区养老、机构养老、医养融合等养老模式的耦合来实现。

五、农村失能老人养老资源供给乏力

从前面的数据分析看，城市失能老人长期照护服务供给与需求的良性耦合状况优于农村，养老机构失能老人长期照护服务供给与需求的良性耦合状况优于非养老机构(居家等)，其中农村是良性耦合状况最差的，非养老机构(居家等)又包括城市非养老机构(居家等)和农村非养老机构(居家等)，其中主要是农村的失能老人。农村失能老人跟城市失能老人相比，面临多重养老困境：一是农村失能老人的可支配收入低，医疗保险和社会保险的收入明显低于城市，对长期照护服务项目的支付能力弱。二是农村失能老人居住分散，长期照护服务供给难以延伸到农村，零散的需求或供给无法形成规模效应，没有规模效应就必然导致服务成本居高不下，供给会进一步萎缩。三是农村空心化严重，中青年子女外出打工比较普遍，导致从事长期照护服务的人力资源匮乏。四是长期照护服务需求和供给存在严重的信息不对称。五是农村的医疗卫生条件和养老基础设施等养老资源非常短缺。在以上诸因素的影响下，导致农村失能老人的长期照护服务供给效率低，服务质量差，供给严重不足。

第四节　需求与供给要素的耦合机制

根据供需均衡耦合理论，长期照护服务的供给、需求机制不同于简单的买卖双方参与的供需机制，由需求方、供给方和监管方三方组成，其中需求方是失能老人及其家庭，家庭成员提供的长期照护服务不属于市场行为，不在本研究讨论的范围之内，需求方根据自有养老资源，或者在监管方的信息、资金、政策、评估的支持下，付费或者免费获取一定数量、质量、类型的长期照护服务；供给方包括养老机构、医院、社区服务中心、企业(市场)、志愿者和非营利组织，在监管方的信息、资金、政策的支持和监管下，为需求方提供一定数量、质量、类型的长期照护服务，获得一定的赢利或者社会声誉。政府是监管方，也是出资方之一，同时也是公共服务的采购方。政府可以委托第三方评估机构协助，履行部分监管职能。一方面政府通过评估，对失能老人的长期照护服务进行筛选和分级管理，同时提供信息、资金和政策支持；另一方面对供给方提供信息、资金和政策，进行监管，提高长期照护服务质量(见图 5-2)。

政府在失能老人长期照护服务供给中的作用是：主导养老保障服务体系的建立，提供老年人养老所必需的基础设施建设，为轻度、中度失能老人提供无偿或低偿的医疗保健及长期照护服务，重点保障这些无弹性和低弹性基本型养老服务的供给，重度、中度老年人由机构养老，或者通过医养融合模式的社区养老、居家养老实现供需失衡的评价，轻度失能老人依托居家养老或社区养老。根据政府参与的长期照护服务的多元化供需机制的分析，笔者认为以下机制的建立对失能老人长期照护服务供需达到较高程度的耦合非常重要。

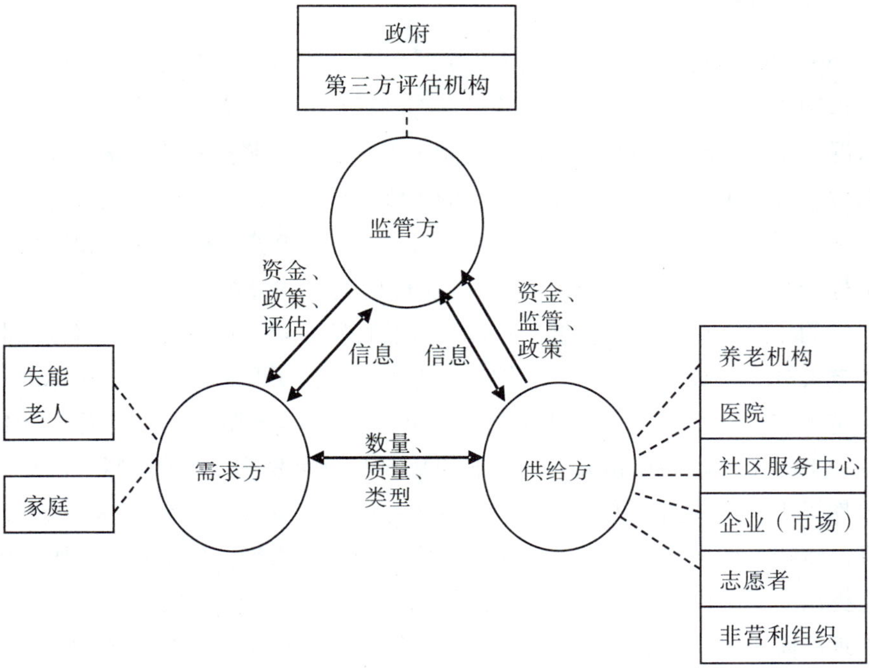

图 5-2　政府参与的长期照护服务的多元化供需互动机制

一、需求信息表达机制

需求信息表达机制是通过赋予老年人特别是失能老人一定的话语权，使失能老人愿意、能够通过直接或间接的信息沟通渠道，充分表达自己的长期照护服务的需求。失能老人的行动能力比正常老年人差，要想表达自己的长期照护需求，受到几个方面的限制，一是语言和肢体表达能力的衰退；二是受到经济条件和家庭环境的影响，会给家庭和社会增加负担，不愿或者不能正常表达自己的想法；三是无法与外界正常沟通联系，行动能力衰退，不会使用电信网络设备；四是政府和社会的养老服务不到位，未进入家庭展开调查评估失能老人的信息。西方学者设计的“用手投票”和“用脚投票”的模型，对失能老人来说，都太难实现。因此，需要考虑到失能老人的客观情况，要通过上门调查需求信息、服务项目进家入户，电信网络手段进家入户，打通信息传递渠道，让失能老人有表达信息的机会和能力。

二、需求评估机制

需求评估机制是对失能老人的需求进行调查分析，对失能老人的身体生理和心理机能进行综合评价分析，综合评价失能老人的失能程度、家庭状况、生存环境等的等级。确定失能老人享受长期照护服务补贴的标准和条件，确立失能老人长期照护服务的等级。同时定期对失能情况进行动态评估更新。2001 年，上海市民政局制定了《上海市养老机构管理和服务基本标准》，第一次在全国提出了对入住机构老人的分级护理标准，根据老年人的年龄、生活自理程度、身体状况及特殊要求，通过评估，将接受服务老人分为三级、二级、一级护理和专护，列出了具体的分级护理标准并制定了较为详细的分级护理内容，促进了机构养老服务的规范化。2013 年，上海市民政局在相关服务标准的基础上，参考了海外的资料，由市民政局提出，市质监局发布，又出台了《老年照护等级评估要求》的地方标准，将接受服务老人分类为正常、轻度、中度与重度，但未对具体服务内容提出要求。同时，该市卫生、医保部门也相继制定颁发了《上海市老年护理医院出入院评估标准》和《高龄老人医疗护理需求评估管理规范(试行)》，对入院老人与参保老人开展模拟评估与试点评估。同时，青岛、浙江等地也开展了对老年人长期照护服务需求的评估。长期照护服务需求评估机制的建立，有助于对失能老人长期照护服务需求进行规范科学的分析，为服务供给奠定坚实的基础。

三、多元化的资金筹措机制

长期照护服务是公共服务和经营性服务的集合体。政府作为养老公共服务的供给主体直接提供生产和服务，老年人作为服务对象可以免费享受服务。此种机制的特点是供给主体和生产者都是政府，早期的公共服务多采用政府供给，公共服务需求的增加以及行政机制供给的效率低下，导致一些公共服务从政府供给中剥离出去，改由其他主体生产和提供，甚至有的由市场供给。但是政府在服务供给中仍然具有不可推卸的责任，特别是养老资金的筹措。为了改变家庭在养老体系中承担主要养老责任的局面，政府必须拓宽养老的社会化筹资渠道，让家庭、政府、社会等都要承担资金供给的责任(见图 5-3)，并在各主体之间建立合理的经费负担机制。首先，要将长期照护服务经费支出列入政府财政预算，为长期照护服务发展提供稳定、持续的资金支持，并随财政增长作相应增加。政府要逐步扩大长期照护服务补贴对象的覆盖面，根据失能程度的不同对失能老人给予补贴。如天津、黑龙江等省市先后出台了给予失能、半失能老人补贴的专项文件。此外，要大力促进社会筹募资金的投入力度，通过社会捐助或发行彩票的形式筹集资金。近年来中央政府鼓励社会资本进入公共服务领域，即PPP(Public Private Partnership)模式的发展，以缓解养老产业需求与供给的失衡状况。

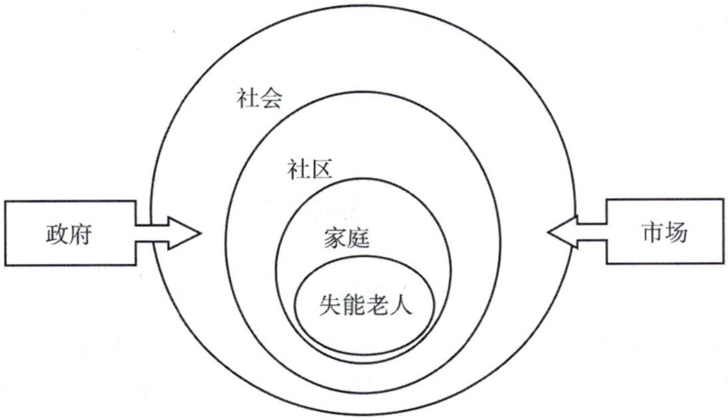

图5-3　失能老人长期照护服务的多元化筹资机制

四、医养融合的衔接协调机制

国家"十三五"规划指出，要"推进医疗卫生和养老服务相结合"。长期以来，医养脱节问题一直在困扰着养老服务业的转型与发展。当前，养护型、医护型养老机构短缺，养老机构内的医疗护理设施简陋，不能满足现实需要，导致医养脱节。

"医养融合"是指将老年人的健康医疗服务放在更加重要的位置，将护老中心和老年医院相结合，融生活照料和康复关怀于一体的新型长期照护服务模式。包括医疗康复保健服务、生活护理服务、老年文化服务等。通过整合医院与养老护理机构的资源，建立合作机制或将小医院转型，或者通过嵌入式养老模式让医疗卫生服务进社区，为更多的老人提供服务，解决医院床紧张，养老护理机构的医疗与医保等问题。

五、医护人员队伍保障机制

长期照护服务是一项专业的技术性服务，对从业人员的要求要高于家政服务，因此需要一大批懂得医疗护理知识和家政服务知识的人才队伍。

但是目前行业的薪酬水平不高，工作烦琐，职业上没有上升空间，符合要求的人才不愿意从事这一行业，导致人才短缺的现象发生。要改变这一状况，一是需要大中专学校与养老机构合作，定向培养专门人才；二是政府出资免费对从业人员进行不定期培训；三是招聘一直专兼职相结合的从业人员队伍；四是给予从业人员一定的职业上升空间和薪酬补贴；五是大力发展志愿者服务组织和非营利组织；六是依托养老机建构立大学生实习基地；七是充分调动农村富余劳动力从事这一行业。要实现这一目标就需要通过信息共享、官产学研合作、政策扶持等机制来实现。

第五节 结论与讨论

本研究引入耦合理论和方法，定量分析了供给和需求两个系统的耦合程度。耦合程度分为耦合度、耦合协调度和满意度三个维度。其中，耦合度、耦合协调度代表数量上的耦合程度，满意度代表质量上的耦合程度。

通过耦合评价分析，结论如下：(1)现实需求与供给的耦合协调度为濒临失调；有效需求与供给的耦合协调度为严重失调；现实需求与供给的耦合状况要优于有效需求与供给的耦合状况。(2)分不同类别样本来看，耦合协调度和满意度呈现“养老机构”>“城市”>“非养老机构”>“农村”的特征，结合耦合度来看，农村的良性耦合状况最差，存在着很大比例的低需求低供给的情况；其次是非养老机构，养老机构的良性耦合状况最佳，城市次之。(3)结合 $U1/U2$ 值来看，不同的项目来看，城市的有效需求与供给属于“严重失调衰退同步型”，养老机构、非养老机构和农村的有效需求与供给属于“严重失调衰退供给主导型”，供给与现实需求属于“中度失调衰退现实需求主导型”。(4)从不同的需求项目来看，上门看病、康复治疗、上门护理三个项目的耦合协调度相对较高，分别是“濒临失调”和“轻度失调”的程度。其他的项目为“轻度失调”和“中度失调”。(5)从不同类别的供需失衡的评价情况来看，“康复护理保健类需求”的耦合协调度相对较高，为“轻度失调”的程度。“日常生活照料关怀类”和“社会服务和社会参与类需求”的耦合协调度相对较低，也处于“轻度失调”的程度。

由此可以总结归纳出供需失衡的原因是：供给严重不足，供给结构性失调，有效需求缺乏调查和评估，有效需求对供给影响不够，农村失能老人养老资源供给乏力。这样就从定量的角度分析了供需失衡的基本情况，对现实工作具有一定的指导意义。要想促进供给和需求的良性耦合程度，就需要从这几点原因出发，使需求方、供给方和监管方三方信息、资金、政策等公开透明，构建需求信息表达机制、需求评估机制、多元化的资金筹措机制、医养融合的衔接协调机制、人力资源队伍保障机制，同时给予需求方必要的资金、人力和信息支持，这才是促进供需失衡的评价的治本之策。

第六章　我国长期照护服务供需均衡的比较

在搜集查阅相关文献资料，了解失能老人基本分布状况的情况下，本研究对东、中、西部地区的长期照护服务情况进行了大量的问卷调查和访谈。根据我国行政区划的划分，我国西部地区包括陕西、四川、云南、贵州、广西、甘肃、青海、宁夏、西藏、新疆、内蒙古、重庆等；我国东部地区包括北京、天津、河北、山东、江苏、上海、浙江、福建、广东、海南、台湾、香港、澳门；我国中部地区包括山西、河南、安徽、湖北、江西、湖南等。本课题采用分层抽样法，主要抽样选取了以下地区作为问卷调查和访谈的样本区域：东部地区的江苏省常熟市、浙江省长兴县、浙江省杭州市淳安县，中部地区的湖北省武汉市、黄冈市红安县、天门市、宜昌市夷陵区；西部地区的云南省曲靖市宣威市、玉溪市元江县以及四川省江油市。课题组通过对每个县市抽样选择约 20 个村(社区)和 20 个养老机构，走访调查和问卷随机发放的形式对以上地区城市和农村中的机构长期照护服务和非机构长期照护服务的供给情况，以及 60 岁以上失能老人对长期照护服务的使用和需求情况进行了调查搜集，共回收有效问卷 3126 份，其中合格问卷 2656 份。问卷调查的内容主要包括三个部分，第一部分为个人基本情况，包括家庭住址、家庭所在地、性别、年龄、受教育程度、婚姻状况、居住类型、户籍类型、从事的职业、日常基本活动困难与否、月平均经济收入、个人经济状况等 12 项内容；第二部分为养老模式调查，包括按养老地点划分和按长期照护服务的内容或方式划分的两种养老模式；第三部分为长期照护服务调查，包括生活满意度，以及上门看病、康复治疗、上门护理等 10 项服务的供给、使用(现实需求)、需求(有效需求)的基本情况。

第一节　我国东中西部长期照护服务供给与需求的现状分析

一、我国东中西部长期照护服务供给的差异分析

通过问卷调查和数据统计分析(见表6-1)，对比10个长期照护服务的项目供给的平均值，发现我国东中西部的长期照护服务供给呈现以下特征：

(1)东部地区和中部地区的城镇长期照护服务的供给水平都在全国平均水平之上，西部地区的供给水平在全国平均水平之下。东部地区的供给平均值集中在4以上，中部地表区的供给平均值集中在3左右，均高于全国的平均水平。西部地区的供给平均值主要集中在1~2，这一供给水平的呈现与东部地区与中部地区较于西部更为发达的经济发展和充足的养老资源分布有关。东部地区经济发展水平最高，中部地区经济发展水平次之，西部地区经济发展水平较低，与之相对应的养老资源(潜在供给)的分布也呈现出一定的差异，体现了长期照护服务的供给与区域经济发展水平的相关性。

表6-1　东中西部失能老人长期照护服务供给的平均值比较

项目＼指标	总体(全国)供给	东部供给	中部供给	西部供给
上门看病	2.66	4.55	2.98	1.63
康复治疗	2.75	4.59	3.11	1.62
上门护理	2.71	4.44	3.02	1.77
老年饭桌或做饭	2.74	2.86	3.12	1.56
上门做家务	2.91	4.43	3.26	1.80
陪同看病	2.55	4.13	2.97	1.24
帮助日常购物	2.73	4.11	3.15	1.43
上门聊天解闷	2.75	4.30	3.13	1.58
老年人服务热线	2.66	4.06	3.02	1.54
法律援助	3.12	4.13	2.95	3.63

(2)东部地区供给较多的是康复护理保健类服务。东部地区的供给均值是三个地区中最高的，各服务项目的供给均值均在全国平均水平之上，供给最多的依次是康复治疗 4.59、上门看病 4.55、上门护理 4.44，供给最少的是老年饭桌或做饭 2.86，东部地区的康复保健护理方面服务项目的供给是 10 个服务项目中最高的。

(3)中部地区供给较多的是日常生活照料类服务。中部地区除法律援助平均值为 2.95，低于全国的平均水平外，其他服务项目的供给也在全国平均水平之上，上门看病 2.98 和陪同看病 2.97 也是较低的。供给最多的依次是上门做家务 3.26、帮助日常购物 3.15，上门聊天解闷 3.12 和老年饭桌或做饭 3.12 相对也较高。可见中部地区供给相对较多的是日常生活照料类服务，但是 10 个服务项目的平均数都比较接近，差别较小。

(4)西部地区供给水平均较低，其中供给最多的服务项目是法律援助。西部地区的供给与东部和中部地区差别较大，除法律援助外，其他的服务项目的供给均值均在总体水平之下，并且均低于 2，远低于东部地区均值为 4 以上的平均水平，也低于中部地区均值为 3 左右的平均水平。这一现象可能与西部地区落后的经济发展和养老资源的匮乏有关系，供给最多的服务依次是法律援助 3.63，供给最少的同时也是所有地区中供给均值最小的，分别为陪同看病 1.24、帮助日常购物 1.43。可见西部地区的长期照护服务整体供给水平是较低的。

二、我国东中西部长期照护服务的现实需求现状分析

现实需求是有购买力和消费意愿，并且得到实际满足、实现了的需求。通过问卷调查和数据统计分析(见表 6-2)，对比 10 个长期照护服务的项目供给的平均值，发现我国东中西部的长期照护服务的现实需求呈现以下特征：

(1)长期照护服务的总体(全国)现实需求最多的是日常照料类服务和康复护理保健类服务。现实需求最多的项目依次是老年饭桌或做饭 2.18、上门做家务 2.15；最少的为老年人服务热线 1.91。东部地区和中部地区相对于西部地区的现实需求较高。东部和中部的现实需求平均值集中在 2 以上，西部集中在 2 以下，最低的为帮助日常购物 1.23 和上门聊天解闷 1.31，现实需求的平均值大小可能与地区经济发展的水平直接相关。

表 6-2　东中西部失能老人长期照护服务现实需求的平均值比较

项目＼指标	总体(全国)现实需求	东部现实需求	中部现实需求	西部现实需求
上门看病	2.11	2.57	2.29	1.55
康复治疗	2.02	2.98	2.23	1.36
上门护理	2.04	2.37	2.24	1.39
老年饭桌或做饭	2.18	1.76	2.40	1.47
上门做家务	2.15	3.30	2.33	1.61
陪同看病	2.06	2.25	2.28	1.39
帮助日常购物	2.05	2.02	2.31	1.23
上门聊天解闷	2.09	2.47	2.34	1.31
老年人服务热线	1.91	2.20	2.04	1.53
法律援助	2.02	2.08	1.69	3.06

(2)东部地区对日常照料类服务和康复护理保健类服务的使用较多。东部地区的现实需求最多的依次是上门做家务 3.30、康复治疗 2.98，最少的为老年饭桌或做饭 1.76 和帮助日常购物 2.02，可见东部地区对日常生活照料类服务和康复护理保健类服务的使用较多。从 10 个服务项目的平均值可以看出，供给值大多高于现实需求值。因此，东部地区的长期照护服务供给相对还是比较充裕的。

(3)中部地区对日常照料类服务、康复护理保健类服务和社会服务与社会参与类项目的现实需求差别较小。中部地区的现实需求与东部地区的现实需求相比，差别不是特别明显。现实需求均值最高的依次是老年饭桌或做饭 2.40、上门聊天解闷 2.34，最低的为法律援助 1.69，从数值可以看出中部地区对于各类服务的现实需求差异较小。从 10 个服务项目的平均值可以看出，供给值大多高于现实需求值。因此，中部地区的长期照护服务供给还是基本能够满足需求的，只不过现实需求的平均值都不高。

(4)西部地区的现实需求大多处于较低水平，其中对法律援助的现实需求较高。西部地区的现实需求值最高的为法律援助 3.06，除此以外西部地区的现实需求的平均值均低于全国平均水平，大多在 1.5 左右。西部地区现实需求最低为帮助日常购物 1.23、上门聊天解闷 1.31。西部地区对法律援助的使用最多，可能与法律援助供给的难度较小，成本较低有关。

三、我国东中西部长期照护服务的有效需求现状分析

有效需求是有消费意愿，有购买能力，但是没有供给，没有得到实际满足，没有最终实现的需求。通过问卷调查和数据统计分析(见表 6-3)，对比 10 个长期照护服务的项目供给的平均值，发现我国东中西部的长期照护服务的有效需求呈现以下特征：

表 6-3 东中西部失能老人长期照护服务的有效需求的平均值比较

指标 项目	总体(全国)有效需求	东部有效需求	中部有效需求	西部有效需求
上门看病	2. 89	3. 58	3. 23	1. 80
康复治疗	2. 68	3. 80	2. 89	2. 01
上门护理	2. 59	3. 27	2. 87	1. 69
老年饭桌或做饭	2. 51	2. 59	2. 85	1. 45
上门做家务	2. 42	3. 69	2. 76	1. 35
陪同看病	2. 57	2. 81	2. 95	1. 36
帮助日常购物	2. 65	2. 30	2. 88	1. 89
上门聊天解闷	2. 44	3. 14	2. 81	1. 29
老年人服务热线	2. 41	3. 24	2. 75	1. 34
法律援助	2. 47	3. 48	2. 29	3. 06

(1)东部地区和中部地区的有效需求高于西部地区。根据马斯洛需求层次理论，西部地区老人的经济发展水平较低，很多人可能还处在最基本的解决温饱问题的阶段，对于长期照护服务的需求也较少，整体的需求水平也低于东部地区和中部地区。东部地区的有效需求高于中部地区，最低的是西部地区。区域差异非常明显，但是也有个别服务项目的平均值异常，例如西部的法律援助的有效需求为 3. 06，远高于其他的服务项目的平均值。康复护理 2. 01 也相对较高，其他服务项目的有效需求都是较低水平。

(2)东部地区对于康复治疗、上门做家务、上门看病等服务的有效需求较多。东部地区康复治疗 3.80、上门做家务 3.69、上门看病 3.58 的有效需求较大，且远大于全国的平均水平，可见东部地区对康复治疗、上门做家务、上门看病服务的迫切需要。其他的服务项目的平均值小于以上项目的值。

(3)中部地区对上门看病、陪同看病的有效需求较高。中部地区的上门看病 3.23、陪同看病 2.95 的有效需求较高且大于全国的平均水平，其他服务的均值处于中间水平。看病是失能老人的刚需，有效需求代表老人有意愿有购买力，可能是因为供给缺乏，或者供给的质量达不到要求而造成有效需求没有得到满足。

(4)西部地区法律援助、康复治疗的需求较高。西部地区的需求最高的为法律援助 3.06，其次是康复治疗 2.01。除这两项服务外，其他服务需求的均值在全国平均水平以下，最低的为上门聊天解闷 1.29，其次是老年人服务热线 1.34。可见无论是东部、中部或西部都对治疗康复有急迫的需求。对其他服务项目的需求差异较大，但是对康复护理保健的需求是共性的刚性需求。

四、我国东中西部老年人的生活满意度分析

如果说供给、有效需求、现实需求是衡量服务供给数量的指标，那么生活满意度是常用的衡量生活质量的指标。通过问卷调查和数据统计分析(见表 6-4)，对比 10 个长期照护服务的项目供给的平均值，发现我国东中西部的长期照护服务的满意度呈现以下特征：

(1)从总体来看，养老机构的满意度高于非机构，城市的满意度高于农村。从东中西部的数据比较来看，东中西部的总体满意度没有显著差异，均在 3.5~4.1。生活满意度的平均值是养老机构>城市>农村>非机构。从基本生活保障满意度来看，养老机构=城市>非机构>农村。从医疗服务满意度和日常照料满意度来看，养老机构>城市>农村>非机构。从精神慰藉满意度来看，城市>养老机构>非机构>农村，排序略有不同。但总的来说，养老机构的老年人的生活满意度是最高的，城市老人的生活满意度排第二，非机构和农村的老人的满意度都是排在后面。究其原因，可能因为养老机构有较好的照护条件和专业化的护理人员，虽然在精神慰藉方面稍差一点，但是总的来看还是不错的。非机构的老人生存条件相对养老机构更差一点，农村相对城市的生活条件更差一些。可以从生活满意度的平均值上看出这些城乡差别和长期照护服务模式的差异。

表 6-4 东中西部失能老人长期照护服务的满意度平均值比较

类型	指标	基本生活保障满意度	医疗服务满意度	日常照料满意度	精神慰藉满意度	总体满意度
全国	总体	3.83	3.57	3.53	3.54	3.72
	养老机构	3.89	3.80	3.78	3.60	3.83
	非机构	3.74	3.35	3.32	3.46	3.61
	城市	3.89	3.57	3.55	3.62	3.75
	农村	3.68	3.49	3.44	3.36	3.63
东部	总体	4.18	3.82	3.58	3.33	3.73
	养老机构	4.32	3.93	3.5	3.4	3.85
	非机构	4.05	3.73	3.59	3.46	3.59
	城市	4.17	3.71	3.46	3.26	3.66
	农村	4.18	3.91	3.68	3.39	3.80
中部	总体	3.68	3.53	3.55	3.54	3.66
	养老机构	3.73	3.76	3.85	3.69	3.84
	非机构	3.57	3.27	3.25	3.35	3.47
	城市	3.78	3.60	3.64	3.64	3.68
	农村	3.49	3.35	3.37	3.34	3.57
西部	总体	4.01	3.45	3.4	3.66	3.91
	养老机构	4.17	3.92	3.83	3.75	4.08
	非机构	3.99	3.39	3.35	3.65	3.89
	城市	3.96	3.43	3.41	3.67	3.91
	农村	4.08	3.58	3.33	3.58	3.92

东部地区养老机构和非机构的日常照料满意度为 3.5 和 3.59，精神慰藉服务满意度为 3.4 和 3.46，其他都是养老机构的满意度大于非机构。西部地区城市的总体满意度略低于农村，中部和东部地区城市的总体满意度均高于农村。

（2）东中西部不同维度的满意度呈现不同特征。东部地区基本生活保障满意度 4.18、医疗服务满意度 3.82、日常照料满意度 3.58，高于中部和西部地区，西部地区精神慰藉满意度 3.66、总体满意度 3.91，高于东部和中部的满意度。

(3)东部地区农村的满意度高于城市。东部地区农村的满意度分别为4.18、3.91、3.68、3.39、3.80，城市的满意度为4.17、3.71、3.46、3.26、3.66，农村地区的满意度全部高于城市。东部地区的农村为何比城市的满意度更高？有些不同寻常，需要进一步研究，可能东部地区农村拥有更好的生活环境和较小的生活压力，长期照护服务也有较好的安排，因而拥有更高的生活满意度。

(4)中部地区的城市满意度高于农村。中部地区农村的满意度为3.49、3.35、3.37、3.34、3.57，城市的满意度为3.78、3.60、3.64、3.64、3.68，城市的满意度全部高于农村。中部地区的城市比农村拥有更好的生活环境和养老资源，更好的医疗条件和便捷的生活环境，生活满意度呈现出城市高于农村在情理之中。

(5)西部地区城市和农村的总体满意度非常接近。西部地区城市的总体满意度3.91和农村的满意度3.92差距非常小，除此之外城市的日常照料满意度3.41和精神慰藉满意度3.67分别高于农村的3.33、3.58，农村的基本生活保障满意度4.08和医疗服务满意度3.58分别高于城市的3.96、3.43。

第二节　长期照护服务供需均衡的区域比较

通过问卷调查和数据统计分析(见表6-5)，对比10个长期照护服务的项目供给的平均值，发现我国东中西部的长期照护服务供需均衡呈现以下特征：

表6-5　不同区域的月平均经济收入、个人经济状况、耦合度、耦合协调度的平均值

类型 \ 指标	月平均经济收入(元)	个人经济状况	供给—现实需求的耦合度	供给—有效需求的耦合度	供给—现实需求的耦合协调度	供给—有效需求的耦合协调度
全国	2585	2.99	0.96	0.95	0.69	0.71
东部	4712	3.09	0.92	0.94	0.77	0.81
中部	2343	3.06	0.97	0.95	0.68	0.72
西部	1391	2.62	0.98	0.97	0.57	0.57

(1)月平均经济收入的地区差别较大。月平均经济收入排名依次为东部地区4712元/月、中部地区2343元/月、西部地区1391元/月。其中东部地区的月平均经济收入4712元/月远高于总体的2585元/月，西部地区月平均经济收入1391元/月远低于全国的月平均经济收入2585元/月，东部地区的月平均经济收入是西部地区的3.4倍。经济收入的差异与当地经济发展直接相关，不同的区位导致了不同的经济发展水平，从而对长期照护服务的供需产生影响。

(2)西部地区的个人经济状况较差。东部地区个人经济状况3.09和中部地区个人经济状况3.06均高于全国的平均水平2.99，且平均值都在3以上，西部地区的个人经济状况平均值仅有2.62，个人经济状况也是个人平均收入的反映，西部地区的月平均经济收入也同样低于东部和西部。

(3)供需耦合度较高。东部、中部、西部的耦合度都在0.9以上，西部地区的耦合度更高，供给—现实需求的耦合度0.98和供给—有效需求的耦合度0.97都在全国平均值之上，且分别高于东部和中部。西部的耦合度最高，而耦合协调度最低，这说明了西部地区老年人长期照护服务有很大比例的供给和需求是较低水平。

(4)供需耦合协调度的地区差异较大。东部>中部>西部：东部地区的供给—现实需求耦合协调度0.77和供给—有效需求耦合协调度0.81最高，且都高于平均水平0.69和0.71，分别达到中级协调和良好协调的状态；中部地区的供给—现实需求耦合协调度0.68和中部地区的供给—有效需求0.72达到中级协调的状态；西部地区的耦合协调度较小，供给—现实需求耦合协调度和供给与有效需求耦合协调度都为0.57，远低于全国平均水平，仅处于勉强协调的状态。不论是供给—现实需求的耦合协调度还是供给—有效需求的耦合协调度西部都是较低水平。

(5)有效需求与现实需求的耦合协调度非常接近。东部、中部、西部供给—有效需求的耦合协调度0.81、0.72、0.57，与供给—现实需求的耦合协调度0.77、0.68、0.57之差分别为0.04、0.04、0，差距非常小，可忽略不计，说明供给—有效需求与供给—现实需求的耦合协调程度很接近。

第三节　长期照护服务供需均衡的城乡比较

通过问卷调查和数据统计分析(见表6-6)，对比10个长期照护服务的项目供给的平均值，发现我国东中西部的长期照护服务供需均衡的城乡比较呈现以下特征：

（1）城市的月平均经济收入高于农村。东部、中部、西部城市月平均经济收入分别为5043元、3401元、1415元，农村月平均经济收入分别为4440元、1099元、1213元，城市月平均经济收入均高于农村。东部和西部的城镇差异较小，其中中部差别最大，中部地区城市月平均经济收入是农村平均经济收入的3.1倍。

表6-6　城乡月平均经济收入、个人经济状况、耦合度、耦合协调度的平均值

类型＼指标		月平均经济收入（元）	个人经济状况	供给—现实需求的耦合度	供给—有效需求的耦合度	供给—现实需求的耦合协调度	供给—有效需求的耦合协调度
全国	城市	2964	3.08	0.96	0.95	0.69	0.70
	农村	1891	2.80	0.96	0.95	0.65	0.68
东部	城市	5043	3.26	0.93	0.95	0.79	0.83
	农村	4440	2.95	0.92	1.00	0.76	0.80
中部	城市	3401	3.32	0.95	0.94	0.67	0.71
	农村	1099	2.73	0.98	0.95	0.68	0.73
西部	城市	1415	2.58	0.98	0.97	0.56	0.56
	农村	1213	2.92	0.97	0.91	0.61	0.65

（2）西部地区农村的个人经济状况评价比城市高。东部地区城市的个人经济状况3.26，中部地区城市的个人经济状况3.32，高于东部农村的2.95和中部农村的2.73，西部与之相反，农村的个人经济状况达到2.92，高于城市的个人经济状况2.58。

（3）供需耦合度都较高。说明供给和需求的匹配程度较高，其中有可能是供给和需求值均较大，或者供给和需求值均较小的情况同时存在。不管是东部、中部还是西部的城市和农村供给—现实需求的耦合度、供给—有效需求的耦合度都在0.9以上，全国的供给—现实需求的耦合度达到0.96，供给—有效需求的耦合度达到0.95，均在0.95以上。

（4）东西部供需耦合协调度城市差异较小，西部城市差异较大且农村耦合协调度大于城市。东西部城市的供给—现实需求耦合协调度分别为

0.79、0.67，供给—有效需求的耦合协调度分别为0.83、0.80，农村的供给—现实需求耦合协调度分别为0.76、0.68，供给—有效需求的耦合协调度分别为0.71、0.73，差异很小，且城市和农村都处于同一个协调等级。西部地区城市的供给—现实需求耦合协调度0.56和供给—有效需求的耦合协调度0.56，与农村的供给—现实需求耦合协调度0.61和供给—有效需求的耦合协调度0.65差别较大，前者处于勉强协调的状态，后者处于初级协调的状态。说明西部农村的供需较城市更为均衡，但其供给与需求的平均值更低，属于低水平的供需均衡。

(5)有效需求与现实需求程度比较接近。城市、农村供给—有效需求的耦合协调度0.83、0.80、0.71、0.73、0.56、0.65，与供给—现实需求的耦合协调度0.79、0.76、0.67、0.68、0.56、0.61之差分别为0.04、0.04、0.4、0.05、0、0.04，差距非常小，说明供给—有效需求与供给—现实需求的协调程度差不多，即有效需求与现实需求程度差不多，城市和农村总的使用和需求基本保持一致。

第四节　长期照护服务供需均衡模式的比较

一、不同地点长期照护服务的比较

通过问卷调查和数据统计分析(见表6-7)，对比10个长期照护服务的项目供给的平均值，发现我国东中西部不同地点的长期照护服务供给呈现以下特征：

(1)不同长期照护模式的经济收入差别较大。东部地区的机构养老收入更高，其中乡镇公办机构养老收入平均为4612元/月、乡镇民办机构养老5521元/月、城市公办机构养老5833元/月、城市民办机构养老5278元/月，分别为总体平均经济收入的1.78、2.14、2.26、2.04倍。中部地区乡镇的居家—家庭代际分居、机构养老平均经济收入较低，分别为996元/月、868元/月、727元/月，均在千元以下，城市机构养老平均经济收入较高，分别为3107元/月、4620元/月，远高于全国平均经济收入2585元/月。西部地区各长期照护服务模式的月平均经济收入均在全国平均水平之下，乡镇公办机构养老、乡镇民办机构养老、城市公办机构养老的平均经济收入最低，分别为317元/月、534元/月、657元/月，均在千元以下，同时也是所有长期照护服务模式中最低的三种。

表 6-7　不同养老模式的月平均经济收入、个人经济状况、耦合度、耦合协调度平均值比较

类型		月平均经济收入（元）	个人经济状况	供给—现实需求的耦合度	供给—有效需求的耦合度	供给—现实需求的耦合协调度	供给—有效需求的耦合协调度
全国		2585	2.99	0.96	0.95	0.69	0.71
东部	A（农村）居家—自我养老	752	3.89	0.97	0.96	0.79	0.83
	B（农村）居家—家庭代际合居	2670	3.41	0.94	0.95	0.74	0.80
	C（农村）居家—家庭代际分居	3563	3.51	0.91	0.92	0.74	0.77
	D（农村）社区养老	3215	3.61	0.99	0.99	0.86	0.94
	E（农村）公办机构养老	4612	2.91	0.92	0.94	0.76	0.80
	F（农村）民办机构养老	5521	2.94	0.90	0.92	0.76	0.80
	G（城市）居家—自我养老	6511	3.76	0.89	0.94	0.88	0.96
	H（城市）居家—家庭代际合居	3532	3.13	0.93	0.94	0.78	0.79
	I（城市）居家—家庭代际分居	3247	3.45	0.92	0.92	0.73	0.78
	J（城市）社区养老	4521	3.81	0.99	0.99	0.87	0.97
	K（城市）公办机构养老	5833	3.25	0.90	0.93	0.84	0.87
	L（城市）民办机构养老	5278	3.10	0.88	0.91	0.77	0.83
	M 其他	4736	3.54	0.89	0.91	0.77	0.80
中部	A（农村）居家—自我养老	1927	2.93	0.97	0.95	0.63	0.67
	B（农村）居家—家庭代际合居	1297	3.05	0.99	0.94	0.58	0.62
	C（农村）居家—家庭代际分居	996	2.83	0.99	0.94	0.60	0.65
	D（农村）社区养老	2005	3.05	0.99	0.99	0.80	0.79
	E（农村）公办机构养老	868	2.53	0.97	0.97	0.78	0.80
	F（农村）民办机构养老	727	2.35	0.97	0.94	0.84	0.83
	G（城市）居家—自我养老	3429	3.36	0.93	0.94	0.65	0.68
	H（城市）居家—家庭代际合居	3035	3.15	0.95	0.93	0.65	0.72
	I（城市）居家—家庭代际分居	3178	3.13	0.94	0.91	0.60	0.63
	J（城市）社区养老	1833	3.04	0.99	0.99	0.94	0.94
	K（城市）公办机构养老	3107	3.22	0.98	0.98	0.78	0.79
	L（城市）民办机构养老	4620	3.84	0.95	0.95	0.66	0.68
	M 其他	3157	3.45	0.96	0.97	0.76	0.80

续表

类型＼指标		月平均经济收入（元）	个人经济状况	供给—现实需求的耦合度	供给—有效需求的耦合度	供给—现实需求的耦合协调度	供给—有效需求的耦合协调度
西部	A(农村)居家—自我养老	1125	3.05	0.97	0.97	0.63	0.66
	B(农村)居家—家庭代际合居	1938	3.25	0.97	0.88	0.53	0.61
	C(农村)居家—家庭代际分居	1204	3.02	0.97	0.91	0.61	0.69
	D(农村)社区养老	1532	3.09	0.99	0.98	0.67	0.66
	E(农村)公办机构养老	317	2.33	0.96	0.91	0.71	0.68
	F(农村)民办机构养老	534	2.21	0.96	0.95	0.64	0.64
	G(城市)居家—自我养老	1159	2.41	0.99	0.98	0.55	0.55
	H(城市)居家—家庭代际合居	1238	2.41	0.99	0.99	0.56	0.55
	I(城市)居家—家庭代际分居	1276	2.70	0.97	0.95	0.58	0.58
	J(城市)社区养老	1016	2.87	0.97	0.99	0.74	0.75
	K(城市)公办机构养老	657	3.26	0.96	0.97	0.81	0.79
	L(城市)民办机构养老	2159	3.22	0.99	0.99	0.61	0.65
	M 其他	1216	3.25	0.97	0.98	0.56	0.57

(2)供需耦合度都较高。除东部地区城市民办机构养老、其他养老模式的供给—现实需求的耦合度为0.88、0.89，其他服务模式的耦合度都在0.9以上，且大多数服务的集中在0.95以上。说明供给和需求的匹配程度较高，其中有可能是供给和需求值均较大，或者供给和需求值均较小的情况同时存在。

(3)东部地区的各长期照护服务项目的耦合协调度都较高，中部和西部地区居家养老的耦合协调度较低。东部地区的各地点养老服务的耦合协调度都处于较高的水平，其中供给—有效需求的耦合协调度中乡镇社区养老0.94、城市居家—自我养老0.96、城市社区养老0.97的耦合协调度接近于1，处于优质协调的状态，其他均处于中级协调和良好协调的状态；

中部地区乡镇居家—自我养老的耦合协调度分别为 0.63 和 0.67、乡镇居家—家庭代际合居分别为 0.58 和 0.62、乡镇居家—家庭代际分居分别为 0.60 和 0.65、城市居家—自我养老分别为 0.65 和 0.68、城市居家—家庭代际分居分别为 0.60 和 0.63，耦合协调度都较低，处于初级协调的状态；西部地区耦合协调度较低的为城市地区，其中城市居家—自我养老、城市居家—家庭代际合居、城市居家—家庭代际分居的耦合协调度都比较低，供给—现实需求的耦合协调度分别为 0.55、0.56、0.58，供给—有效需求的耦合协调度分别为 0.55、0.55、0.58，均处于勉强协调的状态。中部和西部耦合协调度较低的集中在居家养老服务，而其耦合度较高，说明居家养老服务的供需均处于较低水平。

(4)有效需求与现实需求程度非常接近。除中部地区乡镇社区养老供给—有效需求的耦合协调度 0.79，小于供给—现实需求的耦合协调度 0.80，西部地区乡镇社区养老供给—有效需求的耦合协调度 0.66 小于供给—有效需求的耦合协调度 0.67，乡镇公办机构养老供给—有效需求的耦合协调度 0.68 小于供给—有效需求的耦合协调度 0.71 之外，其他养老模式的供给—有效需求的耦合协调度都高于供给—现实需求的耦合协调度，且差距集中在 0~0.1。说明供给—有效需求与供给—现实需求的耦合协调度很接近，即有效需求与现实需求程度很接近，东中西部的长期照护服务的使用和需求基本保持一致。

二、不同内容或方式的长期照护服务比较

通过问卷调查和数据统计分析(见表 6-8)，发现我国东中西部不同内容的长期照护服务模式呈现以下特征：

(1)医养结合中医养合作、养老机构主导、医疗机构主导的老人月平均经济收入较高。东部地区收入水平最高的为城市医养结合—医养合作 6009 元/月、城市医养结合—养老机构主导 5705 元/月、农村医养结合—养老机构主导 5278 元/月；中部地区较高的为城市互助养老 4167 元/月、城市医养结合—医疗机构主导 3603 元/月、城市医养结合—养老机构主导 3437 元/月；西部地区较高的为城市医养结合—医疗机构主导 2509 元/月、城市医养结合—医养合作 2346 元/月、农村医养结合-医疗机构主导 1937 元/月。综合三个地区可以看出医养合作、养老机构主导、医疗机构主导的老人月平均经济收入较高。

表 6-8　养老模式的月平均经济收入、个人经济状况、耦合度、耦合协调度平均值

类型	指标	月平均经济收入（元）	个人经济状况	供给—现实需求的耦合度	供给—有效需求的耦合度	供给—现实需求的耦合协调度	供给—有效需求的耦合协调度
全国		2585	2. 99	0. 96	0. 95	0. 69	0. 71
东部	A（农村）医养结合—医疗机构主导	4721	3. 14	0. 93	0. 94	0. 72	0. 77
东部	B（农村）医养结合—养老机构主导	5278	2. 94	0. 90	0. 92	0. 78	0. 82
东部	C（农村）医养结合—医养合作	—	—	—	—	—	—
东部	D（农村）互联网+智慧社区养老	4495	3. 85	0. 94	0. 96	0. 69	0. 70
东部	E（农村）异地养老	2503	3. 34	0. 92	0. 94	0. 75	0. 77
东部	F（农村）互助养老	2781	2. 38	0. 90	0. 93	0. 78	0. 81
东部	G（城市）医养结合—医疗机构主导	4357	3. 14	0. 96	0. 97	0. 84	0. 91
东部	H（城市）医养结合—养老机构主导	5705	3. 34	0. 91	0. 93	0. 77	0. 80
东部	I（城市）医养结合—医养合作	6009	3. 16	0. 93	0. 94	0. 71	0. 71
东部	J（城市）互联网+智慧社区养老	3412	3. 21	0. 98	0. 95	0. 63	0. 70
东部	K（城市）异地养老	4611	3. 33	0. 96	0. 98	0. 86	0. 89
东部	L（城市）互助养老	3221	3. 83	1. 00	0. 99	0. 87	0. 97
东部	M 其他	4736	3. 50	0. 94	0. 93	0. 77	0. 82
中部	A（农村）医养结合—医疗机构主导	2208	2. 92	0. 96	0. 96	0. 65	0. 69
中部	B（农村）医养结合—养老机构主导	870	2. 49	0. 99	0. 94	0. 59	0. 63
中部	C（农村）医养结合—医养合作	2564	3. 43	0. 96	0. 96	0. 85	0. 85
中部	D（农村）互联网+智慧社区养老	1701	3. 20	0. 96	0. 96	0. 81	0. 83
中部	E（农村）异地养老	1125	2. 52	0. 99	0. 96	0. 63	0. 69
中部	F（农村）互助养老	1008	2. 65	0. 97	0. 97	0. 83	0. 83
中部	G（城市）医养结合—医疗机构主导	3603	3. 24	0. 97	0. 96	0. 81	0. 84
中部	H（城市）医养结合—养老机构主导	3437	3. 61	0. 94	0. 93	0. 67	0. 68
中部	I（城市）医养结合—医养合作	3161	3. 37	0. 92	0. 94	0. 65	0. 74
中部	J（城市）互联网+智慧社区养老	3062	3. 19	0. 98	0. 92	0. 62	0. 69
中部	K（城市）异地养老	—	—	—	—	—	—
中部	L（城市）互助养老	4167	3. 12	0. 96	0. 91	0. 55	0. 58
中部	M 其他	2022	3. 07	0. 96	0. 96	0. 73	0. 75

续表

类型 \ 指标		月平均经济收入（元）	个人经济状况	供给—现实需求的耦合度	供给—有效需求的耦合度	供给—现实需求的耦合协调度	供给—有效需求的耦合协调度
西部	A(农村)医养结合—医疗机构主导	1937	3.26	0.96	0.95	0.60	0.63
	B(农村)医养结合—养老机构主导	—	—	—	—	—	—
	C(农村)医养结合—医养合作	1125	3.12	1.00	0.82	0.48	0.61
	D(农村)互联网+智慧社区养老	1206	3.26	0.97	0.83	0.50	0.62
	E(农村)异地养老	427	2.07	0.97	0.95	0.64	0.73
	F(农村)互助养老	—	—	—	—	—	—
	G(城市)医养结合—医疗机构主导	2509	3.99	0.98	0.88	0.70	0.66
	H(城市)医养结合—养老机构主导	—	—	—	—	—	—
	I(城市)医养结合—医养合作	2346	3.19	0.99	0.98	0.55	0.56
	J(城市)互联网+智慧社区养老	—	—	—	—	—	—
	K(城市)异地养老	752	3.11	0.98	0.96	0.61	0.59
	L(城市)互助养老	1016	2.87	0.97	0.99	0.74	0.75
	M 其他	1017	2.32	0.98	0.97	0.57	0.57

（2）供需耦合度都较高。除西部地区农村医养结合—医养合作供给—有效需求的耦合度 0.82、农村互联网+智慧社区养老 0.83、城市医养结合—医疗机构主导 0.88 外，其他模式的耦合度都在 0.9 以上。说明供给和需求的匹配程度较高，其中有可能是供给和需求值均较大，或者供给和需求值均较小的情况同时存在。

（3）按照养老内容或方式进行划分的长期照护服务供需差异较于按照养老地点划分的差异更为明显，农村医养结合—医养合作长期照护服务的供给—现实需求濒临失调。东部地区城市医养结合—医疗机构主导和城市互助养老的供给—有效需求的耦合协调度分别为 0.91、0.91，接近于 1，达到优质协调的状态，而其他服务处于初级协调、中级协调、良好协调不等的水平；中部地区农村医养结合—医养合作、农村互联网+智慧社区养老、农村互助养老、城市医养结合—医疗机构主导的供给—现实需求的耦合协调度分别为 0.85、0.81、0.83、0.81，供给—现实需求的耦合协调度分别为0.85、0.83、0.83、0.84，耦合协调度较高，达到良好协调的水平，而农村医养结合—养老机构主导、城市互助养老的供给与现实需求仅是勉强协调的状态；西部地区农村异地养老0.73、城市医养结合—医疗机构主导0.70、城市互助养供给—现实需求的耦合协调度0.74、城市互助养供给—有效需求的耦合协调度0.75，处于中级协调的状态，农村医养结合—医养合作供给—现实需求的耦合协调度0.48，处于濒临失调的状态，其他服务分别处于勉强协调和初级协调的状态。农村的供给—现实需求的耦合协调度0.48，而其耦合度高达1.00，说明其供需出现严重问题，出现同样差异较大情况的还有农村互联网+智慧社区养老、城市医养结合—医养合作、城市异地养老，西部本就发展较为欠缺，新型养老模式的出现，在没有较为完善的政策支持，也没有足够的资源支持，很容易出现供需失调的情况。

(4)大部分服务项目的有效需求与现实需求程度非常接近，少部分有效需求大于现实需求。除城市医养结合—医疗机构主导供给—有效需求的耦合协调度0.66，小于供给—现实需求的耦合协调度0.70，城市异地养老0.59小于0.61外，其他模式的供给与有效需求的协调程度比供给比现实需求高，但差距都非常小。其中农村医养结合—医养合作、农村互联网+智慧社区养老的供给—有效需求和供给—现实需求差较大，分别为0.13、0.12，可见农村医养结合—医养合作、农村互联网+智慧社区养老的有效需求大于现实需求。

第五节　长期照护服务项目供需均衡的比较

通过问卷调查和数据统计分析(见表6-9)，发现我国东中西部的长期照护服务项目的供需均衡呈现以下特征：

(1)大部分服务项目供不应求，小部分服务项目供给过剩。总体来看,供给—现实需求差绝大部分为负数,供给—有效需求差除上门看病0.25、陪同看病0.03外，其他服务的供需差都为负数；东部地区和中部地区的供给—现实需求差和供给—有效需求差均为负数；西部地区供给—现实需求差除陪同看病0.15外其他服务都为负数，供给—现实需求差除上门看病0.17、康复治疗0.39、陪同看病0.12外其他服务都为负数。即大多数服务供给大于使用和需求，供给过剩。

表 6-9　长期照护服务供给和需求项目的平均数、供需差、耦合度、耦合协调度平均值

类型 \ 指标		本地有(供给)-平均数	用过(现实需求)-平均数	需要(有效需求)-平均数	供给现实需求差	供给有效需求差	供给—现实需求的耦合度	供给—有效需求的耦合度	供给—现实需求的耦合协调度	供给—有效需求的耦合协调度
全国	上门看病	2.64	2.12	2.89	-0.52	0.25	0.97	0.96	0.69	0.74
	康复治疗	2.75	2.03	2.67	-0.72	-0.08	0.96	0.95	0.70	0.73
	上门护理	2.71	2.04	2.59	-0.67	-0.12	0.96	0.95	0.69	0.72
	老年饭桌或做饭	2.74	2.18	2.52	-0.56	-0.22	0.97	0.96	0.67	0.69
	上门做家务	2.92	2.16	2.42	-0.76	-0.5	0.96	0.96	0.72	0.73
	陪同看病	2.54	2.07	2.57	-0.47	0.03	0.96	0.95	0.67	0.70
	帮助日常购物	2.73	2.05	2.64	-0.68	-0.09	0.96	0.95	0.68	0.71
	上门聊天解闷	2.75	2.09	2.45	-0.66	-0.3	0.97	0.95	0.69	0.71
	老年人服务热线	2.65	1.92	2.41	-0.73	-0.24	0.95	0.95	0.67	0.70
	法律援助	3.11	2.03	2.48	-1.08	-0.63	0.94	0.95	0.70	0.74

续表

类型 \ 指标		本地有(供给)-平均数	用过(现实需求)-平均数	需要(有效需求)-平均数	供给现实需求差	供给有效需求差	供给—现实需求的耦合度	供给—有效需求的耦合度	供给—现实需求的耦合协调度	供给—有效需求的耦合协调度
东部	上门看病	4.55	2.57	3.58	-1.98	-0.97	0.93	0.97	0.83	0.89
	康复治疗	4.59	2.98	3.80	-1.61	-0.79	0.95	0.98	0.86	0.91
	上门护理	4.44	2.37	3.27	-2.07	-1.17	0.91	0.97	0.80	0.87
	老年饭桌或做饭	2.86	1.76	2.59	-1.1	-0.27	0.95	0.94	0.65	0.70
	上门做家务	4.43	3.30	3.69	-1.13	-0.74	0.96	0.93	0.86	0.87
	陪同看病	4.13	2.25	2.81	-1.88	-1.32	0.91	0.94	0.77	0.81
	帮助日常购物	4.11	2.02	2.30	-2.09	-1.81	0.89	0.90	0.75	0.77
	上门聊天解闷	4.30	2.47	3.14	-1.83	-1.16	0.93	0.93	0.80	0.83
	老年人服务热线	4.06	2.20	3.24	-1.86	-0.82	0.92	0.95	0.76	0.83
	法律援助	4.13	2.08	3.48	-2.05	-0.65	0.91	0.97	0.76	0.85

续表

类型	指标	本地有(供给)-平均数	用过(现实需求)-平均数	需要(有效需求)-平均数	供给现实需求差	供给有效需求差	供给—现实需求的耦合度	供给—有效需求的耦合度	供给—现实需求的耦合协调度	供给—有效需求的耦合协调度
中部	上门看病	2.98	2.29	3.23	-0.69	0.25	0.97	0.94	0.70	0.75
	康复治疗	3.11	2.23	2.89	-0.88	-0.22	0.96	0.94	0.70	0.74
	上门护理	3.02	2.24	2.87	-0.78	-0.15	0.97	0.94	0.70	0.73
	老年饭桌或做饭	3.12	2.40	2.85	-0.72	-0.27	0.97	0.96	0.72	0.74
	上门做家务	3.26	2.33	2.76	-0.93	-0.5	0.96	0.96	0.72	0.75
	陪同看病	2.97	2.28	2.95	-0.69	-0.02	0.97	0.95	0.70	0.73
	帮助日常购物	3.15	2.31	2.88	-0.84	-0.27	0.97	0.96	0.71	0.74
	上门聊天解闷	3.13	2.34	2.81	-0.79	-0.32	0.97	0.95	0.71	0.74
	老年人服务热线	3.02	2.04	2.75	-0.98	-0.27	0.96	0.94	0.68	0.72
	法律援助	2.95	1.69	2.29	-1.26	-0.66	0.93	0.93	0.65	0.69

续表

类型	指标	本地有（供给）-平均数	用过（现实需求）-平均数	需要（有效需求）-平均数	供给现实需求差	供给有效需求差	供给—现实需求的耦合度	供给—有效需求的耦合度	供给—现实需求的耦合协调度	供给—有效需求的耦合协调度
西部	上门看病	1.63	1.55	1.80	-0.08	0.17	0.98	0.98	0.54	0.55
	康复治疗	1.62	1.36	2.01	-0.26	0.39	0.98	0.98	0.52	0.56
	上门护理	1.77	1.39	1.69	-0.38	-0.08	0.98	0.97	0.54	0.55
	老年饭桌或做饭	1.56	1.47	1.45	-0.09	-0.11	0.99	0.96	0.53	0.52
	上门做家务	1.80	1.61	1.35	-0.19	-0.45	0.98	0.95	0.55	0.53
	陪同看病	1.24	1.39	1.36	0.15	0.12	0.98	0.98	0.48	0.49
	帮助日常购物	1.43	1.23	1.89	-0.2	-0.46	0.99	0.97	0.50	0.53
	上门聊天解闷	1.58	1.31	1.29	-0.27	-0.29	0.98	0.96	0.52	0.51
	老年人服务热线	1.54	1.53	1.34	-0.01	-0.2	0.98	0.97	0.53	0.51
	法律援助	3.63	3.06	3.06	-0.57	-0.57	0.98	0.97	0.80	0.80

从供给/需求的比值来看，数值在 1. 2 以上的为需求主导型，数值在 0. 8～1. 2 的为同步型，数值在 0. 8 以下的为供给主导型，表 4-16 所有的供需比都在 0. 8 以上，属于需求主导型和同步型，无供给主导型服务。其中西部地区的有效需求比其他地区低，除上门护理 1. 27、上门聊天解闷 1. 21 外，其他服务的供给—现实需求比都在 1. 2 以下，与西部地区落后的经济发展水平和养老思想观念有关。中部地区的现实需求比其他地区高，除老年饭桌或做饭 1. 10、上门做家务 1. 20、法律援助 1. 19 外，其他服务的供给—有效需求比都在 1. 2 以上。

(2)供需耦合协调度东部>中部>西部。从表中可以计算出东部供给—现实需求的耦合协调度 0. 77、供给—有效需求的耦合协调度 0. 81，中部供给—现实需求的耦合协调度 0. 68、供给—有效需求的耦合协调度 0. 72，西部供给—有效需求的耦合协调度 0. 57、供给—有效需求的耦合协调度 0. 57，东部>中部>西部。

(3)东部康复护理保健类和日常生活照料类服务供需耦合协调度更高。东部地区供给—现实需求的耦合协调度最高的分别为康复治疗 0. 86、上门做家务 0. 86、上门看病 0. 83，供给—有效需求的耦合协调度较高的分别为康复治疗 0. 91、上门看病 0. 89、上门护理 0. 87，二者都为康复护理保健类和日常生活照料类服务，供需耦合协调度更高。

(4)中部日常生活照料类服务的供给—现实需求耦合协调度较高，日常生活照料类和康复护理保健类服务的供给—有效需求耦合协调度较高。中部地区供给—现实需求的耦合协调度较高的为老年饭桌或做饭 0. 72、上门做家务 0. 72、帮助日常购物 0. 71、上门聊天解闷 0. 71，耦合协调度较高的是日常生活照料类。供给—有效需求的耦合协调度较高的为上门看病 0. 75、上门做家务 0. 75、康复治疗 0. 74，耦合协调度较高的为日常生活照料类和康复护理保健类服务。

(5)西部地区社会服务和社会参与类养老服务的供需耦合协调度较高。在西部地区供需耦合协调度普遍偏低的情况下，如法律援助的供需耦合协调度均达到 0. 8，上门探访的供需耦合协调度达到 0. 70、0. 61，供应、现实需求、有效需求都非常高，其他医疗康复护理和日常生活照料类的养老服务项目供给和需求都很低，这也与西部地区较落后的经济社会发展状况和薄弱的公共服务大环境有关。

第六节 结论与讨论

本章通过调查统计比较分析，发现长期照护服务具有如下特征：

东中西部的总体满意度和耦合度没有显著差异，耦合协调度的差异较为明显。

长期照护服务供需结构性失衡。大部分长期照护服务的现实需求和有效需求小于供给。如东部地区和中部地区的全部服务，西部地区除陪同看病、老年辅具用品租赁、上门看病、康复治疗外的其他服务。大部分的供给大于使用和需求，造成供给过剩，导致大量的人力资源和物资的浪费。其中东部地区较于其他地区更为严重，东部地区较为发达的经济、充足的资源因为没有合理规划造成了更大的资源浪费。

长期照护服务地区差异较大。耦合协调度东部>中部>西部，东部的协调程度最好，西部的协调程度最差。东部地区分别达到中级协调和良好协调的状态；中部地区的供给与现实需求和中部地区的供给与有效需求达到中级协调的状态；西部地区的耦合协调度较小，供给—现实需求耦合协调度和供给与有效需求耦合协调度仅处于勉强协调的状态。与自然环境、政治、经济、文化教育的不同有很大的关系。

长期照护服务西部城乡差异较大。西部供需耦合协调度城镇差异较大，东西部城镇耦合协调度差异较小，西部城市和农村分别处于勉强协调和初级协调的状态。东部和中部差异不大，可能是与其城市供给需求都大，农村供给需求都小有关。西部城镇差异较大，农村的供需较于城市更为均衡，可能与其供给于需求的平均值更低有关，农村较落后的经济发展和更为匮乏的资源导致了这一结果。

不同养老模式下的长期照护服务供需差异较大。东部地区长期照护服务的耦合协调度都处于较高的水平，中部地区居家—自我养老、居家—家庭代际合居、居家—家庭代际分居耦合协调度较低，更需关注其供需问题，西部地区耦合协调度较低的更多为城市地区，其中城市居家—自我养老、城市居家—家庭代际合居、城市居家—家庭代际分居的耦合协调度都比较低，此外中部和西部地区居家养老的耦合协调度较低。

按照养老内容或方式进行划分的长期照护服务供需差异较于按照养老地点划分的差异更为明显。东部地区分别处于优质协调、初级协调、中级协调、良好协调不等的水平；中部地区也处于良好协调到勉强协调不等的状态；西部地区分别处于中级协调、勉强协调和初级协调的状态，而农村医养结合—医养合作供给—现实需求达到濒临失调的状态。

不同长期照护服务项目的供需差异较大。东部地区的康复护理保健类和日常生活照料类服务供需协调程度更高，如康复治疗、上门做家务、上门看病、上门护理；中部地区的日常生活照料类服务的供给—现实需求协调程度较高、日常生活照料类和康复护理保健类服务的供给—有效需求协调程度较高，如上门看病、上门做家务、康复治疗；西部地区的法律援助供需协调程度较高。

第七章　长期照护服务模式的评价与比较

当前，我国已经进入人口老龄化快速发展阶段，在人口老龄化比例高速增长的背景下，我国面临长期照护服务供给总量不足、长期照护服务资源配置不合理、长期照护服务主体服务效率低的问题非常突出。《国家积极应对人口老龄化中长期规划》中提出“健全以居家为基础、社区为依托、机构充分发展、医养有机结合的多层次养老服务体系”，这一表述涉及居家、社区、机构、医养结合等四种养老模式。不同长期照护服务模式配置长期照护服务资源的效率不同，长期照护服务成本也有差异，具有各自的优缺点和适应性。本书基于成本效益分析法，构建了长期照护服务模式的评价指标体系，比较不同养老模式的优劣，有助于比较和选择合适的城乡养老模式，应对人口老龄化的挑战。武汉是我国中部的中心城市之一，全市 2020 年底常住人口为 1232.65 万人，既有武昌、江汉、汉阳等中心城区和蔡甸、东西湖区等城区，也有新洲、黄陂、江夏等郊区，兼具城乡两种不同的区域特征，绝大多数传统的和新型的长期照护模式均有分布，具有较强的代表性和典型性，同时武汉市也是本书调查研究的重点区域。因此本书以武汉市为例来分析评价与比较说明城乡不同长期照护服务模式的相对优劣势①。

第一节　长期照护服务模式的评价指标体系和模型

一、城乡长期照护资源的分布规律

大城市的空间布局从市中心到外围可分为中心城区、城区、郊区、远

① 陈显友，蒋军成. 基于成本效益法的武汉市养老模式的评价与比较[J]. 湖北社会科学，2020(9)：43-54.

城区、镇和乡村(见图 7-1)，大城市不同区域的资源禀赋和老年人口密度存在差异，不同的长期照护服务模式在大城市不同区域具有不同的养老成本和效益，因此不同区域的长期照护服务资源和长期照护服务模式的分布具有不同的特征(见图 7-2)。笔者提出了从大城市中心城区到远城区的空间区位变化，人财物等资源要素投入、产出均存在边际递减规律①。大城市的中心城区、城区的信息化、现代化、服务业规模化程度较高，而远城区、乡村的老年人口和长期照护服务资源的分布比较接近于农村。因此长期照护服务的资源投入和产出也呈现递减趋势，人均 GDP、养老机构的用地成本、老年人口密度、人力成本，长期照护服务的需求和供给呈现出完全不同的特征和规律性。中心城区老年人口密集②，医疗保健资源比较集中，养老用地成本高，建设养老机构的可能性较小③。

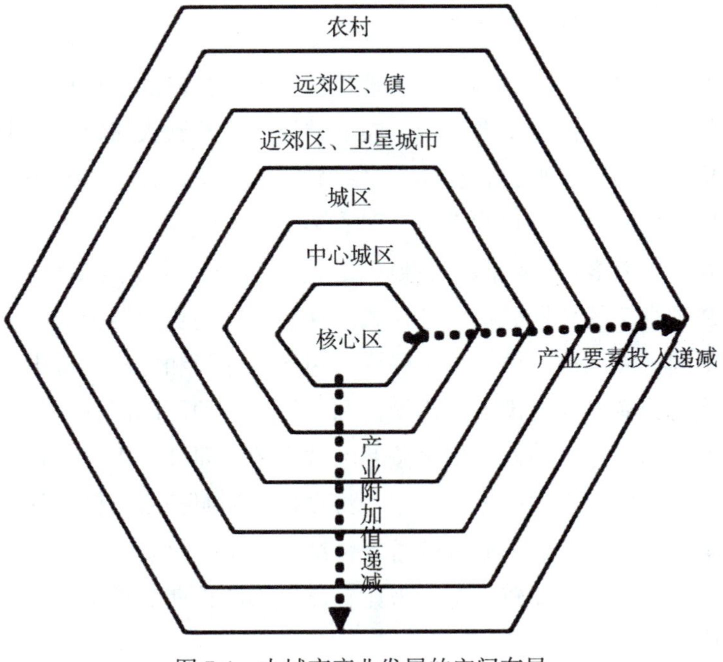

图 7-1　大城市产业发展的空间布局

① 陈显友. 大城市第三产业发展空间布局的实证研究[J]. 统计与决策，2014(11)：116-119.

② 谢波，周婕. 大城市老年人的空间分布模式与发展趋势研究——以北京、上海、广州、武汉为例[J]. 城市规划学刊，2013(5)：56-62.

③ 黄雯，李炜，陈婷婷，魏宗财. 大城市中心区新型养老模式：高层复合型适老公寓[J]. 规划师，2015，31(11)：34-40.

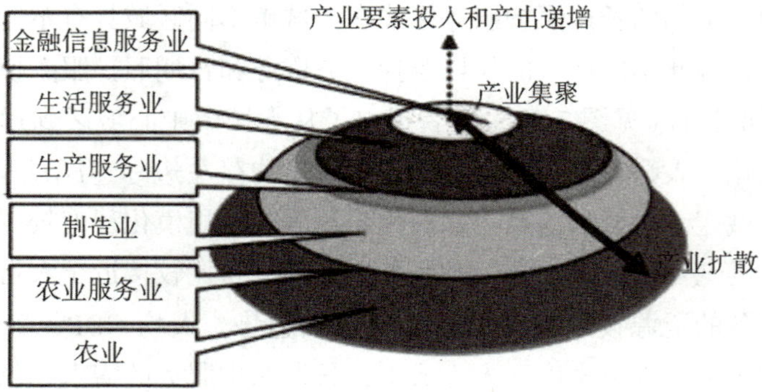

图 7-2　大城市产业空间分布的集聚于扩散

二、评价指标体系的构成

随着人口老龄化程度的加深，现代信息网络技术的推广应用，以及大城市不同区域长期照护服务资源分布的差异性，导致大城市的长期照护服务模式呈现出多种类型，且存在城乡差异。如前文所述，家庭养老可分为代际合居、代际分居、自我养老三种；养老机构主要有公办和民办两种。此外还有社区养老(主要是城市社区)、医养结合、互联网+养老、互助养老等共9种主要的长期照护服务模式，这些不同的长期照护服务模式在大城市的不同区域的成本效益也不一样。因此在评价和比较大城市长期照护服务模式时，有必要考虑大城市城区和乡村这两种不同区域的长期照护服务模式的成本效益。因此，本书按照大城市的空间分布规律，将大城市分为城区和乡村两种不同的地域类型，将多种长期照护服务模式的长期照护服务成本评价与长期照护服务效益评价结合起来，对多种长期照护服务模式的成本—效益进行比较分析，来比较评价不同长期照护服务模式的竞争力和适应性。

本书选择生活满意度、长期照护服务供需耦合协调度、长期照护服务的收入成本比等三个指标构成的指标体系对以上9种长期照护服务模式在大城市不同地域的适应性和成本效益进行评价比较。其中耦合协调度衡量长期照护服务供需数量方面的效益，生活满意度衡量长期照护服务供需求质量方面的效益，收入成本比是衡量长期照护服务成本的指标(见图7-3)。

本书在文献分析的基础上，构建成本效益评价指标体系，对多种养老模式进行评价和比较。其中成本指标为老人每月平均收入的收入成本比。效益指标分为老人生活的个人效益(总体满意度)、社会效益为老人获得养老服务的供需耦合协调度。

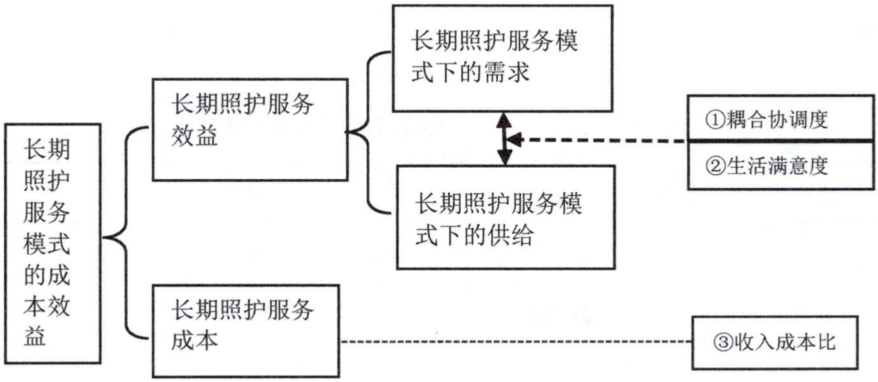

图 7-3 不同长期照护服务模式比较的成本效益评价模型

三、评价指标的内涵

(1)个人效益指标。本书采用总体生活满意度，具体包括物质保障、医疗服务、日常生活照料、精神慰藉等方面的满意度和总体满意度(见表 7-1)。

(2)社会效益指标。社会效益即为老人获得长期照护服务的供需耦合协调度。耦合度 $C=2\{(U_1\times U_2)/[(U_1+U_2)(U_1+U_2)]\}^{1/2}$。其中 U_1、U_2代表需求系统和供给系统中某一指标的综合评价值，通过对需求、供给两个子系统将各自的指标加权法得到。

公式为 $U_{i=1,2}=\sum_{i=1,2}^{n}\lambda_{ij}u_{ij}$，$\sum_{j=1}^{n}\lambda_{ij}=1$

耦合度 $C\in[0,1]$，当 $C=0$ 时，U_1 和 U_2完全不耦合；当 $C=1$ 时，U_1 和 U_2完全耦合。耦合协调度 $D=(C\times T)^{1/2}$

其中 $T=aU_1+bU_2$

$D\in[0,1]$，$T\in[0,1]$。a、b 为待定系数，按耦合协调度分析的基本惯例和专家意见，本书将 a、b 分别赋值为 0.4 和 0.6。D 越大，U_1和 U_2的耦合协调情况越好，二者呈正相关。一般认为：当 $0<D\leqslant0.4$ 时，为低度协调耦合；当 $0.4<D\leqslant0.5$ 时，为中度协调的耦合；当 $0.5<D\leqslant0.8$

时，为高度协调的耦合；当 $0.8<D\leq 1.0$ 时，为极度协调耦合。本书中耦合协调度 $D=\sqrt{CT}$，$T=0.4U_1+0.6U_2$，其中 U_1 为需求（有效需求或现实需求），U_2 为供给。由于现实需求与供给的耦合协调度更能代表现实状况，所以在结论分析部分统一采用现实需求与供给的耦合协调度 T（见表 7-1）。

表 7-1　长期照护服务模式比较的评价指标体系

目标层	系统层	功能层	指标层	
长期照护服务需求与供给耦合协调发展系统（数量方面）	长期照护服务需求系统（U_1）	经济需求	政府救济、医保等	长期照护服务供给—需求的耦合度、耦合协调度
		医疗保健需求	上门看病等	
		护理需求	助浴、上门护理等	
		日常生活需求	送饭、做家务等	
		精神慰藉需求	聊天解闷、老年热线等	
		文体娱乐需求	法律援助等	
		养老设施需求	无障碍设施等	
	长期照护服务供给系统（U_2）	经济供给	政府救济、医保等	
		医疗保健供给	上门看病等	
		护理供给	助浴、上门护理等	
		日常生活供给	送饭、做家务等	
		精神慰藉供给	聊天解闷、老年热线等	
		文体娱乐供给	法律援助等	
		养老设施供给	无障碍设施等	
养老服务需求与供给耦合协调发展系统（质量方面）				生活满意度

（3）成本指标。成本指标为老人每月平均收入与长期照护服务成本之比 $H_0=$（收入/成本）$\times 100\%$，反映老年人对长期照护服务的经济承担能

力。收入包括老年人劳动收入、社会保险、投资收入、子女亲朋赡养馈赠、社会捐助和政府救助救济等收入。长期照护服务成本包括老人个人支出、家庭支出、政府补贴、社会救助救济和其他支出等部分组成(见图7-3)。

(4)指标权重。本书权重计算采用德尔菲法，选择了长期照护服务领域的12个专家学者和政府官员，背靠背打分，各自确定权重，计算平均数后取整得到最终的权重，专家打分发确定的权重为：需求(有效需求或现实需求)与供给的耦合协调度的权重为30%，总体满意度的权重为40%，收入成本比的权重为30%。在计算需求(有效需求或现实需求)或者供给指标的值时，本书采用德尔菲法，在专家打分的基础上确定各服务项目权重如表7-2所示。

表7-2 长期照护服务需求项目的权重分布 (单位:%)

项目	上门看病	康复治疗	上门护理	聊天解闷	老年饭桌和送饭	做家务	陪同看病	购物帮助	服务热线	法律援助	总计
权重	11.3	10.2	9.5	10.0	7.9	12.9	11.3	10.0	8.6	8.3	100

(5)数据的标准化处理。本书数据采用Min-max标准化。公式为：

$$H' = \frac{H_0 - H_{最小值}}{H_{最大值} - H_{最小值}}。 \tag{17}$$

最终，某种长期照护服务模式的评价指数为：$Z = 0.3T + 0.4S + 0.3H'$

本书借鉴全国老龄办“中国城乡老年人生活状态调查”的调查问卷，选择10个典型的长期照护服务项目(见表7-3)，分别测量长期照护服务的有效需求、现实需求和供给。

为了便于比较长期照护服务的有效需求、现实需求与养老资源、供给之间的关系，在此引入平均需求量的概念，老年人长期照护服务的平均需求量Q为10种长期照护服务需求频率的加权平均数。平均需求量可表示为：

$$Q = \sum_{i=1}^{10} q_i p_i,\ i = 1,\ 2,\ \cdots,\ 10 \tag{18}$$

表 7-3 长期照护服务需求和供给的变量名称、类型、赋值及样本中的分布描述

变量名	变量值	变量名	变量值	变量名	变量值
一、潜在需求		二、现实需求		三、供给	
1. 上门看病	不需要 1~5 需要	1. 上门看病	未用过 1~5 用过	1. 上门看病	本地无 1~5 本地有
2. 聊天解闷	不需要 1~5 需要	2. 聊天解闷	未用过 1~5 用过	2. 聊天解闷	本地无 1~5 本地有
3. 上门做家务	不需要 1~5 需要	3. 上门做家务	未用过 1~5 用过	3. 上门做家务	本地无 1~5 本地有
4. 老年人服务热线	不需要 1~5 需要	4. 老年人服务热线	未用过 1~5 用过	4. 老年人服务热线	本地无 1~5 本地有
5. 老年饭桌或送饭	不需要 1~5 需要	5. 老年饭桌或送饭	未用过 1~5 用过	5. 老年饭桌或送饭	本地无 1~5 本地有
6. 康复治疗	不需要 1~5 需要	6. 康复治疗	未用过 1~5 用过	6. 康复治疗	本地无 1~5 本地有
7. 上门护理	不需要 1~5 需要	7. 上门护理	未用过 1~5 用过	7. 上门护理	本地无 1~5 本地有
8. 陪同看病	不需要 1~5 需要	8. 陪同看病	未用过 1~5 用过	8. 陪同看病	本地无 1~5 本地有
9. 法律援助	不需要 1~5 需要	9. 法律援助	未用过 1~5 用过	9. 法律援助	本地无 1~5 本地有
10. 帮助日常购物	不需要 1~5 需要	10. 帮助日常购物	未用过 1~5 用过	10. 帮助日常购物	本地无 1~5 本地有

第二节　长期照护服务模式评价比较的实证分析

一、研究设计

本次抽样调查研究力求体现武汉市作为一个大城市的城区和乡村的区域差异，调查问卷涉及城区、乡村，机构和非机构(居家)这样两两组合共4种情况，采取随机分层抽样法，选择调查地点。根据样本的差异，涉及武汉市城区、乡村两个不同的人口地理分布类型，以及机构和居家两种不同类型。其中城区包括中心城区和城区、远城区，郊区(乡镇)为乡村区域，在分层抽样过程中，按照地域分布情况，将武汉市13个辖区的划分为中心城区、城区、郊区(含远城区及乡镇)三个不同的区域范围。武昌、江汉、江岸、硚口、洪山、青山、汉阳为中心城区；东西湖、汉南、蔡甸为城区；江夏、新洲、黄陂为郊区，其区政府所在地为远城区，其所辖乡镇则为乡村。课题组于2019年1月开展了第一次问卷调查，此次问卷调查招募了33名调研员利用寒假时间在武汉市进行问卷调查和访谈。在武汉市随机概率抽样调查阶段，选取33个村(社区)，了解各地失能半失能老人的总量数据、分布结构和所在地区失能半失能老人的个体数据，完成858份调查问卷。课题组成员又于2019年3月针对第一次调查的薄弱环节展开了第二次实地重点调查和补充调查。在重点调查阶段，在了解失能半失能老人分布状况的情况下，缩小抽样调查范围，重点选取黄陂区前川街道；汉南区纱帽街道；武昌区中华路街道进行调查，共完成调查问卷220份。两阶段一共调查了1300多位失能半失能老人，共回收有效问卷1078份，问卷有效率85.2%。本书问卷的总体信度为0.915，KMO值为0.760，表明本调查具有良好的信效度(见表7-4、表7-5、表7-6)。

表7-4　可靠性统计量

Cronbach's Alpha	基于标准化项的 Cronbachs Alpha	项数
.915	0.750	19

表 7-5 ANOVA 统计

		平方和	df	均方	F	Sig
组间		9845.543	1568	5.610		
组内	项之间	765484.343	18	433451.232	78.780	0.000
	残差	89775.410	27674	6.761		
	总计	855259.753	26773	253.732		
总计		865104.296	27332	245.322		

表 7-6 问卷效度检测结果

KMO 和 Bartlett 的检验		
取样足够度的 Kaiser-Meyer-Olkin 度量		0.760
Bartlett 的球形度检验	近似卡方	2165.540
	df	2469
	Sig.	0.000

二、统计数据比较分析

(一)生活满意度分析

从总体满意度值来看(见表 7-7)，武汉城区的代际合居、公办机构、社区养老位列前三，自我养老和互助养老位列第四、第五，均为传统的养老模式。民办机构、互联网+养老、医养结合位列最后三位。而武汉乡村的互助养老、互联网+养老、医养结合、公办机构、民办机构得分位居前五，体现出对新型长期照护服务模式的认可度较高。城乡长期照护服务模式的评价差异较大。公办机构的满意度在城区和乡村分别位居第二、第四，互助养老的满意度在城区和乡村分别位居第五、第一，这两种模式是城乡老人都比较认可的长期照护服务模式。城区比较认可传统的长期照护服务模式，说明新型长期照护服务模式在城市尚不够成熟，不能起到降低成本、提高满意度和耦合协调度的作用。而新型的长期照护服务模式在乡村比较受到认可，能够给老年人带来新的效用，乡村的自我养老、代际合居、代际分居三种家庭长期照护服务模式得分位列最后三位，子女外出务工、空巢老人多，物质和医疗资源匮乏，缺乏精神支持，导致传统的家庭长期照护服务模式在乡村已经不太符合老年人的期待。

表 7-7 不同长期照护服务模式下老年人生活满意度数据透视表

类型		指标	物质保障满意度	医疗服务满意度	日常生活照料满意度	精神慰藉满意度	总体满意度	排序
城区	传统模式	自我养老	3.65	3.16	3.38	3.62	3.75	4
		代际合居	4.12	3.55	3.93	3.81	4.05	1
		代际分居	3.83	3.46	3.58	3.58	3.58	6
		公办养老机构	4.01	3.98	4.06	3.85	4.03	2
		民办养老机构	3.36	3.01	3.27	3.07	3.25	8
	新型模式	互联网+养老	3.16	2.76	3.24	2.60	2.92	9
		医养结合	3.28	3.58	3.34	2.92	3.32	7
		互助养老	3.63	3.20	2.94	3.80	3.63	5
		城市社区养老	4.03	3.80	3.87	3.95	3.95	3
	总计		3.82	3.43	3.60	3.65	3.82	
乡村	传统模式	自我养老	3.59	3.13	2.90	3.28	3.23	7
		代际合居	3.56	3.06	3.00	2.91	3.47	6
		代际分居	3.42	2.63	2.44	2.50	2.79	8
		公办养老机构	3.95	3.71	3.31	3.43	3.60	4
		民办养老机构	3.86	3.71	3.29	2.86	3.57	5
	新型模式	互联网+养老	4.02	3.96	4.04	3.98	3.99	2
		医养结合	3.65	4.24	4.02	3.54	3.67	3
		互助养老	3.58	3.98	4.10	4.36	4.02	1
	总计		3.68	3.36	3.15	3.11	3.52	

从物质保障满意度方面看，城区的代际合居模式得分最高，城市社区养老、公办养老机构位居前列。乡村的互联网+养老、公办机构、民办机构、医养结合位居前列。从医疗服务满意度方面看，城区的公办机构得分最高，城市社区养老、医养结合、代际合居位居前列。乡村的医养结合、互助养老、互联网+养老、公办机构、民办机构位居前列。从日常生活照料满意度方面看，城区的公办机构模式得分最高，城市社区养老、代际合居位居前列。乡村的互助养老、互联网+养老、医养结合长期照护服务模

式位居前列。从精神慰藉满意度方面看，城区的代际合居模式得分最高，公办机构、社区养老、自我养老位居前列。乡村的互助养老、互联网+养老、医养结合、公办机构等养老模式位居前列。

(二)长期照护服务供给与需求的耦合协调度分析

从耦合协调度来看，武汉市城乡长期照护服务供给与需求的耦合协调度的差距较大(见表7-8)，因此本书重点分析武汉市城乡长期照护服务供

表7-8　不同长期照护服务模式下的耦合协调度

类型		指标	有效需求—供给耦合度	现实需求—供给耦合度	有效需求—供给耦合协调度	现实需求—供给耦合协调度
城区	传统模式	自我养老	0.93	0.96	0.66	0.71
		代际合居	0.96	0.99	0.55	0.57
		代际分居	0.98	0.99	0.50	0.51
		公办养老机构	0.98	0.99	0.72	0.74
		民办养老机构	0.97	0.96	0.63	0.68
	新型模式	互联网+养老	0.94	0.96	0.74	0.81
		医养结合	0.99	0.97	0.62	0.66
		互助养老	0.99	0.97	0.72	0.74
		城市社区养老	0.98	0.96	0.53	0.48
	总计		0.96	0.96	0.60	0.63
乡村	传统模式	自我养老	0.99	0.99	0.45	0.45
		代际合居	0.98	0.96	0.51	0.56
		代际分居	0.98	0.91	0.49	0.58
		公办养老机构	0.98	1.00	0.56	0.56
		民办养老机构	0.98	0.96	0.73	0.81
	新型模式	互联网+养老	0.99	0.99	0.71	0.75
		医养结合	0.94	0.99	0.63	0.65
		互助养老	0.95	0.93	0.59	0.56
	总计		0.99	0.97	0.50	0.53

给于需求的耦合协调度，以此分析各种长期照护服务模式的效益。耦合协调度高，说明这种模式能够较好地满足老年人对长期照护服务的需求；耦合协调度低，说明这种模式不能有效地满足老年人对长期照护服务的需求。武汉城区的互联网+养老、互助养老、公办养老机构、自我养老位列前四，民办养老机构和医养结合次之，代际合居、代际分居、城市社区养老位列最后三位。而武汉乡村的民办养老机构、互联网+养老、医养结合得分位居前三位，自我养老、代际合居、代际分居、公办养老机构和互助养老得分较低。其中互联网+养老是城乡长期照护服务供给与需求的耦合协调度较高的一种长期照护服务模式。而代际合居和代际分居是城乡长期照护服务供给与需求的耦合协调度较低的两种长期照护服务模式。另外，由于长期照护服务供给有限，导致老年人有效需求不能转化成现实需求，城乡老人长期照护服务的有效需求—供给耦合协调度均小于现实需求—供给耦合协调度，说明老年人有一部分有效需求无法转化成现实需求。

(三)养老收入——成本比较分析

由于城区经济较乡村相比更为发达(见表7-9)，武汉市城区养老总收入与养老总成本均高于乡村，数额约为乡村的3.16、2.34倍。民办养老机构养老的总成本在乡村与城区里均居首位，医养结合的成本居第二位，公办养老机构在城区位居第三位，互联网+养老在乡村位居第三位。互助养老、城市社区养老的成本较低，武汉市城区的家庭代际分居这一长期照护服务模式的养老成本最低，乡村的公办养老机构养老的长期照护服务成本最低，是因为乡村公办养老机构主要是三无老人，是政府对农村养老福利院的一系列政策扶持之下的结果。自我养老、代际合居、代际分居的长期照护服务成本居中，接近于平均成本。其中，长期照护服务成本高于养老收入的是互联网+养老、医养结合、民办养老机构(城区)、自我养老(乡村)。可以看出城区的民办养老企业收费过高，超过老年人经济能力承受范围，医养结合和互联网+养老模式虽然有一定的优势，但是成本过高也会影响该模式的适应性。自我养老(乡村)的老年人收入成本比为0.68，可能是大部分老人因无人赡养，入不敷出，而选择自我养老。

表 7-9 不同长期照护服务模式下长期照护服务成本数据透视表

类型		指标	平均月收入	平均月支出	收入成本比
城区	传统模式	自我养老	2766	2003	1.38
		代际合居	3343	2333	1.43
		代际分居	3654	2092	1.75
		公办养老机构	2398	2388	1.00
		民办养老机构	2538	2876	0.88
	新型模式	互联网+养老	1712	2008	0.85
		医养结合	2439	2835	0.86
		互助养老	2641	1781	1.48
		城市社区养老	3713	1725	2.15
	总计		3147	2202	1.43
乡村	传统模式	自我养老	684	1006	0.68
		代际合居	932	887	1.05
		代际分居	782	740	1.06
		公办养老机构	1171	357	3.28
		民办养老机构	2783	1617	1.72
	新型模式	互联网+养老	1005	1152	0.87
		医养结合	1250	1605	0.78
		互助养老	750	653	1.15
	总计		997	940	1.06

第三节　长期照护服务模式的综合评价比较

通过对调查结果标准化处理，将总体生活满意度、长期照护服务现实需求与供给的耦合协调度和收入成本比作为评价指标（权重分别为 40%、30%、30%），通过数据分析，得出各种长期照护服务模式的综合得分（见表 7-10）。结论如下：

表 7-10　城乡长期照护服务模式综合评价比较

<table>
<tr><th colspan="3">指标
类型</th><th>总体生活满意度</th><th>养老服务供需耦合协调度</th><th>养老收入成本比</th><th>综合得分</th><th>排序</th></tr>
<tr><td rowspan="10">城区</td><td rowspan="5">传统模式</td><td>自我养老</td><td>0.69</td><td>0.70</td><td>0.52</td><td>0.64</td><td>3</td></tr>
<tr><td>代际合居</td><td>1.00</td><td>0.33</td><td>0.53</td><td>0.65</td><td>2</td></tr>
<tr><td>代际分居</td><td>0.91</td><td>0.17</td><td>0.61</td><td>0.60</td><td>5</td></tr>
<tr><td>公办养老机构</td><td>0.85</td><td>0.79</td><td>0.42</td><td>0.70</td><td>1</td></tr>
<tr><td>民办养老机构</td><td>0.42</td><td>0.63</td><td>0.39</td><td>0.47</td><td>7</td></tr>
<tr><td rowspan="4">新型模式</td><td>互联网+养老</td><td>0.00</td><td>1.00</td><td>0.38</td><td>0.41</td><td>9</td></tr>
<tr><td>医养结合</td><td>0.35</td><td>0.59</td><td>0.38</td><td>0.43</td><td>8</td></tr>
<tr><td>互助养老</td><td>0.55</td><td>0.80</td><td>0.54</td><td>0.62</td><td>4</td></tr>
<tr><td>城市社区养老</td><td>0.81</td><td>0.08</td><td>0.71</td><td>0.56</td><td>6</td></tr>
<tr><td colspan="2">总计</td><td>0.71</td><td>0.48</td><td>0.53</td><td>0.59</td><td>—</td></tr>
<tr><td rowspan="9">乡村</td><td rowspan="5">传统模式</td><td>自我养老</td><td>0.28</td><td>0.00</td><td>0.34</td><td>0.21</td><td>8</td></tr>
<tr><td>代际合居</td><td>0.63</td><td>0.30</td><td>0.43</td><td>0.47</td><td>5</td></tr>
<tr><td>代际分居</td><td>0.48</td><td>0.34</td><td>0.44</td><td>0.42</td><td>7</td></tr>
<tr><td>公办养老机构</td><td>0.17</td><td>0.30</td><td>1.00</td><td>0.46</td><td>6</td></tr>
<tr><td>民办养老机构</td><td>0.85</td><td>0.98</td><td>0.61</td><td>0.81</td><td>1</td></tr>
<tr><td rowspan="3">新型模式</td><td>互联网+养老</td><td>0.85</td><td>0.81</td><td>0.39</td><td>0.70</td><td>2</td></tr>
<tr><td>医养结合</td><td>0.58</td><td>0.54</td><td>0.36</td><td>0.51</td><td>4</td></tr>
<tr><td>互助养老</td><td>0.84</td><td>0.31</td><td>0.46</td><td>0.57</td><td>3</td></tr>
<tr><td colspan="2">总计</td><td>0.47</td><td>0.22</td><td>0.44</td><td>0.49</td><td>—</td></tr>
</table>

通过综合比较，武汉市城区长期照护服务模式评价综合得分最高为公办养老机构，生活满意度高，长期照护服务供需耦合协调度高，但收入成本比值较低；第二为家庭代际合居，家庭代际合居给老人更多的亲情关怀，老人可以和自己的儿女在一起，而且和儿女在一起生活更有保障，因而生活满意度最高，但是长期照护服务供需耦合协调度偏低；第三为自我养老，三项指标的值均较高；第四为互助养老，该模式的长期照护服务供需耦合协调度高；第五为家庭代际分居，生活满意度高，收入成本比值较高；低于平均值的养老模式为城市社区养老、民办养老机构、医养结合、互联网+养老，主要是生活满意度低、收入成本比值低，这体现在互联

网+养老模式上最为典型。

武汉市乡村长期照护服务模式评价综合得分最高的为民办养老机构，生活满意度和长期照护服务供需耦合协调度最高，长期照护服务收入成本比较高；第二为互联网+养老，生活满意度和耦合协调度较高；第三为互助养老，生活满意度较高；第四为医养结合，生活满意度和长期照护服务供需耦合协调度较高，但长期照护服务收入成本比较低。代际合居、公办机构、代际分居、自我养老位居后四位。民办机构和新型的长期照护服务模式位居前列。虽然家庭代际合居的生活满意度较高，但是长期照护服务供需耦合协调度偏低；虽然公办机构的长期照护服务收入成本比最高，但是生活满意度和长期照护服务供需耦合协调度均偏低；家庭代际分居和自我养老的三项指标均偏低。

长期照护服务模式评价综合平均得分相比，城区高于农村，且各种长期照护服务模式的得分和排序差异较大。从城区和乡村长期照护服务模式得分的对比情况看，城乡差异较大。城区长期照护服务模式的总得分高于乡村，并且几种长期照护服务模式的排序差异较大。城区长期照护服务模式中公办机构和家庭养老得分较高，乡村养老模式中民办机构、互联网+养老、互助养老和医养结合等新型长期照护服务模式得分较高。农村老年人经济压力大，老年人养老所依赖的人力、物力、财力均难以与城市相比，随着城市化进程的加快，农村年轻人进城务工居多，子女也不在身边，家庭成员对老年人提供的日常照料越来越少，缺少亲情关怀；农村老年人的收入也较低，养老金待遇低于城区老人，长期照护服务的供给也非常缺乏；农村公办机构主要收养三无老人，服务质量和服务水平较低；民办机构和互联网+养老、互助养老和医养结合等新型的长期照护服务模式能够适当补充乡村养老所缺乏的人力物力短板，提高生活质量。而城区老年人长期照护服务所依赖的人力、物力、财力等养老资源相对乡村而言较为充裕，城区老年人的收入相对较高，家庭成员能够提供必要的养老支持，长期照护服务的供给也相对充足，城区公办养老机构规模较大、服务质量较高，因此和乡村长期照护服务模式相比有很大的差异。而互联网+养老、医养结合、城市社区养老等新型的长期照护服务模式处于探索阶段，不够完善，不但不能带给老年人新的长期照护服务资源和更高的服务质量，反而提高了长期照护服务成本，因此，相对家庭养老和公办养老机构而言，综合评价得分较低。

第四节　结论与讨论

根据国内外文献分析，长期照护服务模式可以分为居家养老(自我养老、家庭代际分居和家庭代际合居3种)、机构养老(公办养老机构、民办养老机构2种)等传统的长期照护服务模式和医养结合(医疗机构主导模式、养老机构主导模式、医养合作模式3种)、互联网+智慧养老、社区养老、异地养老、互助养老等新的长期照护服务模式，主要有12种不同的长期照护服务模式，如果将城区和乡村加以区别，就可以分为24种长期照护服务模式。本书重点调查分析其中的10种长期照护服务模式，通过1078份问卷的数据，对不同长期照护服务模式的优点和缺点进行比较分析。

不同的长期照护服务模式会带给老年人不同的长期照护服务成本和效益。其中长期照护服务成本包括老年人自身的投入、家庭成员的投入、政府补贴、社会救助救济等，成本与收入之比可以衡量老年人及家庭的承受能力；长期照护服务效益包括长期照护服务供给和需求数量上的匹配度和耦合度，以及老年人对长期照护服务的生活满意度，本书以此为基础建立不同长期照护服务模式的评价指标体系，根据每种长期照护服务模式综合评价的最终结果，对不同长期照护服务模式的成本—效益进行比较评价。

最终评价结果表明：(1)武汉市城区长期照护服务模式评价综合得分最高为家庭代际合居，第二为公办养老机构，第三为民办养老机构，第四为自我养老，第五为家庭代际分居；(2)武汉市乡村长期照护服务模式评价综合得分最高的为家庭代际合居，第二为自我养老，第三为家庭代际分居，第四为公办养老机构，第五为民办养老机构。(3)城区长期照护服务模式评价综合得分高于农村。(4)家庭养老仍然是不可替代的最主要的长期照护服务方式，城区老年人对养老机构评价较高，乡村老年人对养老机构评价较低。

第八章 国内外长期照护服务政策、经验及问题

《中国城乡老年人生活状况调查报告(2018)》显示，全国失能、半失能老人约有4063万人，占老年人口总数的18.3%①，并且保持继续增长的态势。我国人均预期寿命从1949年的35岁上升为77.3岁，但是健康预期寿命只到68.7岁。调查显示，我国60岁以上老年人的余寿中有2/3的时间处于“带病生存”的状态②，有超过1.8亿的老年人患有慢性病，其中75%的老年人患有一种或多种慢性病。随着人口老龄化快速增长，老年人身体老化带来的身体机能衰退和慢性疾病使失能和半失能老年人数量增加，增加了社会养老支付费用，加重了社会养老保险的缴费负担和财政补助压力，同时加剧了社会养老风险。

第一节 国外长期照护服务政策

一、国外长期照护服务的社会保障法律和制度

自20世纪60年代以来，西方发达国家基本建成了较为完善的长期照护服务体系。一些将“护理保险”从医疗保险中分离出来，已经逐步建立起了以“长期照护保险”为核心的长期照护服务制度体系。各国的长期护理保险主要有国家保障型、社会保险型及商业保险型等三种类型。依托社区开发了很多种养老服务项目，如家政、生活用需代购、上门送饭、上门保健及护理、配置起居辅具、房屋无障碍改造以及紧急呼叫等开发老年人

---

① 三部门发布第四次中国城乡老年人生活状况抽样调查成果[EB/OL]. [2016-10-09]. http://www.mca.gov.cn/article/zwgk/mzyw/201610/20161000001974.shtml.

② 姜日进，林君丽，马青. 我国建立社会长期照护保险的可行性分析[J]. 中国医疗保险，2013(7)：39-41.

居家养老的多种老龄产业。但是也存在着一些问题，如资金筹措责任主体不明确，保险基金对医疗保险依附性强，长期护理保险的费用报销比例偏低，长期照护服务人员的数量和质量都难以满足要求，对长期照护服务险的可持续运行健康稳定运行产生影响。

美国尚无全民医疗保险，长期照护保险属于商业保险模式，其长期照护制度主要是 1965 年出台的针对 65 岁及以上老年人提供的医疗照顾(Medicare)以及针对低收入者而提供的医疗救助(Medicaid)，政府要求公立的医疗机构无条件地为老年人和低收入者提供医疗服务，在两种制度中，医疗照顾制度的资金来源于“工资税”(相当于中国的养老保险费)，医疗救助制度的资金来源于地方财政。近年来兴起的“综合性老年人照护计划”(PACE)是以注册护士为核心，组织起一支包括社会工作者、营养师、康复师和护理员在内的专业团队，为居家老年人提供长期照护服务，其费用由上述医疗照顾和医疗救助制度支付①。从本质上说，美国的长期照护体系属于福利型，是政府为老人和低收入者提供的医疗保障，体现了政府对最弱势群体扶助的“兜底”功能②，此外，美国还有商业保险型的长期护理保险，由商业保险公司来经营。1986 年美国政府颁布《长期照护保险示范法规》，明确规定了长期照护保险各方的权利和应尽的义务③。

德国 1883 年首创疾病保险制度，此后逐步建立了社会保险制度。德国的长期照护保险是一项独立的社会保险制度，1994 年，德国颁布了护理保险法，其《长期护理保险法案》要求所有投保医疗保险的人都要投保长期护理保险，长期护理保险由政府强制执行，由长期护理保险基金会运营。由雇主和雇员双方每月各交工资的 0.975%作为保险费。资金存入专门运营医疗保险基金的银行，并由医疗保险机构管理相关的行政和财政事务。在使用时，对申请者有一定的限制，即有一段为期数月的观察期，须待认定确实需要照护时才能使用。资格审查委托给德国医疗保险的医疗服务机构，由医生、护士和长期照护的专职人员来进行评定。德国的制度适用范围比较广，不是仅限于老年人，任何年龄的参保者，只要被认定确实

---

① 何玉东，孙湜溪. 美国长期护理保障制度改革及其对我国的启示[J]. 保险研究，2011(10).

② 任素娟，张奇. 我国构建长期照护服务制度的路径及对策[J]. 医学与法学，2020，12(1)：80-83.

③ 谢立黎，安瑞霞，汪斌. 发达国家老年照护体系的比较分析——以美国、日本、德国为例[J]. 社会建设，2019，6(4)：32-40.

需要照护，就可以得到服务。德国的长期照护服务目前也主要由私营的社会服务机构来提供，内容包括居家服务和机构服务。

日本1963年颁布了《老年福利法》，要求政府为老年人建立长期照护机构，1982年颁布了《老人保健法》，要求政府承担培训家庭护理员和建造、推广老年人护理院的责任，2000年实施《长期介护服务保险法》，采取“保险+福利”的筹资模式，资金来源于保险费和税金，由地方和基层的行政机构来组织实施，长期照护服务包括居家服务和机构服务主要由民间机构（NPO）来提供。2002年颁布了《社会福祉士及介护福祉士法》，确立了护理人员资格认证、职业培训等内容①。

表8-1 不同长期照护服务模式的内容比较

群体＼重点	侧重于生活照料	侧重于健康护理	二者兼顾
针对老年人	美国模式	——	日本模式
针对所有人	——	北欧、英国模式	德国模式

北欧以及英国等福利型国家和地区由政府用福利补贴或“社会工资”等形式直接给承担老年人长期照护的家人、其他人员或机构以财政支持。丹麦在1982年提出了老年人医疗卫生和福利服务的“连续性、自主性、自立性”三原则，“连续性”原则特别重视老年生活的人文环境，“自主性”原则希望老人能在自己长期居住的住宅和社区中度过晚年；“自立性”原则强调尽可能地保护和维持老人的自理能力。北欧的老年人照护是社会福利服务的一部分，由行政部门来实施，主要资金来源是税收。

二、国外长期照护服务的资金筹集

长期照护费用支付是目前长期照护服务面临的最主要困难。发达国家长期照护服务的筹资模式真正体现了福利多元主义的理论观点，即长期照护服务资金由个人、国家、企业等分别承担。欧美发达国家分别建立了“单一制”和“混合制”的长期照护制度，两种制度下政府承担的责任有所不同。

① 赵晓征．日本养老政策法规及老年居住建筑分类[J]．世界建筑导报，2015，30(3)：27-29.

实行“单一制”的欧美国家将长期照护被看作社会风险，政府和社会分别承担主要责任。其长期照护筹资模式分为三种：第一种是以北欧国家为代表的征税模式，长期照护公共支出占 GDP 的比重在 2%（丹麦）至 3.6%（瑞典）之间，个人负担的比重较低，公共长期照护服务全面而且广泛；第二种是以荷兰、德国、日本、韩国等为代表的面向所有就业者的强制性社会保险模式；德国的长期护理保险采用社会保险和强制性商业保险相结合的方式，由国家、雇主和雇员共同筹集资金，其中护理保险费用由雇主和雇员平摊。日本的长期照护保险属于单独建制，不依附于医疗保险，企业不需要缴费，其资金由个人缴纳 50%，中央政府、都道府县和市町村承担剩余 50%。大量的工作人员并不需要缴纳长期护理保险费，在一定程度上减少了代际矛盾。但是自 2000 年以来，日本居高不下的长期护理费用占比和不断增速的长期护理费用增长，使日本长期护理保险面临挑战，日本政府将承担沉重的财政负担①。第三种是以比利时为代表的医疗保障模式，医疗护理和日常生活照顾均被纳入医疗保障范围内，照护服务由医护人员提供，政府为低收入人群报销非医疗花费，长期照护公共支出约占 GDP 的 2%。

“混合制”的欧美国家的长期照护全部费用由政府、个人和商业保险公司分担，政府提供的公共资金面向特定群体。其长期照护筹资模式分为两种：第一种是以东欧、南欧为代表的“家庭主义”福利国家，长期照护被看作是家庭风险，政府除提供资助护理院指定床位以保障最困难群体享受免费专业护理外，还提供现金津贴以资助家庭养老。长期照护与医疗保障制度相互平行或部分渗透，一般专业护理与医疗保障挂钩，个人照护需求则依靠现金福利向家庭或市场购买服务。东欧和南欧国家向老年被照护者发放现金福利，由其向家庭成员或者社会服务机构购买服务，这些国家的长期照护公共支出占 GDP 的比重均在 0.5%以下②。第二种是以英、美为代表的“自由主义”福利国家，长期照护被看作个人风险，政府出资为特殊群体购买长期照护服务，长期照护公共支出占 GDP 的比重一般在 1%以下。英国的全民医疗保障覆盖护理院的医疗护理服务，正在将免费的长期照护服务向非医疗护理的社会照护服务扩展。美国的医疗救助

---

① 崔仕臣，林闽钢. 日本和韩国长期护理保险发展的比较研究及中国的选择[J]. 当代经济管理，2020，42(1)：92-97.

② Colombo F, et al. Help Wanted? Providing and Paying for Long-Term Care[J/OL]. OECD Health Policy Studies, OECD Publishing, 2011: 216-219, Table 7.1. http://dx.doi.org/10.1787/9789264097759-en.

(Medicaid)是老年长期照护的主要资金来源。美国长期照护的资金主要来源于政府的投入和投保人的缴费。在公共照护计划中，联邦政府和州政府共同向医疗救助(Medicaid)投入资金，医疗保险(Medicare)的保费根据投保类型分为政府承担和个人缴纳政府补贴。美国护理保险是一项商业保险①，其资金主要依靠投保人的个人缴费。

三、国外长期照护服务的实施和监管

美国的PACE项目中依靠社会组织和政府的扶持，引进他国护理人员来填补本国护理人员的短缺。德国政府专门设立了“老年护理”专业，鼓励学生投入老年护理事业，由养老企业承担申请该专业学生的学费，德国，支持非本国国籍的人加入老年护理行业当中。日本已有500余所本科和职业学校开设了护理专业，通过传统学校教育和严格的专业资格等级考试，为选择该专业的学生设置高额的助学金，学生毕业后从事介护工作满五年，就不用偿还助学金的借款，以此培养养老护理院的护理人才。

美国政府通过向市场购买服务或提供资金支持社会组织为老年人提供服务；对无法从市场和家庭中获得服务的经济困难老年人提供补偿性救助。德国政府为家庭照护者提供免费的培训课程，并根据护理等级向提供照护的亲属发放现金补贴，若亲属无法提供照护服务，护理对象还可以选择由政府提供服务。在日本，政府支持被保险人居家养老，2014年日本形成了互助社区居家养老体系，集家庭、社区、医疗机构、长期照护于一体，保证重度失能老人不用去机构，在家就可以享受到专业的照护服务。

美国建立了长期照护服务对象报告制度和服务准入制度，一年审核一次，由医疗保险、医疗救助服务中心和各州管理署三方共同监管。德国政府2002年实施《长期照护质量确保法》，政府授权的专业机构制定长期照护质量标准、执行质量核查和质量保障②。日本的长期照护由中央、县和市政府负责监管，并聘请第三方评估机构重点保障失智人群③。

---

① Ha Palley. The Development of Long — Term Care Policy for the Frail Elderly in the United States of America：Some Social Policy Considerations[J]. Ecological Applications A Publication of the Ecological Society of America，2005，15(2)：532-542.

② 齐天骄. 德国政府在长期照护服务中的职能演化——以辅助性原则理论为视角[J]. 德国研究，2020，35(1)：39-54，160.

③ 谢立黎，安瑞霞，汪斌. 发达国家老年照护体系的比较分析——以美国、日本、德国为例[J]. 社会建设，2019，6(4)：32-40.

四、国外长期护理保险制度的比较分析

欧美国家长期护理保险起步较早，发展及制度设计、运行体系也比较完善，下面以美国、德国、日本、韩国、荷兰五个国家为例，对其长期护理保险的实施情况进行分析研究。

(一)覆盖范围

美国所建立的长期护理保险是由市场来主导的商业保险模式，参保对象覆盖全体国民，全体国民遵循自愿原则根据自身情况选择是否参保。德国、日本、韩国、荷兰这四个国家的长期护理保险制度则都是采用由政府主导的社会保险模式，此模式下覆盖人群必须参加长期护理保险，其中，德国、韩国以及荷兰均将全体国民纳入参保范围，而日本则是将40岁以上的国民纳入长期护理保险覆盖范围，并将65岁及以上的国民划分为第一类参保人，40~64岁的国民划分为第二类参保人。美国、德国、日本、韩国、荷兰五个国家长期护理保险制度的覆盖范围见表8-2。

表8-2　国外长期护理保险制度覆盖范围比较

国家	覆盖范围
美国	全体国民
德国	全体国民
日本	40岁以上国民
韩国	全体国民
荷兰	全体国民

(二)筹资制度

美国、德国、日本、韩国以及荷兰五个国家在长期护理保险的资金筹集上均采用现收现付的模式，其筹资渠道和筹资标准见表8-3。其中，韩国和荷兰两国的长期护理保险资金均由政府财政补充、保险费和使用者个人三方承担。

表 8-3 国外长期护理保险筹资制度比较

国家	筹资渠道	筹资标准
美国	个人缴费	投保人缴纳的保费取决于保险人的身体健康状况、年龄等因素
德国	国家、企业、个人	国家承担 1/3 以上资金，剩余部分企业和个人各承担一半
日本	政府补贴、个人缴纳保险费	政府补贴 50%，其中中央政府承担 25%，都道府县与市町村平分剩下的 25%；投保人缴纳剩余的 50%，其中第一类参保人缴纳的保费占 22%，由市町村征收，第二类参保人缴纳的保费占 28%
韩国	保险费、政府财政补充、个人支付	保险费缴费公式：健康保险费＊护理保险费率；政府财政补充 20%；个人支付部分因服务不同有所差异，其中机构护理服务个人承担 20%，居家护理服务承担 15%
荷兰	强制性保费、一般性税收、使用者付费	强制性保费根据工薪税基数和固定费率计算，保费上限为每年 3241 欧元，约占 68%；一般性税收约占 24%；使用者付费约占 8%

美国的长期护理保险是由私营保险公司来经办的，其筹资标准取决于参保人所选择的长期护理保险服务项目以及保险公司根据参保人身体状况、年龄等因素所制定的缴费标准进行。

德国的长期护理保险资金筹集则是借助国家、企业和个人三个渠道，其中国家承担 1/3 以上的资金，剩余部分由企业和个人各自承担一半，不同人群的缴费标准与各自的收入相关联①。

日本的长期护理保险资金筹集渠道包括政府补贴和个人缴纳保险费两部分，二者各承担一半。政府补贴部分，其中由中央政府承担 25%，都道府县和市町村平分剩下的 25%。个人缴纳保险费部分，其中第一类参保人缴纳的保险费占 22%，由市町村从养老金中征收扣除，第二类参保

① 韩璐，褚福灵. 长期护理保险制度国际经验与反思——以日本、德国、美国为例[J]. 北京劳动保障职业学院学报，2020，14(3)：31-37.

人缴纳的保费占 28%，随同各类健康保险缴纳①。

（三）给付方式和具体服务方式

一般情况下，长期护理保险的给付方式分为现金给付和服务给付两类。美、德、日、韩、荷五个国家长期护理保险的给付方式和具体服务方式见表 8-4。

表 8-4　国外长期护理保险的给付方式和具体服务方式

国家	给付方式	具体服务方式
美国	现金、服务	全天候的专业护理、非全日的中级护理和日常护理
德国	现金、服务	居家护理、机构护理(优先支持家庭照护)
日本	服务	居家护理、机构护理、护理预防服务和地区密集型护理服务
韩国	现金、服务	居家护理、机构护理、现金支持
荷兰	现金、服务	居家护理、机构护理

美国所建立的商业性长期护理保险以现金给付为主、服务给付为辅，保险公司可以提供全天候的专业护理、非全日的中级护理和居家护理三种服务方式，具体给付水平因参保人购买的保险种类不同有所差异②。德国的长期护理保险既有现金给付也有服务给付，具体服务方式有居家护理和机构护理两种，其中居家护理又包含家属护理及护理服务公司、社会服务机构提供的流动上门护理服务，机构护理包括在养老院和护理院等机构接受的服务③。德国政府倡导并优先支持家庭照护，同时参保人选择机构护理方式则只能采用现金给付。日本的长期护理保险以服务给付为主，现金给付有特殊的限制条件，基本很少使用。服务给付包括居家护理、机构护理、护理预防服务和地区密集型护理服务。韩国的长期护理保险

① 姬鹏程，王皓田. 日本长期护理保险制度的经验与启示[J]. 宏观经济管理，2020(11)：85-90.

② 刘俊萍，尹文强，李玲玉，陈钟鸣，王日珍. 美德日韩四国长期护理保险制度对我国的启示[J]. 卫生软科学，2020，34(4)：92-95.

③ 刘涛. 德国长期护理保险制度的缘起、运行、调整与改革[J]. 安徽师范大学学报(人文社会科学版)，2021，49(1)：74-86.

以服务给付为主，现金给付作为补充形式，具体服务方式有居家护理、机构护理及现金支持，其中，居家护理包括上门护理服务、日间照料服务、看护服务等内容，机构护理包括老人疗养机构、老年人之家等①。荷兰的长期护理保险分为现金给付和服务给付两种给付方式，具体服务方式包括居家护理和机构护理，其中机构护理全部采用服务给付方式。服务内容包括个人照护、医疗护理、支持指导、激励指导、治疗、机构护理等项目②。

（四）失能评估机制

美国长期护理保险的失能等级评估是借助日常生活功能量表（ADLs）进行的，规定至少丧失两项 ADL 功能才被评估为失能状态进而享受长期护理保险待遇。德国也有一套规范的等级评估体系，由医疗服务中心对参保人身体是否失能及失能程度做专业的鉴定，失能认定要满足 ADL 两项能力丧失、IADL 一项能力丧失且失能六个月以上，并根据参保人的需求和失能程度将其分为五个等级③。日本有一套全国通用的失能等级认定调查表，包括身心状态和过去医疗方法的使用情况两个维度，经过计算机软件等级划分以及介护界定委员会的二次审查评定，将失能人员护理等级划分为“要支援”两个等级和“要介护”五个等级。韩国的长期护理保险待遇主要提供给 65 岁以上的失能老年人群体以及 65 岁以下的患有疾病、需要长期照护的群体，由韩国的等级判定委员会根据老年人的身体功能、认知功能、行为变化、护理处置、肢体障碍五大领域划分为五类失能等级，一到三级享受长期护理保险待遇，其中一级为重度失能，二级为中度失能，三级为轻度失能，对应等级提供不同的服务④。荷兰长期护理保险的失能等级评估由国家需求评估中心负责，按照全国统一的评定程序，以世界卫生组织制定的“功能、失能与健康国际分类标准”作为长期护理保险的评估标准，根据评估结果及失能人员的实际护理需求提供

① 姚兴安，朱萌君. 发达国家长期护理保险融资的比较研究及对我国的启示[J]. 护理研究，2021，35(13)：2257-2266.

② 季佳林，刘远立，仲崇明，胡琳琳，雷雯. 荷兰长期护理保险制度改革对中国的启示[J]. 中国卫生政策研究，2020，13(8)：43-49.

③ 范会芳，张宁. 长期护理保险制度的国际比较与启示——基于社会福利政策分析框架[J]. 长治学院学报，2020，37(5)：53-58.

④ 葛梦溪. 中日韩三国长期护理保险中失能等级认定的比较研究[D]. 上海：上海师范大学，2021.

相应的护理包类型①。

第二节　我国的长期照护服务政策

一、我国长期照护服务政策法规发展历程

在儒家思想和孝道伦理的影响下，我国长期以来形成了“家庭养老”的传统模式，子女赡养老年人已成为责无旁贷的责任。1950 年我国《婚姻法》中明确子女对父母具有赡养义务，奠定了家庭养老在养老服务中的基础性地位。对无家庭保障的老年人，我国建立了农村五保户的集体供养制度，同时依托农村合作社为老人提供生活照料服务。1958 年《关于人民公社若干问题的决议》提出要办好敬老院以解决农村五保老人的照料问题。1978 年实施家庭联产承包责任制，农村养老照护依赖主体由集体再度转向家庭。在城镇，职工年老后主要依靠单位和政府来获得资金保障，而照料服务主要由家庭提供，政府举办公办养老院主要针对“三无老人”与烈军属提供供养服务。这一阶段政府的主要角色是对失去家庭的困难孤寡老年人、“三无老人”“农村五保户”的社会救助和救济。以此为依据来确定准入资格，尚未考虑生活不能自理的失能半失能老人，政府的责任定位是作为家庭保障的补充或补缺养老服务重心，为农村敬老院和城镇养老院提供以现金救助为主要形式的基本生活经济供养，尚未涉及针对失能老人的长期护理服务。

1982 年我国成立了“老龄问题世界大会中国委员会”，1999 年成立全国老龄工作委员会，党和政府对老龄工作更加重视。随着我国家庭结构的不断小型化与核心化以及我国人口老龄化进程加快，社会化的城镇社区养老服务包括医疗卫生服务日益受到重视。

2006 年《关于加快发展养老服务业的意见》中首次提及护理服务以及老年人的护理需求。随着家庭养老功能弱化和社区居家养老模式逐步形成，国家开始重视失能老人的长期照护服务需求，进一步加强了老年护理院、康养机构等的建设，在各类规划中提出优先发展护理康复服务，但是对失能老人照护政策仍缺乏具体措施。

---

① 王嘉慈. 福利多元理论视角下国外长期护理保险相关经验的启示[J]. 内蒙古煤炭经济，2020(22)：130-131.

表 8-5 中央层面长期照护相关政策文件

阶段	日期	发布单位	政策名称
初探阶段（2006 年之前）	1983 年 4 月	全国老龄工作委员会	关于老龄工作情况与今后活动计划要点
	2000 年 8 月	国务院	关于加强老龄工作的决定
	2001 年 7 月	国务院	中国老龄事业发展“十五”计划纲要的通知
起步阶段（2006—2013 年）	2006 年 2 月	国务院	关于加快发展养老服务业意见的通知
	2006 年 12 月	国务院	关于全面加强人口和计划生育工作统筹解决人口问题的决定
	2006 年 12 月	国务院	关于印发人口发展“十一五”和 2020 年规划的通知
	2011 年 3 月	卫生部	护理院基本标准(2011 版)
	2011 年 9 月	国务院	关于印发中国老龄事业发展“十二五”规划的通知
	2011 年 12 月	卫生部	中国护理事业发展规划纲要(2011—2015 年)
	2012 年 12 月	全国人大常委会	中华人民共和国老年人权益保障法(2012 修订)
	2013 年 9 月	国务院	国务院关于加快发展养老服务业的若干意见
	2013 年 9 月	国务院	国务院关于促进健康服务业发展的若干意见
发展阶段（2013 年至今）	2014 年 9 月	国家发改委、民政部、财政部	关于加快推进健康与养老服务工程建设的通知
	2015 年 3 月	国务院	关于印发全国医疗卫生服务体系规划纲要(2015—2020 年)的通知
	2015 年 10 月	中共中央	关于制定国民经济和社会发展第十三个五年规划的建议
	2015 年 11 月	国务院	关于推进医疗卫生与养老服务相结合指导意见的通知
	2016 年 3 月	中国人民银行、民政部、中国银行业监督管理委员会等	关于金融支持养老服务业加快发展的指导意见
	2016 年 4 月	国家卫生计生委	关于印发医养结合重点任务分工方案的通知
	2016 年 4 月	国家发改委、教育部、工信部等	关于印发促进消费带动转型升级行动方案的通知
		人社部	关于开展长期护理保险制度试点的指导意见

续表

阶段	日期	发布单位	政策名称
	2016 年 10 月	中共中央	“健康中国 2030”规划纲要
	2016 年 11 月	国家卫生计生委	关于印发全国护理事业发展规划(2016—2020 年)的通知
	2016 年 11 月	国务院	关于进一步扩大旅游文化体育健康养老教育培训等领域消费的意见
	2016 年 12 月	国务院	关于全面放开养老服务市场提升养老服务质量的若干意见
	2017 年 2 月	国务院	关于印发“十三五”国家老龄事业发展和养老体系建设规划的通知
	2017 年 6 月	国务院	关于制定和实施老年人照顾服务项目的意见
	2017 年 11 月	国家卫生计生委	关于印发“十三五”健康老龄化规划重点任务分工的通知
	2018 年 6 月	国家卫生健康委	关于印发促进护理服务业改革与发展指导意见的通知
	2018 年 9 月	国务院	关于完善促进消费体制机制 进一步激发居民消费潜力的若干意见
	2018 年 9 月	国务院	关于印发完善促进消费体制机制实施方案(2018—2020 年)的通知
	2018 年 12 月	全国人大常委会	中华人民共和国老年人权益保障法(2018 修正)
	2019 年 3 月	国务院	国务院办公厅关于推进养老服务发展的意见
	2019 年 5 月	国务院	关于印发深化医药卫生体制改革 2019 年重点工作任务的通知
	2019 年 6 月	国务院	关于实施健康中国行动的意见
	2019 年 8 月	民政部	关于实施特困人员供养服务设施(敬老院)改造提升工程的意见
	2019 年 9 月	民政部	关于进一步扩大养老服务供给促进养老服务消费的实施意见
	2019 年 10 月	国家卫生健康委、民政部	关于深入推进医养结合发展的若干意见
	2019 年 10 月	国家卫生健康委、老龄办	关于建立完善老年健康服务体系的指导意见
	2019 年 11 月	国家卫生健康委	国家卫生健康委办公厅关于印发老年医学科建设与管理指南(试行)
	2019 年 11 月	中共中央、国务院	国家积极应对人口老龄化中长期规划
	2019 年 12 月	国家卫生健生委、中医药管理局	关于加强老年护理服务工作的通知
	2019 年 12 月	全国人大常委会	中华人民共和国基本医疗卫生与健康促进法
	2020 年 5 月	国家医保局	关于扩大长期护理保险制度试点的指导意见
	2021 年 3 月	中共中央、国务院	十四个五年规划和 2035 年远景目标纲要

表 8-6 国务院及部分省市基本养老公共服务项目清单

清单	内容	来源
国务院基本公共服务清单	职工基本养老保险、城乡居民基本养老保险、职工基本医疗保险、生育保险、城乡居民基本医疗保险；居民健康档案、健康教育、传染病及突发公共卫生事件报告和处理、老年人健康管理、慢性病患者管理、严重精神障碍患者管理、中医药健康管理、食品药品安全保障；最低生活保障、特困人员救助供养、医疗救助、临时救助、受灾人员救助、法律援助、老年人福利补贴、基本殡葬服务、重点优抚对象集中供养；公共文化设施免费开放、全民健身服务；困难残疾人生活补贴和重度残疾人护理补贴、残疾人托养服务、残疾人康复、残疾人教育、无障碍环境支持等共 81 项	国务院关于印发《“十三五”推进基本公共服务均等化规划的通知》(国发〔2017〕9 号)
山东省基本养老公共服务清单	特困老年人供养标准、特困老年人供养方式，困难老年人养老服务项目包括经济困难老年人补贴、为困难老年人购买居家养老服务、为特殊困难老年人家庭实施适老化改造、特殊家庭老年人巡访关爱，普惠型老年人服务和优待项目包括百岁老人长寿补贴、老年人健康管理、老年人文体休闲优待、老年人生活服务优待、老年人法律援助，养老服务优惠扶持项目包括养老服务资金安排、养老服务机构奖补、养老服务机构税费减免、社区养老服务设施配建共 15 项	《关于发布山东省基本养老公共服务清单的通知》(2020)
江苏基本公共服务清单	基本社会保险的参保与资金发放、老年人健康管理、特困人员供养、最低生活保障、特困人员供养、经济困难的高龄失能老年人补贴、困难残疾人生活补贴和重度残疾人护理补贴、无障碍环境支持、重点优抚对象集中供养、惠民殡葬服务、医疗救助、中医药健康管理、慢性病患者管理等	《关于印发江苏省“十三五”时期基本公共服务清单的通知》(苏政办发〔2017〕65 号)
安徽基本养老公共服务清单	政府供养老年人兜底保障(特困人员中老年人基本生活保障和照料服务)、困难老年人养老服务支持项目(低收入老年人养老服务补贴)、普惠型养老服务项目(高龄津贴、失能失智老年人家庭成员养老护理技能培训、老年人健康管理)、老年人优待服务(老年人休闲优待服务、城市公共交通费用减免)	《关于建立基本养老公共服务清单发布制度的通知》(皖民福字〔2018〕45 号)

续表

清单	内　容	来源
上海市基本公共服务项目清单	老年人健康管理、养老服务补贴、老年综合津贴、社区居家照护服务、机构照护服务、职工基本养老保险、城乡居民社会养老保险、农村部分计划生育家庭奖励扶助、计划生育家庭特别扶助、特困人员供养、重点优抚对象集中供养、基本殡葬服务补贴、重点优抚对象集中供养、社区居家照护服务、机构照护服务、职工基本养老保险、城乡居民社会养老保险、心理健康咨询、法律援助服务、无障碍服务、维权服务、群众文化活动设施开放、文化配送服务、公共体育设施开放、全民健身指导服务等	《上海市基本公共服务"十四五"规划》的通知》(沪府发〔2021〕5号)
湖北省基本公共服务清单	特困人员救助供养、基本殡葬服务、重点优抚对象集中供养、职工基本养老保险、城乡居民基本养老保险、职工基本医疗保险、城乡居民基本医疗保险、健康教育、老年人健康管理、老年人福利补贴、公共文化设施免费开放、全民健身服务、无障碍环境支持等	《湖北省"十三五"推进基本公共服务均等化规划》(鄂政发〔2017〕61号)

2013年出台的《国务院关于加快发展养老服务业若干意见》提出要加快发展健康养老服务，"医养结合"进入政策视野。2013年《老年人能力评估》、2014年《关于建立健全经济困难的高龄、失能等老年人补贴制度的通知》《国家卫计委规定养老机构医务室和护理站基本标准》等对失能与服务补贴标准进行了规范。2016年《关于开展长期护理保险制度试点的指导意见》提出建立长期护理保险，并进行了试点探索，决定在全国15个城市开展长期护理保险制度试点。2020年9月，国家医疗保障局会同财政部印发《关于扩大长期护理保险制度试点的指导意见》(医保发〔2020〕37号)，新增14个城市扩大试点。2017年民政部《民政事业发展的第十三个五年规划》与2017年十九大报告中均提到推动长期护理服务的发展。2019年《国务院办公厅关于推进养老服务发展的意见》明确指出完善居家、社区、机构相衔接的专业化长期照护服务体系，并强调完善老年人失能评估标准，补贴制度以及长期护理保险等，长期护理服务政策体系逐步形成，但在具体护理服务的政策上缺少对家庭照护得支持。

2017年国务院《"十三五"推进基本公共服务均等化规划》提出老年健康管理、养老金发放等属于基本公共养老服务清单项目，全国部分如山东、江苏、上海、湖北、安徽等省市也制定了相应的基本公共服务清单或基本养老公共服务清单，具体内容如表8-6所示。清单中涉及的老年人健康管理、慢性病患者管理、严重精神障碍患者管理、中医药健康管理等服务项目属于长期照护服务的内容。

二、我国长期照护保险制度试点情况

2016年人社部办公厅出台了《关于开展长期照护保险制度试点的指导意见》(人社厅发〔2016〕80号)，希望通过建立长期照护保险政策来解决人口老龄化所带来的一系列问题。中国目前已有广州、宁波、重庆、安庆、承德、上饶、齐齐哈尔、成都、上海、青岛、苏州、南通、荆门、石河子、长春等28个省区市开始了长期照护保险的试点。各试点城市制定了相应的政策文件，确立了以医保基金等政府资金投入为主、个人缴费、财政补贴、单位缴存、社会捐赠的长期护理保险筹资机制，针对机构养老、居家养老等多种长期照护服务内容，取得了明显的成效。

我国目前已有28个省区市开始了长期照护保险的试点。经过4年多的实践探索，试点地区基本形成适应当地市情、省情的长期护理保险制度政策框架和运行模式。长期护理保险制度在减轻失能老年人家庭经济负担、有效减少医保资金支出，优化医疗资源配置、改善老人生存质量、促进康养产业发展、扩展就业渠道、解放社会劳动生产力等方面发挥了重要作用，制度功能初步显现。长期照护保险是一项针对生活长期无法自理的老人提供以保险为运营模式的一项制度安排①。我国在一些地区开始推行老年人长期照护保险试点工作，这也是我国在缓解失能老人长期护理服务供给财政压力方面的重要方式。从2016年人社部发布《关于开展长期护理保险制度试点的指导意见》以来，各试点地区均结合自身实际对长期护理保险的构建进行探究。截至目前，各地的实施路径虽在参保范围、覆盖对象、失能评估、待遇给付等方面存在一定差异，但也基本形成了以参与职工医保的失能群体为主要目标，政府负责的、多元筹资的社会化保障模式②。随着长期照护保险试点工作的运行，其成效逐渐显现：国家医保局公布的最新数据显示：2020年，长期护理保险参保人数10835.3万人，享受待遇人数83.5万人。2020年基金收入196.1亿元，基金支出131.4亿元。长期护理保险定点护理服务机构4845个。护理服务人员数19.1万人，人均支付15737元，基本形成了单位、个人、政府、社会责任共担的

---

① 戴卫东. 中国长期护理保险制度构建研究[M]. 北京：人民出版社，2012：1.

② 石磊. 我国长期护理保险制度模式研究[D]. 北京：首都经济贸易大学，2018.

社会化筹资格局。失能群体的经济负担得到减轻的同时，能够获得更加规范和专业化的护理服务；长期照护保险的运行使得失能群体需求得到整合，长期照护各主体社会功能得到有效发挥，带动了“医养结合”事业和养老产业发展，提高了医疗和养老资源配置效率，为以各主体共同作用为核心的长期照护体系建设打下实践基础。但是长期照护服务有效供给不足，使得参保人无法在长期护理险中受益，这成为长期护理险难以在全国推行的症结。例如青岛市是我国最早探索长期医疗护理险的城市，从2012年7月正式实施以来，截至2017年底，青岛长期医疗护理保险累计受益6万人，除去60岁以下受益者，老年人的受益比率仅为3%，仍有80%以上的失能老年人没有享受到护理保险的待遇①。

我国的长期照护保险制度与社会医疗保险制度关系紧密，试点城市的资金主要来源于社会医疗保险，主要覆盖职工基本医疗保险参保人群。在中央文件指导下，各地长期照护保险试点的参保人群大致可区分为以下几类②：(1)仅覆盖城镇职工，如河北省承德市、黑龙江省齐齐哈尔市、浙江省宁波市、安徽省安庆市、江西省上饶市、湖北省荆门市、广东省广州市、重庆市、四川省成都市等；(2)覆盖城镇职工与城镇居民，如吉林省长春市；(3)覆盖所有居民，但同医疗保险一样，城乡居民之间的保障水平有差异，如江苏省南通市和苏州市、山东省青岛市；(4)覆盖了所有60岁以上老人，如上海市。各试点城市长期照护保险的筹资方式可分为定比例和定额度两种。目前大部分长期照护保险试点地区的资金来源高度依赖医保基金，个人缴费基本虚化。试点地区的部分失能老年人长期照护服务得到了一定的保障；同时，在一定程度上支持了当地照护服务市场、家政服务业和养老产业的发展，拉动了部分就业和创业。但贫穷人群(城乡居民，尤其是农村居民)的医疗保险待遇远远低于城镇职工，在长期照护保险制度试点中继续被政策边缘化。长期护理服务保险试点工作取得一定效果，但是推广仍然存在一定困难。

三、我国第一批试点城市实施长期护理保险制度的基本做法

2020年9月国家医保局和财政部共同发布《关于扩大长期护理保险制度试点的指导意见》，在原有15个试点城市和2个国家试点的重点联系省份(20个城市)的基础上，又新增14个试点城市(见表8-7)。下面以首批15个试点城市为例来分析我国长期护理保险制度试点的基本经验。

① 张盈华.“供养型”社会风险与“多层次”长护保险体系的构建[J].中国社会保障，2018(8)：71-73.

② 于保荣，张子薇.长期照护保险的覆盖人群及筹资机制研究[J].卫生经济研究，2019，36(10)：3-6.

表 8-7 我国长期护理保险试点省市名单

序号	省份	城　市
1	北京市	石景山区
2	天津市	天津市
3	山西省	晋城市
4	内蒙古自治区	呼和浩特市
5	辽宁省	盘锦市
6	福建省	福州市
7	河南省	开封市
8	湖南省	湘潭市
9	广西壮族自治区	南宁市
10	贵州省	黔西南布依族苗族自治州
11	云南省	昆明市
12	陕西省	汉中市
13	甘肃省	甘南藏族自治州
14	新疆维吾尔自治区	乌鲁木齐市
15	河北省	承德市
16	吉林省	长春市、吉林市、通化市、松原市、梅河口市、珲春市
17	黑龙江省	齐齐哈尔市
18	上海市	上海市
19	江苏省	苏州市、南通市
20	浙江省	宁波市
21	安徽省	安庆市
22	江西省	上饶市
23	山东省	济南市、青岛市、淄博市、枣庄市、东营市、烟台市、潍坊市、济宁市、泰安市、威海市、日照市、临沂市、德州市、聊城市、滨州市、菏泽市
24	湖北省	荆门市
25	广东省	广州市
26	重庆市	重庆市
27	四川省	成都市
28	新疆生产建设兵团	石河子市

(一)覆盖范围

我国首批15个试点城市长期护理保险制度的覆盖范围可分为三类(见表8-8)：(1)仅覆盖城镇职工医疗保险参保人员，如承德市、齐齐哈尔市、宁波市、安庆市、广州市、重庆市。(2)覆盖城镇职工医疗保险及城镇居民医疗保险参保人员，如长春市、南通市、石河子市。(3)覆盖城镇职工医疗保险及城乡居民医疗保险参保人员，如上海市、苏州市、上饶市、青岛市、荆门市、成都市。

表8-8　我国第一批15个试点城市长期护理保险制度覆盖范围

城市	覆盖范围
承德市	城镇职工医疗保险参保人员
长春市	城镇职工基本医疗保险、城镇居民基本医疗保险的参保人员
齐齐哈尔市	职工基本医疗保险参保人员
上海市	职工基本医疗保险参保人员、60周岁及以上城乡居民基本医疗保险参保人员
南通市	市区范围内的职工基本医疗保险和居民基本医疗保险的参保人员
苏州市	职工基本医疗保险、城乡居民基本医疗保险参保人员
宁波市	城镇职工基本医疗保险参保人员
安庆市	全市城镇职工基本医疗保险参保人员
上饶市	城镇职工基本医疗保险和城乡居民基本医疗保险的参保人员
青岛市	城镇职工基本医疗保险参保人员、城乡居民医疗保险参保人员
荆门市	辖区内长期居住或工作的所有人员
广州市	本市职工社会医疗保险参保人员
重庆市	城镇职工医疗保险参保人员
成都市	城镇职工基本医疗保险参保人员、成年城乡居民基本医疗保险参保人员
石河子市	城镇职工基本医疗保险、持有本统筹区户籍的居民基本医疗保险参保人员

(二)筹资制度

根据我国国家医保局和财政部共同发布的《关于扩大长期护理保险制

度试点的指导意见》(医保发〔2020〕37 号)(以下简称《指导意见》)，结合2016 年人力资源社会保障部办公厅下发的相关文件，探索以互助共济方式筹集资金、为长期失能人员的基本生活照料和与之密切相关的医疗护理提供服务或资金保障的社会保险制度。尽管我国试点长期护理保险制度已经接近五年且试点范围也在不断扩大，保障群体和保障内容也在增加，但是目前尚未形成独立统一的长期护理保险筹资制度①。以最初的 15 个试点地区为例，按照互助共济、责任共担的多渠道筹资机制原则，我国 15 个老年人长期护理保险制度试点城市的筹资渠道可分为个人缴费、医疗保险统筹基金、政府财政补贴、其他方式(单位缴纳、公益捐赠、商业保险等)四种，但各个试点的筹资组合方式差异也很大，15 个试点地区的筹资渠道和筹资标准详见表 8-9 和表 8-10。

表 8-9 我国第一批 15 个长期护理保险制度试点城市筹资渠道

城市	筹资渠道
承德市	城镇职工基本医疗保险基金、个人缴费、政府财政补贴
长春市	医疗保险统筹基金
齐齐哈尔市	医疗保险统筹基金、个人缴费
上海市	医疗保险统筹基金
南通市	医疗保险统筹基金、个人缴费、政府财政补贴
苏州市	医疗保险统筹基金、政府财政补贴
宁波市	职工医疗保险统筹基金
安庆市	医疗保险统筹基金、个人缴费、政府财政补贴
上饶市	医疗保险统筹基金、个人缴费、政府财政补贴、单位缴纳
青岛市	医疗保险统筹基金、政府财政补贴、个人缴纳
荆门市	医疗保险统筹基金、个人缴费、政府财政补贴
广州市	职工医疗社会保险统筹基金
重庆市	医疗保险统筹基金、个人缴费
成都市	医疗保险统筹基金、个人缴费、政府财政补贴、单位缴纳
石河子市	医疗保险统筹基金、个人缴费、政府财政补贴、福彩公益金补助

① 熊金才，曹琼. 我国长期护理保险筹资机制研究[J]. 汕头大学学报(人文社会科学版)，2020，36(9)：69-75，96.

在筹资渠道上所有试点城市都将医疗保险统筹基金作为渠道之一，有的城市试行责任共担、统筹协调的多渠道资金筹集，如承德市、南通市、安庆市、上饶市、青岛市等试行医疗保险统筹基金、个人缴费和政府财政补贴三方分摊的政策，而社会公益捐赠则主要是福彩公益金的形式，如石河子市(见表 8-9)。

表 8-10　我国第一批 15 个长期护理保险制度试点城市筹资标准

城市	筹资渠道
承德市	暂定为参保人员(含退休人员)上年度工资总额的 0.4%，由城镇职工基本医疗保险基金负担 0.2%，参保人员(含退休人员)个人负担 0.15%，政府财政补助 0.05%
长春市	统账结合医疗保险：以当月职工医保缴费工资基数为标准，分别从职工医保个人账户中划转 0.2 个百分点、统筹基金中划转 0.3 个百分点；住院统筹医疗保险：从医保统筹基金中划转 0.5 个百分点，列入职工医疗照护保险资金；城镇居民基本医疗保险：从城镇居民基本医疗保险统筹基金中按每人每年 30 元标准进行划转，列入城镇居民医疗照护保险资金
齐齐哈尔市	筹资标准暂定为每人每年 100 元。其中个人和医保统筹基金各承担一半
上海市	参加职工基本医疗保险的人员：按照用人单位缴纳职工医保缴费基数 1%的比例，从职工医保统筹基金中按季调剂资金；参加城乡居民基本医疗保险的 60 周岁及以上的人员：根据 60 周岁以上居民医保的参保人员人数、按照略低于第一类人员的人均筹资水平，从居民医保统筹基金中按季调剂资金
南通市	按照我市上年城镇居民人均可支配收入的 3‰左右确定，筹集标准暂定为每人每年 100 元，其中个人缴纳每人 30 元、医保统筹基金筹集每人 30 元、政府补助每人 40 元
苏州市	职工基本医疗保险统筹基金结余按 60 元/人·年划转，城乡居民基本医疗保险统筹基金结余按 30 元/人·年划转。不足时由财政补贴
宁波市	市区职工医保统筹基金累计结余中先行安排 2000 万元资金作为长护保险试点启动资金，今后视试点实施情况再定

续表

城市	筹 资 渠 道
安庆市	每人每年 40 元，其中参保人员个人缴费 20 元，地方财政承担 5 元，医疗保险统筹基金承担 15 元
上饶市	2017 年试点阶段：每人每年 100 元，(1)财政供给的企事业单位，由财政部门统一按照每人每年 60 元(含医保基金和财政补助各 30 元)的标准划转，个人缴纳 40 元；(2)非当地财政供给单位，由财政部门统一按照每人每年 30 元(医保基金部分)的标准划转，用人单位按照每人每年 30 元的标准缴纳，个人缴纳 40 元；(3)无用人单位的参保人员每人每年缴纳 70 元，其余 30 元(医保基金部分)由财政部门统一划转。2019 年城镇职工和城乡居民长期护理保险筹资标准为每人每年 90 元，其中个人缴纳每人 50 元、医保统筹基金划转每人 35 元，单位缴纳或财政补助每人 5 元
青岛市	职工：(1)按照基本医疗保险缴费基数总额 0.3%的比例，从职工基本医疗保险统筹基金中按月划转；(2)以在职职工基本医疗保险个人缴费基数为基数、退休人员基本医疗保险个人账户划入基数为基数，按照 0.2%的比例，从应划入基本医疗保险个人账户的资金中，在计入本人基本医疗保险个人账户前按月划转；(3)财政部门按照参保职工每人每年 30 元标准予以补贴，补贴资金由市与区(市)两级财政按 1：1 比例负担。 居民：按照每人每年不低于 10 元的标准，从居民社会医疗保险个人缴费资金中按年度划转，自 2021 年度起执行；按照每人每年不低于 20 元的标准，从居民社会医疗保险财政补贴资金中按年度划转，自 2022 年度起执行
荆门市	按照本市上年度居民人均可支配收入的 0.4%左右确定筹资标准，暂定为每人每年 80 元，其中：个人缴纳 30 元、医保统筹基金划拨 20 元、财政补助 30 元
广州市	按照每人每年 130 元的标准，由职工社会医疗保险基金专户划入长期护理保险基金专户
重庆市	筹集标准为每人每年 150 元。其中医保基金补助每人每年 60 元，职工医保参保人个人承担每人每年 90 元

续表

城市	筹资渠道
成都市	以城镇职工基本医疗保险基金缴费基数为基数：(1)单位缴费部分按0.2%的费率从统筹基金中按月划拨；(2)个人账户划转标准：40岁(含)以下未退休人员按0.1%的费率按月划拨；40岁以上未退休人员按0.2%的费率按月划拨；退休人员按0.3%的费率按月划转。(3)财政补助：对退休人员按每人每月0.1%的费率，按年度进行补助。 城乡居民基本医疗保险参保人员：2021年个人缴费标准为每人每年25元。2021年财政补助标准为：未满60周岁的参保人员每人每年13元；已满60周岁(含)的参保人员每人每年20元。城乡居民长期照护保险启动阶段，从我市城乡居民基本医疗保险基金累计结余中一次性安排3000万元，作为城乡居民长期照护保险启动资金
石河子市	(1)职工医保：每月月底以当月职工医保参保人数为基数，按每人每月15元的标准从职工医保统筹基金结余中划转。(2)居民医保：18周岁及以上的居民参保人(大中专在校学生除外)按每人每年24元的标准一次性缴纳。(3)政府财政补贴：以辖区内上年度60岁以上老年人数和重度残疾人数为基数，按每人每年40元标准补助护理保险基金。(4)福彩公益金补助：按照每年度50万元(占同期福彩公益金的5%)的标准划转

筹资形式和标准方面大致可总结为定额筹资、比例筹资以及混合筹资三种①。

(1)定额筹资：所有参保人群按照统一的标准筹集资金，如齐齐哈尔市、南通市等。

(2)比例筹资：根据所有参保人群上年度人均可支配收入、工资总额等情况，按照一定比例筹集资金，如承德市、青岛市等。

(3)混合筹资：根据参保群体不同的类型和的情况，采取差异化的筹资标准，如成都市、上海市等(见表8-10)。

(三)给付和报销制度

长期护理保险的给付和报销制度不是一个孤立的标准，而是与各试点的经济发展水平、参保人群、参保人数、长期护理保险的实施情况等密切相关。比如职工和居民的标准不一样、经济发展水平高的地区和经济发展

---

① 邓琪钰. 我国老年长期照护保险筹资规模测算研究[D]. 长春：长春工业大学，2020.

水平低的地区标准不一样、全员参保与只有40岁或60岁以上的人参保的标准也不一样。

我国首批15个试点城市长期护理保险服务的给付形式和具体服务方式详见表8-11。从给付形势看，各试点城市主要以提供服务为主，另外上海、宁波、安庆、上饶还提供现金给付形式；从具体服务方式上看，各地可主要分为两种：一种是单一的机构服务，包括医保定点医疗护理机构、护理服务机构、养老服务机构，如承德、长春、重庆等地；另一种则是机构护理和居家护理相结合，如齐齐哈尔、上海、苏州等地。另外青岛还对失能和失智人员提供不同服务，如巡护和日间照护(见表8-11)。

表8-11 我国第一批15个试点城市长期护理保险服务给付形式及具体服务方式

城市	给付形式	具体服务方式
承德市	服务	医保定点医疗机构护理、护理、养老服务机构护理、居家护理
长春市	服务	定点养老或护理医疗照护机构服务
齐齐哈尔市	服务	医养护理服务机构护理、养老护理服务机构护理、居家护理
上海市	服务、现金	社区居家照护、养老机构照护、住院医疗护理
南通市	服务	医疗机构照护、养老服务机构照护、居家照护
苏州市	服务	定点医疗机构护理、定点养老机构护理、居家护理
宁波市	服务、现金	专业机构护理、养老机构护理、居家护理
安庆市	服务、现金	医疗机构护理、养老服务机构护理、居家护理
上饶市	服务、现金	自主照料、上门护理、机构内护理
青岛市	服务	对失能人员：专护、院护、家护、巡护对失智人员：长期照护、日间照护、短期照护
荆门市	服务	居家护理、养老机构护理、医院护理
广州市	服务	机构护理、居家护理
重庆市	服务	长护保险协议机构集中护理服务或由协议机构提供上门护理服务
成都市	服务	机构照护、机构上门照护、居家照护
石河子市	服务	协议护理服务机构护理、协议机构上门护理、居家自行护理

我国首批15个试点城市长期护理保险服务的报销标准（详见表8-12）也各不相同，主要根据参保人的失能等级以及所选的护理方式确定，同时也受各地经济发展水平、长期护理保险的发展情况等因素影响①。

表8-12　我国第一批15个试点城市长期护理保险各服务形式报销标准

城市	医疗机构护理	养老护理机构护理	居家护理
承德市	60元/人/天	50元/人/天	40元/人/天
长春市	另行制定	职工医保：90%； 居民医保：80%	——
齐齐哈尔市	每人日定额30元（75%）	每人日定额25元（70%）	每人日定额20元（70%）
上海市	按职工医保或居民医保标准	85%	90%，另增加服务时间可获得40或80元现金补助
南通市	重度失能：50元/人/天； 中度失能：10元/人/天； 同时享受医保住院待遇	重度失能：40元/人/天； 中度失能：10元/人/天	重度失能：15元/人/天； 中度失能：8元/人/天
苏州市	重度失能：30元/人/天； 中度失能：23元/人/天	重度失能：30元/人/天； 中度失能：23元/人/天	重度失能：每月报销1125元； 中度失能：每月报销975元
宁波市	40元/人/日	40元/人/日	40元/人/日
安庆市	60%（试点期间按不超过60元/天标准结算）	50%（试点期间按不超过50元/天标准结算）	15元/天，同时享受上门居家护理（每月约500元）
上饶市	1200元/人/月	1200元/人/月	见注
荆门市	每人按床日限额150元，报销80%	每人按床日限额100元，报销80%	全日居家护理每人按日限额100元，限额以内报销85%；非全日居家护理每人按日限额50元，限额以内全额支付

① 汪之羽，张梓楠，刘妍. 长期护理保险实施现状与发展模式优化研究[J]. 现代金融，2021(4)：15-18.

续表

城市	医疗机构护理	养老护理机构护理	居家护理
广州市	75%（每人每天不高于120元，床位费不高于35元）	75%（每人每天不高于120元，床位费不高于35元）	90%（接受定点机构护理每人每天不高于115元）
重庆市	50元/人/日	50元/人/日	50元/人/日
石河子市	70%，月度限额暂定为750元	70%，月度限额暂定为750元	25元/日

注：(1)上饶市：自主照料补助按照每人每月450元的标准支付给失能人员；居家上门护理费用按照每人每月900元的标准支付给护理服务机构。(2)青岛市：参保职工报销比例为90%；一档缴费成年居民、少年儿童和大学生报销比例为80%，二档缴费成年居民报销比例为75%。(3)广州市：对经核定的医疗护理费用按项目及相应支付比例支付，最高支付限额为每人每月1000元。(4)成都市：经评定为重度失能(失智)三级、重度失能(失智)二级、重度失能(失智)一级的参保人员，对应享受照护一级、照护二级、照护三级长期照护服务。2017年支付标准：照护一级在机构照护每月报销额度为1676元，居家照护为1796元；照护二级在机构照护每月报销额度为1341元，居家照护为1437元；照护三级在机构照护每月报销额度为1006元，居家照护为1077元。城镇职工长期照护保险：基础照护待遇，以失能等级对应的城镇职工月照护费用为基数，按照75%的比例实行定额支付；专业照护待遇，长期照护保险基金根据失能等级不同，实行定额或限额支付。城乡居民长期照护保险基础照护待遇：其基础照护待遇，以失能等级对应的城乡居民月照护费用为基数，按照60%的比例实行定额支付。

各试点城市的报销标准在支付形式、支付标准上存在很大差异①：

一是从支付形式看，有的是简单的定额报销，如承德市、宁波市；有的是定额按比例报销，如齐齐哈尔市、荆门市；有的是区分护理程度后定额报销，如南通市、苏州市。

二是从支付标准上看，由于各试点城市分布比较分散，各地的经济发展水平也各不相同，因此其报销水平也存在很大差异，从每日10元到120元不等。

---

① 于建明．中国长期护理保险试点制度研究[J]．社会福利，2020(10)：31-33.

（四）相关政策法律

2016年6月27日我国人力资源和社会保障部办公厅印发《关于开展长期护理保险制度试点的指导意见》，确定首批15个长期护理保险制度的试点城市，2020年国家医保局、财政部又发布《指导意见》，进一步将北京、山西等14个省市的地区纳入长期护理保险制度试点。首批15个试点城市发布的政策法律从时间上看，自2016年6月至今，各试点城市关于长期护理保险制度的政策文件大多集中发布于2017年中下旬。从文件颁发机构看，相关政策法律主要由各地的市人力资源和社会保障局印发，另外也有由市政府印发的城市，如齐齐哈尔市。据各试点省市省政府和人社局发布的资料，截至2021年，各试点省市共发布关于长期护理保险的各类文件、通知超过100条，平均每个城市6~8条。试点城市的指导思想和基本原则主要依据2016年6月27日颁布的《人力资源社会保障部办公厅关于开展长期护理保险制度试点的指导意见》①，同时大部分城市结合自身的情况制定了本地化的试行办法，如《承德市长期护理保险制度实施意见》《荆门市长期护理保险办法（试行）》等。这些文件对于长期护理保险的基本原则、目标任务、参保范围、筹资标准、保障对象、支付范围等方面做出了相应规定，为进一步完善我国长期护理保险制度提供了坚实的政策法律基础。

（五）长期护理人员队伍建设

各试点地区都以政策文件的形式对长期护理人员提出了相应的要求，如上海市规定提供长护险服务的人员，应当是执业护士，或参加养老护理员（医疗照护）、养老护理员、健康照护等职业（技能）培训并考核合格的人员，以及其他符合条件的人员，并开展与其资格相符的工作。

另外从试点地区的实践看，长期护理保险制度的实施促进了当地养老机构、护理服务机构的发展，试点之后产生的高需求吸引大量服务人员进入长期护理领域，进而促进养老、护理培训产业的发展，有助于培养一支专业的护理队伍②。例如，荆门市实施长期护理保险制度后，针对护理机构量身定制"补、减、免、贷"等优惠政策，打造出福寿居、千福园等护

① 何玉华，崔丹，张欲晓，许蜜．我国15个试点城市长期照护保险政策比较分析［J］．中国社会医学杂志，2021，38（2）：126-129.

② 姜春力，张瑾．我国长期护理保险制度试点成效、问题和建议［J］．全球化，2021（1）：82-93，136.

理服务示范机构，先后吸引8家民营企业投资医养护产业，累计新增就业岗位近5000个；出台《关于加强长期护理服务从业人员队伍建设的意见》，鼓励各类职业学校开展护理员招生培训，累计培训护理员2.6万人，在全市建立起了一支职业化、专业化护理服务队伍。

(六)老年人失能状态的评估机制和制度

老年人失能状态的评估机制关系到参保人群能否享受到长期护理服务、可以享受何种服务方式、长期护理服务的报销标准等指标，对长期护理保险制度的施行具有重要意义。但是《指导意见》并没有明确规定一个基础统一的老年人失能状态评估机制，因此各试点城市都做了积极探索。其中大部分城市是以《日常生活活动能力评定量表》(Barthel指数评定量表)作为老年人失能状态等级的评估标准，将因年老、疾病、伤残等原因长年卧床或经过不少于6个月的治疗，病情基本稳定，生活完全不能自理，经鉴定机构评估后符合要求的人群按规定纳入保障范围，如长春、安庆、齐齐哈尔、南通、广州等试点城市；另外也有的试点城市结合自身情况，单独制定评估机制，如荆门市制定《荆门市长期护理保险失能等级评定标准(2020年版)》作为评判标准等。

《日常生活活动能力评定量表》是指通过项目评分来判断个体的自理能力将其分为自理能力受损和个体能够自理的人群，主要评分内容包括进食、洗澡、修饰、穿衣、控制小便、控制大便、如厕、床椅转移、平地行走、上下楼梯项。各个项目得分相加，一般小于等于40为重度失能，41~60分为中度失能，61~99分为轻度，100分为生活能够自理。

(七)长期照护服务的提供

长期照护服务的服务形式以及服务内容是参保人群比较关注的部分，长期照护服务的主要形式(详见表8-11)可分为机构照护服务和居家照护服务两类，其中机构照护又可分为医疗机构照护和养老、护理机构照护。医疗机构护理，是指长期失能人员接受定点医疗机构提供的护理服务；养老、护理服务机构护理，是指长期失能人员接受养老、护理服务机构提供的护理服务；居家护理，是指长期失能人员居家接受护理服务。

同时梳理各试点城市关于享受长期护理保险人群的服务内容发现，长期照护服务的内容主要是日常基本生活照料和医疗护理两部分。护理人员根据长期失能人员的不同需求，提供必要的、适宜适度的护理服务，着重解决重度失能人员的基本生活照料和基本医疗护理等问题。基本生活照料服务内容包括但不限于以下项目：清洁护理、饮食护理、排泄护理、安全护理、置管护理、压疮预防护理等项目。医疗护理服务内容包括鼻饲管置管、导尿、膀胱冲洗、家庭巡诊、大换药、小换药、冰袋降温、酒精擦浴等项目。

四、我国第一批试点城市实施长期护理保险制度的基本经验和问题分析

（一）承德市长期护理保险制度试点的基本经验和问题

2016 年 11 月 30 日承德市人民政府印发了《关于建立城镇职工长期护理保险制度的实施意见（试行）》，并在 2017 年 6 月启动试点工作，正式开启了承德市长期护理保险制度的探索建设。经过两年多的实践摸索，承德市探索建立了“五个三”制度体系和“三项”运行机制，实现了“四项”新作为，有效解决了承德市长期重度失能人员“病有所护”问题。2018 年 8 月承德市政府又印发了《承德市城镇职工长期护理保险居家护理管理方法（试行）》，不断构建完备的长期护理保险制度体系。

据承德市关于长期护理保险制度的系列政策文件，承德市长期护理保险制度主要覆盖城镇职工医疗保险的参保人员，所需资金主要由医疗保险基金、个人以及政府财政三方筹集，筹资标准暂定为参保人员上年度工资的 0.4%。将《日常生活活动能力评定量表》评定为重度失能的人群纳入长期护理保险保障范围，长期护理保险基金暂实行按床日定额支付的方式。对符合规定的长期护理费用，基金支付水平总体上控制在 70%左右。承德市提供医疗机构护理、养老机构护理和居家护理三种模式。据承德市人民政府文件，截至 2020 年 4 月底，承德市享受长期护理保险待遇人数达到 1558 人。

承德市长期护理保险制度试点存在的问题①：（1）制度体系不健全。承德市长期护理保险制度试点运行的主要依据是国家医保局发布的《指导意见》、承德市人民政府发布的《关于建立城镇职工长期护理保险制度的实施意见（试行）》和《承德市城镇职工长期护理保险居家护理管理方法（试行）》三个文件，与其他试点城市相比，在长期护理保险的结算办法、服务机构和从业人员的协议管理和监督稽核、从业人员相关培训等方面都未出台专门的文件来进行规范管理。（2）覆盖范围不全面。承德市长期护理

① 陈烁琦. 承德市推进长期护理保险制度试点建设的研究[D]. 保定：河北大学，2020.

保险目前仅覆盖城镇职工，对于农村居民群体还未纳入覆盖范围。

(二)荆门市长期护理保险制度试点的基本经验和问题

2016年11月荆门市政府出台《荆门市长期护理保险办法(试行)》，当年试点工作启动实施，从职工基本医疗保险参保人群起步。经过四年试点摸索，在参保对象上，荆门市实现了全员参保广覆盖，长期护理保险参保人员范围扩大到荆门市辖区内长期居住或工作的所有人员。至2020年年末，荆门市长期护理保险共参保253万人，其中正在享受长期护理保险待遇的共8350人，累计享受10156人。在资金筹集上，承德市所有参保人员执行同一筹资标准，按照居民可支配收入的0.4%确定(见表8-10)，实行个人缴费、医疗保险基金补助、政府财政补贴三方共同筹资。在待遇支付上，荆门市的护理方式(见表8-11)按照差异化待遇支付标准由基金按比例支付(见表8-12)，满足多样化的护理需求①。在失能等级评定方面，最初荆门市是以《日常生活活动能力评定量表》作为依据，将评分低于40分的人群纳入享受长护险服务范围，经过三年试点摸索，荆门市政府根据自身情况，又印发了《荆门市长期护理保险失能等级评定标准(2020年版)》将得分小于40分划分为重度失能，40~64分划分为中度失能，65~95分划分为轻度失能。评分低于40分的，享受长期护理保险待遇。

荆门市长期护理保险制度试点存在的问题：(1)资金筹集主要靠医疗保险统筹基金支撑，影响长期护理保险的长期持续运行。在人口老龄化和老年人失能风险加剧的背景下，长期护理保险的资金持续性存在风险。(2)待遇支付形式单一，未来易引发道德风险。在现有的给付方式下，未来存在失能老人无法得到专业照护、家庭成员照料负担加重和易引发道德风险等问题②。(3)失能等级评定标准不规范。荆门市最新制定的长护险失能等级评定标准以40分、65分、95分作为分界线，与大多数使用类似评定标准的分界线略微不同，同时主要根据日常生活能力和认知感知两方面来进行评定，对精神状况、失智情况等方面涉及较少。

(三)上海市长期护理保险制度试点的基本经验和问题

2017年12月30日上海市人民政府印发修订后的《上海市长期护理保

---

① 陈晓晨，杜天天，王思彤，戴伟，刘跃华. 荆门市长期护理保险制度构建及试点运行状况分析[J]. 中国卫生政策研究，2020，13(12)：30-34.

② 陈诚诚. 浅析长护险制度中的道德风险问题[J]. 中国医疗保险，2020(2)：16-19.

险试点办法》，一直沿用至今。上海市将参加职工基本医疗保险以及 60 岁以上城乡居民医疗保险的人群纳入覆盖范围，借助医疗保险基金进行筹资运作，试点以来，上海市在长期护理保险的制度框架、筹资标准、运行机制、经办管理等方面做了有益探索，初步总结形成“一四三”上海总结特色，即“一个体系、四个坚持、三个原则”①。在服务给付形式上，上海市采取服务+现金的形式，提供社区居家照护、养老机构照护、住院医疗护理三种具体服务方式，提倡选择居家和社区护理服务。上海市确定不同的老年照护统一需求评估等级，明确评估等级二至六级人员享受长护险待遇(见表 8-12)，重点先解决长期失能老年人的长期护理问题。先后印发《关于社区日间照护服务纳入本市长期护理保险试点有关事项的通知》和《上海市长期护理保险定点护理服务机构管理办法(试行)》等文件，对长期护理保险服务方式、护理机构管理等方面做出明确规范性要求。

上海市长期护理保险制度试点存在的问题：(1)筹资渠道单一，影响长期护理保险长期持续发展。目前上海市长期护理保险的筹资仅依靠医疗保险统筹基金进行划拨，随着试点范围的扩大以及老年失能人口的增多，无疑会给长期护理保险运行造成巨大压力。(2)培训机制不完善，护理人员无法充分满足长期失能人员的护理需求。上海市要求提供长期护理保险服务的人员，应当是执业护士、养老护理员、健康照护等符合条件的人员，并开展与其资格相符的工作，但这类人员无法进行长期的护理工作。(3)居家护理的护理时间较短，无法充分满足失能人员需求。根据失能人员的评估等级不同，每周上门服务的时间有 3 次、5 次、7 次之分，但每次上门服务时间仅为 1 小时，时长较短，可能无法充分满足失能人员的护理需求。

(四)青岛市长期护理保险制度试点的基本经验和问题

青岛市是我国最早开始探索建立长期护理保险制度的城市，有着丰富的试点经验，早在 2012 年，青岛市人民政府就印发了《青岛市关于建立长期医疗护理制度的意见(试行)》，正式开始了长期护理保险的试点工作，自 2016 年国务院办公厅下发《指导意见》后，青岛市结合本地实际情况不断完善长期护理保险制度体系，取得一系列效果和经验。青岛市将城镇职工和城乡居民基本医疗保险参保人员同步纳入长期护理保险参保范围，长

① 黄志诚，金辉，李成志. 上海市长期护理保险试点路径与成效初探[J]. 中国医疗保险，2021(3)：48-51.

期护理保险费用由个人缴纳、医疗保险基金划转、财政补贴等多渠道筹集（见表 8-9），重点解决完全失能人员和重度失智人员的基本生活照料和与之密切相关的医疗护理提供服务或资金保障方面的问题，为半失能人员、轻中度失智人员以及高危人群，以项目的形式提供身体机能和功能维护等训练和指导，延缓失能失智。根据失能人员多样化照护需求，为其提供专护、院护、家护、巡护四种方式，为失智人员提供长期照护、日间照护、短期照护三种服务方式。同时青岛市引入商业保险机构进行经办，引导社会力量、社会组织参与长期护理服务，护理服务形式多样化并且促进了长期护理服务产业发展。

青岛市长期护理保险制度试点存在的问题：(1) 严重依赖基本医疗保险制度，独立性差。青岛市长期护理保险制度的建立和实施特别是资金筹集尤其依赖医疗保险统筹基金，但在青岛市老年人口不断递增的情况下，长期护理保险资金的持续运行将会产生风险。(2) 城镇职工与城乡居民享受待遇存在差异，标准不统一。青岛市虽然将城镇职工和城乡居民都纳入长期护理保险的享受范围内，但是在待遇标准方面，两者还存在着差异。参保职工发生的符合规定的基本生活照料和与基本生活密切相关的医疗护理费用，报销比例为 90%；参保居民发生的符合规定的医疗护理费用，一档缴费成年居民、少年儿童和大学生报销比例为 80%，二档缴费成年居民报销比例为 75%①。

(五) 广州市长期护理保险制度试点的基本经验和问题

2017 年 7 月广州市人民政府印发《广州市长期护理保险试行办法》，开始长期护理保险的试点工作。广州市将本市职工社会医疗保险参保人员纳入参保范围，按照每人每年 130 元的标准，由职工社会医疗保险基金专户划入长期护理保险基金专户，无须个人缴费，提供机构护理和居家护理两种服务方式，不设起付线，由长期护理保险基金按机构护理 75%、居家护理 90%的比例支付，报销标准见表 8-12，以《日常生活活动能力评定量表》作为失能状态等级评定标准，对符合条件的参保人员提供含盖基本生活照料服务和医疗护理服务。由市医保办经办，商业保险公司少部分参与。据广州市人民政府公开数据显示，截至去年 6 月 30 日，广州全市累计共有 15236 人享受长护险待遇。其中，机构护理 5945 人，占 39.02%；

---

① 郭健美，寇霞，张翠萍. 长期护理保险制度“山东模式”的实践及经验分析[J]. 医学与社会，2021，34(4)：109-113.

居家护理 9291 人，占 60.98%。基金累计支付 5.06 亿元，人均每月支付 2608.94 元，符合规定的长期护理费用基金支付率为 83.23%。广州市共有长护定点机构 187 家，服务范围覆盖全市各区，机构类型有养老院 111 家、医疗机构 41 家、社区居家养老服务机构 9 家、家庭服务机构 26 家①。广州的长期护理保险制度在试点期间取得了一定成效。

广州市长期护理保险制度试点存在的问题：(1)长期护理保险参保范围偏窄②。广州市长期护理保险制度的参保人群仅限本市职工社会医疗保险参保人员，并未涉及城乡居民，如青岛、苏州等地，覆盖人群不全面。(2)精细化管理不足，评分等级粗糙③。广州市将《日常生活活动能力评定量表》评定得分不高于 40 分(含 40 分)以及经本市二级以上(含二级)社会医疗保险定点医疗机构中的精神专科医院或综合性医院神经内科诊断为痴呆症(中、重度)，且参保人员日常生活活动能力评定不高于 60 分(含 60 分)的参保人员纳入享受长期护理保险待遇的范围，但是同等级下(小于等于 40 分)不同分数的失能状态是完全不同的，同等服务待遇能满足评分为 40 分的失能人员但却很难满足评分为 10 分的失能人员。(3)筹资渠道单一，长期护理保险长期运行的可持续性差。广州市在长期护理保险资金筹集上完全依赖职工医疗保险统筹基金，面对本市老年人口急剧增加、长期护理保险服务需求不断加大的情况下，很难满足提供长期可持续性服务的要求。

(六)安庆市长期护理保险制度试点的基本经验和问题

2017 年 8 月安庆市人民政府办公室印发《关于安庆市城镇职工长期护理保险试点的实施意见》，开始长期护理保险制度试点工作的探索，2020 年进行了修订调整。根据最新调整，安庆市将长期护理保险制度覆盖范围扩大到全市职工，筹资标准提升至每人每年 40 元，其中个人缴费 20 元，地方财政补贴 5 元，医保统筹基金承担 15 元。以指定医学专家依据《日常生活活动能力评定量表》来评定失能等级，按照重度失能人员选择的护理方式选择不同的待遇支付标准(见表 8-12)。安庆市由协议护理、养老机构提供服务，接受经办机构(商业保险公司)的监督与管理，由医疗保障

① 广州先行先试长期护理保险和高龄照护商业保险[ED/OL]. http://www.gz.gov.cn/zwfw/zxfw/sbfw/content/post_6518734.html

② 原彰，李雅诗，李建国. 广州市与部分试点城市的长期护理保险制度比较研究[J]. 医学与社会，2021，34(3)：107-112.

③ 林媚. 广州市长期护理保险制度试点评估研究[D]. 兰州：兰州大学，2020.

部门负责长期监管①。经过三年多的试点，安庆市总结前期试点经验，通过扩大覆盖范围、提高筹资标准，增加保障对象，提升待遇水平等措施，极大提高长期护理保险参保人员获得感。

安庆市长期护理保险制度试点存在的问题：(1)长期护理保险覆盖范围较小。安庆市原试点文件覆盖范围仅限于“市区职工医疗保险参保人群”，2020 年修订调整后虽然扩大到全市范围，但仍然只面向城镇职工，并未覆盖到城乡居民。(2)筹资标准较其他试点城市较低，参保人员享受的待遇水平也较低。安庆市最新筹资标准为每人每年 40 元，与重庆市相差 110 元、与苏州市相差 80 元。(3)人才培养机制不健全。首先护理机构人员短缺，护理人员与被护理人员比例较大，导致护理人员工作压力较大；其次对护理人员的培训不完善，缺乏系统、规范的培训流程，现有护理人员年龄偏大且缺乏专业知识技能②。

(七)成都市长期护理保险制度试点的基本经验和问题

2017 年成都市人社局和财政局印发《成都市长期照护保险实施细则(试行)》的通知，正式开始长期护理保险的试点工作。根据 2020 年成都市下发的《关于深化长期照护保险制度试点的实施意见》，成都市长期护理保险制度覆盖城镇职工基本医疗保险参保人员和成年城乡居民基本医疗保险参保人员，主要通过个人和单位缴费、财政补助，以及社会捐助等方式筹资，相应标准见表 8-10。按照《成都市长期照护保险成人失能综合评估规范》及《成都市长期照护保险失能评估技术规范(失智)》评定失能等级，根据失能程度分为重度失能、中度失能和轻度失能。其中重度失能分为重度失能一级、重度失能二级、重度失能三级 3 个等级，长期护理待遇支付标准见表 8-12。将失能和失智人员都纳入待遇支付范围。成都市将长期护理保险的评估、待遇支付等工作交由保险公司承办，由成都市人社局进行监督。经过几年探索实践，成都市全面提升长期照护保险协议照护服务和居家上门照护服务水平，为广大失能人员提供更加优质满意的服务。

成都市长期护理保险制度存在的问题：(1)筹资体系单一，极度依赖医保基金。虽然成都市在长期护理保险筹资方面提到个人缴费，但是实际

---

① 余巧萍. 安庆市长期护理保险试点现状及路径优化研究[J]. 中国医疗保险，2020(12)：46-49.

② 潘妩. 安庆市长期护理保险制度的实践与发展研究[J]. 劳动保障世界，2020(11)：33，35.

是划转职工医疗保险个人账户的基金，从长期发展来看，无疑难以保证长期护理保险资金的安全运转。(2)专业护工人才培养不足。目前成都市护工人员普遍存在学历较低、专业能力不足等问题，这就导致长期护理机构很难有效应对失能、失智人员产生的护理需求①。(3)待遇支付以现金为主，易引发道德风险②。成都市无论是协议机构护理服务还是居家服务，待遇支付都是按照失能等级以现金形式发放给居家护理人员或协议护理机构的，这很难保证服务质量且容易引发骗保等道德问题。

(八)上饶市长期护理保险制度试点的基本经验和问题

2016 年 12 月上饶市政府印发《关于开展长期护理保险试点工作实施方案》，确定在上饶市部分地区启动城镇职工长期护理保险试点工作，2017 年扩大到全市城镇职工，2019 年上饶市人民政府印发《全面开展长期护理保险制度试点实施方案》，将全市城乡居民纳入长期护理保险试点保障范围，建立全市统一、覆盖全体城镇职工和城乡居民的长期护理保险制度。上饶市建立了医疗保险统筹基金划转、政府财政补助、单位缴费、个人缴费和社会捐助等相结合的筹资机制。2019 年起筹资标准为每人每年 90 元，其中个人缴纳每人 50 元、医保统筹基金划转每人 35 元，单位缴纳或财政补助每人 5 元，来缓解长期护理保险基金持续性问题。根据护理需求，失能人员可自愿选择自主照料、上门护理和机构内护理等其中一种服务方式，具体待遇支付标准见表 8-12。上饶市还引入商业保险机构参与经办，长期护理保险基金结余率超过 80%。居家长期护理机构增长迅速，同时在上饶市医保局的鼓励下，长期护理服务机构为实施居家护理人员提供相应的技能培训③。

上饶市长期护理保险制度试点存在的问题：(1)保险基金不持续。虽然目前上饶市长护险基金结余超过 80%，但是随着试点范围扩大、参保人数增多、老龄化的加重，保险基金的可持续性差。(2)失能等级评定标准缺失。上饶市将失能状态的评估交由保险公司来办理，缺乏体统的评定

① 杨松，王守富，黄桃，邓靖，彭美华. 成都市长期护理保险服务的供需现状与思考[J]. 卫生经济研究，2020，37(10)：34-36.

② 朱国龙，洪巍. 关于长期护理保险待遇发放监管的思考——基于成都的试点经验[J]. 上海保险，2020(11)：36-38.

③ 陈鹤，刘春语，王若愚，陈江锋. 长期护理保险受益人的满意度及影响因素研究——基于江西省上饶市调查数据的分析[J]. 中国卫生政策研究，2020，13(12)：16-22.

标准。(3)待遇支付标准有失公平①。上饶市是根据失能人员选择的护理方式来提供相应的待遇支付标准，而不是依据失能程度。(4)专业护理供给不足②。目前从上饶市的实际情况来看，护理人员存在数量少、年龄大、专业化程度低等问题，这势必难以满足上饶市逐渐扩大的长期护理服务需求。

五、各试点省市的长期护理保险制度存在的主要问题

由于我国长期护理保险制度的建设还处于探索阶段，随着试点的扩大，在取得一定成就的同时也暴露出一些问题。

(一)覆盖范围过窄

在我国长期护理保险制度试点城市，大部分地区还只是将城镇职工医疗保险参保人员参入覆盖范围，只有一些经济较发达或长期护理保险探索时间较长的地区，才将城镇居民以及城乡居民一同纳入长期护理保险覆盖范围。但是农村地区以及一些非医疗保险参保人员的数量和需求也不容忽视，并且这部分人群因收入水平不高，加上如今农村地区年轻人纷纷外出，农村老年人口特别是因病瘫痪无法生活自理的失能人群居家无人照护，相较于城镇职工，他们更需要长期护理服务。同时有的试点城市还对年龄做出了限制，如上海市规定60周岁及以上的城乡居民基本医疗保险参保人员才被纳入覆盖范围，大部分城市主要将重度失能人员纳入待遇支付范围，仅有少数城市如青岛市等将失智人员同样纳入支付范围。

(二)筹资依赖性强，持续性差

虽然各试点城市都在探索多渠道筹资，明确规定由政府财政补助、个人缴费、单位、社会公益捐助等共同筹资，但是在实践中并未得到很好落实③。目前各试点城市长期护理保险的筹资均依靠医疗保险统筹基金作为重要渠道，但是随着长期护理保险范围扩大、需要护理的失能人数增多，未来长期护理保险的持续运行势必成为一个难题。

---

① 刘清岚，缪灵，金城宇．长期护理保险基金实施管理的问题及对策研究——以试点地区江西省上饶市为例[J]．市场周刊，2020(5)：127-128.

② 古梦溪．上饶市长期护理保险调研报告[D]．南昌：江西财经大学，2020.

③ 汪之羽，张梓楠，刘妍．长期护理保险实施现状与发展模式优化研究[J]．现代金融，2021(4)：15-18.

（三）失能等级标准认定不规范

2020年9月国家医保局与财政部共同印发的《指导意见》指出，经医疗机构或康复机构规范诊疗、失能状态持续6个月以上，经申请通过评估认定的失能参保人员，可按规定享受长期护理保险服务待遇。但是并没有规定统一的失能等级评定和护理服务等级评定的标准，试点期间各试点城市均是各自进行不同的摸索尝试。在首批15个试点城市中，大部分城市选择使用《日常生活活动能力评定量表》（Barthel指数评定量表）作为老年人失能状态等级的评估标准，也有个别城市选择自行制定评估标准，如荆门市。但是各标准的失能等级评定都不够细致，仅仅将其分为轻中重三种级别不能满足日益增长的失能老人长期护理需求①。

（四）待遇支付标准差异较大

由于《指导意见》并未明确规定长期护理保险的待遇报销标准，因此各试点城市各不相同。一方面，各试点城市的待遇差异较大，有的是定额报销，有的是根据护理形式的比例报销，但是不同城市的报销数额每人每天10~120元不等。另一方面，有的城市保障待遇的公平性不强，在我国传统养老观念的影响下，长期失能老人大多会选择居家护理，但是在城市选择机构护理的报销额度要高于居家护理，但是从选择机构护理的群体失能程度不一定重于选择居家护理的群体②。

（五）护理队伍建设不足，服务质量不高

首先，长期护理人员数量较少。随着需要长期照护的老年失能人口不断增多，对护理人员的需求也大量增加，但是目前专业护理人员的数量仍不足以充分应对失能人员的长期照护需求，同时非正式护理人员的培训力度不足，数量也较少③。其次，长期护理人员尤其是居家护理人员大多呈现年龄偏高、专业化低、待遇较低等的特征，很难同时充分满足失能人员日常生活照料和基本医疗护理需求，也很难吸引高质量护理人才。最后，

---

① 王丽荣，田珍都. 我国长期护理保险制度存在的问题与完善建议[J]. 社会治理，2021（4）：59-65.

② 王丽荣，田珍都. 我国长期护理保险制度存在的问题与完善建议[J]. 社会治理，2021（4）：59-65.

③ 王雪琪. 我国长期护理保险制度试点经验及其对河南的启示[J]. 海峡科技与产业，2020，33（12）：107-109.

服务项目结构不合理。各试点城市依据《指导意见》提供日常生活照料以及基本医疗护理服务项目，但是在实际操作中服务项目侧重医疗护理，选择居家护理方式则难以实施，对于失智人员缺乏系统的服务项目，另外对于心理疏导、精神预防方面的项目涉及较少①。

（六）社会经办机构服务供给能力有待提高

《指导意见》提出引入社会力量参与长期护理保险经办服务，充实经办力量。目前各试点城市大多采用商业保险公司来经办长期护理保险相关工作，如成都市通过公开招标方式将长期护理保险政策宣传与咨询、长期失能人员待遇与服务方式的确定、照护费用结算等工作委托给商业保险公司等机构。但目前在我国商业性长期护理保险仍处于摸索起步阶段，一方面，保险公司所提供的服务主要是现金给付，服务方式比较单一，难以满足失能人员多样化个性化的服务需求；另一方面，在公私合作的服务供给环节，为实现利润最大化的目标，社会经办机构往往会降低服务质量来降低成本，甚至出现套取长期护理保险基金的不法行为②。

六、我国长期照护服务补贴政策

此外，国务院和部分省市提出并制定了一些切实可行的政策措施。如国务院发布了《加快发展养老服务业的若干意见》。此外，为解决失能老人的长期照护费用不足的问题，北京、上海等地的商业保险公司开发了多种商业性长期护理保险。上海、天津、浙江、黑龙江等省份已经开始制定老年人长期护理补贴和养老服务补贴等方面的政策（见表 8-13、表 8-14）。一方面在经济上对失能老人进行补偿，减轻失能家庭的经济负担；另一方面通过养老服务券的形式提供长期照护服务，刺激长期照护服务的供给，满足老年人的需求。青岛市于 2012 年在国内实施长期医疗护理保险制度。《关于建立长期医疗护理制度的意见（试行）》通过从基本医疗保险统筹金和个人账户进行集资，青岛市财政每年从福彩公益金划转 2000 万元到城镇居民护理保险基金。2012 年作为启动年另外划拨 1 亿元作为启动资金。在定点护理机构接受医疗护理、居家接受医疗护理照料的参保人，护理保

① 杨桂彬，谢宏忠. 我国长期护理保险制度试点服务项目的比较分析——基于上海、南通、青岛三个城市的比较[J]. 西安建筑科技大学学报（社会科学版），2020，39（3）：35-41，71.

② 张宁. 公私合作视角下我国长期护理保险运行机制研究[J]. 农村经济与科技，2021，32（2）：146-147，151.

险基金支付96%。患者实际年均医疗护理消费22000元左右，但个人只需支付1000元左右。

表8-13　我国部分省市老年护理补贴制度建立情况

省份	文件	补贴范围和标准	发放方式	资金来源
天津	《关于对困难老年人增加居家养老护理补贴的意见》(津民发〔2012〕67号)	经过评估，符合轻度、中度和重度照料等级的老年人，分别给予每人每月50元、50元和200元居家养老护理补贴。居家养老护理补贴可与现行居家养老服务补贴合并使用	居家养老服务代金券	市和区县两级财政按1：1承担
黑龙江	《关于建立贫困失能老人护理补贴制度的通知》(黑政办发〔2013〕4号)	具有本省户籍且年龄在60周岁以上的城乡低保、低收入家庭失能和半失能老人。标准为：低保家庭失能老人每人每月150元、半失能老人每人每月100元；低收入家庭失能老人每人每月100元、半失能老人每人每月50元	社会化发放	通过同级财政预算或本级福利彩票金
上海	《关于全面落实2008年本市养老服务工作的意见》(沪民福发〔2008〕5号)	经评估，照料等级“中度”“重度”的，分别给予每人每月100元、200元专项护理补贴。80周岁及以上另加专项护理补贴，即“中度”每人每月50元，“重度”100元	服务券	市、区两级财政，市、区两级福利金
浙江	《关于印发浙江省养老服务补贴制度实施意见的通知》(浙民福〔2012〕81号)	低收入的失能、失智、高龄、独居等养老困难老年人。标准：低保家庭中的失能老人，入住养老机构的，每人每年补贴不低于12000元，居家接受养老服务的，每人每年补贴不低于4800元；其他对象的补贴标准由各地政府确定	由政府向养老机构或者从事居家养老服务的企业或组织购买服务，由后者为补贴对象提供服务	省、市、县三级财政

资料来源：中国老龄科学研究中心统计资料。

政策的支持同时也体现在养老补贴上。《中华人民共和国老年人权益保障法》修订后，建立老年人高龄津贴、养老服务补贴、护理补贴制度已纳入法律规定，各省份老年人相关补贴制度陆续落实。截至 2019 年，高龄津贴制度已实现全国省级层面全覆盖；30 个省级行政区建立了养老服务补贴制度；29 个省级行政区建立了老年人护理补贴制度。相关补贴制度能够降低经济困难的高龄、失能老人的养老负担，提升其支付能力。

表 8-14 我国部分省级行政区养老护理补贴政策

省市	政策内容
北京	北京市制定了支持居家养老服务发展的十项措施，涉及养、保、住、用、餐、医、药、救、补、享等十个方面，在补贴方面，对符合条件的经济困难的高龄、失能、失独等特殊困难老年人给予居家养老服务补贴
上海	2017 年 4 月 1 日起，上海不同照护等级的养老服务补贴实行统一服务单价，按照 20 元/小时执行
浙江	一类补贴对象的养老服务补贴标准，入住养老机构的，每人每年补贴 12000 元；居家界守养老服务的，每人每年补贴 48000 元
四川	民办机构新增创维每张政府资金补助平均不低于 1.1 万元，维护改造公办养老机构床位每张政府资金补助 0.5 万元

数据来源：根据网络公开资料整理。

第三节 国外长期照护服务的基本经验

一、去机构化“就地养老”成为欧美国家的普遍共识

二战以后西欧和北欧的一些国家如荷兰、英国、瑞典等都曾出现福利国家化的潮流，强调以“养老机构照护”解决老年人和失能者的照护需求，体现国家的责任和福利。例如荷兰在 20 世纪 80 年代社会福利制度改革以前，各类养老机构承担着 10%以上的老年人和失能者的长期照护服务。实践证明，特别是经过 20 世纪 70 年代的经济危机后，欧美国家逐渐认识到养老机构照护的诸多弊端。首先，养老机构照护成本高昂，老年人及其家庭不堪重负，甚至国家财政或社会保险难以承受。其次，养老机构对老

人来说是一个不同于家庭的新的陌生环境，容易使老年人产生心理压力和负担，不利于老年人的心理健康。由此，欧美国家逐渐意识到发展居家和社区养老，实现“就地养老”的优越性，去机构化成为欧美国家的首选。例如日本提出“正常化”“在地老龄化”的养老理念，通过住宅改造、无障碍设计、社区日常照护中心提供长期照护服务，尽量让老年人“就地”养老，实现正常人的生活。

二、重视社区居家照护服务和家庭照护服务的供给

欧美国家越来越重视居家社区照护服务。老年人更倾向于在自己熟悉的社区养老；能够充分利用家庭资源和社区资源，降低各种成本。例如美国 1996 年长期照护服务支出为 518 亿美元，其中居家社区长期照护服务支出占 21%；但到 2006 年总计 993 亿美元的长期照护服务支出中居家社区照护的比重上升到 39%。其他欧美国家机构照护的比重也逐渐呈下降趋势。

欧美国家也越来越重视家庭内部长期照护服务的供给，同时从政策上给予支持。家庭内部的长期照护，首先可以降低照护服务供给的成本，同时因为照护者与被照护者之间固有的情感联系，有利于被照护者的心理健康，这是相对于社会化和市场化的照护服务的一个天然的优势。以德国长期照护保险的支付为例，保险受益的老年人选择居家照护的占 68%。在居家照护中家庭成员提供照护，长期照护保险支付现金补贴的占到了 72%，选择社会化机构上门服务的只有 13%。德国出台了一系列的政策措施对居家照护予以支持：为家庭照护服务提供者免费培训、照护咨询，为其提供工伤和事故保险，养老保险的缴费补贴，以及每年四周的休假等①。

三、建立了严格的长期照护服务需求评估机制

发达国家实施科学的需求评估标准体系。美国对老年人进行专门的“综合失能评估”，对老年人的健康诊断、用药状况、康复状况、社区支持、是否合适入住照护机构五个方面进行日常生活能力综合评估，从而确定老年人是否应该入住专门的老年照护机构，或者居家照护，并提出有针对性的建议。英国的“健康照料咨询服务”机构提出，对所有居家照护的

① Mary Jo Gibson, Donald L Redfoot. Comparing Long-Term Care in Germany and the United States: What Can We Learn from Each Other? [J]. AARP Public Policy Institute, 2007.

老年人进行生理和心理状况评估，以便为老年人提供合适的照护服务。在需求评估“精细照护”理念的指导下，一些国家长期照护病床的需求总量降低了1/4左右。

四、形成了较为成熟的长期照护服务筹资和支付模式

欧美国家长期照护服务的筹资模式体现了福利多元主义的理论观点，即长期照护服务资金由个人、国家、企业等分别承担。目前，欧美国家主要有两种比较成熟的长期照护服务筹资模式(参见本章第二节之二)。一是日本为代表的长期护理保险制度。日本护理保险的纳保对象分为第一号被保险者：65岁以上的所有人；和第二号被保险者：40~64岁加入医疗保险的人。日本的护理保险总费用中一般由个人负担10%，其余90%的费用中，公费和保险费各占一半。公费部分，由国家负担25%，都道府县负担12.5%，市町村负担12.5%。保险费部分，由第一号被保险者负担20%，市町村直接从养老金中定期扣除；第二号被保险者负担30%，连同医疗保险费用一并缴纳。各类护理服务分别规定使用上限额度，超过部分需个人承担。二是美国为代表的传统养老救助制度。主要对象为失能或半失能的贫困老年人，通过发放长期照护服务补贴，或资助长期照护服务机构对他们提供服务。美国的长期照护服务主要有四种类型：(1)护理院。主要为生活不能自理的老人提供24小时护理照料。2012年，美国共有160万人居住在1.8万个护理院，人均年支出57000美元，所有护理院支出930亿美元，其中60%为联邦和州政府支出，27%由个人支付，12%由第三方私立机构(商业保险公司)支出，1%由慈善等机构支出。(2)生活辅助设施。主要是进行日常生活看护服务的长期照料，老年人在生活辅助设施里的费用大部分自理。(3)居家照料。分为专业性服务和非专业性服务，其中专业性服务费用的32%通过医疗保险解决。(4)日间照料。服务费用大多由老年人自付。

五、建成了严格的长期照护服务质量监控体系

欧美国家普遍重视长期照护服务质量的监督。但在监管责任的执行上，各国的做法不尽一致。英国的质量监管是由一个准政府性质机构执行，强调对国家标准的遵守，同时允许各地自行新增制定质量标准。澳大利亚对机构照护的质量检查也是由准政府机构开展，政府负责审核批准服务提供者接受联邦资金的资格。德国将合同履行作为质量保障的主要原则，对长期照护服务的质量监控依赖于非营利性组织。日本除政府监管

外，还在尝试第三方评估，比较重视员工培训和非正式的质量保障机制，美国依赖于推动服务的专业化和信息化，通过对服务提供者频繁的检查和评估来确认服务的质量。

第四节　我国长期照护服务的典型模式

针对我国不同地区的养老模式，本书结合各地的具体案例进行了总结，包括各类探索中的养老创新模式。目前，家庭养老、机构养老和社区养老是我国养老的三种基本模式，以家庭养老为基础、社区居家养老为依托、机构养老为补充的养老格局正在逐步形成。而在具体实践中，以几种基本模式为基础，经过拓展和延伸，出现了虚拟养老、医养融合养老、居家养老+社区养老服务+社区医疗服务模式、智慧社区、互助养老、人工智能养老等供需耦合程度较高，实施效果较好的养老模式。

一、居家养老与社区服务相结合模式

浙江省金华市对农村居家养老照料中心的养老模式进行探索，在养老地点的规划选择方面，一是选择老人多的中心村和规模较大的村建设居家养老照料中心，再逐步推向一般的村和规模较小的村；在养老服务对象的选择方面，首先保障高龄、空巢、丧偶、贫困等困难老人的养老需求，进而推广到满足年龄但年龄相对较小的一般老人；在养老服务的具体操作方面，按照统一政策、分级实施，统一规划、分步推进，统一标准、分级建管，统一功能、分类服务，统一资源、分工协作、坚持合理化布局、坚持标准化建设、坚持多样化服务、坚持社会化运作的路径实施。例如浙江省金华市金东区以“保基本、广覆盖、可持续”为主要思路，采用统一照料、分散居住相结合的模式推行农村居家养老服务中心建设；在服务中心的服务功能上，采取“日间统一照料、夜间分散居住”相结合的模式。二是在服务中心的布局运营上，实行“中心较大村统一布点、边缘较小村分餐配送”的运营模式。目前全区已建成养老照料中心 288 家，服务老年人 4 万余人，覆盖全区 2/3 的老年人口。在家庭养老面临巨大现实压力，机构养老模式难以广泛覆盖的现实情况下，金华市金东区的居家养老+社区服务的统分结合模式符合国情实际，较好地实现了“保基本、广覆盖、可持续”，具有普适性和可操作性。

二、智慧社区模式

四川省攀枝花市基于天翼网络与天翼手机间特有的移动定位技术，结合电子地图，将养老服务延伸到社区，使老年人足不出户也能享受到无微不至的关怀。这种智慧社区的模式可以实时监测老人的活动和居住环境状况，系统能够针对室内环境和老人的异常状况(行为)自动报警；能够自动生成老人的行为档案，支持远程实时查看老人的轨迹和位置信息及身体状况，支持老人通过互联网与外界的实时视频互动，为远程的亲友交流和健康咨询提供了便利。

“上海老了吧”公司应用O2O线下整合+线上平台，通过科技智能手环与移动终端使老人与家属无缝对接，能使家属第一时间了解老人的状况，建构融“养老、养生、养心、养性”于一体的互联网智能养老产业链，为不同需求的老人提供家政、医疗、出行等便利服务。湖北侨亚集团创建了集机构、社区、居家养老为一体的武汉侨亚颐乐园老人村，将传统专业机构养老服务与现代科技信息技术相结合，推动机构养老现代化、社区养老智能化、居家养老信息化的“三化”养老服务体系。

三、医养融合模式

江苏省南京市近年来指导社区卫生服务机构与养老机构负责人现场对接，签订“医养融合”服务协议，通过采取社区卫生服务中心团队与养老机构对接的服务方式，在养老机构全面推广“医养融合”的养老模式，按照紧密结合模式、巡诊服务模式、指导服务模式提供卫生保健服务。和泰银龄(北京)科技发展有限公司运用互联网、物联网等高科技手段和大数据平台，创新性地打造养老服务医养护O2O模式，实现移动医疗、社区服务和养生养老相结合的商业模式。已在北京市朝阳区、海淀区、东城区、西城区及丰台区、上海市闵行区设立近20个居家养老服务站、日间照料中心、养老公寓，服务近5万老人。

四、虚拟养老院模式

虚拟养老院是一座“没有围墙的养老院”，最早是由苏州市沧浪区区政府、区民政局自2007年10月正式提出，由居家乐服务中心实体运营。由政府建立一个信息服务平台，当老年人有服务需要时，拨一个电话给信息服务平台，信息服务平台就会按照老年人的要求，派服务企业员工上门为老年人提供服务，同时对服务质量进行监督。虚拟养老院实现了居家养老专业化，能够实现降低政府养老成本、减轻子女养老负担、提高老人生活质量、促进养老产业发展。和传统养老方式相比，“虚拟养老院”投资少，服务范围大，老人不必住在养老院中被动接受服务，在家就可以挑选、享受专业化的养老服务。老人从心理上完全能够接受，更具安全感。由于虚拟养老院的规模化运作大大降低了运营成本，它必将成为今后老年人养老的一种新的趋势。

五、人工智能养老模式

人工智能养老是人工智能与养老服务相结合而形成的一个新领域，养老服务模型、领域知识模型和养老对象模型是人工智能养老的核心。

在人机互动模式下，通过老人行为信息、身体及情绪状况可反馈其养老服务需求。人工智能养老建立在大量的养老场景数据基础之上，可有效应对人口老龄化给带来的照护人员短缺问题，在生活照料、医疗护理、精神慰藉及紧急救助等方面高效服务老年人，提高老年生活质量。人工智能产品涉及智能开关、智能灯光、智能家居、扫地机器人、智能电器、机器人医生、智能护理机器人、智能穿戴设备、陪伴机器人、智能疾病监测等应用场景。可以帮助老年人完成洗衣、穿衣、吃饭、购物、扫地等生活照料服务，健康知识咨询、康复指标检测、身体指标检测、身体护理等医疗护理服务，心理咨询、聊天、爱好、交友、与子女联系等精神慰藉服务，自动报警、远程监控及可穿戴设备的开启与关闭等紧急求助服务。

六、互助养老模式

互助养老是老年人之间互相帮助实现生活自理的养老模式，其实质是一种新型的社区养老模式。河北省肥乡县探索出“村级主办、互助服务、群众参与、政府支持”的农村社会互助养老新模式，较好解决了老人的生活照料、精神慰藉、文化活动等需求问题，既体现传统居家养老习俗，又促进了家庭和睦。“村级主办”就是村委会利用集体资金、闲置房产或租用农户闲置房产设施，村集体量力而行地承担水、电、暖等日常运转费用。“互助服务”就是由子女申请、老人自愿入住，衣、食、医由本人和子女保障。院内老人年轻的照顾年老的，身体好的照顾身体弱的，互相帮助、互相服务，共同生活。“群众参与”就是由村集体组织、动员和鼓励村民、社会力量和志愿者，特别是外出经商“成功人士”回报乡亲，为互助幸福院提供经济支持或服务。“政府支持”就是由各级政府从政策、基础设施建设、资金、管理培训等方面给予支持、指导。互助包括老人间的互助、志愿者互助、“时间储蓄”为载体等三种互助养老服务模式；此外互助养老也可分为居家型和集中居住型，居家型互助养老指参与互助的老人居住在自己家中，由其他老人提供上门帮助的养老形式；集中居住型互助养老是指老人居住在特定的场所中，老人在共同的生活中实现互助。

七、嵌入式养老模式

嵌入式养老模式是将养老机构与社区有机融合在一起，是以社区为载体，以资源嵌入、功能嵌入和多元运作方式嵌入为理念，在社区内嵌入一个市场化运营的养老机构，整合周边养老服务资源，为老年人就地养老提供专业化、个性化、便利化的养老服务。国内的武汉、上海、北京、合肥等城市采用嵌入式养老模式取得了良好的效果，有效地克服了社区居家养老面临着个性化、专业化养老服务能力不足；机构养老面临着老年人情感慰藉的缺失的问题，让老年人在家门口就可以享受到专业化的养老服务，还维系了老人们原有的社交圈和生活圈。

第五节　我国长期照护服务存在的主要问题

长期照护服务是人口结构快速老龄化过程中出现的新需求新问题，目前存在的主要问题是缺制度、缺钱、缺人力、缺资源、缺服务。具体表现为老龄服务管理体制机制不完善，顶层设计不完善，缺专门的统一的长期照护服务规划，无统一的长期照护服务管理机构；无长期照护服务的政策制度和法律条文；政府责任边界不清晰，长期照护服务中的公共服务、公益性服务和经营性市场化服务的划分不明确，长期照护事业和产业的关系没有理顺；急需建立健全以长期护理保险为核心的有效长期照护服务费用筹集渠道，长期照护服务的相关产业尚未形成；从事长期照护服务的人员队伍、长期照护服务机构及设施缺口较大。

一、长期照护服务保险制度政策和规划尚不够完善

长期护理服务是针对失能半失能老人(包括失智老人)，由于身体机能下降和疾病增多而导致生活不能完全自理的一种生活照料与康复护理服务，由于失能导致生活不能自理，会产生个人风险、家庭风险和社会风险，因此可以采取家庭照料、社区照料和机构照料等形式。长期护理服务的主要对象是失能半失能老人，服务内容是生活照料与康复护理，而不是普通的养老服务或医疗服务。需要对长期照护服务与医疗服务和社会生活

服务的内涵加以区分。长期照护服务虽然是养老服务的一部分，但是与养老服务相比有其特殊性，如果强调以居家为基础则要充分考虑家庭照护者的时间、精力及照护的机会成本，鼓励非正式照护需要配套的政策支持①，同时要根据照护需求制订规划，避免造成养老床位等公共资源的浪费②。另外我国长期照护服务政出多门，民政部门负责失能半失能老人的社会救助，忽略医疗服务；而卫生健康部门则负责医养结合服务能力的提升，忽略生活照料及其他服务，导致长期照护资源整合困难③。

习总书记强调要建立“相关保险和福利及救助相衔接的长期照护保障制度”。保险和救助主要用于筹资，而福利主要强调服务。长期照护保障制度要兼顾资金保障和服务保障。我国人口老龄化中长期规划提出“以居家为基础、社区为依托、机构为补充，医养相结合”的指导思想。

（一）长期照护保险制度尚未正式实施

建立长期照护保险的主要目的就是要将长期护理保险于医疗保险区别开来，缓解医疗保险的压力，降低医疗保险的成本。长期照护保险应是一项独立的社会保险制度。但是我国的长期照护服务保险尚处于试点过程中，大部分试点城市的长期照护保险依托于医疗保险，长期护理保险资金大部分来源于医疗保险资金，这种做法加大了筹资风险，也增加了医疗保险的负担。因此长期照护保险制度的性质、针对的主要人群、筹资机制、政府责任、服务质量评估和监管等，都需要有清晰的制度设计。目前我国长期照护服务的长期护理保险制度正在试点过程中，尚未正式出台。2020年我国试点地区的长期护理保险参保人数 10835. 3 万人，享受待遇人数 83. 5 万人，覆盖面较小。

（二）长期照护方面的社会福利和社会救助的力度和覆盖面较小

涉及失能老人的社会福利和社会救助方面，我国的护理津贴和养老服务补贴覆盖面较小(见表 8-15)，分别只有 66 万人和 516 万人，高龄津贴的覆盖面较大，有 2963 万人，但是与我国 2. 64 亿的 60 岁以上老年人口基数相比，只有 11%。社会救助方面，尚没有专门针对老年人的政策规定。

---

① 王莉，王冬. 老人非正式照护与支持政策——中国情境下的反思与重构[J]. 人口与经济，2019(5)：66-77.

② 杨团. 中国长期照护的政策选择[J]. 中国社会科学，2016(11)：87-110，207.

③ 王越，王静丹，周辰宇，等. 我国医养结合养老服务中多元协同参与的思考[J]. 医学与社会，2019，32(12)：61-64.

表 8-15 2010-2020 我国社会福利和社会救助资金投入情况一览表

类别		单位	2010	2011	2012	2013	2014	2015	2016	2017	2018	2019
社会福利	高龄津贴	惠及人数(万人)	——	——	——	——	——	2355. 1	2355. 4	2682. 2	2972. 3	2963. 0
	护理补贴	惠及人数(万人)	——	——	——	——	——	26. 5	40. 5	61. 3	74. 8	66. 3
	养老服务补贴	惠及人数(万人)	——	——	——	——	——	257. 9	282. 9	354. 4	521. 7	516. 3
社会救助	城市最低生活保障	总支出(亿元)	524. 7	659. 9	674. 3	756. 7	721. 7	719. 3	687. 9	640. 5	575. 2	519. 5
		惠及人数(万人)	2310. 5	2276. 8	2143. 5	2064. 2	1877. 0	1701. 1	1480. 2	1261. 0	1007. 0	860. 9
		平均人均支出(元)	3014. 4	3451. 2	3961. 2	4476. 0	4932. 0	5413. 2	5935. 2	6487. 2	6956. 4	7488. 0
	农村最低生活保障	总支出(亿元)	445. 0	667. 7	718. 0	866. 9	870. 3	931. 5	1014. 5	1051. 8	1056. 9	519. 5
		惠及人数(万人)	5214. 0	5305. 7	5344. 5	5388. 0	5207. 2	4903. 6	4586. 5	4045. 2	3519. 1	3455. 4
		平均人均支出(元)	1404. 0	1718. 4	2067. 8	2434. 0	2777. 0	3177. 6	3744. 0	4300. 7	4833. 4	5335. 5

资料来源：根据民政部、国家统计局网站数据整理。

（三）对社区居家照护服务和家庭内部照护服务供给的政策关注度不足

从长期照护服务的发展趋势看，因为机构照护成本高昂，与家庭的情感沟通问题较难满足，长期照护服务去机构化的趋势越来越明显，家庭照护和社区居家照护越来越受到重视。但是在社区居家服务方面，由于医疗卫生政策上的障碍，导致社区基本医疗卫生服务的可及性较差，不能满足居家照护的需求，养老资源难以进入居家社区照护亟须的服务项目中。

家庭养老一直是我国最重要的养老模式。第四次全国城乡老年人生活状况调查的数据显示，需要照护的老年人中有95%左右能够获得照护，但是提供照护的主体并不是机构照护，也不是社会化的或市场化的社区及居家照护，而是家庭内部成员提供的照护。数据显示，在照护服务提供中，配偶提供的比重最高，超过了40%，其次是儿子和儿媳，两者也占到了40%，女儿提供的比重也在10%左右。再加上孙子女以及其他家属，家庭内部成员提供的照护服务已经占到了95%以上。其他所有的家庭外部的服务提供，包括养老照护机构、社区、家政服务等，全部加起来占了不到5%。但是目前我国长护服务供给的政策并不涉及家庭内部的提供，大量财政补贴进入机构照护服务以及社区日间照料中心上，政策支持和保障也主要在机构照护上①。

（四）缺乏专门的统一的长期照护服务规划

在政府的规划方面，我国正处于十三五规划总结和十四五规划制定的衔接期，国家以及各地出台的规划主要涉及养老服务的规划，缺专门的统一的长期照护服务规划. 老龄服务管理体制机制不完善，顶层设计不完善，尚无统一的长期照护服务管理机构；无专门的长期照护服务政策制度和法律条文；长期照护服务公共服务、公益性服务和经营性市场化服务的划分不明确，政府涉及长期照护服务的具体责任边界不清晰。

二、缺少对长期照护服务对象的评估工具及配套管理办法

公共财政支持长期照护服务的基础性前置工作就是对失能失智老人生活自理能力的评估，对机构及家庭照护能力的评估，对长期照护服务质量的评估，对长期照护服务人员专业能力的评估和培训等。因此需要这些方

① 王震. 我国长期照护服务供给的现状、问题及建议[J]. 中国医疗保险，2018(9)：26-30.

面的一系列有效的实操性的评估工具。目前缺乏针对失能失智老人的自理能力、长期照护服务质量、机构及家庭照护能力、长期照护服务人员等方面的一系列有效评估工具。一些非失能失智的老年人占据了照护资源，导致真正需要长期照护服务的老年人无法获得服务①，有医保报销权力的医院长期照护床位紧缺，而养老机构的长期照护床位则出现大量闲置。许多试点城市以日常生活活动能力(ADL)40 分以下作为长期照护服务准入标准②，划分过于粗糙，且忽略心理健康及社会适应性。目前上海市已于 2018 年 1 月发布全国首个“老年照护等级评估”地方标准，即《上海市老年照护统一需求评估及服务管理办法》，设定了生活自理能力、认知能力、情绪行为和视觉四大参数，作为今后上海市老年人是否有照料的需求以及应该匹配何种服务来作为评判依据。国家民政部也于 2019 年 8 月发布了《关于开展老年护理需求评估和规范服务工作的通知》，将老年患者护理需求分为 5 个等级，针对评估结果和实际情况提供相应护理服务。但是仍然缺乏长期照护服务质量评估工具以及家庭照护能力评估工具，无法准确制定政策；缺乏长期照护服务需求人数的检测工具，无法准确进行资源配置；缺乏照护人员的服务规范及认证标准。

三、长期护理服务资金筹措能力不足

长期照护服务作为人力投入密集型行业，难以实现技术对劳动的替代，单位劳动生产率较难提高，人工成本越来越高，总成本也越来越高。导致长期照护服务成本费用高昂且增长速度快，特别是较高的人力成本，成为制约长期照护服务供给的大难题。因此需要政府、社会、个人和家庭共同筹集资金，实现长期照护服务的持续稳定高质量供给。

(一)公共财政对长期照护服务等公共服务的支持力度较小

一直以来经济发展是政府的中心工作，也是政府行政效率和绩效考核的重点。对养老服务等社会问题、民生问题的关注相对较少。政府的财政资金投入经济建设领域既可以促进经济增长，也可以增加税收收入；而投入长期照护务等公共服务的供给上，很难见到显而易见的经济效益。以分税制为核心的财政体制改革以后，很多重要的公共服务都是由地方政府提

① 杜鹏，纪竞垚. 中国长期照护政策体系建设的进展、挑战与发展方向[J]. 中国卫生政策研究，2019，12(1)：29-34.

② 杨菊华，王苏苏，杜声红. 中国长期照护保险制度的地区比较与思考[J]. 中国卫生政策研究，2018，11(4)：1-7.

供，农村的基层财政开支则采用一事一议制，这就极大地削弱和限制了地方政府对长期照护服务的资金投入。因此地方政府的公共财政用于长期照护服务等公共服务支出是相对薄弱的，特别是在农村地区更是非常缺乏公共财政的支持。

(二)社会保障资金投入难以支撑长期照护服务成本

从我国老年社会保障资金投入的实际情况看，2020 年，我国长期护理保险试点地区参保人数 10835. 3 万人，享受待遇人数 83. 5 万人。2020 年基金收入 196. 1 亿元，基金支出 131. 4 亿元。长期护理保险定点护理服务机构 4845 个，护理服务人员数 19. 1 万人。与长期照护服务相关的医疗保险、养老保险等方面：2020 年我国城镇职工医疗保险参保人数 3. 45 亿人，年人均医疗保险赔付 3734 元；城乡居民医疗保险参保人数 10. 17 亿人，年人均赔付 803 元。2020 年我国城镇职工养老保险参保人数 5. 12 亿人，年人均养老金支出 11216 元；城乡居民养老保险参保人数 5. 42 亿人，年人均养老金支出 622 元。城市低保惠及 861 万人，平均人均支出 7488 元；农村低保惠及 3455 万人，平均人均支出 5336 元。可见，保障额度最高的城镇职工每年获得医疗保险与养老保险资助之和约为 14950 元，城乡居民的医保与养老保险支持额度之和为 1425 元，尚不足以支付长期照护服务费用(见表 8-16、表 8-17)。

(三)构建多元化的长期照护服务筹资渠道不够完善

2016 年发布的《关于开展长期护理保险制度试点的指导意见》提出，长期照护的资金筹措包括个人负担、财政补助、医保统筹余额划转及社会捐赠四种方式，从各地试点的效果看，不同地区在四种筹措方式上的侧重并不一样，造成不同地区长期照护服务体系建设的不同效果。长期照护服务本质上是一种基本公共服务、公益性服务和市场化服务兼而有之的服务类别，资金筹措直接关系到长期照护服务的性质，即公共化与市场化的问题；是否应该走向完全市场化，需要统一的筹资方式予以明确。从长期照护服务的性质出发，统一资金筹措的标准涉及服务提供者、服务使用者、服务购买者，以及三者之间的关系。要根据长期照护的福利性程度来划定筹资标准，在科学评估服务需求、家庭支付能力、企业负担能力及政府调控水平的基础上，确定长期照护服务福利性与市场性的平衡最优解，从而统一筹资标准。

表 8-16 2010—2020 我国社会医疗保险资金投入情况一览表

项目		2010	2011	2012	2013	2014	2015	2016	2017	2018	2019	2020
城镇职工医疗保险	基金收入(亿元)	3955	4945	6062	7062	8038	9084	10273	12278	13538	15845	15732
	基金支出(亿元)	3268	4018	4869	5830	6697	7532	8287	9467	10707	12663	12867
	参保人数(万人)	23735	25227	26486	27443	28296	28893	29532	30323	31681	32925	34455
	年人均赔付(元)	1377	1593	1838	2124	2367	2607	2806	3122	3379	3846	3734
城乡居民医疗保险	基金收入(亿元)	354	594	877	1187	1649	2109	2811	5653	6974	8575	9115
	基金支出(亿元)	267	413	675	971	1437	1781	2480	4955	6285	8191	8165
	参保人数(万人)	19528	22116	27156	29629	31451	37689	44860	87359	89741	102483	101676
	年人均支出(元)	137	187	249	328	457	473	553	568	700	799	803
新型农村合作医疗	基金收入(亿元)	1308	2048	2485	2973	—	—	—	—	857	—	—
	基金支出(亿元)	1187	1710	2409	2908	—	—	—	—	818	—	—
	参保人数(万人)	83600	83200	80500	80200	—	—	—	—	13038	—	—
	年人均支出(元)	142	206	299	363	—	—	—	—	628	—	—

资料来源：根据国家医疗保障局、国家统计局网站数据整理。

表 8-17　2010—2020 我国社会养老保险资金投入情况一览表

项目		2010	2011	2012	2013	2014	2015	2016	2017	2018	2019	2020
城镇职工养老保险	基金收入(亿元)	——	——	——	22680	25310	29341	35058	43310	51168	52919	43972
	基金支出(亿元)	——	——	——	18470	21755	25813	26768	38052	44645	49228	51189
	参保人数(万人)	25707	28391	30427	32218	34124	35361	37930	40293	41902	43488	45638
	年人均支出(元)	——	——	——	5733	6375	7300	7057	9444	10655	11320	11216
城乡居民养老保险	基金收入(亿元)	——	40	1829	2052	2310	2855	2933	3304	3838	4107	4770
	基金支出(亿元)	——	11	1150	1348	1571	2117	2150	2372	2906	3114	3374
	参保人数(万人)	——	539	48370	49750	50108	50472	50847	51255	52392	53266	54244
	年人均支出(元)	——	204	238	271	314	419	423	463	555	585	622
农村居民养老保险	基金收入(亿元)	453	1070	——	——	——	——	——	——	——	——	——
	基金支出(亿元)	200	588	——	——	——	——	——	——	——	——	——
	参保人数(万人)	10277	32643	——	——	——	——	——	——	——	——	——
	年人均支出(元)	194.6	180	——	——	——	——	——	——	——	——	——

资料来源：根据民政部、人力资源和社会保障部、国家统计局网站数据整理。

四、长期照护服务及资源供给不足，利用率不高

长期照护服务供给可以分为两类：一是机构照护，即养老院、照护中心、护理院等机构提供的服务；二是居家社区照护，即在社区以及家中进行的照护服务。其中机构照护主要由三个部分组成：一是养老机构，二是医疗机构和疗养机构，三是残疾人照护机构，其中养老机构是主要的长期照护服务主体，近年来欧美国家有“去机构化”，重点发展居家社区照护和家庭照护。

(一)长期照护服务供给不足

失能老人的数量快速增长，使得社会长期照护资源供给的总量明显不足，长期照护服务资源供需失衡，长期照护服务供需错位，一方面大量照护资源被闲置，另一方面是大量失能老年人的基本照护需求得不到满足。

1. 家庭照护能力减弱

由于我国的家庭结构趋向小型化，特别是在“4-2-1”家庭模式下，近七成家庭只生育一个孩子，家庭人口不断减少，国家统计局数据显示2010年我国家庭人口规模为3.1人/户，国家卫计委2015年发布“中国家庭发展追踪调查”显示，我国家庭平均规模为3.35人，并且户均人口将持续减少。最新的第七次人口普查数据显示，2020年底我国平均每个家庭户的人口为2.62人，比2010年的3.10人减少0.48人，家庭户规模继续缩小(见表8-18)。

表8-18　我国七次人口普查家庭人口变动基本情况

年份	1953	1964	1982	1990	2000	2010	2020
全国家庭户规模（人/户）	4.33	4.43	4.41	3.96	3.44	3.1	2.62

再加上劳动力人口的迁移，成年子女在外工作，空巢老人比例达到一半以上；据《中国老龄产业发展报告(2014)》的预测数据，到2050年，临终无子女老年人将增加到7900万，空巢老年人口比例预计将突破70%。家庭养老功能日渐式微，使得家庭子女照料老人的传统模式已经不能适应我国人口老龄化快速发展的需要，对失能老人的长期照护进一步加重了家庭和社会的负担，传统家庭结构已无法成为失能老人的最后庇护所，传统

家庭的照护功能将进一步弱化，家庭成员照护失能老人的模式遇到严重挑战，难以为继。

2. 机构照护的品质和数量都难以满足要求

养老机构布局存在结构性失衡。优质低价、服务良好、就近便利的养老机构少，一床难求，而大量区位边远的养老机构床位空置，养老机构与医疗机构毗邻建设规划不够，现有养老机构的床位空置率较高，老年照护体系不健全。失能失智老年人专业照护的刚需巨大，现有养老机构设施具备护理条件的床位不够，养老护理等领域的服务供给跟不上需求的快速增长。医疗供给不足，老年人看病拿药不方便。专业化的养老护理人员和护理床位短缺，导致医养康养结合困难。长期照护服务尚未建立精准、有效的评估与反馈机制。从而造成对失能老人个人自身生理、心理、家庭情况及服务机构选择方面信息的不对称，造成政府照护资源的浪费，更不利于发挥社会力量的辅助作用。与此同时政府养老机构定位不准确，并缺乏科学有效的管理制度，从而造成长期照护服务资源分配不公平、低效率的现象。

3. 社区照护基础较薄弱

与养老机构缺护理型养老床位和护理服务人员不同的是，社区居家养老服务更多的是缺资金、缺基础设施。一方面从城乡整体来看，城乡间和城市内部社区间长期照护服务的供给是极其不均衡的，这表现在农村服务的供给基本停留在自助或互助服务阶段，服务数量不足、质量不高；城市内部社区间新建小区与老旧小区间提供服务差距很大，一些老旧小区连最基本的公共服务设施都不具备，更别提为居家老人提供“六助”等高质量的服务。另一方面是社区居家服务的可持续性问题，社区自有财力匮乏，经费来源基本依靠财政拨款，且自筹资金能力也普遍不强，让社区提供的服务向餐饮娱乐、医疗护理、日托照料等方面全面展开，日益满足居家老人多元化、高质量服务要求目前难以实现，而且仅仅依靠财政支持、政府购买服务也是杯水车薪、供不应求的。居家社区的基础性支撑还不充分。城乡统筹、就近便利、主体丰富、服务多元的养老服务供给网络不健全，居家和社区养老设施较为紧缺，社区平价优质的养老服务供给不足，尚不能够满足绝大多数老年人原居安养的诉求。农村养老服务短板较为突出。部分农村地区基本养老服务量少质低，农村特困供养机构(敬老院)设施和管理相对落后，保障能力不足。农村空巢、留守、贫困老年人数量庞大但养老服务保障水平较低，关爱服务供给不够。

(二)长期照护资源投入有限

根据国家民政部的数据显示，截至2019年底，我国共有各类养老机构和设施20.4万个，其中社区合计养老床位775.0万张，比2018年增长6.6%，因此每千名老年人拥有养老床位30.5张。登记注册的养老机构共有3.4万家，比2018年增长19.9%，合计养老床位438.8万张，比2018年增长15.7%。经过对《中国统计年鉴》①《中国民政统计年鉴》②和《中国民政事业发展统计公报》③的相关数据整理，我国近十年的有关养老事业发展现状如表8-19所示。

由近十年的数据可知，在养老服务供给方面，随着我国老龄化不断加深，社区养老服务机构和设施总数在逐年上升，此外，社区互助性养老设施、社区留宿和日间照料床位数、社区卫生服务中心数量也处于逐年上升的状态。

在养老资源(包含长期照护资源)的供给方面，我国有的养老服务供给项目呈现较快增长速度，但是有的资源投入增长缓慢，甚至负增长。如表8-19所示。在统计的17项指标中，有10项指标在2009—2019年的11年增长较快，其中养老服务机构和设施增长117%，社区服务站增长了128%，养老床位出现62.1%的增长，社区服务中心也有28.2%的增长，收养老年人数增长22.3%，老年学校在校人数增长21.5%，老年学校数增长12.5%。另有6项增长速度下降甚至出现负增长，其中社区志愿服务组织及老年活动室分别增长-49.2%和-15.5%。养老服务机构数量一直维持在3万个左右，近五年相比十年前还有所下降。每千名老人拥有床位数近五年几乎没有变化，最大值出现在2016年，为31.6张/千人。护理型床位的数量低于50%。由此可以看出，我国的养老资源投入增长趋势并不明显，有增长也有下降。2010—2020年我国60岁以上老年人数量年均增长3.67%，与此相比，我国养老资源投入的强度和数量并没有取得相应的增长速度，其中的长期照护资源投入有待加强。

(三)长期照护服务及资源利用率低

在有限的资源供给背景下，我国的长期照护服务及资源的利用率较低。

---

① 中国统计年鉴[EB/OL]. http://www.stats.gov.cn/tjsj/ndsj/.

② 中国民政统计年鉴[EB/OL]. https://www.yearbookchina.com/navibooklist-n3020022205-1.html.

③ 中华人民共和国民政部统计公报[EB/OL]. http://www.mca.gov.cn/article/sj/tjgb/.

表 8-19　2009—2019 我国公共养老服务供给项目及水平

统计项目	2009	2010	2011	2012	2013	2014	2015	2016	2017	2018	2019
养老服务机构和设施总数(万个)	——	——	——	——	——	9.4	11.6	14.0	15.5	16.8	20.4
养老服务机构和设施增长率(%)	——	——	——	——	——	——	23.4	20.7	10.6	8.4	21.4
养老服务机构数(万个)	3.8	4.0	4.1	4.4	4.2	3.3	2.8	2.9	2.9	2.9	3.4
社区养老服务机构和设施总数(万个)	——	——	——	——	——	1.9	2.6	3.5	4.3	4.5	6.4
社区互助性养老设施(万个)	——	——	——	——	——	4.0	6.2	7.60	8.3	9.1	10.1
养老床位总数(万张)	266.2	314.9	353.2	416.5	493.7	577.8	672.7	730.2	744.8	727.1	775.0
养老床位增长率(%)	9.1	9.0	11.7	12.8	18.9	17.0	16.4	8.6	2	-2.4	6.6
每千名老人拥有床位数(张)	——	17.8	19.1	21.5	24.4	27.2	30.3	31.6	30.9	29.1	30.5
每千名老人拥有床位增长率(%)	——	——	7.3	7.5	13.9	11.5	11.4	4.3	-2.2	-5.8	4.8
社区留宿和日间照料床位数(万张)	——	——	——	19.8	64.1	187.5	298.1	322.9	338.5	347.8	336.2
老龄事业单位(个)	——	——	2503	2583	2571	2558	2280	1828	1600	——	——
老年法律援助中心(万个)	——	1.8	1.9	2.2	2.1	2.1	2.1	1.9	2.0	——	——
老人维权协调组织(万个)	——	8.3	8.4	7.8	7.8	8.0	7.1	7.0	6.4	——	——
老年学校(万个)	——	4.9	4.8	5.0	5.4	5.4	5.3	5.4	4.9	——	——
老年活动室(万个)	——	36.8	41.3	34.6	36.0	34.9	37.1	35.9	35.0	——	——
社区卫生服务中心数(个)	27308	32739	32860	33562	33965	34238	34321	34327	34652	34997	35013
社区卫生服务中心床位数(万张)	13.1	16.9	18.8	20.3	19.4	19.6	20.1	20.3	21.9	23.1	23.8

资料来源：根据民政部 2009—2019 年社会服务发展统计公报相关数据整理得出。

这集中体现在养老服务机构的“空床率”较高；居家社区服务的各种照护服务利用不足。根据第四次全国老年人生活状况的调查数据显示，大多数社区养老和照护服务的利用率都不到10%，并且这种状况长期存在。一方面老年人因长期照护服务收费高于自身支付能力而不能入住，另一方面大量养老服务机构难以实现收支平衡，甚至亏损严重。根据王震(2018)调查长期照护机构的数据，全国入住养老机构的自理老人的平均月收费为1636元，失能老人为2604元，其中东部地区收费更高。但根据第四次全国老年人生活状况调查，全国老年人的平均月收入只有1175元，其中城镇老年人的收入高一些，为1878元，农村老年人的月收入只有405元。以这样的收入水平难以承受目前的养老照料服务费用(王震。2018)①。长期照护服务机构在三年内均实现收支平衡的比例为35.90%，大多数长期照护服务机构难以实现收支平衡，甚至是亏损。

(四)长期照护服务的社会化供给面临瓶颈

当前我国已经逐渐降低养老服务的进入壁垒，允许大量社会资本的涌入。然后国家政策往往缺乏有针对性的扶持和保障，不能与养老服务的高投入、成本回收周期长相匹配。从而使得一些社会资本在成本与收益博弈中渐渐远离，甚至撤出投资，从而减少了长期照护服务的有效供给。多项调查数据显示，只有少部分民营养老服务机构能够实现收支平衡，大多数养老服务机构投资成本回收周期长，短期难以实现收支平衡，甚至是大面积亏损。

(五)长期照护服务的科技能力和水平有待提高

智慧养老应用场景偏少。信息平台建设不够系统集成，存在重复建设和碎片化现象，供需对接的智能程度不高。养老信息互通认证网络不健全。

硬件设施与人员队伍建设存在结构性矛盾。基本养老服务的设施和信息平台，在总量不足的同时，存在空置闲置、运转效率不高的问题，普遍缺乏稳得住的专业技术队伍。

养老服务应急救援能力亟待提升。突如其来的新冠病毒性肺炎疫情对经济社会发展造成重大冲击，也暴露出养老服务应急救援的短板弱项，特别是中小型社会办养老机构，规模小而散、防护力量和物资储备不足，一

① 王震.我国长期照护服务供给的现状、问题及建议[J].中国医疗保险，2018(9)：26-30.

旦发生突发事件往往超出可控范围。

五、长期照护服务人员数量不足，专业化水平不高

在长期照护服务管理中，护理人员的缺口非常大，这是一个非常严峻的问题。虽然老龄化背景下，长期照护服务已成为一个新的行业，但是由于养老护理人员工资较低，社会地位得不到肯定，所以岗位吸引力很低。从而造成长期照护服务行业人才缺乏，服务水平较低的情况。加上管理不到位，缺乏对在职人员的培训与开发，使得长期照护服务质量面临严峻考验。护理队伍人员少、专业性差。养老服务职业缺乏吸引力，现有养老护理员队伍收入低、学历低、地位低、年龄大，养老机构普遍存在招不到人、留不住人现象。

面对需要长期照护服务的4400万失能半失能老人，我国养老机构护理人员数量不足100万，其中经过专业训练、持证上岗的护理人员更是不足10%。按照国际公认的3名失能老人配备1名护理人员的标准计算，我国养老护理专业人才的缺口为1000多万名，而目前我国养老护理员数量十分有限，从业人员仅有30万名，其中合格的仅有4万名。以持证社会工作者为指标，2019年全国持证社会工作者共计53.4万人，共有各类社区服务机构和设施52.8万个，城市社区综合服务设施覆盖率92.9%，农村社区综合服务设施覆盖率59.3%。以社会服务机构和服务设施为基数匡算，每个社区服务机构和设施拥有持证社会工作者为1人①。《国务院关于加快发展养老服务业的若干意见》明确指出，到2020年，“全国机构养老、居家社区生活照料和护理等服务岗位将达到1000万个”，目前拥有养老护理员国家职业标准证书的人仅约4万人，不足以满足实际的需求。同时，专业护理人员缺少专业知识和技能②，导致专业服务水平一直处于较低水平。护理人员专业服务水平差、服务水平低，费用不低的现状，使得需要护理服务的老人“买不到服务”，也“买不起服务”，难以支撑医养结合养老机构的建设，更难以托起整个养老行业的发展。究其原因，一方面是由于待遇偏低、缺乏明确职业发展路径等因素导致养老专业护理人员流动性较大，不愿意从事养老护理职业岗位；另一方面是由于持证上岗制度缺乏、机构培训负担较重等因素导致养老专业护理人员培训不

① 中华人民共和国民政部. 2019年民政事业发展统计公报[EB/OL]. http://www.mca.gov.cn/article/sj/tjgb/

② 韩俊降，张箴薇. 我国“医养结合”养老模式发展政策探讨[J]. 中国劳动，2017(3)：28-32.

足。2019 年 3 月，《关于推进养老服务发展的意见》明确指出要“建立完善养老护理员职业技能等级认定和教育培训制度”，养老服务专业护理人员教育培训与技能标准制订实施已被国家提上了日程。

第六节 结论与讨论

从国内外的长期照护服务政策来看，不同社会制度和社会保障政策的国家，对长期照护服务带来的风险有着不同的认识，从而有着不同的施政理念，建立了不同的长期照护服务的法律制度。西方发达国家基本建成了较为完善的长期照护服务体系。一些将“护理保险”从医疗保险中分离出来，已经逐步建立起了以“长期照护保险”为核心的长期照护服务制度体系。各国的长期护理保险主要有国家保障型、社会保险型及商业保险型等三种类型。长期照护费用支付是目前长期照护服务面临的最主要困难。发达国家长期照护服务的筹资模式真正体现了福利多元主义的理论观点，即长期照护服务资金由个人、国家、企业等分别承担。欧美发达国家分别建立了“单一制”和“混合制”的长期照护制度，两种制度下政府承担的责任有所不同。实行“单一制”的欧美国家将长期照护看作是社会风险，政府和社会分别承担主要责任。其长期照护筹资模式分为三种：第一种是以北欧国家为代表的征税模式，第二种是以荷兰、德国、日本、韩国等为代表的面向所有就业者的强制性社会保险模式；第三种是以比利时为代表的医疗保障模式。“混合制”的欧美国家的长期照护全部费用由政府、个人和商业保险公司分担，政府提供的公共资金面向特定群体。其长期照护筹资模式分为两种：第一种是以东欧、南欧为代表的“家庭主义”福利国家；第二种是以英、美为代表的“自由主义”福利国家。

随着人口老龄化问题的日益显现，我国高度重视长期照护服务的供给，各级政府逐步将一些长期照护服务项目纳入基本公共养老服务清单项目，制定一些养老津贴、失能补贴等针对长期照护服务的政策和规划，为长期照护服务的供给提供支撑条件，尤其是 2016 年以来，我国先后在 28 个省市区开始了长期照护保险制度的试点。各试点城市制定了相应的政策文件，确立了以医保基金等政府资金投入为主、个人缴费、财政补贴、单位缴存、社会捐赠的长期护理保险筹资机制，针对机构养老、居家养老等多种长期照护服务内容，取得了明显的成效。一些省区市开始制定了老年人长期护理补贴和养老服务补贴等方面的政策。一方面在经济上对失能老人进行补偿，减轻失能家庭的经济负担；另一方面通过养老服务券的形式提供长期照护服务，刺激长期照护服务的供给，满足老年人的需求。

总体来看，西方发达国家发展长期照护服务的经验，如“去机构化”就地养老，高度重视社区居家照护服务和家庭照护服务的供给，建立严格的长期照护服务需求评估机制，形成较为成熟的长期照护服务筹资和支付模式，建立严格的长期照护服务质量监控体系等，对我国长期照护服务的发展有借鉴意义，我国高度重视居家养老、社区服务，同时发展机构养老和医养康养结合，形成了居家养老+社区服务相结合、虚拟养老、医养融合养老、智慧社区、互助养老、人工智能养老、嵌入式养老等供需耦合程度较高，实施效果较好的长期照护服务模式。同时也存在着缺制度、缺钱、缺人力、缺资源、缺服务等问题。具体表现为长期照护服务保险制度政策和规划不完善，缺少对长期照护服务对象的评估工具及配套管理办法，长期护理服务资金筹措能力不足，长期照护服务及资源供给不足、利用率不高，长期照护服务人员数量不足、专业化水平不高，政府责任边界不清晰，长期照护服务中的公共服务、公益性服务和经营性市场化服务的划分不明确，长期照护事业和产业的关系没有理顺等问题，需要在我国应对人口老龄化的窗口期积极应对加以解决。

第九章　长期照护服务供需均衡的管理对策

党的十九届五中全会提出要健全基本公共服务体系和多层次社会保障体系，全面推进健康中国建设，实施积极应对人口老龄化国家战略①，这是中国特色社会主义新时代长期照护服务体系建设的总体指导思想。《国家积极应对人口老龄化中长期规划》指出要打造高质量的为老年服务和产品供给体系；积极推进健康中国建设，建立和完善包括健康教育、预防保健、疾病诊治、康复护理、长期照护、安宁疗护的综合、连续的老年健康服务体系；健全以居家为基础、社区为依托、机构充分发展、医养有机结合的多层次养老服务体系，多渠道、多领域扩大适老产品和服务供给，提升产品和服务质量，这为长期照护服务明确了基本内容②。国家"十四五"规划提出：要强化对失能、部分失能特困老年人的兜底保障；加大养老护理型人才培养力度，扩大养老机构护理型床位供给，更好地满足高龄失能失智老年人护理服务需求；完善经济困难高龄失能老年人补贴制度和特殊困难失能留守老年人探访关爱制度；推动养老事业和养老产业协同发展，健全基本养老服务体系，大力发展普惠型养老服务，支持家庭承担养老功能，构建居家社区机构相协调、医养康养相结合的养老服务体系③。这指明了完善长期照护服务的方法措施。十九大报告指出，在中国特色社会主义新时代，我国的社会主要矛盾是"人民日益增长的美好生活需要和不平衡不充分的发展之间的矛盾"。结合 2015 年习近平首次提出的"供给侧改革"这一新概念，深入分析了解"人民日益增长的美好生活需要"是需求管理，解决"不平衡不充分的发展"，使其变得"均衡可及"是供给侧管理，

---

① 中国共产党第十九届中央委员会第五次全体会议公报[EB/OL]. http://cpc.people.com.cn/big5/n1/2020/1029/c64094-31911510.html.

② 国家积极应对人口老龄化中长期规划[EB/OL]. https://baijiahao.baidu.com/s? id=1650866202925191858&wfr=spider&for=pc.

③ "十四五"规划纲要全文发布！[EB/OL]. https://baijiahao.baidu.com/s? id=1694169059209892367&wfr=spider&for=pc.

同时还要推动供给端和需求端的交叉、集成和融合。

长期照护服务是我国进入社会主义新时代，人口老龄化快速发展背景下出现的新问题，也是我国中国特色社会主义社会保障体系不断完善的集中体现。面对我国长期照护服务发展不平衡不充分，需求缺乏评估、供给不足、供需结构性失调的困境，需要对失能老人长期照护服务实行需求管理、供给管理、供给管理和供需集成管理。

第一节　规范长期照护服务的需求管理

失能老人长期照护服务的需求管理，第一要通过一定的标准和规范，做到评估需求、识别需求；第二要通过一定数量的资金、服务人员、养老设施、失能补贴、家庭补贴等，做到保障和满足基本需求；第三是通过相应的政策和制度安排，合理地引导需求。从需求管理角度看，提高失能老人长期照护服务供需的良性耦合程度最重要的工作是评估失能老人的长期照护服务需求，改善失能老人的需求表达机制，对需求进行评估和分类，确保失能老人长期照护服务的基本型需求信息传达到供给方，同时对失能老人急需的资金、政策、照护人员进行科学的统计分析，为长期照护服务供给的准确性、有效性打下坚实的基础。应对失能老人长期照护服务需求情况进行需求调查和评估。不同失能程度的失能老人对长期照护服务需求是不同的，需求强度也是不一样的。因此，应对失能老人的需求按照失能等级进行划分，实行分级管理，投放不同的养老资源，给予不同的失能津贴，供给不同的长期照护服务。在对失能老人长期照护服务需求情况进行需求调查和评估时，应考虑城乡差别，制定相应的标准。在此基础上，制定“精准分级服务”的评估规范和管理标准；建立多元化的长期照护服务筹资渠道；给予失能老人家庭相应的政策扶持；培养一支专兼结合的长期照护服务人员队伍。

一、制定精准细分的长期照护服务评估规范和管理标准

需求不明晰是长期照护服务供需失衡的重要原因，要做到需求明晰就要有规范的需求调查评估规范和技术标准。一要加快探索建立健全全国统一的失能失智老人生活自理能力的评估标准、长期护理需求的认定和等级评定标准、对机构及家庭照护能力的评估标准、对长期照护服务质量的评估标准，对长期照护服务人员专业能力的评估和培训规范等方面的一系列

有效的实操性评估工具。建立健全老年照护需求评估制度。对具有照料护理需求且符合条件的老年人，按照统一标准对老年人失能程度、疾病状况、照护情况等进行评估，确定照护等级，作为其享受相应基本养老服务的依据。卫生健康、民政、医保等部门应制定统一的老年照护需求评估标准以及评估机构的管理办法。

二要建立长期照护服务的等级标准和动态评估机制。实行准入制度和分级管理制度，制定统一的评估标准，由第三方对老人的年龄、失能程度、患病情况、子女和配偶等家庭资源等进行评估，明确评估流程和评估指标，建立标准化评估工具，明确准入资格，制定分级标准，形成不同的照护级别，从而形成长期照护规划。达到标准及要求便可以由本人或监护人在当地申请并按照程序进行评估与审查，并最终审批与公示以领取长期照护补贴(见图 9-1)，从而达到精细化管理，实现精准服务。

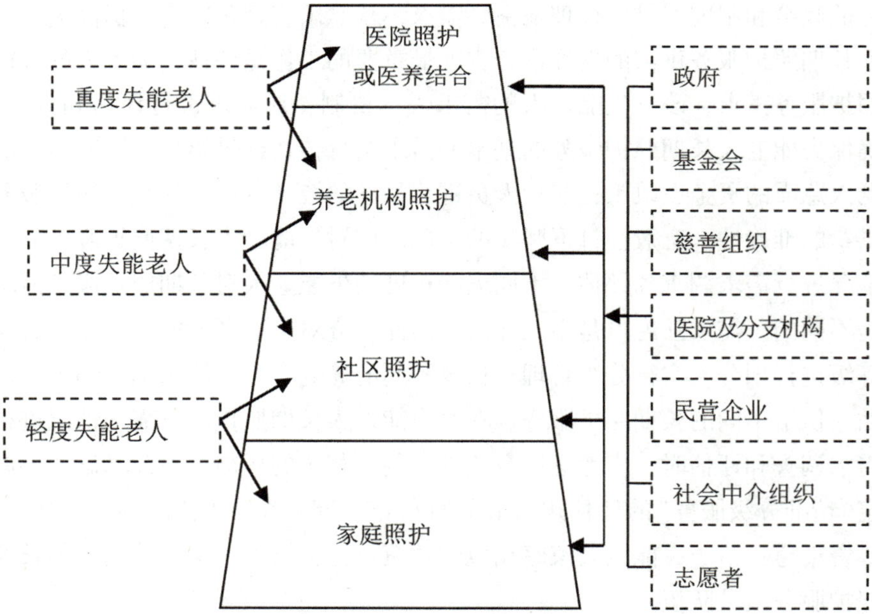

图 9-1 失能老人长期照护服务的分级分层次社会支持平台

二、建立多元化的长期照护服务筹资机制

失能老人长期照护服务的最大难题是资金严重不足。长期照护服务资金来源应是多元化的，包括社会保险缴费、税收、私人保险费，PPP 项目

资金、社会救助、慈善捐款和财政专项补贴等。要多方筹集资金(见图 9-2)，建立以照护服务社保为主、商保为辅，财政补贴、津贴及社会救济相结合，政府、企业、个人多方负担的多层次长期照护服务体系，从而高效、有力地解决长期照护服务的供方和需方资金不足的难题。

一是建立长期照护服务社会保险制度。国外经验已经证实，建立独立于医疗保险之外的长期照护保险制度，并将失能老人长期照护服务分离于医保体系之外，以避免造成医保体系的入不敷出。

二是建立失能老人护理津贴制度，据中国社科院唐钧(2014)以接受养老机构长期照护服务来计算所需的国家津贴，最低需要补贴 376~1849 亿元，占 2012 年财政收入的 0.32~1.58%，国家完全有财力为失能老人长期照护提供护理补贴。

三是鼓励发展长期照护商业保险，以满足部分收入较高的失能老人的差异化、个性化需求，使长期照护商业保险与社会保险互相补充。

四是建立健全长期照护服务补贴制度。建议各级政府部门按照失能老人的失能程度的不同，分别给予失能老人一定的护理补贴，从而使得失能老人能顺利进入相关养老机构，从而享受长期护理服务。截至 2020 年末，全国已有 29 个地区(天津、上海、黑龙江、青岛、西安、北京海淀、湖北、江苏、广西等)建立了护理补贴制度，给老人发放现金补贴，月均补贴 50~500 元不等。

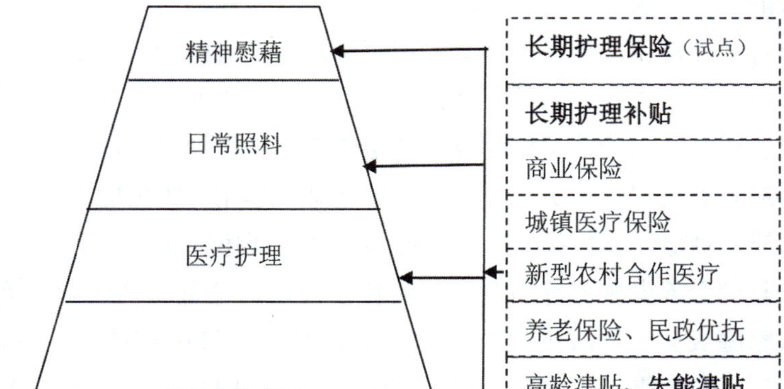

图 9-2　建构多需求层次的失能老人社会保障体系

五是建立失能老人的长期照护服务的专项基金。在长期照护服务保险尚未建立完善的过渡期，从福利彩票的收入中划拨一定比例列入长期护理专项基金，提高失能老人购买长期照护服务的能力。

六是对贫困失能老人要制定特殊关爱政策，比照残疾人发放生活照护补贴。

三、给予失能老人家庭和社区照护服务提供者相应的政策扶持

家庭是我国养老服务的主要提供者，即使在家庭人口规模不断减少的情况下，仍然是长期照护服务不可或缺的主要承担者。社区居家照护服务是"去机构化"就地养老的主要载体。因此要高度重视家庭和社区居家照护在长期照护服务中的基础性地位，出台配套政策予以扶持。

一是要充分考虑到失能老人对家庭成员工作和生活的影响，对有失能老人的家庭，单位应给予灵活的假日、休假时间的安排，或给予工作时间调整的便利。政府应酌情减免失能老人所在家庭的从业人员的个人所得税或其他税负。对困难家庭的子女照顾居家失能老人的，政府通过低保扶持、慰问金、困难补助等形式给予一定的经济补贴。如南京市 2020 年 11 月出台最新政策对"五类老人"家庭照护给予照护者每月 300～400 元的补贴。

二是要解决失能老人居家养老的"住"的问题，使失能老人和家庭照护人员有一个良好的居住环境。这就要求城市住房规划建设应适当考虑失能老人的居住需求，设立多代同居型大户型，多代同居型大户型住房交易应按照普通住房税率计税。住房公积金可以用作失能老人家庭对房屋进行无障碍改造。对失能老人的家庭，其水电气的使用取消阶梯定价政策，或者以户型或家庭人均消费量测算阶梯定价基数。倡导家庭成员与老年人共同生活或者就近居住。巩固家庭养老的基础性作用，为失能老年人家庭养老提供支持性服务，提高家庭养老能力，缓解居家照护的服务压力。

三是健全养老服务补贴制度，对长期失能的最低生活保障家庭成员、低收入家庭成员、分散供养的特困人员及其他经济困难或者特殊困难人员，经老年照护需求评估后，根据其照护等级、困难状况等因素给予相应的补贴，用于购买居家、社区、机构等养老服务。享受养老服务补贴的老年人，可以选择相应的养老服务机构为其提供长期照护服务。鼓励养老服务机构和其他社会专业机构为失能失智老年人的家庭照护者提供临时或者短期的托养照顾等喘息服务、家庭关爱服务、照护知识与技能培训等支持性服务。

四是要出台护理补贴、护理服务券等优惠政策，组织低龄老年人、家庭妇女、大学生、志愿者、义工、医疗护理机构等，就近对失能老人开展护理协助、

五是要破除阻碍居家社区照护服务发展的各种政策障碍。解决社区医疗卫生服务供给可及性差的问题。长护服务需要医疗服务的支撑，但目前根据我国社区医疗卫生服务的条件，鼓励医疗资源进入社区。

四、培养一支专兼结合的专业化职业化的长期照护服务人员队伍

失能人口的长期照护包括医疗、护理、康复、家政等多种服务，需要来自不同部门和机构的医生、护士、康复师、社工、家政等多类人员的参与。能否合理组织协调好失能老人所需要的服务是提高长期照护服务质量的关键。长期照料服务体系需要较多的人力资源投入，要稳步推进长期照护服务人员队伍的职业化、专业化建设。长期照护服务人员包括专业评估人员、长期照护机构的护理员、社区日间照料机构的护理员、社区服务机构的居家护理人员、护理服务志愿者以及一部分参与家庭护理的家庭成员。

一是要大力发展和培养专兼职相结合的能提供居家长期照护服务的护士、康复师、社工等人才队伍建设。在养老服务机构内设置的医疗机构从业的医师、护 士、医技人员等卫生专业技术人员，享有与其他医疗机构专业技术人员同等的进修轮训、继续教育等待遇，并在职称评定等方面同等条件下予以优先考虑。

二是要加强从业人员培训，提升从业服务人员的素质。制定岗位专业标准和操作规范，大力加强知识、技能、职业道德专业化培训，规范从业人员的准入标准，促进养老服务的规范化和专业化。依托大中专学校和专业性医院建立养老护理人员培训基地。政府出资鼓励养老机构及在业人员接受教育与培训。同时建立政、产、学、医合作机制，以保证长期照护服务的人才供给。养老服务机构不得招录有歧视、侮辱、虐待、遗弃老年人等违法行为的人员从事养老服务工作。建立从业人员信息管理系统，完善从业人员信用管理，并依法为养老服务机构提供查询服务。养老服务从业人员应当向养老服务机构如实告知本人的从业经历、服务技能、健康状况等情况。

三是提高养老护理人员待遇。养老护理从业者流动性强，流失率高，需要通过设置合理的薪酬制度，吸引高素质的人才进入养老行业工作。按照国家有关规定，实施养老护理员职业技能等级认定，建立统一的养老护理员技能等级序列，合理制定养老护理员薪酬等级体系和基本工资分级指导标准。支持相关行业组织开展养老护理员市场工资水平监测，并定期发

布监测结果。推行养老服务人员入职奖励、一线岗位工资补贴等激励制度，加大职业培训、积分落户、工资福利、社会地位、随迁子女入学等综合保障力度。

四是支持高等院校和中等职业学校开设养老服务、康复护理等专业，扩大养老服务专业招生规模。将老年服务与管理相关专业纳入职业教育扶持专业，就读养老服务专业或者方向的全日制学生可以享受免学费政策。鼓励职业培训机构对接养老服务机构培训需求，开展上岗、转岗、技能提升等各类培训。开设老年服务专业的市职业院校，可申请福利彩票公益金专项资助，支持就读学生奖学金或生活补贴、课程(教材)研发、实训基地建设等。

五是完善并建立对长期照护服务人员的技术培训机构，从而提高行业专业化水平。要严格遵照“养老护理员实行职业资格证书制度”，对从业人员进行专业化的培训，纳入人才教育培训规划。

六是开展志愿服务活动与计划，以保证其逐步制度化、常态化与规范化，鼓励更多人的参与。

七是由社区组织，鼓励低龄老年人、健康老年人照料失能老人，采用“时间储蓄银行”的方式，将其照料时间储蓄到个人账户，将来可以享受相应数量的被照料权利。

八是充分发挥农村中青年非就业人口的作用，对他们进行一定的照料技能的培训，给予一定的工作报酬，鼓励他们参与到照料失能老人的队伍中来。

五、建立健全并不断完善长期照护服务保险制度

长期护理保险制度是长期照护服务的基础和根本保障，建立长期护理保险制度既有利于筹集稳定的长期照护服务资金，也有利于将长期照护服务与医疗服务区隔开来，降低医疗成本，减轻社会和家庭的负担。

首先，应该尽快建立健全长期护理保险制度。推进实施长期护理保险制度，对经老年照护需求评估达到一定照护等级的失能老年人，提供基本生活照料和与基本生活密切相关的医疗 护理服务或者资金保障。建立健全互助共济、责任共担等多渠道筹资机制，制定长期护理服务项目清单、标准、规范，合理确定长期护理保险支付范围。参保人员接受定点护理服务机构服务所发生的费用，属于长期护理保险基金支付范围的，由长期护理保险基金按照规定支付，其余部分由个人自负。老年长期护理保险是一种为失能老人提供长期护理费用的社会保障项目。纵观世界长期护理保险

的发展形势，很多国家和地区都已经把长期护理保险作为应对老龄化危机的重要手段。德国、日本已经依靠政府强制建立了费用分摊的长期护理保险制度，美国的长期护理保险主要是以商业保险为主。虽然我国很难复制发达国家的长期护理保险模式，但建立健全费用由政府和国民分摊的长期护理保险制度更符合我国的现实国情。而现在我国的老年长期护理体系建设尚未起步，尽快建立健全这一重要的社会保障制度已经成为我国社会养老事业发展的当务之急。

其次，需要建立失能评估机构以及专门护理机构、日间照料机构和居家护理服务机构等，作为实施长期护理保险基金的前置工作和管理保障。参加长期护理保险的老年人一旦失能而生活不能完全自理，社会福利部门或专业社会工作者会对其失能等级进行评估，保险机构根据评估结果给予相应等级的护理费用保障，专业护理机构或社区服务机构利用护理保费为参保失能老人提供相应等级的护理服务。重度失能老人进驻公办或民办护理机构，在那里得到专业化的护理服务；轻度失能老人则可以在家得到来自社区服务机构或家庭内部的专项服务；一些失能老人可以选择社区日间照料机构，白天有专人护理，晚上由家人照顾。不同护理服务提供者均能够从长期护理保险中依据不同的护理级别获得不同的服务费用补偿，家庭护理同样也能获得服务费用补偿。

第二节　改进长期照护服务的供给管理

失能老人长期照护服务的供需失衡现象，产生的主要原因是供给不足，供需错位，因此要从供给管理的角度，为失能老人提供更多数量、更高质量的长期照护服务。从供给管理角度看，提高失能老人长期照护服务供需的良性耦合程度的最重要工作是扩大供给数量，提高供给质量和效率，优化供给结构。

一、政府养老公共服务要优先确保失能老人基本型需求

政府在长期照护服务中的职责主要有：(1)构建包括公共养老金、补充养老金和个人储蓄性养老金在内的多支柱养老保障体系；(2)对制度进行顶层设计和战略规划；(3)制定出台配套政策；(4)承担养老金制度转轨的成本；(5)对社会统筹养老金承担兜底责任；(6)对弱势老年群体实施扶助，如农村五保老人、城市“三无老人”、贫困老人、残疾老人、高

龄老人、失独老人、空巢留守老人、失能失智老人等；(7)对社会保障制度运行进行监管；(8)营造社会保障基金运作的良好金融环境等。

按照习近平总书记的指示，以全国统筹的社会保险来满足完全失能老人的需要，以地方负责的社会服务加上社会保险、社会福利、社会救助来满足丧失基本生活活动能力的老年人的需要，以保险公司运营的商业保险来满足丧失社会生活活动能力的老人的需要。就目前的经济实力和失能的严重程度而言，满足完全失能老人的需要是长期照护服务的重点。

首先应优先满足失能老人的长期照护服务需求中的“康复护理保健”类需求。因为失能老人患病的比例大，而治疗疾病是人的最基本需求，长期照护服务需求中的“康复护理保健”类需求在所有需求中所占比例均达到60%以上，这类需求得不到满足会严重影响到失能老人的生存质量和生活满意度，并且对整个家庭的生活质量也会有很大的影响。因此，这是长期照护服务需求中“刚性需求”，养老资源应予以重点供给和保障。本研究将失能老人长期照护服务的有效需求分为三类，首先失能老人必须优先满足的“基本型需求”——康复护理保健类的长期照护服务需求；其次是失能老人在满足基本需求的基础上应该尽可能满足的“期望型需求”——日常生活照料和关怀类的长期照护服务需求；第三是在满足上述两类需求的基础上，提高失能老人生活质量的可选择性“兴奋型需求”——社会服务与社会参与类的长期照护服务需求。因此，在社会养老资源有限的情况下，应确立失能老人提供长期照护服务的优先顺序，应根据需求评估和调查结果，按照“基本型需求—期望型需求—兴奋型需求”的顺序，首先满足失能老人的基本型需求和部分期望型需求，如护理服务、康复服务、护理服务等，其他的不强烈、个性化的需求项目交由市场机制解决。当然，失能老人长期照护服务项目的优先顺序会受到城乡差异、地区差异、经济收入和失能程度等因素的影响会有所差异。

其次要制定基本养老公共服务清单，明确项目和具体内容，进行动态调整。基本养老公共服务应当优先保障符合条件的孤寡、失能、重度残疾、高龄老年人以及计划生育家庭特别扶助对象、重点优抚对象等的基本养老服务需求。健全基本养老服务体系，发展普惠型养老服务和互助性养老；培育养老新业态，构建居家社区机构相协调、医养康养相结合的养老服务体系；养老基本公共服务、公益性养老服务、市场化养老服务良性互动、融合发展；基本养老服务优先保障符合条件的特殊困难老年人养老需求的基础上，关注全体老年人群的养老需求；逐步从中心城区为主向城乡一体、均衡发展转变。

最后明确政府、社会力量和家庭在养老服务中的关系定位。强化政府在养老基本公共服务中的主导作用和“保基本”的职责定位，政府负责制度建设、行业规划、综合监管和行政执法，统筹协调各类要素资源，推动养老事业和养老产业的协同发展，对各级政府及相关部门的职责做了明确规定；社会力量是提供养老服务的主体，充分发挥市场在资源配置中的决定性作用，健全开放、竞争、公平、有序的养老服务市场；老年人的子女负有赡养扶养义务，巩固家庭养老的基础性作用，为失能老年人家庭照护提供支持性服务。

二、加强长期照护服务提供方的监管以实现高质量服务

长期照护服务供需失衡的一个重要原因是老年人需要高质量的长照服务，但是长期照护服务提供方的服务质量达不到要求，从而不能够满足失能老人“对美好生活的向往”。这样既不能满足需求，又浪费了宝贵的长期照护服务资源。

一是需尽快出台长期照护法律和制度，在老年照护人才培养、家庭成员照护支持政策、老年照护和服务的科学研究、长期照护需求的常规统计制度、老年照护需求与服务的评估机制等方面进一步规范。

二是要建立分工明确、职责清晰的失能老人长期照护服务管理体系，理顺管理体制，厘清政府、社会、市场以及个人和家庭的责任分工；杜绝权责不明、各自为政、不利于协调的机制障碍；明确监管方、出资方、需求方、服务供给方的职责(见图 9-3)。

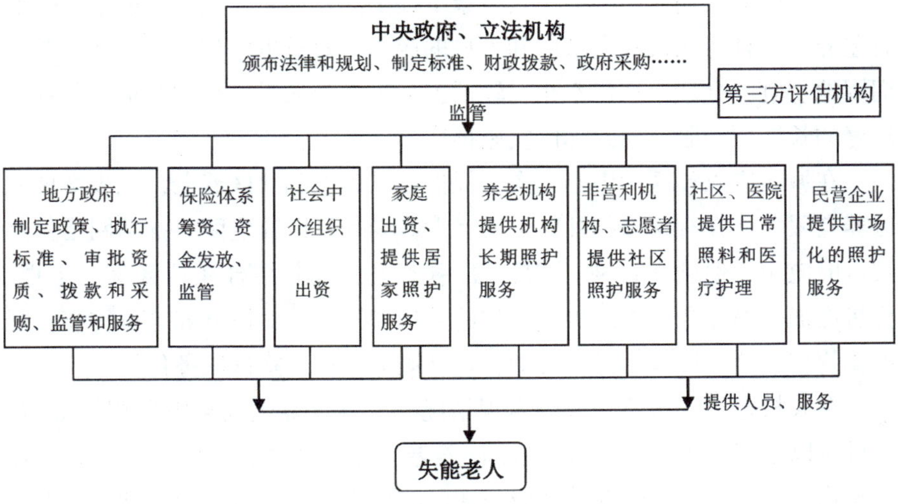

图 9-3　失能老人长期照护服务管理体系

三是制定制度规范，规范化管理养老机构，从而提升服务质量。要求养老机构要优先服务于失能老人。各级政府应优先发展专门为失能老人服务的养老机构。

四是政府要委托第三方评估机构参与养老机构提供服务的监督评估过程，第三方评估组织受政府委托独立公正地实施评估工作，由第三方及时将评估结果告知民政部门，由民政部门根据评估结果实施监管。第三方评估机构以服务质量的满意度评价为重点。将养老机构的满意度评价作为其服务质量和养老机构等级的主要指标。

五是进一步放宽养老机构建设的准入条件，降低准入门槛。鼓励民营资本、外资社会资本按照 PPP 模式，或者独资举办营利性养老机构，应按“先照后证”的简化程序执行，精简行政审批环节，鼓励公办民营、民办公助、混合所有制等多种形式的养老机构的发展。建立覆盖养老服务业法人、从业人员和服务对象的行业信用体系，加强行业自律和监管。

六是建立健全养老服务价格“双规”制度。区分养老事业和产业的界限。对于政府兜底的养老事业，根据《中华人民共和国老年人权益保障法》对城市“三无”老人以及农村中的“五保”老人公办养老一律免费。对于经济困难家庭的高龄、失能老人，公办养老服务机构要严格落实“保基本、兜底线”的基本保障制度。民办养老服务机构的收费应该在政府的监督下由市场来决定，政府不能直接干涉。

三、根据城乡养老资源禀赋特点合理选择长期照护服务模式

在不同的长期照护服务模式背景下提供的长期照护服务的成本、效益有差异，同种养老模式在城区和乡村的成本、效益也不相同。因此需要我们因地制宜，合理选择成本相对较低，为失能老人提供长期照护服务效果较好的长期照护服务模式加以实施推广。

在城区应以社区为中心，大力提倡居家养老和社区养老，积极发展社区养老服务。在有条件的社区发展互助养老和社区养老院。推动网络信息技术的应用，促进互联网+养老、智慧养老、医养结合在社区落地生根。稳步增加公办养老机构医护型床位的数量和质量，对民办养老机构实行规范化管理、公办民营、民办公助，提高服务质量，降低服务价格。

在农村老年人居住分散的客观情况下，社区养老尚未形成规模效应，乡村应以家庭为中心，通过互联网+养老、医养结合、互助养老等新型养老模式的应用推广，改变养老服务薄弱的短板。要通过社会福利与救助增加老年人收入来源，提升养老服务精准供给的数量和质量。提高农村社会

福利院的服务质量和服务水平，提升老人的生活满意度。对民办养老机构实行规范化管理，提高服务质量，降低服务价格。健全农村养老服务体系。

加快推进农村特困人员供养服务机构改造提升，有集中供养意愿的特困人员全部实行集中供养，分散供养特困人员委托照料服务全面落实。因地制宜发展农村互助养老服务。允许利用集体建设用地和农村闲置房屋建设养老服务设施，探索乡镇卫生院与敬老院、村卫生室与农村幸福院统筹规划、毗邻建设，满足农村老年人离家不离村，就近就便得到养老服务的需求。

各级政府应优先发展专门为老年弱势群体服务的养老机构，鼓励公办养老机构招收三无老人和失能老人，充分体现其公益性，不能以营利为目的把他们拒之门外。对非营利性的民营养老机构，也应规定一个大致的比例，鼓励其多接收失能失智老人。对养老机构接收此类老年人数量作为进行评估和星级评定的重要指标之一。

四、大力推动养老机构降低成本提高服务质量和经营效益

养老机构是专业化程度较高的长期照护服务供给方，与社区和居家长期照护服务相比，养老机构的养老设施较齐全，护理人员专业化程度较高，医养康养结合得较好，是长期照护服务的重要依托力量。但是养老机构存在着服务成本较高，服务质量参差不齐，不利于维护老年人与亲朋好友的情感交流，大部分养老机构经营状况不好甚至严重亏损等问题。

一要对政府支持的养老机构进行分级管理。重点养老机构必须要安置一定数量和比例的重度和中度失能老人，达到标准才能享受国家给予的优惠政策。这样可以将重度和中度失能老人从家庭照料中解脱出来，减轻家庭的照料负担，节省社会成本。

二要大力加强养老机构的建设。增加养老床位的数量，特别是大力加强高标准的护理型养老机构和床位的建设。每年新增和改扩建床位数量50万张以上，优先保证三无老人、五保老人、有需求的中度及重度失能老人能够入住养老机构。

三要制定失能老人的评估标准和准入机制。由民政、卫生等部门联合制定失能老人的收养评估标准和准入机制，确保有限资源用于最急需的失能老人。充分调动社会、企业、家庭和志愿者等的积极性，逐步建构高效的失能老人社会支持体系。

四要调整公办养老机构功能定位，使之成为失能老人专业养护机构。

目前公办养老机构作为公益性养老基础设施，主要收养五保老人和三无老人。政府部门可以出台政策，鼓励公办养老机构收住失能老人，要求公办养老机构要收养一定比例的五保老人、三无老人、失能老人，对超额收住失能老人的养老机构，按床位给予奖励。有产权的每张床位每年补贴一万元，无产权的每张床位补贴五千元。“公办民营”“民办公助”或者“公建民营”等为基本模式(见表9-1)，支持长期照护服务专业服务机构向社区和家庭延伸，以此形成一定规模的长照服务集团。

表9-1　养老机构的性质、政策及运行机制

养老机构类型	性质	特点	政策	运行机制
公办养老机构(财政出资)	事业单位	福利型、公益性	养老事业的扶持政策	公办民营、公建民营
公办养老机构(集体、企业出资)	民办非企业	非营利型、公益性	养老事业的扶持政策	公办民营、公建民营
民办养老机构	民营企业	营利型	养老产业的扶持政策	民办公助

五要支持民办养老机构重点发展失能老人养护机构，失能老人要占总人数的1/2以上，对民办养老机构超额收住失能老人，按床位给予奖励。

六要鼓励医疗机构开展失能养护业务或新办养老机构，推进医养康养融合，探索医养康养融合的新路子。

七是要加强对养老机构护理人员专业技能的培养，鼓励高校和医疗机构培养专业护理人员，提高专业护理人员的数量和在养护人员队伍中的比例。

八是对符合规定条件的养老服务机构，可以享受相应的税收优惠、行政事业性收费减免和建设补助、运营补贴等优惠政策。符合规定条件的养老服务机构使用水、电、燃气、电话，按照居民生活类价格标准收费；使用有线电视，按照有关规定，享受付费优惠；需要缴纳的供电配套工程收费、燃气配套工程收费、有线电视配套工程收费，按照有关规定享受优惠。养老服务机构投保责任保险的，可以获得相应的补贴。

九是深化公办养老机构改革，完善公建民营机制坚持公办养老机构(包括公建民营养老机构)的公益属性，改革公办养老机构入住方式，入住综合评估和轮候制度。推动公办养老机构价格改革。探索将具备条件的公办养老机构改制为国有养老服务企业，建立灵活的薪酬体系和用人机制，加强监管，确保国有资产不流失。完善公建民营机制，打破以价格为主的筛选标准，综合考量从业信誉、服务水平、可持续性等质量指标。支持国有企业采取投资、合作、提供场所等方式建设运营养老服务设施。

五、以失能老人为中心大力发展城乡社区和居家长期照护服务

我国的家庭养老一直在我国传统养老模式占主导地位，虽然家庭规模不断减小，但随着“就地养老”“去机构化”等观念深入人心，成为长期照护服务未来的发展趋势。以家庭为中心实行居家社区养老是今后长期照护服务的主流模式。

一是要大力支持发展专业化、医养结合的社区养老服务和社区居家养老服务，建设一批社区养老服务设施，对住宅及社区养老设施等进行适老化改造。建设社区养老院、托老所、老年医院、老年护理院、社区医疗卫生中心、日间照护中心、助餐点等社区养老服务平台。在社区层面建立嵌入式、整体覆盖的养老服务机构或日间照料中心，为老年人提供日间、夜托等生活照料、医疗康复、助餐助行、紧急救援、家政服务、精神慰藉等基本的居家养老服务，构建社区居家养老“15 分钟”服务圈。扶持培养一批综合化、专业化、连锁化、品牌化社区养老服务机构。

二是应该发挥社区的平台功能，为老年人提供日间照料护理、短期托养以及康复辅助、精神慰藉、文化娱乐、交通接送等服务。鼓励利用自有土地、房屋建设或者运营集合居住、生活照料、医疗照护等功能的养老社区。鼓励各类社会资本投资老年生活和护理服务业，兴办满足不同需求的养老院、护理院、托老所和老年服务中心等。鼓励物业服务企业探索开展物业服务和养老服务相结合的居家社区养老服务。鼓励养老服务机构专业化、连锁化、品牌化发展，依法加强养老服务商标和品牌保护。鼓励邻里互助养老、结对帮扶，提倡健康老年人为患病、残疾、独居老年人提供帮助。政府部门应建立养老志愿服务时间储蓄信息管理平台，通过“积分制”量化服务时间，志愿者或者其直系亲属进入老龄后，可以将志愿者储存的养老志愿服务时间兑换同等时长的养老服务。应当推进老旧住宅区的坡道、公厕、楼梯扶手、电梯等与老年人日常生活密切相关的公共服务设施的适老化改造。基层政府应当开设社区食堂、老年助餐点等社区助餐服务场所，为有需求的老年人提供膳食加工配制、外送及集中用餐等服务。通过政府购买服务、合作共建等方式，支持社会餐饮企业、商业零售企业和网络订餐平台等，为老年人提供社区助餐服务。鼓励符合条件的养老机

构或者机关、企业事业单位的食堂，为老年人提供社区助餐服务。

三是要加快推进与老年人日常生活密切相关的道路、公共建筑、公共交通设施、公共交通工具等的无障碍建设和改造。公共活动空间增设适合老年人活动、休息的设施。支持已经建成的多层住宅和养老服务设施加装电梯。以中心城区嵌入式养老服务和农村地区互助式养老服务为发展重点，发挥机构的专业支撑作用，提高养老服务资源利用效率；鼓励养老服务的多业态融合，培育老年家庭服务、老年康复护理以及机构养老、社区照料、家政、物业融合的嵌入式、整合式、连锁化养老服务；支持养老顾问服务；建立健全老年教育网络，推动老年教育向社区延伸，促进养教结合。

四是要健全社区基本养老服务体系，发展普惠型养老服务和互助性养老，支持家庭承担养老功能，培育养老新业态，构建居家社区机构相协调、医养康养相结合的养老服务体系，形成基本养老服务应保尽保，社会养老需求有效满足的多样化、多层次养老服务格局。深化公办养老机构改革，完善公建民营管理机制，加强对护理型民办养老机构的政策扶持，开展普惠养老城企联动专项行动。

五是要充分发挥社区组织在社区居家养老服务中的作用。社区居家养老服务要将政府提供的公共服务与市场提供的营利性服务区分开来，明确社区组织在社区居家养老服务中的定位：(1)完善基本公共服务供给。统筹建设社区内部福利设施，引导新建小区与老旧小区、精品社区与老旧社区间资源共享；调查核实社区内生活贫困的高龄、失能半失能、独居老年人，建立管理数据库，采用政府购买服务的方式有限保障社区内这一部分老年人的养老服务需求；根据社区卫生服务中心提供的老年人健康档案，引入机构对有养老服务需求的老年人进行照护等级评估，全面掌握社区内老年人养老服务需求信息，提供咨询和引荐服务。(2)开放社区养老服务市场。鼓励社会资本力量通过独资、合资、合作、联营、参股、租赁等方式，参与社区卫生医疗中心、社区照料中心等服务平台设施的建设与运营；调查社区内老年人养老服务需求，根据需求情况与相邻相近社区配合，根据国家标准与各地标准引入和培育居家养老服务机构与社会组织，上门为居家老年人提供“六助”等订制服务，以及生活照料、康复训练、医疗护理等多种形式的长期照护专业化服务。

六是可以通过养老机构在社区设立多个服务网点，或者运营管理社区养老服务设施等形式，将助餐、照料、护理、医疗等专业化服务延伸到社区和家庭。支持符合条件的养老机构在老年人住所设立家庭养老床位，提供连续、稳定、专业的养老服务。支持养老机构承接政府委托的居家探访、失能老年人帮扶、人员培训等服务，提高养老服务资源利用效率。

七是要依托中心城区构建“15分钟生活服务圈”，嵌入功能性养老设施和适配性养老服务，建立以企业和机构为主体、社区为纽带的养老服务骨干网。各中心城区应当至少建设一所集老年人生活、学习、康复、休闲为一体且具有培训功能的综合性、示范性的中大型养老服务中心。每个街道至少建成一个由政府建设或提供场所，集中社会力量建设运营床位在一百张以上，具备全托、日托、上门服务、对下指导等综合功能的养老服务综合体。鼓励发展居民家门口的日间照料中心、助餐点、护理站、卫生站等服务站点，并且与周边商业、社区高度融合。鼓励发展机构养老、社区照料、家政、物业融合的连锁化养老服务新业态。

第三节　促进长期照护服务需求端与供给端的集成与融合

一、在长期照护服务中推广和普及信息网络技术建成“护联网”

信息网络技术是非常高效的工具，可以实现长期照护服务的供给方和需求方无缝对接，缩短物理空间距离，降低交易成本。

一要大力运用移动互联网、物联网、云计算、大数据等网络信息技术手段与养老服务业结合，缩短“数字鸿沟”，解决供需双方的信息不对称问题。大力发展智慧社区、虚拟养老院等长期照护服务新模式，从而有力地推动老年人健康管理、精神抚慰、心理咨询服务、预约服务、代购物品等多项服务，以及各种老年用品，如电子产品、信息产品、生活辅具等有效地串联到一起，形成一个以长期照护服务为核心的类似“阿里巴巴”的“护联网”。

二是要利用计算机及网络、手机等多种工具，设计更加信息化、网络化的产品或者软件以实现养老服务和失能老人长期照护服务领域的信息化、便捷化。建立养老服务与综合服务信息平台的共享通道，推进养老服务信息与户籍、医疗、社会保障等信息资源对接，向各类养老服务机构开放养老服务公共信息资源，以此为切入点，构建养老服务治理网络，促进政府与社会主体之间的协作。

三是要建立健全养老服务信息系统，推进养老服务数据标准化和规范应用，对接政务服务“一网通办”平台与户籍、医疗、社会保险、社会救助等信息互通共享，提供养老服务信息查询、政策咨询、网上办事等服务，接受投诉举报。建立各级智慧养老服务平台，通过社区嵌入、中心辐射和统分结合等模式，服务周边居家老人。支持社会力量开展“互联网+养老”行动，社会力量开展“互联网+养老”的相关情况，应当统一接入老年服务综合信息平台。

二、改革现有制度和行政壁垒实现医养康养服务的有机融合

医养康养结合中的“医”和“康”是供给端，“养”是需求端。医养康养结合可以有效减少长期照护服务供给方和需求方之间的物理空间距离，将供需双方有机地集成和融合，从而促进长期照护服务的供需均衡发展。

一是要改革医院和医生从事长期照护服务的政策和制度规定，尽快建立长期护理服务保险基金制度。由于医疗和养老分属不同政府部门主管，部门间的“条块分割”体制使得医疗护理性质的长期照护服务难以提供，因此要放开二级医院转型为康复和护理行业的限制性政策规定。要改变现行医疗卫生行业从业管制制度，放开医生自由执业康复和护理行业的限制，使医院和医生都能够自由从事长期照护服务，更好地适应医养康养融合的发展需要。

二是规划建立医养康养融合的长期照护服务设施。加快医护型床位的建设，以社区层面的服务设施为主，应科学预测长期照护服务的需求与供给量，与此同时根据失能老人的人口统计特征及病理情况、生活能力及收入水平、家庭结构等多方面因素进行差异化配置，促进医疗卫生设施和长期照护服务设施配置的协调，加快建设一批医护型床位。

三是建立医养康养融合绿色通道。制定养老机构的医疗费用报销政策，支持符合条件的养老单位开办老年医院、医务室、康复中心等医疗服务机构，并纳入国家医保及社保范围。开通预约就诊等通道，从而有力改善与促进养老服务机构、社区老年照料机构与医疗机构对接，为老年人提供便捷医疗服务。提升医保经办服务能力，切实解决老年人异地就医直接结算问题。

四要在推进护理型养老机构和护理型床位“硬件”基础上，更重视加强专业护理人员培训与护理队伍培养，提高医疗与养老服务水平和质量等“软件”上面下功夫。一方面，政府要针对这一部分人群的刚性需求，在不批准新增医疗资源的前提下，整合养老服务机构和医疗卫生机构，将一些闲置和低效运转的医疗卫生机构适时适量转化为老年护理院，放缓对一般性养老床位的建设，在原有千名老人拥有养老床位指标的基础上，增加护理型床位拥有率的指标，加大对护理型床位的建设。另一方面，政府通

过开养老服务市场，支持民办养老机构发展，促进整个养老产业的形成，让从业人员主动从事养老职业岗位；国家和地方政府要重视养老专业护理人员的培训，建立从事护理服务的养老从业人员的持证上岗制度，推进技能等级管理认证，完善养老护理员职业技能标准和操作规范；探索建立养老服务人才建设引导资金，落实养老服务从业人员、专业护理人员培训补贴、职业技能补贴，以减轻机构培训的负担；鼓励职业学校设置护理照护等与养老服务相关的课程和专业，推进职业院校养老服务实训基地建设，使"医养结合"的养老服务趋向专业化与产业化，进一步提高养老服务的水平和质量，迈向高质量发展。

五是推动医疗卫生和养老服务资源整合、服务衔接以及"同址设置"；建立健全医疗机构和养老机构转型发展医养结合服务的制度体系、政策规范、设施布局、人才培养和合作机制；加强老年护理服务，推广中医药服务、健康促进和体养结合服务。

三、集成各种照护资源构建智慧社区养老信息系统平台

建立健全养老服务信息系统，推进养老服务数据标准化和规范应用，对接政务服务"一网通办"平台，与户籍、医疗、社会保险、社会救助等信息互通共享，提供养老服务信息查询、政策咨询、网上办事等服务，接受投诉举报。建立智慧养老服务平台，通过社区嵌入、中心辐射和统分结合等模式，服务周边居家老人。支持社会力量开展"互联网+养老"行动，社会力量开展"互联网+养老"的相关情况，应当统一接入为老服务综合信息平台。

一要完善社区的信息化基础设施建设和适老化改造。在对老年群体聚居的老旧小区改造的过程中，在加强对于水、电、线路、供暖、燃气、道路、电梯等基础设施的改造与提升的同时，更要重视智慧居家系统的嵌入、"一键式"呼入系统的安装、传输线路入户接口的标准化建设、智慧社区信息处理平台的构建以及老年活动中心、老年日托所、社区医院、社区服务站、社区生活圈等的构建。出台政策鼓励和补贴居民对于相关智慧助老产品的购买，如智慧家居、智慧穿戴设备、智慧检测设备、随身一键呼救装置等，从兜底到提升两个方面实现对老年群体居家生活的智慧化转变，方便老年人使用，提高健康管理中信息采集的有效性。

二要加快社区联盟和社区养老服务网络的构建，促进社区养老服务的规模化和供需匹配。当前由于智慧养老推广的深度和广度不足，所以各社区孤立构建服务平台不仅难度大、耗时长、成本高而且还很难实现需求的

规模化整合，成本的整体性降低。因此，要在加强对于智慧养老本身的讲座、海报、电话、上门、电视广告、小区广播站、子女等形式的宣传需要外，还需要将不同规模的社区以就近原则联合起来，共同承担平台构建和后期维护成本。加快各联盟间的信息共享，较短的时间内扩展各个社区养老平台的数据库内容，精准地整合需求，全面进行健康干预。

三要强化规范化服务意识，优化养老服务营商和消费环境。与政府进行衔接的过程中，要及时加强对会议、讲话、制度等的学习能力，可以通过 App、政府官网、电视广播等途径。在与养老服务企业进行衔接的过程中，要及时加强对各主体现有经营状况、服务标准、行业口碑、专业水平等的了解，在社区联盟内部根据效果评估系统评估结果，建立如美团、饿了么、大众点评、口碑等评分制度，对得分较高的市场主体可以建立长效的合作机制，进一步提升整个生态系统对需求的响应速度。与个人主体进行衔接的过程中，要及时掌握为老年群体进行服务的相关的“亲朋好友、邻里乡亲、志愿服务”等人员信息，可采取主动备案、志愿单位登记、互助帮扶对接等方式。各地应放宽养老服务供应企业准入原则，鼓励社会力量参与，实现平台构建、服务费用、服务主体等内容的多元化供给。打造政府主导、企业参与、市场化运作及社区监督考核的服务流程。

四要构建智慧社区养老服务评价机制，增强监管的第三方力度。既要对电话回访、上门访谈、定期检查、神秘顾客、阈值监测等常用评价形式进行综合创新应用，如电话回访同神秘顾客相结合的监测，又要根据社区内部老年人口特征构建具有社区特色的服务评价内容。增强第三方对相关产品服务的监督机制，发动社会各界力量，对助老企业、个人、非营利组织等主体对服务过程进行监督，如以公众号、小程序、电视节目等形式，搭建公共智慧助老产品监测和维护平台，定期发布相关产品的质检信息、生活提示、新技术、政策新规、社区活动等，让老年群体主动对助老产品、服务进行了解，促进智慧养老产品、服务、模式、技术的创新发展。

五要全面提升信息采集、内容、传输过程的安全性。利用防火墙、数据加密、生物识别、权限控制等技术在智慧社区养老传输系统中的运用，构建起“一对一”“点对点”的全程可追溯信息传输系统。对社区内养老资源实行分类分级管理，对各级授权过程进行行为记录，加对强数据处理人员的安全教育和违规处罚力度，在推动联盟间数据共享的同时保证信息本身的安全。

六要加强数字技术应用场景研发，实现老年需求的多途径满足。全面推动移动通信、物联网、云计算等与本地养老产业的进一步融合，通过慕课、数字课题、在线学习、公众号推送等形式，丰富老年群体的学习资源，拓宽学习渠道，通过 VR、体感、触控、全息投影等技术，全面加强老年群体在实时通信、娱乐购物、远程医疗、危机预警等场景中的参与度与体验感。完善社区养老平台相关子系统构建，增设活动创办、推荐选举、建议投诉、光荣榜等板块，在丰富社区老年群体日常生活的同时，选举文化素质高、工作意愿强、有创新精神、工作经历丰富的老年人群参与到社区管理当中来，使辖区内老年群体真正做到“老有所为”。

四、促进长期照护服务供给方和需求方的交叉融合与集成

长期照护服务供需失衡很重要的原因就是长期照护服务的提供方与长期照护服务的需求方因为种种原因分离，形成物理空间上的区隔，而产生高昂的成本。要促进长期照护服务的供需融合，就需要促进供需双方零距离，减少成本，促进双方集中于同一个消费场景，实现一体化融合。

一是推行社区+居家养老模式，加强社区养老服务设施建设。加强居家养老服务(站)的建设，并完善服务设施。如社区养老院、助餐点、日间照护中心、老年护理院、社区医疗卫生中心、志愿者队伍等建设，要创造条件、积极鼓励社会力量参与，以实现社区化的失能老人家政服务、日间照料、医疗康复等基本功能。

二是大力改善农村养老设施。拓展农村养老服务功能。支持建设互助式农村幸福院等养老服务设施，农村危房改造。要落实、加大对农村敬老院的建设以满足农村特困人口的养老需求，并为农村老人提供高效、便捷的服务。农村集体经济、农村土地流转等应充分考虑解决本村失能老人的长期照护问题。

三要鼓励和支持医院到社区开办分支机构，或者开展上门医疗护理服务，同时鼓励具有一定规模的养老机构开展医疗护理服务。鼓励和支持新建的居民区开展医养结合的老年人社区房地产项目。

四是大力发展居家养老信息系统，依托移动通信信息平台，连接养老机构、医院、家政公司、社区服务中心、保险公司、餐饮、志愿者等，主要为失能老人、三无老人、五保老人、高龄老人等提供居家养老的配套服务问题。

五是鼓励长期照护服务机构进家庭进社区，建设社区养老院、家庭护理型照护床位，由专业养老服务机构及其照护人员深入到家庭、社区提供专业化服务，实现居家养老、社区养老与机构养老的有机融合。建立集机构养老、社区托老、居家助老、需求响应、紧急救援、信息管理等功能为一体的养老服务网络，基本形成政府保基本、社会增供给、市场办特色的

养老服务供给格局。

六是鼓励公办养老机构采取人员培训、技术指导、设备支援、运营托管等方式，与农村福利院建立长期稳定的对口支援和合作机制。

五、加强长期照护服务设施的适老化改造和智慧养老场景建设

长期照护场所设立应把握“三个要素”：即离医疗机构近(尤其是具有抢救能力的医疗机构)；探望成本低(减轻家属探望的时间成本、经济成本及精力成本)；与老年人原有生活环境相近(尤其是城市老年人一直以来的生活环境)。

一要依托城市“15分钟生活服务圈”，嵌入功能性养老设施和适配性养老服务，建立以企业和机构为主体、社区为纽带的养老服务骨干网。各城区应当至少建设一所集老年人生活、学习、康复、休闲为一体且具有培训功能的综合性、示范性的中大型养老服务中心。每个街道至少建成一个由养老服务综合体。引导有条件的城乡老年人家庭进行适老化改造。对有意愿的特殊困难老年人家庭经评估实施的适老化改造和设立的家庭养老床位进行补贴。推进老旧住宅区的坡道、公厕、楼梯扶手、电梯等与老年人日常生活密切相关的公共服务设施的适老化改造。加快推进与老年人日常生活密切相关的道路、公共建筑、公共交通设施、公共交通工具等的适老化建设和无障碍改造。公共活动空间增设适合老年人活动、休息的设施。支持已经建成的多层住宅和养老服务设施加装电梯。对经评估实施适老化改造的特殊困难老年人家庭实行阶梯式补贴。建立养老志愿服务时间储蓄信息管理平台，通过“积分制”量化服务时间，志愿者或者其直系亲属进入老龄后，可以将志愿者储存的养老志愿服务时间兑换同等时长的养老服务。因地制宜发展农村互助养老服务。允许利用集体建设用地和农村闲置房屋建设养老服务设施，

二要发展“以老年人为中心”的“智慧养老”场景。信息社会中的老年人是一个需要给予特殊关照的消费群体，最新的技术不一定是最适合的技术。因此，要从讲产品、讲硬件到更加关注应用场景的适老化和老年人的服务体验；应用场景应聚焦社区老人安全监测、智能生活照料、慢性病管理、养老机构信息化服务等方面，集中发力；充分考虑“性价比”，老年人支付能力低下，应通过统一规划、集约建设、高效使用，从源头解决信息孤岛、数据分割的问题，推动资源的有效对接和优化配置；提高老年消费群体对智能化产品的体验以智能化床位为中心，配置离床感应、体征监测、紧急呼叫等基本智能设备，实行每天24小时动态管理和远程监护。

结论与展望

一、研究结论

本书以养老服务中最基本、最有代表性的长期照护服务为例，对长期照护服务供需失衡的成因进行了系统讨论，基于耦合理论与方法构建出有别于传统的供给理论、需求理论和供需均衡理论的供需均衡耦合评价模型和评价指标体系。通过分析失能老人长期照护服务需求和供给的基本状况和特征，对失能老人长期照护服务有效需求、现实需求和供给的耦合状况进行评价，找出影响长期照护服务有效需求、现实需求和供给的主要因素，对三者之间的耦合机制和作用机理进行分析，定量分析了有效需求、现实需求和供给之间的作用机理，比较分析我国长期照护服务供需的不同区域、不同养老类型、不同养老模式及城乡的基本特征。剖析国内外长期照护服务政策、经验和问题。提出规范需求管理、改进供给管理、促进需求端与供给端集成和融合的管理对策。该成果在以长期照护服务为代表的养老服务乃至公共服务研究领域提供了一个新视角、新理论和新方法，丰富了公共政策分析，为有效分析我国养老服务供需失衡问题提供了科学的理论分析支撑和实证数据，具有重大的理论价值和现实意义。

本研究在文献分析和理论梳理的基础上，建构失能老人长期照护服务供需均衡的评价理论与模型；在理论指导下，以我国东中西部的湖北、四川、浙江为代表，进行随机分层抽样，最终选择了红安县、天门市、夷陵区、江油市、长兴县等五个县(市、区)的 120 个村(社区)和 100 多个养老机构为样本，调查了 3126 位失能老人；在分析方法上，本研究运用 SPSS 软件对调查数据进行描述性和推断统计分析；借鉴经济学学者引自物理学的耦合理论与方法，在其耦合度、耦合协调度分析指标的基础上，加入“满意度”指标，对耦合理论和方法加以改进，用耦合度和耦合协调度测量失能老人长期照护服务需求和供给数量的耦合程度，用满意度测量需求和供给质量的耦合程度。同时用层次分析法(AHP)对需求进行分类，结合 SPSS 软件的线性回归分析和 matlab 软件的敏感度分析对现实需求、有效需求、供给以及养老资源之间的相互作用机理进行分析。从需求管理和供给管理的角度提出政策建议。研究结论如下：

（一）长期照护服务需求类型的划分

本研究根据因子聚类分析的结果将失能老人的长期照护服务需求分为三类，“康复护理保健类”为“基本型需求”，“日常生活照料和关怀类”为“期望型需求”，“社会服务与社会参与类”为“兴奋型需求”。其中康复护理保健类的长期照护服务需求是失能老人长期照护服务需求中最迫切的“刚性”需求。根据失能老人长期照护服务需求的累计频率的大小，结合基于KANO模型的因子聚类，可以得到失能老人长期照护服务需求的重要性排序：康复护理保健类的基本型需求>日常生活照料和关怀类的期望型需求>社会服务与社会参与类的兴奋型需求。按照需求项目的重要性排序来看，需要上门看病>需要康复治疗>需要上门护理>需要帮助日常购物>需要聊天解闷>需要上门做家务>需要老年饭桌和送饭>需要陪同看病>需要老年人服务热线>需要法律援助。具体到城市、农村、养老机构和非养老机构的失能老人长期照护服务的需求，排序略有变动。这是本研究的创新点之一，现有研究大多是通过频数统计分析对需求进行比较，并未从理论上归纳出不同的需求类别。通过这一分类和排序对失能老人长期照护服务需求按照重要性进行细分，对党委政府制定政策具有一定的指导意义和参考价值。本研究的需求分类和排序，可以进一步置于一定的情境中，如针对农村、城市、养老机构和非养老机构等不同的对象进一步深入分析。

（二）长期照护服务需求与供给之间的关系及作用机理

本研究通过逐步回归分析发现：（1）失能老人长期照护服务的现实需求和供给之间存在正相关关系，并且受到老年人的个体资源、家庭资源、行政资源、社区资源、社会资源和市场资源等养老资源的影响。（2）失能老人有效需求的影响因素主要受到现实需求的影响，供给量对其影响并不显著。同时还受到所在地、年龄、健在子女、户籍类型、养老类型、生活满意度等个人资源和个人因素的影响，以及是否有医疗保险、是否有政府救助等政府资源的影响。（3）失能老人现实需求主要受到有效需求和供给因素的影响，同时还受到受教育程度、年龄、健在子女数量、生活满意度、失能程度、地址、户籍类型、职业、养老类型、失能持续时间等个人资源和个人因素的影响，以及是否有政府救助等政府资源的影响。其中供给因素是影响需求实现的最主要因素。（4）失能老人长期照护服务供给主要受到现实需求的影响，同时还受到每月收入、职业、户籍类型、地址等个人资源和个人因素的影响，以及养老类型等政府资源的影响。对需求的影响因素进行分析讨论在现有文献中比较常见，但是本研究将需求分为有效需求、现实需求，同时结合供给和养老资源的诸要素进行分析。(5)本研究通过敏感度分析发现，在失能老人长期照护服务的有效需求、现实需求和供给的相互影响、相互作用中，供给与有效需求之间的作用机制并不显著，而现实需求与有效需求、现实需求与供给之间的作用机制非常显著，这一分析很好地解释了失能老人长期照护服务的供给与需求之间良性耦合程度较低的根本原因，那就是供给没有针对失能老人的有效需求，供需之间信息不对称，因而对失能老人的长期照护服务需求进行调查和评估就显得尤为必要。

(三)长期照护服务供需均衡的耦合评价

长期照护服务的供给系统和需求系统是两个不同的系统，本研究首次将物理学中的耦合理论与方法应用于失能老人长期照护服务的研究中，并对耦合评价方法进行改进，在耦合度和耦合协调度的基础上加入满意度指标。通过计算长期照护服务的耦合度、耦合协调度和满意度测量失能老人长期照护服务供求的匹配程度，其中耦合度和耦合协调度用来测量“数量”的匹配程度，满意度用来测量“质量”的匹配程度。基于此，本研究建构了失能老人长期照护服务供给与需求的耦合评价理论及模型。虽然失能老人长期照护服务需求与供给系统耦合分析和经济学中的供需均衡分析都是研究供需二者的匹配关系，有着一定的相似之处，但由于长期照护服务涵盖基本公共服务、准公共服务和市场化服务，不同于完全市场竞争状态下的基于均衡价格和均衡数量的供需均衡分析。

本书将物理学中的耦合理论与方法中常用的“耦合度”“耦合协调度”应用于长期照护服务供需耦合评价的模型中，并对耦合评价方法进行改进，增加“满意度”指标，构建长期照护服务供需耦合评价模型。本研究将有效需求、现实需求和供给的十个服务项目由分类变量(有、无)改为李克特五级定序变量(如：非常不需要、不需要、一般、需要、非常需要)进行测量，通过赋值加权平均后进行计量分析，通过计算长期照护服务的耦合度、耦合协调度和满意度测量失能老人长期照护服务供求的匹配程度，其中耦合度和耦合协调度用来测量“数量”的匹配程度，满意度用来测量“质量”的匹配程度。

失能老人对长期照护服务需求—供给的耦合机制包括需求表达机制、需求评估机制、市场化机制、志愿服务机制等，通过物质、资金、基础设施、人力资源、供给主体、信息等要素的耦合，以及居家养老与社区养老、机构养老、医养结合等养老模式的耦合来实现。因为长期照护服务的供需失衡，所有需求系统又分为大量有意愿有购买力的“有效需求“和得到满足的“现实需求”。因此分为有效需求与供给的耦合，以及现实需求与供给的耦合。从统计数据分析来看，现实需求与供给的耦合协调度为濒临失调；有效需求与供给的耦合协调度为严重失调；现实需求与供给的耦合状况要优于有效需求与供给的耦合状况。分不同类别样本来看，耦合协调度和满意度呈现“养老机构”>“城市”>“非养老机构”>“农村”的特征，结合耦合度来看，农村的良性耦合状况最差，存在着很大比例的低需求低供给的情况；其次是非养老机构，养老机构的良性耦合状况最佳，城市次之。从耦合度、耦合协调度和满意度的分析来看，失能老人长期照护服务供给与有效需求良性耦合状况依次是养老机构>城市>非养老机构>农村。供给与现实需求良性耦合状况依次是养老机构>城市>非养老机构>农村。二者的耦合状况基本一致。供给与有效需求之间的耦合属于“严重失调衰退供给主导型”，而供给与现实需求的耦合属于“中度失调衰退现实需求主导型”，耦合状况都不容乐观。本研究将耦合理论和方法用于分析供需失衡的测量上，这比供需均衡分析更有说服力，这是一个较大的创新，也是对供需均衡分析的优化完善。同时本研究将满意度指标引入耦合分析中，反映耦合的质量，使数量上的耦合与质量上的耦合互相补充，使理论和实证更为完善。同时在耦合指标设计上，可以保留耦合协调度和满意度，耦合度指标可以去掉。

由此可以总结归纳出供需失衡的原因是：供给严重不足，供给结构性失调，有效需求缺乏调查和评估，有效需求对供给影响不够，农村失能老人养老资源供给乏力。这样就从定量的角度分析了供需失衡的基本情况，对现实工作具有一定的指导意义。

(四)城乡长期照护服务模式的评价与比较

不同的长期照护服务模式会带给老年人不同的长期照护服务成本和效益。其中长期照护服务成本包括老年人自身的投入、家庭成员的投入、政府补贴、社会救助救济等，成本与收入之比可以衡量老年人及家庭的承受能力；长期照护服务效益包括长期照护服务供给和需求数量上的匹配度和耦合度，以及老年人对长期照护服务的生活满意度，本研究以武汉市为例，构建不同长期照护服务模式的评价指标体系，根据每种长期照护服务模式综合评价的最终结果，对不同长期照护服务模式的成本—效益进行比较评价。评价结果表明不同长期照护服务模式的城乡差异较大，城区长期照护服务模式评价综合得分高于农村。城区长期照护服务模式评价综合得分较高的分别为家庭代际合居、公办养老机构、民办养老机构、自我养老、家庭代际分居；农村长期照护服务模式评价综合得分较高的分别为家庭代际合居、自我养老、家庭代际分居、公办养老机构、民办养老机构等。家庭养老仍然是不可替代的最主要的长期照护服务方式，城区老年人对养老机构评价较高，农村老年人对养老机构评价较低。

(五)国内外长期照护服务的政策、经验和问题分析

从国内外的长期照护服务政策来看，不同社会制度和社会保障政策的国家，对长期照护服务带来的风险有着不同的认识，从而有着不同的施政理念，建立了不同的长期照护服务的法律制度。西方发达国家基本建成了较为完善的长期照护服务体系。我国也开始长期护理保险制度的试点，各级政府逐步将一些长期照护服务项目纳入基本公共养老服务清单项目，制定一些养老津贴、失能补贴等政策和规划，为长期照护服务的供给提供支撑条件。西方发达国家发展长期照护服务的经验对我国长期照护服务的发展有借鉴意义。我国的长期照护服务主要问题是缺制度、缺资金、缺人力、缺资源、缺服务，需要在我国应对人口老龄化的窗口期积极应对加以解决。

(六)长期照护服务供需均衡的管理对策

根据上述理论分析和实证分析，借鉴国内外经验，同时结合十四五规划纲要和十九届五中全会精神等指导思想，本研究从政策制度、资金、人力、服务等方面，提出要规范需求管理、改进供给管理、促进需求端与供给端集成和融合的管理对策。

二、研究展望

(一)学术创新与贡献

其一，本研究引入物理学的耦合理论与方法，构建长期照护服务供需均衡耦合评价的理论与模型，将长期照护服务的现实需求、有效需求、供给的十个典型服务项目从传统的定类变量(有、无)改为李克特五级定序变量(如：非常不需要、不需要、一般、需要、非常需要)，然后赋值、加权汇总和标准化处理后进行定量分析，根据 KANO 需求理论对长期照护服务的十个典型服务项目进行分类，分别为“基本型需求”“期望型需求”和“兴奋型需求”。

其二，基于耦合度、耦合协调度与满意度等指标，构建供需均衡的评

价指标体系，对其长期照护服务失衡的程度进行测量；比较我国不同地区、不同照护类型、不同照护模式，以及城乡的长期照护服务供需均衡情况基本特征；比较城乡不同长期照护服务模式的优劣和适应性。

其三，通过聚类分析、敏感度分析、回归分析等方法，基于调查统计数据探究现实需求、有效需求、供给及其他要素之间的作用机理。

综上所述，本研究通过理论与实证分析，构建出有别于传统的供给理论、需求理论和供需均衡理论的供需均衡耦合评价模型，在以长期照护服务为代表的养老服务乃至公共服务研究领域提供了一个新视角、新理论和新方法，丰富了公共政策分析工具，为有效分析我国养老服务供需失衡问题提供了科学的理论分析支撑和实证数据，具有重大的理论价值和现实意义。

(二)研究的局限性

在研究对象方面，失能老人长期照护服务是党委政府与学术界关注的重要问题，是最基础、最根本的养老服务，也是老年群体中需求最迫切、供给难度较大的部分。因此失能老人的长期照护服务比较能够反映养老服务供需中的重点、难点和焦点问题，具有一定的典型性和代表性。但是，养老服务和长期照护服务终归不是同一个概念，在研究中用长期照护服务代表养老服务具有一定的局限性。未来可以沿用长期照护服务供需均衡耦合评价的理论、模型和方法，把研究的范围拓展到整个养老服务领域，将长期照护服务作为养老服务中的一个典型案例加以分析，找出养老服务供需均衡中的一般性规律和政策启示。

在研究方法方面，未来研究可以进一步运用多种定量分析揭示失能老人长期照护服务需求与供给之间的关系和作用机理，采用多种规范的研究方法、大样本量、时间序列的研究数据等方面作更深入的研究；研究方向可以聚焦于失能老人长期照护服务供需均衡的评价的动态过程，采集失能老人长期照护服务供给和需求的时间序列数据，运用结构方程模型和层次分析法(AHP)等进行深度分析，以期对失能老人长期照护服务供需的耦合及作用机理作出更为科学、合理的解构与阐释。具体可以从以下几个方面加以完善和改进：

首先，本书的实证研究主要基于湖北省的失能老人生存状况调研数据，此外还有江苏、浙江、四川、云南的调查问卷用作东中西部区域比较分析，共完成 3126 份问卷，数据的代表性还不够强，有必要基于全国的大样本数据，从时间序列数据的角度对失能老人长期照护服务需求与供给的耦合问题进行更深入的研究。

其次，对失能老人长期照护服务需求与供给的作用机理，可以选择市场化程度较高的服务项目，从价格弹性的角度进行研究，与耦合分析的结论进行对比研究。此外在研究方法方面，可以尝试结构方程模型和层次分析法（AHP）进行深入分析。

再次，可以设计并运用规范的长期照护服务需求量表和长期照护服务供给量表施测，对失能老人长期照护服务需求与供给的耦合问题进行更规范的研究，分析供给和需求之间作用机理的“黑箱”。分析供给和需求的影响因素、有效需求和潜在供给（养老资源）、现实需求和现实供给之间的关系。

参考文献

[1]曹艳春，陈翀. 大数据背景下我国老年长期照护分级机制及其动态系统均衡探讨[J]. 社会保障研究(北京)，2016(1)：149-158.

[2]陈策. 居家失能老人照护服务时间研究[D]. 杭州：浙江大学，2014.

[3]陈晶晶. 五位一体：老年人长期照护服务供给体系研究[D]. 上海：上海师范大学，2016.

[4]陈素娜. 西安、深圳两地老年人长期照料服务供给比较研究[D]. 西安：西北大学，2013.

[5]陈英姿，满海霞. 中国养老公共服务供给研究[J]. 人口学刊，2013(1)：22-26.

[6]成茜. 城市空巢失能老人长期照料服务问题研究[D]. 长沙：湖南师范大学，2014.

[7]邓微，张云英，成志刚. "农村人口老龄化问题"笔谈[J]. 湖南农业大学学报(社会科学版)，2013(6)：1-12.

[8]杜娟，徐薇，钱晨光. 失能老人家庭照料及家庭照顾者社会支持需求——基于北京市东城区的实证性研究[J]. 学习与探索，2014(4)：31-35.

[9]杜鹏，王红丽. 老年人日常照料角色介入的差序格局研究[J]. 人口与发展，2014(5)：85-92，111.

[10]方堃. 农村公共服务平台的结构及功能：整体性治理视角——从"条块分割"到"协同耦合"的理论与实证研究[J]. 农村经济，2012(4)：12-15.

[11]房立冰. 中国失能老人机构照护供需失衡及对策研究[D]. 重庆：重庆大学，2014.

[12]费孝通. 乡土中国[M]. 北京：北京大学出版社，1998.

[13]高杨. 论我国失能老人养老服务的有效供给[D]. 青岛：中国海洋大学，2013.

[14]郭延通，郝勇. 失能与非失能老人社区养老服务需求比较研究——以

上海市为例[J]. 社会保障研究，2016(4)：25-33.
[15]海龙. 我国高龄老人长期护理需求测度及保障模式选择[J]. 西北人口，2014(2)：40-44，49.
[16]郝晓宁，薄涛，刘建春，崔楠，卜令寒，张振忠，刘志，塔娜. 北京市失能老人照料现状及需求影响因素研究[J]. 中国卫生经济，2015(8)：59-62.
[17]胡宏伟，时媛媛，肖伊雪. 公共服务均等化视角下中国养老保障方式与路径选择——居家养老服务保障的优势与发展路径[J]. 华东经济管理，2012(1)：119-123.
[18]胡乃军，杨燕绥，于淼. 中国城镇人口老龄化与城镇居民消费研究[J]. 人口学刊，2014(5)：61-71.
[19]黄俊辉，李放，赵光. 农村社会养老服务需求评估——基于江苏1051名农村老人的问卷调查[J]. 中国农村观察，2014(4)：29-41，51.
[20]黄匡时. 中国高龄老人日常生活照料需求满足状况及其影响因素研究[J]. 中国人口资源与环境，2014(S3)：331-334.
[21]黄越. 需求与供给：农村养老公共服务研究[D]. 武汉：华中师范大学，2015.
[22]江崇光. 从供给侧改革看长期照护保险的经济学意义[J]. 中国市场，2016(3)：160-162.
[23]江崇光. 中国台湾地区长期照护计划筹资模式研究及其借鉴意义[D]. 北京：中国社会科学院研究生院，2016.
[24]姜向群，郑研辉. 城市老年人的养老需求及其社会支持研究——基于辽宁省营口市的抽样调查[J]. 社会科学战线，2014(5)：186-192.
[25]景跃军，李元. 中国失能老人构成及长期护理需求分析[J]. 人口学刊，2014(2)：55-63.
[26]孔德颖. 社会资本视角下我国城市失能老人养老服务保障问题研究[D]. 长春：吉林大学，2014.
[27]李朝静. 上海市失能老人长期护理服务体系研究[D]. 上海：上海工程技术大学，2013.
[28]李放，樊禹彤，赵光. 农村老人居家养老服务需求影响因素的实证分析[J]. 河北大学学报(哲学社会科学版)，2013(5)：68-72.
[29]李敬. 社会资本理论视角下西安市失能老人长期照料问题研究[D]. 西安：西北大学，2014.
[30]李明，李士雪. 福利多元主义视角下老年长期照护服务体系的构建[J]. 东岳论丛，2013(10)：117-120.

[31]李明. 济南市城区失能老人居家长期照护现状及需求研究[D]. 济南：山东大学，2015.
[32]李强，岳书铭，毕红霞. 农村失能老人长期照护意愿及其影响因素分析——基于山东省农村失能老人的问卷调查[J]. 农业经济问题，2015(5)：30-41，110.
[33]李婉玲，何华英. 老年人长期照护现状[J]. 中国老年保健医学，2016(1)：114-116.
[34]李晔. 失能老人生活质量调查及社区资源需求与利用研究[D]. 北京：中国人民解放军医学院，2015.
[35]林闽钢，梁誉，刘璐婵. 中国贫困家庭类型、需求和服务支持研究——基于"中国城乡困难家庭社会政策支持系统建设"项目的调查[J]. 天津行政学院学报，2014(3)：3-11，2.
[36]林倩. 失能失智老人机构养老需要研究[D]. 北京：中国社会科学院研究生院，2012.
[37]刘丹. 福利多元主义视角下我国农村老年长期照护服务问题研究[D]. 南京：南京大学，2014.
[38]刘峰，邓子纲. 城市空巢老人的需求缺失及解决模式探析[J]. 湖南社会科学，2012(2)：115-118.
[39]刘国恩，蔡春光，李林. 中国老人医疗保障与医疗服务需求的实证分析[J]. 经济研究，2011(3)：95-107，118.
[40]刘晔翔，罗力，邓海巨，花根才，梁娅，于金玲，陈杰，李文秀. 普陀区老年人长期照护服务需求及其影响因素分析[J]. 中国卫生资源，2016(1)：70-73.
[41]刘雨萌. 旅游公共服务的供需耦合协调机理与均衡机制构建研究[D]. 秦皇岛：燕山大学，2014.
[42]刘运东，冯雅楠，王玉环. 失能老人长期照护需求及影响因素[J]. 中国老年学杂志，2016(6)：1482-1484.
[43]柳璐，张红艳，史诺. 国际老年长期照护服务递送的研究[J]. 医学与哲学(A)，2013(10)：38-40.
[44]陆佩佩，李红玉. 失能老人养护模式选择的影响因素及养护康复需求调查[J]. 中国康复医学杂志，2015(5)：490-493.
[45]马忠东，周国伟. 市场转型下的老年供养研究[J]. 人口研究，2011(3)：17-28.
[46]孟伟，冉密，高星星，杨磊，熊先军. 长期照护：国际发展溯源与我国发展构想[J]. 中国医疗保险，2016(9)：13-17.

[47]穆光宗，吴金晶，常青松. 我国养老风险研究[J]. 华中科技大学学报(社会科学版)，2014(6)：103-109，124.
[48]彭金玉. 实现城市社区老龄服务需求度与满意度的耦合研究——以南京市X社区为例[J]. 老龄科学研究，2015(6)：12-20.
[49]彭荣. 我国高龄老人长期护理需求满足度及其影响因素[J]. 中国老年学杂志，2012(14)：3005-3008.
[50]秦艳艳. 邬沧萍. 我国城市社区居家养老服务体系中政府职能分析[J]. 兰州学刊，2012(1)：123-127.
[51]申正付，杨秀木，贺庆功. 中国老年人长期照护服务需求现状及其长期照护服务策略[J]. 中国老年学杂志，2014(3)：841-843.
[52]史薇，李伟旭. 城市失能老人照料资源分布及照料满意度的实证研究——以北京市西城区为例[J]. 北京社会科学，2014(11)：29-37.
[53]史薇，谢宇. 城市老年人对居家养老服务提供主体的选择及影响因素——基于福利多元主义视角的研究[J]. 西北人口，2015(1)：48-54.
[54]宋宝安. 农村失能老人生活样态与养老服务选择意愿研究——基于东北农村的调查[J]. 兰州学刊，2016(2)：137-143.
[55]苏群，彭斌霞. 我国失能老人的长期照料需求与供给分析[J]. 社会保障研究，2014(5)：17-23.
[56]谭睿. 日本长期照护保险制度实践及启示[D]. 长沙：湖南师范大学，2016.
[57]唐钧，冯凌. 谁需要长期护理保险？——失能老人长期照护需求的调查与分析[J]. 中国社会保障，2016(6)：26-27.
[58]唐钧. 中国老年服务的现状、问题和发展前景[J]. 国家行政学院学报，2015(3)：75-81.
[59]田杨. 日韩老年长期照护保险政策对我国的启示[J]. 老龄科学研究，2014(1)：72-80.
[60]同春芬，汪连杰. 福利多元主义视角下我国居家养老服务的政府责任体系构建[J]. 西北人口，2015(1)：73-78，84.
[61]涂爱仙. 供需失衡视角下失能老人长期照护的政府责任研究[J]. 江西财经大学学报，2016(2)：70-76.
[62]汪曲. 耦合视域下政府公共服务的评估体系与质素模型——香港、澳门、台湾多案例的扎根理论分析[J]. 暨南学报(哲学社会科学版)，2016(5)：44-58，130.
[63]王乐芝，曾水英. 关于失能老人状况与老年长期护理保险的研究综述

[J]. 人口学刊，2015(4)：86-91.
[64]王小龙，兰永生. 劳动力转移、留守老人健康与农村养老公共服务供给[J]. 南开经济研究，2011(4)：21-31，107.
[65]王胤添."医—养—康—护"融合的养老模式创新研究[D]. 杭州：浙江大学，2014.
[66]王章安，刘丽萍，滕雪萍，杨龙，梁国隆. 南宁市养老机构入住老人服务需求及供给现状[J]. 中国老年学杂志，2015(20)：5918-5920.
[67]肖云，汤小燕. 提高民办养老机构长期照护服务供给能力研究[J]. 河北经贸大学学报(综合版)，2015(2)：69-72.
[68]肖云，王冰燕. 中国五保失能老人长期照护服务的困境与解困[J]. 重庆大学学报(社会科学版)，2015(4)：103-108.
[69]肖云，温华凤，邓睿. 高龄失能老人居住方式及影响因素的实证研究[J]. 南方人口，2016(3)：46-56.
[70]熊吉峰. 农村失能老人家庭照护者对社会支持的需求研究[J]. 统计与信息论坛，2014(2)：107-112.
[71]徐薇，钱晨光，杜娟. 城市失能老人家庭照顾者社会支持需求的质性研究[J]. 中国社会医学杂志，2014(4)：245-247.
[72]许彩虹，杨金侠，王章泽. 基于公共产品理论的医养结合养老模式的问题与对策研究[J]. 卫生经济研究，2015(11)：22-24.
[73]杨团，李振刚，石远成. 农村老人照护服务体系的初步探索[J]. 社会保障研究，2008(2)：116-131.
[74]杨小彬. 长期照护服务机构成本测算研究——以江西为例[J]. 会计之友，2016(21)：65-69.
[75]姚科苑. 需求和有效需求：养老机构成本和入院老人支付能力研究[D]. 北京：中国社会科学院研究生院，2012.
[76]殷悦，周希喆，缪栋蕾，沈继杰，彭靖，李国红. 上海市长宁区老年人长期照护服务需求与费用测算[J]. 解放军医院管理杂志，2014(6)：588-590.
[77]尹尚菁，杜鹏. 老年人长期照护需求现状及趋势研究[J]. 人口学刊，2012(2)：49-56.
[78]于卫华，林丹，陈雪羚. 医养结合型长期照护的研究现状[J]. 中国护理管理，2013(4)：91-93.
[79]袁小波. 农村高龄老人的照料需求与照料供给分析[J]. 西北人口，2007(6)：34-37，43.
[80]翟景花，杨海霞，宋爱芹，郭立燕，张妍，刘霞. 空巢老人卫生服务

需求与利用及其影响因素的研究[J]. 中国卫生事业管理，2015(4)：306-309.
[81]翟绍果，郭锦龙. 老年人长期照护服务的需求意愿分析及对策建议——基于陕西省的调查[J]. 老龄科学研究，2013(5)：53-61.
[82]张晖，许琳. 需求评估在长期护理保险中的作用及实施[J]. 西北大学学报(哲学社会科学版)，2016(5)：124-131.
[83]张立荣，李名峰. 满意度和需求度二维耦合视角下的农村公共服务现状研究——以湖北省为例[J]. 中国行政管理，2012(2)：114-118.
[84]张乃仁. 农村居家养老中的双向耦合机制[J]. 郑州大学学报(哲学社会科学版)，2013(3)：36-39.
[85]张洒英，王辰尧. 我国政府购买机构养老服务的政策分析[J]. 经济体制改革，2012(2)：21-25.
[86]张思锋，唐敏，周淼. 基于我国失能老人生存状况分析的养老照护体系框架研究[J]. 西安交通大学学报(社会科学版)，2016(2)：83-90.
[87]张薇薇，殷悦，周希喆，王晓栋，缪栋蕾，沈继杰，彭靖，李国红. 上海市老年人长期照护需求研究——以长宁区为例[J]. 中国卫生资源，2014(6)：470-473.
[88]张盈华，闫江. 中国养老服务现状、问题与公共政策选择[J]. 当代经济管理，2015(1)：51-56.
[89]张盈华. 老年长期照护的风险属性与政府职能定位：国际的经验[J]. 西北大学学报(哲学社会科学版)，2012(5)：40-46.
[90]张莹. 评估老年长期照护需求是长护制度的基础[J]. 中国医疗保险，2015(11)：20.
[91]张玉琼，许琳. 家庭政策视角下的失能老人养老服务研究[J]. 残疾人研究，2016(2)：41-45.
[92]张云英，胡潇月. 城市失能老人长期照护体系研究综述——基于2002—2015年国内外文献研究[J]. 湖北经济学院学报，2016(4)：80-86.
[93]赵怀娟. 城市失能老人机构照护需要及需要满足研究——以南京市调查为例[J]. 中国卫生事业管理，2013(4)：315-319.
[94]赵怀娟. 老年人长期照护服务供给——国内学者相关研究综述[J]. 福建江夏学院学报，2012(5)：62-67，94.
[95]赵敏，郑云慧，蔡双霞，唐淼燕，虞铃，杨金妮. 养老机构失能老人照护需求及影响因素分析[J]. 嘉兴学院学报，2016(3)：112-116.
[96]赵娜. 基于供需视角下的我国城镇老年福利服务的现状、问题与对策

研究[D]. 北京：首都经济贸易大学，2011.
[97]赵湘莲，田月红. 基本养老保险与金融耦合协调发展水平测度研究[J]. 社会科学家，2015(5)：60-64.
[98]赵雨皓. 洛阳市老年人社区服务需求与实际供给研究[D]. 桂林：广西师范大学，2013.
[99]郑雄飞. 一种伙伴关系的建构：我国老年人长期照护问题研究[J]. 华东师范大学学报(哲学社会科学版)，2012(3)：135-142，156.
[100]郑志华. 基于养老社区的新型寿险商业模式研究[D]. 北京：中国社会科学院研究生院，2012.
[101]钟彩英，吴翠平，黄树琴，李丽文，倪殿军，夏会敏. 深圳市社区失能老人现状及其家庭病床服务需求调查[J]. 黑龙江医学，2016(5)：457-459.
[102]钟晓青. 健康老龄化和积极老龄化过程中的生态经济耦合机制[J]. 中国公共卫生管理，2013(3)：304-308.
[103]周春山，李一璇. 发达国家(地区)长期照护服务体系模式及对中国的启示[J]. 社会保障研究，2015(2)：83-90.
[104]周蹦蹦，任鸣，李锋，刘艳，彭祥平，许荷. 失能老人心理需求研究述评[J]. 中国老年保健医学，2015(1)：110-112.
[105]周增. 部分基金制、金融市场改革、执政党合法性的耦合效应——中国养老保险制度转型的一种解释[J]. 经济体制改革，2010(4)：5-11.
[106]朱凤梅，王震. 长期照护供需失衡的政策分析[J]. 中国医疗保险，2016(9)：34-37.
[107]陈成文，陈舒. 从"碎片化"困境看我国城市养老服务体系的制度建设[J]. 城市发展研究. 2017，24(12)：76-82
[108]余峰. 苏州市失智老人养老服务供给现状、问题及对策研究[D]. 苏州：苏州大学，2020.
[109]陈小杭. 医养护一体化家庭医生式养老服务需求及内容的研究[D]. 武汉：武汉轻工大学，2019.
[110]曹婧柔. 福利多元主义视角下我国城市养老模式研究[D]. 南京：南京大学，2016.
[111]董红亚. 养老服务视角下医养结合内涵与发展路径[J]. 中州学刊，2018(1)：59-64.
[112]林蔚文，林明华. 地方政府部门责任清单制度的理论与实践[J]. 福建论坛(人文社会科学版)，2016(5).

[113]张磊. 构建权力清单与责任清单的互嵌与促进机制[J]. 领导与科学，2017(7).
[114]汪习根. 法治政府的基本法则及其中国实践[J]. 理论视野，2015(1).
[115]关博文. 政府在社区居家养老服务中的作用研究[D]. 哈尔滨：黑龙江大学，2020.
[116]刘泉圣. 政府主导下“医养结合”养老服务问题研究[D]. 长春：长春工业大学，2020.
[117]董玉青. 开封市城市社会养老服务体系建设问题研究[D]. 开封：河南大学，2020.
[118]邓景男. 政府职能转换视域下大连市社会化养老服务完善对策研究[D]. 大连：辽宁师范大学，2020.
[119]张鹏程. 城市居家养老服务的政府责任研究[D]. 保定：河北大学，2020.
[120]唐瑭. 社区居家养老服务中的政府职能研究[D]. 武汉：华中师范大学，2020.
[121]孙碧竹. 我国社会养老服务体系发展研究[D]. 长春：吉林大学，2019.
[122]王珍. 城市居家养老服务中政府行为研究[D]. 武汉：华中科技大学，2019.
[123]胡劼. 互助养老服务多元供给协同机制研究[D]. 北京：首都经济贸易大学，2019.
[124]陈小渊. 我国社会养老服务的地方立法保障研究[D]. 宁波：宁波大学，2019.
[125]田力扬. 居家养老服务的困境与法律对策研究[D]. 武汉：中南财经政法大学，2019.
[126]谭唯阳. 城市失能老人长期照护服务的政府责任研究[D]. 保定：河北大学，2019.
[127]李绵. 管理哲学视域的政府责任伦理研究[D]. 哈尔滨：黑龙江大学，2019.
[128]王先菊. 养老服务供给研究[D]. 北京：中共中央党校，2018.
[129]李文杰. 政府购买养老服务中的老年人参与问题研究[D]. 上海：华东师范大学，2018.
[130]侯冰. 城市老年人社区居家养老服务需求层次及其满足策略研究[D]. 上海：华东师范大学，2018.

[131]韩艳. 政府购买居家养老服务质量评估研究[D]. 厦门：厦门大学，2017.
[132]辛璐璐. 国家治理现代化进程中的政府责任问题研究[D]. 长春：吉林大学，2017.
[133]世界卫生组织.《建立老年人长期照顾政策的国际共识》[EB/OL]. http://www.who.int/publications/list/ WHO_ HSC_ AHE_00_1/zh/，第 6 页.
[134]王丹彤. 福利多元视角下残疾老年人养老服务供需差异研究[D]. 长春：吉林大学，2020.
[135]世界卫生组织. 世界卫生组织(WHO)对健康的定义[EB/OL]. https://c.m.163.com/news/a/EH3ABBUD05458KFJ.html.
[136]陆杰华，沙迪. 老龄化背景下失能老人照护政策的探索实践与改革方略[J]. 中国特色社会主义研究，2018(2)：52-58.
[137]罗丽娅，丁建定. 长期照护服务的国际实践举措与启示[J]. 学习与实践，2019(6)：67-76.
[138]丁日佳，周幸窈，欧阳赢. 推进我国智慧养老体系建设[J]. 宏观经济管理，2019(5)：51-56.
[139]高和荣. 长期照护保险的缘起与争议[J]. 湖湘论坛，2019，32(1)：39-45，2.
[140]李明，曹海军. 老龄化背景下国外时间银行的发展及其对我国互助养老的启示[J]. 国外社会科学，2019(1)：12-19.
[141]侯冰，张乐川. 社区居家养老服务需求层次及其优先满足序列——以上海市斜土路街道为例[J]. 城市问题，2017(12)：4-11.
[142]高传胜. 供给侧改革背景下老年长期照护发展路径再审视[J]. 云南社会科学，2016(5)：152-157，187-188.
[143]"中国长期照护保障需求研究"课题组，唐钧，冯凌，王君. 长期照护：概念框架、研究发现与政策建议[J]. 河海大学学报(哲学社会科学版)，2018，20(1)：8-16，89.
[144]宋盼."技能化"背景下机构养老服务供需失衡问题研究[D]. 上海：华东理工大学，2020.
[145]唐钧."最基本的养老服务"就是长期照护[J]. 中国人力资源社会保障，2019(5)：55.
[146]杨清红，高艳. 供给侧结构性改革视角下居家养老服务需求、供给与衔接[J]. 商业经济研究，2021(10)：173-177.
[147]陈伟."去家庭化"与"商品化"——老年失智群体长期照护服务体制

的供给侧治理[J]. 河北学刊，2021，41(3)：187-195.
[148]汪连杰. 失能老年人长期护理的需求规模评估、费用测算与经济效应预测[J]. 残疾人研究，2021(1)：39-50.
[149]张锡云. 个旧市老年人居家养老服务需求与供给问题研究[J]. 职大学报，2021(1)：81-87.
[150]朱奕臻. 互助养老理念下河南省养老服务供需问题研究[J]. 决策探索(中)，2021(2)：12-14.
[151]盛见. "需求响应"视角下养老服务供需错配问题及其解决对策[J]. 中州学刊，2021(2)：28-33.
[152]李胜会，杨瑶. 长期护理需求多维测度及影响因素研究[J]. 宏观经济研究，2021(1)：162-175.
[153]何兰萍，刘竹颖. 资源配置视角下长期护理险 15 个城市服务供给模式分析[J]. 卫生软科学，2021，35(1)：78-82.
[154]卢小芳. 长期护理保险有效需求影响因素的实证分析——基于消费者视角[J]. 保险职业学院学报，2020，34(6)：58-63.
[155]李星明，刘涵. 我国特大城市失能老年人长期护理模式的需求现状及对策建议[J]. 人口与健康，2020(12)：28-30.
[156]黄琛厦，张积慧. 依托电子健康档案建设以健康需求为中心导向的长期护理服务体系研究[J]. 智慧健康，2020，6(34)：12-15.
[157]刘艺. 供给视角下社区养老服务需求研究[D]. 武汉：华中农业大学，2020.
[158]谢虔. 江苏省社区居家养老服务供需匹配研究[J]. 合作经济与科技，2020(24)：174-175.
[159]王云倩，孙伟婷. 西安市社区养老服务设施供需分析[J]. 合作经济与科技，2020(24)：184-185.
[160]赵定东，卢瑶玥. 农村医养结合养老服务的"供需错配"及政策可行性问题[J]. 长安大学学报(社会科学版)，2020，22(6)：86-95.
[161]童素娟. 杭州市养老服务需求与供给及对策研究[J]. 社会福利(理论版)，2020(11)：56-63.
[162]张丽，高志娟. 南京市失能老人长期照护服务需求及差异性调查研究[J]. 市场周刊，2020，33(11)：179-181.
[163]张娟，董亚男，李惠玲，鲁靖. 居家失能老年人、照顾者、医疗机构管理人员长期护理需求及相关认识的质性研究[J]. 健康教育与健康促进，2020，15(5)：507-510.
[164]林雪婷，刘心雨，姚泽丽，杨莉. 人口老龄化背景下我国长期护理

保险需求的影响因素探析——以广州为例[J]. 当代经济，2020(10)：122-125.

[165]林雷，刘黎明. 北京市养老服务设施供需空间配置评价研究[J]. 数理统计与管理，2020，39(6)：1022-1031.

[166]韩非，罗仁朝. 基于可达性测度的城市社区居家养老服务供需匹配研究——以南京为例[J]. 经济地理，2020，40(9)：91-101.

[167]郭丽娜，吴瑞君. 居家养老服务供需适配：一个理论分析框架[J]. 河北大学学报(哲学社会科学版)，2020，45(5)：136-145.

[168]徐载娟. 长期护理保险供给质量提升路径分析[J]. 铜陵职业技术学院学报，2020，19(3)：16-18，39.

[169]崔树义，杨素雯，田杨. 供需视角下社区居家养老服务提质增效研究——基于山东省1200名老年人的调查[J]. 山东社会科学，2020(9)：127-133.

[170]汪钰莹，郭利京. 人口老龄化背景下机构养老服务供需情况研究[J]. 高师理科学刊，2020，40(8)：21-27.

[171]张娟，董亚男，李惠玲，鲁靖，周婧炜. 居家失能老年人长期护理需求调查及分析[J]. 江苏卫生事业管理，2020，31(8)：1104-1107.

[172]张娟，董亚男，李惠玲，黄键，鲁靖. 基于德尔菲法编制居家失能老年人长期护理需求调查表[J]. 健康教育与健康促进，2020，15(4)：403-406.

[173]李慧. 基于语言评价信息的养老服务供需匹配研究[J]. 中国集体经济，2020(22)：79-81.

[174]陈文华，陈琇惠. 需求与资源的"拔河"：中国台湾地区《长照2.0计划》资格规则评析与启示[J]. 中国公共政策评论，2020，17(2)：54-73.

[175]李佳，车田天. 日美长期护理服务劳动力支持政策及启示——基于供给结构的视角[J]. 社会保障研究，2020(5)：91-100.

[176]宋盼. "技能化"背景下机构养老服务供需失衡问题研究[D]. 上海：华东理工大学，2020.

[177]黄瑶，王大力，任明. 需求牵引　供给发力　创新驱动　西安市养老服务迈入高质量发展阶段[J]. 中国社会工作，2020(20)：26-27.

[178]吕鹰飞，赵馨萌. 农村居民长期护理保险需求影响因素分析[J]. 税务与经济，2020(4)：51-56.

[179]李涛明，游厚秀. 供需视角下城市社区居家养老服务问题探讨[J].

中国统计，2020(7)：15-16.
[180]林丽卿. 人口老年化背景下温州长期护理保险需求研究[J]. 现代商贸工业，2020，41(22)：120-122.
[181]董晨雪. 基于差异的正义：我国城乡老年人健康养老服务需求与供给比较研究[D]. 苏州：苏州大学，2020.
[182]丁雪萌. 中国老年人长期照护服务的供需研究[D]. 北京：对外经济贸易大学，2020.
[183]赵海然. 小城镇社区居家养老服务的供需匹配研究[D]. 上海：华东政法大学，2020.
[184]贾丰竹. 福利多元主义视角下中德两国重度残疾人长期护理保险制度供给主体问题研究[J]. 劳动保障世界，2020(18)：40-42.
[185]刘小春，张果，谭小龙，李婵. 农村居民养老服务供需形成机理——基于结构方程模型分析[J]. 农林经济管理学报，2020，19(3)：379-388.
[186]高矗群，张开宁. 民族农村地区养老服务供需现状及养老服务体系建设研究[J]. 卫生软科学，2020，34(6)：33-36.
[187]米红，郑雨馨. 多健康状态老年人长期护理需求分析预测——以浙江省为例[J]. 中国医疗保险，2020(6)：16-21.
[188]刘娅莉. 重庆市渝中区社区居家养老服务供需现状及影响因素研究[D]. 重庆：重庆医科大学，2020.
[189]马圆圆. 城市失能老人长期照护服务供给的政府责任研究[D]. 兰州：西北师范大学，2020.
[190]张桃. 兰州市长期护理保险需求与影响因素研究[D]. 兰州：兰州财经大学，2020.
[191]陈龙. 供需关系视角下郑州市中原区社区居家养老服务研究[D]. 郑州：郑州大学，2020.
[192]王丹彤. 福利多元视角下残疾老年人养老服务供需差异研究[D]. 长春：吉林大学，2020.
[193]陈诗琪. 长期护理保险需求影响因素分析[D]. 蚌埠：安徽财经大学，2020.
[194]陈静. 城乡失能老人长期护理服务的需求与供给分析[D]. 南昌：江西财经大学，2020.
[195]袁芬. 医养结合养老服务的供需现状与优化路径研究[D]. 南昌：江西师范大学，2020.
[196]丁奕宁. 失能老人长期照护服务供给体系问题及对策研究[D]. 石家

庄：河北师范大学，2020.
[197]邱路. 河北省农村社会养老服务供需失衡研究[D]. 石家庄：河北师范大学，2020.
[198]樊文苑. 呼和浩特城市居家养老服务供需适配性研究[D]. 呼和浩特：内蒙古大学，2020.
[199]陈坤. 老年人机构养老服务需求与养老机构服务供给现状研究[D]. 济南：山东大学，2020.
[200]赵海然. 小城镇社区居家养老服务的供需匹配研究[D]. 上海：华东政法大学，2020.
[201]吴春晓. 供需视角下农村失地老人居家养老服务研究[D]. 南京：南京大学，2020.
[202]郭思先. 农村失能老人居家养老服务供需平衡路径研究[D]. 南京：南京大学，2020.
[203]樊琪瑶. 社会工作介入城市单位型社区居家养老服务的策略研究[D]. 广州：华南理工大学，2020.
[204]寻琳涵. 西安市城市社区居家养老服务供需问题研究[D]. 太原：山西财经大学，2020.
[205]董钰. 西安市居家养老服务供需的研究[D]. 西安：西安电子科技大学，2020.
[206]单秋楠. 沈阳市失能老人长期照护服务需求研究[D]. 沈阳：辽宁大学，2020.
[207]邢加栋. 河南省长期护理保险需求调查分析[D]. 石家庄：河北经贸大学，2020.
[208]郭永宏，李立峰. 支持兼职养老服务填补供需缺口[N]. 检察日报，2020-04-20(007).
[209]郑毅敏，李娜. 关于机构养老服务需求与供给的文献梳理与展望[J]. 宝鸡文理学院学报(社会科学版)，2020，40(2)：43-48.
[210]王子飞. “互联网+养老服务”模式供需评估与发展对策[J]. 中州学刊，2020(3)：81-86.
[211]杨鑫柳，马浩，孙贺. 长春市机构养老服务需求与供给状况调查研究[J]. 社会与公益，2020(3)：72-74.
[212]张月. 我国养老服务体系的政策路线和供需现状研究[J]. 中国集体经济，2020(7)：78-79.
[213]汪静. 长期护理保险研究：现实需求、框架结构与国际经验[J]. 绥化学院学报，2020，40(3)：51-54.

[214]张冉. 宁国市智慧居家养老服务研究[D]. 南宁：广西民族大学，2020.
[215]任静婕. 甘肃省机构养老服务供需现状的研究[D]. 兰州：兰州大学，2020.
[216]张开然. 南通市医养结合养老服务供需关系研究[D]. 北京：中国政法大学，2020.
[217]王新军，李雪岩. 长期护理保险需求预测与保险机制研究[J]. 东岳论丛，2020，41(1)：144-156.
[218]曲绍旭，郑英龙. 服务资源整合视角下城市居家养老服务供需平衡路径的优化[J]. 河海大学学报(哲学社会科学版)，2020，22(1)：74-81，107-108.
[219]徐宏，王云辉，郑晓菲. 养老服务人才供需匹配的实现路径[N]. 中国人口报，2020-02-03(003).
[220]高秋萍，韩振燕. 江苏居家养老服务供需现状分析及建议[J]. 江南论坛，2020(1)：45-47.
[221]陈显友. 基于 Citespace 文献计量软件的养老服务供需研究现状与热点分析[J]. 社会科学家，2020(1)：35-42.
[222]王群，杨瑾. 长期护理保险需求研究综述[J]. 中国卫生事业管理，2019，36(12)：906-908，916.
[223]罗金凤，王小凤. 荆门市长期护理保险试点地区城镇居民对长期护理服务的认知与需求研究[J]. 护理研究，2019，33(23)：4121-4125.
[224]辛歆. 养老服务资金供需状况调查研究——以苏州市为例[J]. 经济研究导刊，2019(34)：86-89.
[225]江瑞珍. 长期护理保险需求的影响因素分析——以柳林县为例[J]. 经济师，2019(12)：252，254.
[226]金婷青. 浙江省义乌市 Y 镇居家养老服务供需问题研究[D]. 西安：西安电子科技大学，2019.
[227]廖昭阳. 安溪县机构养老服务供需现状与对策研究[D]. 福州：福建农林大学，2019.
[228]姚雪薇. 需求层次理论下城镇社区养老服务供给现状与对策探究[J]. 公关世界，2019(22)：93-95.
[229]孙紫依，谢志杰，陈丹丹，邱敏，卞忆莲. “互联网+”养老服务需求及供给分析[J]. 现代商贸工业，2019，40(34)：56-57.
[230]余晓艳，赵银侠，张勇. 西安城乡老年人养老服务供给与需求状况

研究[J]. 陕西行政学院学报, 2019, 33(4): 32-42.
[231]陈庆彬, 宋睿. 我国养老服务供需平衡对策的研究[J]. 冰雪运动, 2019, 41(6): 39-41.
[232]王建云, 钟仁耀. 基于年龄分类的社区居家养老服务需求层次及供给优先序研究——以上海市J街道为例[J]. 东北大学学报(社会科学版), 2019, 21(6): 607-615.
[233]何婧, 边恕. 多元需求视角下的辽宁省养老服务有效供给体系研究[J]. 管理研究, 2019(1): 45-67.
[234]丁志宏, 曲嘉瑶. 浅析社区居家养老服务的供需与利用[N]. 中国人口报, 2019-10-31(003).
[235]齐玉梅, 王生锋, 李念莲, 张群, 梁毅. 参与长期护理保险失能人员对护理需求及影响因素分析[J]. 荆楚理工学院学报, 2019, 34(5): 74-78, 84.
[236]周坚, 邓绮琳. 医养结合养老服务"供需错配"问题研究[J]. 卫生经济研究, 2019, 36(10): 58-60, 64.
[237]刘慧心. 大连市社区养老服务需求与供给现状调查研究[D]. 大连: 大连理工大学, 2019.
[238]朱钰凤, 程杰. 中国老年人长期护理意愿与需求探究——基于城市住户抽样调查分析[J]. 福祉研究, 2019, 2(00): 17-26.
[239]李文成. 养老需求多元化背景下第三部门参与社区养老服务供给研究[J]. 智库时代, 2019(40): 238-239.
[240]孔令卫, 赵琛徽. 供给侧改革背景下社会养老服务需求分析与优化对策研究[J]. 老龄科学研究, 2019, 7(9): 19-30.
[241]李淼. 吉林省长期护理保险需求的影响因素分析[J]. 现代经济信息, 2019(18): 480-481.
[242]陈凯利, 陈凯志. 长期护理保险需求影响因素分析[J]. 商讯, 2019(27): 139, 141.
[243]高明. 城乡老龄群体长期照护服务的需求测度与满足: 浙江的实证[J]. 社会工作与管理, 2019, 19(5): 61-67, 92.
[244]吴宗辉, 伟松, 胡永国, 张军, 吴江. 重庆市社会养老服务供需失衡问题分析及政策探讨——基于重庆市高校社区养老服务供需调查研究[J]. 中国卫生事业管理, 2019, 36(9): 707-712.
[245]戴思航, 张功翠. 老年人潜在需求视角下的嘉兴市社区文化养老服务供给研究[J]. 产业与科技论坛, 2019, 18(18): 93-94.
[246]马晶, 杨天红. 长期护理需求评估体系建设研究——基于地方试点

与德国实践[J]. 重庆大学学报(社会科学版), 2021, 27(2): 176-187.

[247]黄文杰, 吕康银. 我国城市中老年群体长期护理需求影响因素研究——以长春市为例[J]. 税务与经济, 2019(5): 39-48.

[248]张艳梅, 马晓霞, 赫继梅, 左维泽. 失能老人跌倒的影响因素及长期照护服务需求[J]. 中国老年学杂志, 2019, 39(17): 4355-4357.

[249]黄琦. 昆明市居家养老服务供需研究[D]. 昆明: 云南大学, 2019.

[250]林雪贞. 精准解决高校离退休人员养老服务供需矛盾的探索[J]. 新西部, 2019(24): 22-23, 35.

[251]李娜. 养老服务需求与供给分析[J]. 山西农经, 2019(16): 19-20, 22.

[252]郭丽娜, 郝勇. 个体健康、家庭照护和社会供给: 谁更影响老人的居家养老服务需求[J]. 西北人口, 2019, 40(5): 36-49.

[253]姜碧华, 李辉婕. 基于服务质量视角的社区居家养老服务供需研究综述[J]. 老区建设, 2019(16): 82-88.

[254]黄石松, 陈红梅. 夯实社区对养老服务的支持作用[N]. 北京日报, 2019-08-19(014).

[255]李红. 我国长期护理保险需求的影响因素分析——基于面板分位数回归法[J]. 保险职业学院学报, 2019, 33(4): 55-60.

[256]蒋曼, 罗力, 何世英, 戴瑞明, 白鸽, 王颖. 国内外长期护理保险需求评估的对比分析[J]. 中国卫生资源, 2019, 22(1): 20-23.

[257]魏伟. 基于公共产品理论视角的农村养老服务供给与需求研究[J]. 社会与公益, 2019(8): 67-69.

[258]陈佳梦. 居家养老服务现状、需求与供给侧改革探究[J]. 黑龙江科学, 2019, 10(15): 148-149.

[259]倪锦文, 陆平, 高荣, 汪馨平. 长期护理保险制度设计研究——基于供给层面的思考[J]. 中国经贸导刊(中), 2019(7): 55-57.

[260]徐宏, 王金, 岳乾月. 论新时代养老 PPP 项目的规范化发展路径[N]. 中国人口报, 2019-07-22(003).

[261]申欣如. 社区居家养老服务队伍供需矛盾的探析[J]. 劳动保障世界, 2019(20): 26-27.

[262]仲思. 社区养老服务资源供需研究[D]. 上海: 上海工程技术大学, 2019.

[263]Ansah J. P., Matchar D B, Malhotra R, et al. Projecting the effects of long-term care policy on the labor market participation of primary informal

family caregivers of elderly with disability: insights from a dynamic simulation model[J]. BMC Geriatrics, 2016, 16(1): 1.

[264] Anttonen A., Sipila J. Restoring the Welfare Mix-approach the Ways of Producing Care [J]. Paper Presented to the European Conference of Sociology, Amsterdam, August, 1999: 11.

[265] Arrighi Y, Davin B, Trannoy A, et al. The non-take up of long-term care benefit in France: A pecuniary motive? [J]. Health Policy, 2015, 119(10): 1338-1348.

[266] Arrighi Y, Davin B, Trannoy A, et al. The non-take up of long-term care benefit in France: A pecuniary motive? [J]. Health Policy, 2015, 119(10): 1338-134.

[267] Asiskovitch S. The Long-Term Care Insurance Program in Israel: solidarity with the elderly in a changing society [J]. Israel Journal of Health Policy Research, 2013, 2(1): 1.

[268] Barrera M. & Ainlay S. L. The structure of social support: a conceptual and empirical analysis [J]. Journal of Community Psychology, 1983, 11.

[269] Batrera M. Distinctions between social support concepts, measures and models. Am[J]. Erican Journal of Community Psychology, 1986, 14: 413-445.

[270] Binstock R H, Cluff L E, Mering O V. The Future of Long-Term Care: Social and Policy Issue[R]. Geriatric Nursing, 1999, 20(9): 48-49.

[271] Brissette, I., Scheier, M. F. & Carver, C. S. The role of optimism in social network development, coping, andpsychological adjustment during a life transition[J]. Journal of Personality and Social Psychology, 2002(82): 102-111.

[272] Bruin M L., Ugliness C. Delegating home care for the elderly to external caregivers? An empirical study on Italian data[J]. Review of Economics of the Household, 2016, 14(1): 155-183.

[273] Canta C., Pestieau P. Long-Term Care Insurance and Family Norms[J]. The BE Journal of Economic Analysis & Policy, 2013, 14(2): 401-428.

[274] Caplan G. The family as a support system. In Caplan G. & Killilea M. (Eds.). Supportsystem and mutual help: Multidisciplinary explorations [M]. New York: Grune & Stratton, 1974.

[275] Cohen S. & Wills T. A. Stress, social support, and the buffering hypothesis[J]. Psychological Bulletin, 1985, 98(2): 310-357.

[276] John, Ameriks, Joseph, et al. Long-term Care Utility and Late in Life Saving[J]. Working Paper, 2015: 12.

[277] Evashwick, C. J. The Continuum of Long-term Care(3rd edition)[M]. Thompson Learning Inc. 2005.

[278] Evers, A. Part of the Welfare Mix: The Third Sector as an Intermediate Area [J]. Voluntas, 1995(5): 159-182.

[279] Gaugler J E, Kane R L. The perfect storm? The future of family caregiving[J]. Family Caregiving in the New Normal, 2015: 357-377.

[280] Gilbert, N. Welfare pluralism and social policy. In Medley, J., Tracy, M. B. & Livermore, M. (Eds.), Handbook of Social Policy [M]. Thousand Oaks, CA: Sage. Publications, 2000: 411-420.

[281] Goyne J C, Downey G. Stress, Social support and the coping process [J]. Ann RevPsychology, 1991(42): 401-426.

[282] Gurgler J. E., Kane R L. The perfect storm? The future of family care giving[J]. Family Care Giving in the New Normal, 2015: 357-377.

[283] Hue L, Wang K M. Decision Analyses of Medical Resources for Disabled Elderly Home Care: The Hyper Aged District in Taiwan[M]// Frontier Computing. Springer Singapore, 2016: 85-95.

[284] Jia M, Heath T. China's diversifying demand for housing for the elderly [J]. International Journal of Housing Markets and Analysis, 2016, 9 (2).

[285] Jia M, Heath T. China's diversifying demand for housing for the elderly [J]. International Journal of Housing Markets and Analysis, 2016, 9 (2).

[286] Jia X U. The Enlightenment of Japan's Long-term-care Insurance System to China's Elderly Care Insurance System [J]. Economic Research Guide, 2013(1): 078.

[287] Jiao M, Heath T. China's diversifying demand for housing for the elderly [J]. International Journal of Housing Markets and Analysis, 2016, 9 (2).

[288] Kane R L, Kane R A. Long-term care: Principles, programs, and policies[M]. New York: Springer Pub. Co, 1987: 648-659.

[289] Ku L J E, Liu L F, Wen M J. Trends and determinants of informal and

formal caregiving in the community for disabled elderly people in Taiwan [J]. Archives of Gerontology and Geriatrics, 2013, 56(2): 370-376.

[290] Levendosky, A. A., Huth-Bocks, A., & Semel, M. A. Adolescent peer relationships and mental health functioning in families with domestic violence[J]. Journal of Clinical Child and Adolescent Psychology, 2002 (31): 206-218.

[291] Li M, Zhang Y, Zhang Z, et al. Rural-urban differences in the long-term care of the disabled elderly in China[J]. PloS one, 2013, 8 (11): e79955.

[292] Lin X U. The Plight of the Home-based Care for the Disabled Elderly: Based on the Case Interview of the Disabled Elderly in Xi'an[J]. Journal of Northwest University (Philosophy and SocialSciences Edition), 2014 (3): 027.

[293] Liu L F, Yao H P. Examining the Need Assessment Process by Identifying the Need Profiles of Elderly Care Recipients in the Ten-Year Long-Term Care Project (TLTCP) of Taiwan [J]. Journal of the American Medical Directors Association, 2014, 15(12): 946-954.

[294] Lu B, Liu X, Piggott J. Informal Long Term Care in China and Population Ageing: Evidence and Policy Implications [J]. Population Review, 2015, 54(2).

[295] Naylor M D, Kurtz man E T, Miller E A, et al. An assessment of state-led reform of long-term services and supports [J]. Journal of Health Politics, Policy and Law, 2015, 40(3): 531-574.

[296] Olivares-Tirade P, Tamika N. Long-Term Care Expenditures in Japan [M]. Trends and Factors in Japan's Long-Term Care Insurance System. Springer Netherlands, 2014: 43-68.

[297] Olivares-Tirade P, Tamika N. Trends and Factors in Japan's Long-term Care Insurance System: Japan's 10-year Experience [M]. Springer Science & Business Media, 2013.

[298] Philip Kotler. Marketing Management: Application, Planning, Implementation and Control[M]. 北京：清华大学出版社，1997.

[299] Reichert M, Angele G, Katz R, et al. Long-term care needs and long-term care policy: comparing Germany and Israel [J]. Family and Health: Evolving Needs, Responsibilities, and Experiences (Contemporary Perspectives in Family Research, Volume 8B). Emerald

Group Publishing Limited, 2014(8): 131-167.

[300] Richman, J. M.; Rosenfeld, L. B. The social support survey: a validation study of a clinical measure of the social support process[J]. Research on Social Work Practice, 1993, 3(3): 288-296.

[301] Rodriguez M. Use of informal and formal care among community dwelling dependent elderly in Spain[J]. The European Journal of Public Health, 2013: ckt088.

[302] Rosalie A. Kane, Robert L. Kane, Long-Term Care: Principles, Programs, and Policies[M]. New York: Springer Pub. Co., 1987.

[303] Rose, R. Common Goals but Different Roles: The State's Contribution to the Welfare Mix. In Rose, R. & Shiratori, R. (Ed) The Welfare State East and West [M]. Oxford: Oxford University Press, 1986.

[304] Sarason LG., Levine H. M., Basham R. B. et al. Assessing social support: the social support questionnaire[J]. Journal of Personality and Social Psychology, 1983, 44(1).

[305] Sass, J. S.; Mattson, M. When social support is uncomfortable[J]. Management Communication Quarterly, 1999, 12(4): 511-543.

[306] Shen S, Li F, Tanui J K. Long-term care insurance in China: public or private? [J]. Social Work in Health Care, 2014, 53(7): 679-692.

[307] Shum M H Y, Lou V W Q, He K Z J, et al. The "leap forward" in nursing home development in urban China: Future policy directions[J]. Journal of the American Medical Directors Association, 2015, 16(9): 784-789.

[308] Smith P R. Who Will Care for the Elderly: The Future of Home Care [J]. Buff. L. Rev., 2013(61): 323.

[309] Sugawara S, Nakamura J. Can formal elderly care stimulate female labor supply? The Japanese experience [J]. Journal of the Japanese and International Economies, 2014(34): 98-115.

[310] SUN J, WANG H. A Research of the Long-Term care Services for Disabled Elderly in Cities——Take Changsha for Example[J]. Journal of Social Science of Hunan Normal University, 2013(6): 012.

[311] Thomas, S. The Significance of Housing as a Resource [M]. Washington: Health Care Financing Administration, 1983: 123.

[312] Turner R.. J., Frankle G. &Levin D. Social support: Conceptualization, measurement, and implication for mental health [J]. Research in

community and mental health, 1983(3): 67-111.

[313] Van Houtven C H, Coe N B, Konetzka R T. Family Structure and Long-Term Care Insurance Purchase[J]. Health economics, 2015, 24(S1): 58-73.

[314] Wellman B. & Wortley S. Brothers' keepers: Situating kinship relations in broader networks of social support [J]. Sociological Perspectives, 1989(32).

[315] Wharton J, Sugar hood P, Procter R, et al. Co-production in practice: how people with assisted living needs can help design and evolve technologies and services[J]. Implementation Science, 2015, 10(1): 1.

[316] Wolfe den. The Future of Voluntary Organization: Report of the Wolfe den Committee[R]. Croon-Helm, London, 1978.

[317] World Health Organization, Milbank Memorial Fund. Towards an international consensus on policy for long-term care of the ageing[J]. Geneva: World Health Organization, 2000.

[318] Wu, T. & Serper, M. R. Social support and psychopathology in homeless patients presenting for emergency psychiatric treatment [J]. Journal of Clinical Psychology, 1999(55): 1127-1133.

[319] Yang W, He A J, Fang L, et al. Financing institutional long-term care for the elderly in China: a policy evaluation of new models[J]. Health Policy and Planning, 2016, 31(10): 1391-1401.

[320] Yu W, Li M, Gee Y, et al. Transformation of potential medical demand in China: A system dynamics simulation model[J]. Journal of Biomedical Informatics, 2015(57): 399-414.

[321] ZHAI S, GUO J. Research on the Demands of Long-term Care Service for the Elderly and Its Influencing Factors: A Case of Shanxi Province [J]. Scientific Research on Aging, 2013(5): 008.

[322] ZHANG Z, CHEN Y, SUN J. The Current Situation and Reflection of the Service Mode Researches of Long-Term Care for the Elderly [J]. Scientific Research on Aging, 2015(8): 004.

[323] ZHANG Z, CHEN Y, SUN J. The Current Situation and Reflection of the Service Mode Researches of Long-Term Care for the Elderly [J]. Scientific Research on Aging, 2015(8): 004.

[324] Rose, R., Common Goals but Different Roles: The State s Contribution

to the Welfare Mix. In Rose, & Shiratori, R. (Ed), The Welfare State East and West[M]. Oxford: Oxford University Press, 1986.

[325] Evers, A., Shifts in the Welfare Mix: Introducing a New Approach for the Study of Transformation in Welfare and Social Policy, In Evers, A. & Wintersberger, H. (Ed), Shifts in the Welfare Mix: Their Imp act on Work, Social Services and Welfare Policies, Eurosocial, Vienna, 1988.

[326] Olsson S. E., Och H. H., Eriksson L. Social Security in Sweden and other European Countries[J]. Three Essays, Stockholm: ESO, 1993.

附录一　失能老人生活状况调查问卷(养老机构)

尊敬的老年朋友：

您好！为了了解您的生活状况，湖北省老龄工作委员会办公室组织本次问卷调查，以便为党和政府出台相关政策提供决策依据，提高老年人的生活福祉。我们将对您的资料绝对保密。若您(被调查者)无法准确完整地回答，可由熟悉的亲朋好友代答。

一、基本情况

1. 详细地址：____市(州、林区)____区(市、县)____镇(乡、办事处)____村(社区)
2. 您的家庭所在地：(　　)
   A. 城市　　B. 县　　C. 城郊
   D. 乡、镇　　E. 街道　　F. 农村
3. 您的性别：(　　)
   A. 男　　B. 女
4. 您的年龄：____周岁
5. 您的教育程度：(　　)：
   A. 不识字　　B. 识字(含私塾)　　C. 小学
   D. 初中(含以下)　　E. 高中(职高、中专)　　F. 大专
   G. 本科及以上
6. 您的婚姻状况：(　　)
   A. 有配偶并共同生活　　B. 有配偶、分居
   C. 丧偶　　D. 离婚　　E. 未婚
7. 您的户籍：(　　)
   A. 农业　　B. 非农业
8. 您原来从事的职业：(　)
   A. 农民　　B. 企业　　C. 事业单位

D. 国家机关　　E. 个体经营　　F. 无业

G. 其他________

9. 您有(　　)个健在的子女？其中儿子(包括养子)(　　)；女儿(包括养女)(　　)？

A. 0 个　　B. 1 个　　C. 2 个

D. 3 个　　E. 4 个　　F. 5 个及以上

10. 您的个人收入主要来源：(　　)(按重要程度排序，可多选)

A. 自己或配偶的积蓄　　B. 自己或配偶的劳动所得

C. 经营、投资所得　　D. 自己或配偶的离退休金

E. 养老保险　　F. 子女赡养

G. 孙子女们(包括外孙子女)赡养

H. 亲戚、朋友的赠予　　I. 其他人情收入

J. 政府补助、政府救济　　K. 集体经济补助、救济

L. 企业捐助　　M. 社会中介组织和机构捐助

N. 其他途径

11. 您平均每月的所有收入(包括赡养费、亲朋馈赠、政府和社会捐助等)：(　　)

A. 200 元以下　　B. 201~500 元　　C. 501~1000 元

D. 1001~2000 元　　E. 2001~3000 元　　F. 3000 元以上

12. 总的来说，您觉得您的个人经济状况：(　　)

A. 很好(很富裕)　　B. 较好(比较富裕)

C. 一般(大致够用)　　D. 较差(有些困难)

E. 很差(很困难，生活难以为继)

13. 您入住本养老机构多久了？(　　)

A. 1 个月以内　　B. 1~3 个月

C. 3~6 个月　　D. 半年至一年

E. 一年至两年　　F. 两年以上

14. 您入住本养老机构的主要原因是？(　　)(可多选)

A. 家人照顾不了　　B. 找不到合适的保姆

C. 不想给子女添麻烦　　D. 疾病

E. 家里的设施不如这里　　F. 住这里不孤单

G. 其他________

15. 在下列各项活动中，哪些您做来不费力？哪些您做起来有些困难？哪些您做不了？(每项活动选填一个数字)

内容	选　项			答案
(1)吃饭	1 不费力	2 有些困难(可自理)	3 做不了(包括“很困难”),需要帮助	
(2)穿衣	1 不费力	2 有些困难(可自理)	3 做不了(包括“很困难”),需要帮助	
(3)上厕所	1 不费力	2 有些困难(可自理)	3 做不了(包括“很困难”),需要帮助	
(4)上下床	1 不费力	2 有些困难(可自理)	3 做不了(包括“很困难”),需要帮助	
(5)在室内走动	1 不费力	2 有些困难(可自理)	3 做不了(包括“很困难”),需要帮助	
(6)洗澡	1 不费力	2 有些困难(可自理)	3 做不了(包括“很困难”),需要帮助	

16. 这种状况持续多久了？(　　)
A. 1~6 个月　　B. 0.6~1 年
C. 1~3 年　　D. 3~5 年
E. 5 年以上

17. 您失能的主要原因是？(　　)(可多选，按重要程度排序)
A. 疾病　　B. 意外损伤
C. 残疾　　D. 随着年龄增大而导致的身体机能老化
E. 其他(　　)

18. 您失能以后对配偶、子女、亲戚、朋友的工作有影响吗？(　　)
A. 没多大影响
B. 对配偶的工作有点影响
C. 对配偶的工作影响很大
D. 对子女的工作有点影响
E. 对子女的工作影响很大
F. 对亲戚、朋友的工作有点影响
G. 对亲戚、朋友的工作影响很大
H. 对其他人(　　)的工作有点影响
I. 对其他人(　　)的工作影响很大

19. 您入住本养老机构前的居住类型？（　　）

A. 独居　B. 只与配偶同住　C. 只与子女同住
D. 与配偶和子女同住　E. 其他亲朋好友　F. 医院
G. 其他

20. 您入住本养老机构之前您的日常生活主要靠谁照料？（　　）（可多选）

A. 配偶　B. 儿子　C. 儿媳
D. 女儿　E. 女婿　F. 孙子女
G.（外）孙子女　H. 亲友　I. 邻居
J. 保姆　K. 其他养老机构（福利院、养老院等）
L. 医院　M. 社区护理服务中心
N. 家政服务工人　O. 社区护理服务人员
P. 其他（________）

二、健康及照料方面的情况

21. 您过去半年在本养老机构的护理级别分别是多少天（按半年总计 180 天估算）？

护理级别__特__级　天数________
护理级别__Ⅰ__级（介护Ⅰ、Ⅱ、Ⅲ级）　天数________
护理级别__Ⅱ__级（介助Ⅰ、Ⅱ、Ⅲ级）　天数________
护理级别__Ⅲ__级（自理级）　天数________

22. 您目前有以下哪种疾病？（　　）（可多选）

A. 高血压　B. 青光眼/白内障　C. 类风湿
D. 糖尿病　E. 颈/腰椎病　F. 皮肤病
G. 其他呼吸系统病　H. 老年痴呆症
I. 听力丧失　J. 关节炎　K. 心脏病/冠心病
L. 癌症/肿瘤　M. 神经系统病　N. 其他心脑血管病
O. 中风　P. 慢性支气管炎　Q. 骨质疏松
R. 肝病　S. 肾病　T. 其他消化系统病
U. 其他慢性病

三、家庭、社会支持网络方面的情况

23. 最近两周来这里探望您的人有？（　　）（可多选）

A. 配偶　B. 儿子　C. 儿媳
D. 女儿　E. 女婿　F.（外）孙子女

G. 其他亲戚　　H. 老朋友(同事)　　I. 无

24. 在最近两周内，他们来探望您的次数？(　　)

A. 0 次　　B. 1 次　　C. 2 次

D. 3 次　　E. 4 次　　F. 5 次及以上

25. 最近两周打电话问候您的人有？(　　)(可多选)

A. 配偶　　B. 儿子　　C. 儿媳

D. 女儿　　E. 女婿　　F. (外)孙子女

G. 其他亲戚　　H. 老朋友(同事)　　I. 无

26. 在最近的两周内，他们给您打电话的次数？(　　)

A. 0 次　　B. 1 次　　C. 2 次

D. 3 次　　E. 4 次　　F. 5 次及以上

27. 您回家是否方便？(　　)

A. 方便　　B. 不方便

28. 您平均多久回一次自己家？(　　)

A. 基本不回家　　B. 大约半年一次

C. 大约三个月一次　　D. 每月回去一次

E. 半个月一次　　F. 几乎每周回家

四、在本机构的基本情况

29. 您现在住几人间？(　　)

A. 单人间　　B. 二人间　　C. 三人间

D. 四人间及以上

30. 您身边有电话吗？(　　)

A. 有室内电话　　B. 有手机　　C. 没有

31. 您上个月向养老机构支付多少费用(可由养老机构负责人统一集中填写)？

(1)床位费(住宿费)________元

(2)护理费________元

(3)伙食费________元

(4)医药费________元

(5)其他费用________元(水、电、网、通讯及取暖费用等)

32. 您住养老机构的钱主要由谁负担？(　　)

A. 自己　　B. 老伴　　C. 子女

D. 其他亲戚　　E. 政府补贴　　F. 其他________

33. 您在这里可以反映问题或者提意见并能得到解决吗？(　　)

A. 可以反映问题但不能得到解决

B. 可以反映问题、主要问题得不到解决

C. 可以反映问题基本得到解决

D. 不能反映问题

34. 这里的服务人员经常跟您聊天吗？(　　)

A. 是　　　　B. 否

35. 您觉得您每月可以接受的长期护理费用是________元/月？

36. 您对本机构的下列设施和服务是否满意？(在“答案”下面空格中选填一个数字)

调查内容	选项				答案
	无此项服务	不满意	一般	满意	
(1)周边环境(如地理位置、空气等)	0	1	2	3	
(2)交通是否便利	0	1	2	3	
(3)伙食	0	1	2	3	
(4)收费合理	0	1	2	3	
(5)活动空间宽敞	0	1	2	3	
(6)卫生情况	0	1	2	3	
(7)无障碍设施	0	1	2	3	
(8)健身、康复器械	0	1	2	3	
(9)房间是否舒适	0	1	2	3	
(10)洗澡是否方便	0	1	2	3	
(11)上厕所是否方便	0	1	2	3	
(12)护理人员的态度	0	1	2	3	
(13)护理人员的专业素质	0	1	2	3	
(14)安排的活动	0	1	2	3	
(15)总体感觉	0	1	2	3	

37. 您对目前的护理形式是否满意？(　　)

A. 非常满意　　B. 比较满意　　C. 一般

D. 不太满意　　E. 很不满意

五、心理状况

38. 您是否常常感到孤独？(　　)
A. 很孤独　B. 有点孤独　C. 一般
D. 不太孤独　E. 不孤独

39. 您现在最担心的问题是？(　　)
A. 失去家人或朋友　B. 不能回家
C. 死亡　D. 不独立，依赖他人
E. 跟不上社会的发展　F. 其他________

40. 当您生活中遭遇挫折或遇到困难时可能采取的态度和做法(请您选择一个合适的数字)。

题目	不采取	偶尔采取	有时采取	经常采取	答案
(1)与人交谈，倾诉内心烦恼	0	1	2	3	
(2)尽量看到事物好的一面	0	1	2	3	
(3)找出几种不同的解决问题的方法	0	1	2	3	
(4)向亲戚朋友或同学寻求建议	0	1	2	3	
(5)通过吸烟、喝酒、服药和吃东西来解除烦恼	0	1	2	3	
(6)认为时间会改变现状，唯一要做的便是等待	0	1	2	3	
(7)依靠别人解决问题	0	1	2	3	
(8)幻想可能会发生某种奇迹改变现状	0	1	2	3	

41. 您与子女相处情况：(　　)(无子女者不答)
A. 非常融洽　B. 比较融洽　C. 一般
D. 不太融洽　E. 很不融洽

42. 您对您的老年生活最不满意的是(　　)(可多选，如有其他内容，请记录)
A. 生活困难　B. 体弱多病　C. 家庭不和，子女不孝
D. 得不到尊重和关爱　E. 生活内容单调乏味
F. 其他(　)　G. 都满意

43. 您觉得目前的生活是否满意？(在“答案”下面空格中选填一个数字)

调查内容	选　　项					答案
	非常不满意	不满意	一般	满意	非常满意	
(1)维持日常生活的基本物质保障(吃、穿、住、用、行等方面)	1	2	3	4	5	
(2)医疗服务	1	2	3	4	5	
(3)长期照护(日常照料、护理)	1	2	3	4	5	
(4)精神慰藉(精神、情感方面的关怀)	1	2	3	4	5	
(5)总体满意度	1	2	3	4	5	

六、政策支持

44. 您属于以下哪种情况？(　　)

A. 民政优抚或扶助对象　　B. 自费入住

C. 其他

45. 您是否享受下列医疗保障？(　　)(可多选)

A. 城镇居民医疗保险　　B. 城镇职工医疗保险

C. 公费医疗　　D. 商业医疗保险　　E. 合作医疗

F. 其他　　G. 没有保障

46. 您(或您的子女、家人)为您买了哪些种类的商业保险？(　　)(按重要程度排序，可多选)

A. 养老保险　　B. 医疗保险　　C. 意外伤害险

D. 人寿保险　　E. 其他保险(　　)　　F. 都没买

47. 您享有下列哪些待遇？(　　)(可多选)

A. 老年人优待证　　B. 高龄老人经济补贴　　C. 特困老年人救助

D. 低保　　E. 民政优抚补助　　F. 基本养老保险

G. 五保户　　H. 其他优待　　I. 都没有

48. 您是否享受政府养老护理补助？(　　)

A. 有　　B. 没有

49. 您觉得是否需要政府提供专门针对失能老年人的护理服务？(　　)

A. 非常需要　　B. 比较需要　　C. 一般

D. 不太需要　　E. 完全不需要

50. 您最希望政府、社会改善哪些事业项目？(　　)(多选，限选两项)：

A. 提高对失能老人的救济、补助金额

B. 为失能老人提供康复救助和医疗保障
C. 改善失能老人居住条件
D. 为失能老人提供护理服务
E. 关注失能老人的精神、文化生活
F. 其他(　　)

51. 您最倾向于哪种养老方式？(　　)
A. 子女养老　　B. 自我养老　　C. 政府养老
D. 敬老院养老　　E. 社区养老　　F. 其他(　　)

52. 您现在是否需要护理？(　　)
A. 是　　B. 否

53. 本地有下列服务吗？去年您自己有没有用过？您认为自己现在需要吗？(可以在每行空格中填一个1~5的数字来表示：没有1—比较少有2——一般3—比较多4—有5；没有用过1—很少用2——一般3—用得较多4—很常用5；不需要1—偶尔需要2——一般3—比较需要4—非常需要5)

项目	上门看病	聊天解闷	上门做家务	老年人服务热线	老年饭桌或送饭	康复治疗	上门护理	陪同看病	法律援助	帮助日常购物
本地有										
用过										
需要										

54. 为了能够在60岁以后失能的情况下可以享受有保障的护理服务，您觉得年轻人在退休以前缴纳老年护理保险是否必要？(　　)
A. 非常必要　　B. 有必要　　C. 一般
D. 没必要　　E. 完全没必要

55. 您愿意选择在哪里接受长期照料护理？(　　)
A. 家中　　B. 社区　　C. 公立养老机构
D. 条件较好的民营养老机构(价格较贵)
E. 价格便宜的民营养老机构(条件较差)　　F. 其他

56. 如果在你家附近建有社区护理服务中心，专门针对老人的日托所(白天服务，晚上居家)，为您提供长期护理服务，您觉得是否有必要？(　　)
A. 非常必要　　B. 有必要　　C. 一般
D. 没必要　　E. 完全没必要

57. 您对失能老人的长期照护服务还有哪些期望和建议？请详细说明。
58. 请您估算：跟生活基本能够自理的老人相比，老人失能后的经济支出(或收入)有什么变化？

以下访问失能老人的配偶、子女、其他家庭成员或护工

失能老人的内涵：在下列六项活动中，至少有一项做不了(包括“很困难”)，生活不能自理(独自完成)，需要别人帮助的 60 岁以上老人为失能老人。

内容	生活自理能力		
(1)吃饭	1 不费力	2 有些困难(可自理)	3 做不了(包括“很困难”)，需要帮助
(2)穿衣	1 不费力	2 有些困难(可自理)	3 做不了(包括“很困难”)，需要帮助
(3)上厕所	1 不费力	2 有些困难(可自理)	3 做不了(包括“很困难”)，需要帮助
(4)上下床	1 不费力	2 有些困难(可自理)	3 做不了(包括“很困难”)，需要帮助
(5)在室内走动	1 不费力	2 有些困难(可自理)	3 做不了(包括“很困难”)，需要帮助
(6)洗澡	1 不费力	2 有些困难(可自理)	3 做不了(包括“很困难”)，需要帮助

(1)数据估算

失能前后对比的内容	经济支出(或收入)的变化 (平均到一年中的每个月，估算)
(1)医疗服务费用增加(元/月)	
(2)长期照护(照料、护理)服务费用增加(元/月)	
(3)精神慰藉(精神、情感方面的关怀)服务费用增加(元/月)	
(4)以上服务费用增加总计(元/月)	
(5)老人失能后，因需要 1 个或多个家庭成员或亲朋好友专门照料不能上班，导致的经济收入减少的总额(元/月)	

(2)若省政府准备出台相关政策，针对失能老人给予一定的补贴，那么在考虑政府资源有限的情况下，您认为根据您的情况应该给予的补贴是多少？请详细说明：

①

②

③

以下访问养老机构负责人

失能老人的内涵：在下列六项活动中，至少有一项做不了(包括“很困难”)，生活不能自理(独自完成)，需要别人帮助的 60 岁以上老人为失能老人。

内容	生活自理能力		
(1)吃饭	1 不费力	2 有些困难(可自理)	3 做不了(包括“很困难”)，需要帮助
(2)穿衣	1 不费力	2 有些困难(可自理)	3 做不了(包括“很困难”)，需要帮助
(3)上厕所	1 不费力	2 有些困难(可自理)	3 做不了(包括“很困难”)，需要帮助
(4)上下床	1 不费力	2 有些困难(可自理)	3 做不了(包括“很困难”)，需要帮助
(5)在室内走动	1 不费力	2 有些困难(可自理)	3 做不了(包括“很困难”)，需要帮助
(6)洗澡	1 不费力	2 有些困难(可自理)	3 做不了(包括“很困难”)，需要帮助

59. ____市(州、林区)____县(市、区)________养老机构的基本情况。

(1)数据估算

调查内容		答案
A. 床位数(个)		
B. 60 岁以上常住老年人口(人)		
C. 65 岁以上常住老年人口(人)		
D. 80 岁以上常住老年人口(人)		
E. 失能老年常住人口	总数(人)	
	男性(人)	
	女性(人)	

(2)您认为省政府应该出台哪些政策，对失能老人给予一定的支持？请详细说明：

①

②

③

为了便于核实我对您的访问情况，请留下您的姓名和联系电话。

被访者签名____________请注明您的职务________

被访者联系电话____________________(用于回访)

调查到此结束，感谢您的支持与合作！

调查员： 电话： 调查时间：

审核人： 问卷审核结果：A 合格 B 不合格

附录二　失能老人生活状况调查问卷(非养老机构)

尊敬的老年朋友：

您好！为了了解您的生活状况，湖北省老龄工作委员会办公室组织本次问卷调查，以便为党和政府出台相关政策提供决策依据，提高老年人的生活福祉。我们将对您的资料绝对保密。若您(被调查者)无法准确完整地回答，可由熟悉的亲朋好友代答。

一、基本情况

1. 详细地址：____市(州、林区)____区(市、县)____镇(乡、街道)____村(社区)
2. 您的家庭所在地：(　　)
   A. 城市　　B. 县　　C. 城郊
   D. 乡、镇　　E. 街道　　F. 农村
3. 您的性别：(　　)
   A. 男　　B. 女
4. 您的年龄：________周岁
5. 您的教育程度(　　)：
   A. 不识字　　B. 识字(含私塾)　　C. 小学
   D. 初中(含以下)　　E. 高中(职高、中专)
   F. 大专　　G. 本科及以上
6. 您的婚姻状况(　　)：
   A. 有配偶并共同生活　　B. 有配偶、分居　　C. 丧偶
   D. 离婚　　E. 未婚
7. 您的居住类型(　　)：
   A. 单身独居　　B. 与配偶单独居住　　C. 与子女居住
   D. 与其他亲属居住　　E. 养老机构　　F. 其他

8. 您的户籍属于哪种类型？（　　）

A. 农业　B. 非农业

9. 您原来从事的职业：（　　）

A. 农民　B. 企业　C. 事业单位
D. 国家机关　E. 个体经营　F. 无业
G. 其他

10. 您有（　　）个健在的子女？其中儿子（包括养子）（　　）；女儿（包括养女）（　　）？

A. 0 个　B. 1 个　C. 2 个
D. 3 个　E. 4 个　F. 5 个及以上

11. 您的个人收入主要来自（　　）（按重要程度排序，可多选）

A. 自己或配偶的积蓄　B. 自己或配偶的劳动所得
C. 经营、投资所得　D. 自己或配偶的离退休金
E. 养老保险　F. 子女赡养
G. 孙子女们（包括外孙子女）赡养
H. 亲戚、朋友的赠予　I. 其他人情收入
J. 政府补助、政府救济　K. 集体经济补助、救济
L. 企业捐助　M. 社会中介组织和机构捐助
N. 其他途径

12. 您平均每月的所有收入（包括赡养费、亲朋馈赠、政府和社会捐助等）是：（　　）

A. 200 元以下　B. 201～500 元　C. 501～1000 元
D. 1001～2000 元　E. 2001～3000 元　F. 3000 元以上

13. 总的来说，您觉得您的个人经济状况如何？（　　）

A. 很好（很富裕）　B. 较好（比较富裕）　C. 一般（大致够用）
D. 较差（有些困难）　E. 很差（很困难，生活难以为继）

14. 在下列各项活动中，哪些您做来不费力？哪些您做起来有些困难？哪些您做不了？（至少有一个 3）

内容	评　价			答案
（1）吃饭	1 不费力	2 有些困难（可自理）	3 做不了（包括“很困难”），需要帮助	
（2）穿衣	1 不费力	2 有些困难（可自理）	3 做不了（包括“很困难”），需要帮助	

内容	评　价			答案
(3)上厕所	1 不费力	2 有些困难(可自理)	3 做不了(包括“很困难”),需要帮助	
(4)上下床	1 不费力	2 有些困难(可自理)	3 做不了(包括“很困难”),需要帮助	
(5)在室内走动	1 不费力	2 有些困难(可自理)	3 做不了(包括“很困难”),需要帮助	
(6)洗澡	1 不费力	2 有些困难(可自理)	3 做不了(包括“很困难”),需要帮助	

15. 这种状况持续多久了?(　　)

A. 1~6 个月　　B. 0.5~1 年　　C. 1~3 年

D. 3~5 年　　E. 5 年以上

16. 您失能的主要原因是?(　　)(可多选,按重要程度排序)

A. 疾病　　B. 意外损伤　　C. 残疾

D. 随着年龄增大而导致的身体机能老化　　E. 其他(　　)

17. 您失能以后对配偶、子女、亲戚、朋友的工作有影响吗?(　　)

A. 没多大影响　　B. 对配偶的工作有点影响

C. 对配偶的工作影响很大

D. 对子女的工作有点影响

E. 对子女的工作影响很大

F. 对亲戚、朋友的工作有点影响

G. 对亲戚、朋友的工作影响很大

H. 对其他人(　　)的工作有点影响

I. 对其他人(　　)的工作影响很大

18. 您的日常生活主要靠谁照料?(　　)(可多选)

A. 配偶　　B. 儿子　　C. 儿媳

D. 女儿　　E. 女婿　　F. 孙子女

G. (外)孙子女　　H. 亲友　　I. 邻居

J. 保姆　　K. 其他养老机构(福利院、养老院等)

L. 医院　　M. 社区护理服务中心

N. 家政服务工人

O. 社区护理服务人员　　P. 其他(________)

19. 您过去半年是否有急救、住院的情况？(　　)

A. 是　　B. 否

20. 您目前有以下哪种疾病？(　　)(可多选)

A. 高血压　　B. 青光眼/白内障　　C. 类风湿

D. 糖尿病　　E. 颈/腰椎病　　F. 皮肤病

G. 其他呼吸系统病　　H. 老年痴呆症　　I. 听力丧失

J. 关节炎　　K. 心脏病/冠心病　　L. 癌症/肿瘤

M. 神经系统病　　N. 其他心脑血管病　　O. 中风

P. 慢性支气管炎　　Q. 骨质疏松　　R. 肝病

S. 肾病　　T. 其他消化系统病　　U. 其他慢性病

二、社会支持

21. 您有多少关系密切，可以得到支持和帮助的朋友？(　　)(只选一项)

A. 一个也没有　　B. 1~2 个　　C. 3~5 个

D. 6 个或 6 个以上

22. 近一年来您：(　　)(只选一项)

A. 和家人住在一起。　　B. 独居。

C. 和同学、同事或朋友住在一起。　　D. 无固定住所。

23. 您与邻居：(　　)(只选一项)

A. 相互之间从不关心，只是点头之交。

B. 遇到困难可能稍微关心。

C. 有些邻居都很关心您。

D. 大多数邻居都很关心您。

24. 您与同事(同村的，或以前一起干活的人)：(　　)(只选一项)

A. 相互之间从不关心，只是点头之交。

B. 遇到困难可能稍微关心。

C. 有些同事很关心您。

D. 大多数同事都很关心您。

25. 从家庭成员得到的支持和照顾(在无、极少、一般、全力支持四个选项中，选择合适选项)

评价 家庭成员	无	极少	一般	较多	全力支持
夫妻					
父母					
儿女					
兄弟姐妹					
其他成员(如亲戚、朋友、邻居等)					

26. 过去，在您遇到急难情况时，曾经得到的经济支持和解决实际问题的帮助的来源有：(　　)

A. 配偶　　B. 其他家人　　C. 亲戚

E. 同事　　F. 工作单位

G. 党团工会等官方或半官方组织

H. 宗教、社会团体等非官方组织

I. 其他(请列出________)

J. 无任何来源

27. 过去，在您遇到急难情况时，曾经得到的安慰和关心的来源有：(　　)

A. 配偶　　B. 其他家人　　C. 朋友

D. 亲戚　　E. 同事　　F. 工作单位

G. 党团工会等官方或半官方组织

H. 宗教、社会团体等非官方组织

I. 其他(请列出______)　　J. 无任何来源

28. 您遇到烦恼时的倾诉方式：(　　)(只选一项)

A. 从不向任何人诉述。

B. 只向关系极为密切的1~2个人诉述。

C. 如果朋友主动询问您会说出来。

D. 主动叙述自己的烦恼，以获得支持和理解。

29. 您遇到烦恼时的求助方式：(　　)(只选一项)

A. 只靠自己，不接受别人帮助。

B. 很少请求别人帮助。

C. 有时请求别人帮助。

D. 有困难时经常向家人、亲友、组织求援。

30. 您参加团体(如党团组织、宗教组织、工会、同学会等)组织的活动

吗？（　　）（只选一项）

A. 从不参加　　B. 偶尔参加　　C. 经常参加

D. 主动参加并积极活动

三、政策支持

31. 您享受下列医疗保障（　　）？（可多选）

A. 城镇居民医疗保险　　B. 城镇职工医疗保险　　C. 公费医疗

D. 商业医疗保险　　E. 合作医疗　　F. 其他

G. 没有保障

32. 您（或您的子女、家人）为您买了哪些种类的商业保险？（　　）（按重要程度排序，可多选）

A. 养老保险　　B. 医疗保险　　C. 意外伤害险

D. 人寿保险　　E. 其他保险（　　）　　F. 都没买

33. 您享有下列哪些待遇？（　　）（可多选）

A. 老年人优待证　　B. 高龄老人经济补贴　　C. 特困老年人救助

D. 低保　　E. 民政优抚补助　　F. 基本养老保险

G. 五保户　　H. 其他优待　　I. 都没有

四、应对方式和满意度

34. 当您生活中遭遇挫折或遇到困难时可能采取的态度和做法（请您选择一个合适的数字）。

评价 家庭成员	不采取	偶尔采取	有时采取	经常采取	答案
(1)与人交谈，倾诉内心烦恼	0	1	2	3	
(2)尽量看到事物好的一面	0	1	2	3	
(3)找出几种不同的解决问题的方法	0	1	2	3	
(4)向亲戚朋友或同学寻求建议	0	1	2	3	
(5)通过吸烟、喝酒、服药和吃东西来解除烦恼	0	1	2	3	
(6)认为时间会改变现状，唯一要做的便是等待	0	1	2	3	
(7)依靠别人解决问题	0	1	2	3	
(8)幻想可能会发生某种奇迹改变现状	0	1	2	3	

35. 您觉得目前的生活是否满意？（在“答案”下面空格中选填一个数字）

调查内容	选项					答案
	非常不满意	不满意	一般	满意	非常满意	
(1)维持日常生活的基本物质保障(吃、穿、住、用、行等方面)	1	2	3	4	5	
(2)医疗服务	1	2	3	4	5	
(3)长期照护(日常照料、护理)	1	2	3	4	5	
(4)精神慰藉(精神、情感方面的关怀)	1	2	3	4	5	
(5)总体满意度	1	2	3	4	5	

五、长期照料需求

36. 您现在是否需要护理？（　　）

A. 是　　B. 否

37. 目前您希望获得哪些日常生活照料方面的服务？（　　）（可多选）

A. 专人护理　　B. 医疗服务　　C. 日常陪伴

D. 餐饮服务　　E. 起居照料　　F. 助浴服务

G. 卫生清洁　　H. 室内外活动　　I. 代购物品

J. 其他

38. 您觉得是否需要政府提供专门针对老年人的护理服务？（　　）

A. 非常需要　　B. 比较需要　　C. 一般

D. 不太需要　　E. 完全不需要

39. 您最希望政府、社会改善哪些事业项目？（　　）（可多选，限选两项）：

A. 提高对失能老人的救济、补助金额

B. 为失能老人提供康复救助和医疗保障

C. 改善失能老人居住条件

D. 为失能老人提供护理服务

E. 关注失能老人的精神、文化生活

F. 其他（　　）

40. 您最倾向于哪种养老方式？（　　）

A. 子女养老　　B. 自我养老　　C. 政府养老
D. 敬老院养老　　E. 社区养老　　F. 其他(　　)

41. 本地有下列服务吗？去年您自己有没有用过？您认为自己现在需要吗？(可以在每行空格中填一个1～5的数字来表示：没有1-比较少有2-一般3-比较多4-有5；没有用过1-很少用2-一般3-用得较多4-很常用5；不需要1-偶尔需要2-一般3-比较需要4-非常需要5)

项目 供需	上门看病	聊天解闷	上门做家务	老年人服务热线	老年饭桌或送饭	康复治疗	上门护理	陪同看病	法律援助	帮助日常购物
本地有										
用过										
需要										

42. 为了能够在60岁以后失能的情况下可以享受有保障的护理服务，您觉得年轻人在退休以前缴纳老年护理保险是否必要？(　　)
A. 非常必要　　B. 有必要　　C. 一般
D. 没必要　　E. 完全没必要

43. 您愿意选择在哪里接受长期照料护理？(　　)
A. 家中　　B. 社区　　C. 公立养老机构
D. 条件较好的民营养老机构(价格较贵)
E. 价格便宜的民营养老机构(条件较差)　　F. 其他

44. 如果在你家附近建有社区护理服务中心，专门针对老人的日托所(白天服务，晚上居家)，为您提供长期护理服务，您觉得是否有必要？(　　)
A. 非常必要　　B. 有必要　　C. 一般
D. 没必要　　E. 完全没必要

45. 您对长期照护服务还有什么进一步的期望和建议？请详细说明。

46. 请您估算：跟生活基本能够自理的老人相比，老人失能后的经济支出(或收入)有什么变化？

以下访问失能老人的配偶、子女或其他家庭成员

失能老人的内涵：在下列六项活动中，至少有一项做不了(包括“很困难”)，生活不能自理(独自完成)，需要别人帮助的60岁以上老人为失能老人。

内容	生活自理能力		
(1)吃饭	1不费力	2有些困难(可自理)	3做不了(包括“很困难”)，需要帮助
(2)穿衣	1不费力	2有些困难(可自理)	3做不了(包括“很困难”)，需要帮助
(3)上厕所	1不费力	2有些困难(可自理)	3做不了(包括“很困难”)，需要帮助
(4)上下床	1不费力	2有些困难(可自理)	3做不了(包括“很困难”)，需要帮助
(5)在室内走动	1不费力	2有些困难(可自理)	3做不了(包括“很困难”)，需要帮助
(6)洗澡	1不费力	2有些困难(可自理)	3做不了(包括“很困难”)，需要帮助

(1)数据估算

失能前后对比的内容	经济支出(或收入)的变化 (平均到一年中的每个月，估算)
(1)医疗服务费用增加(元/月)	
(2)长期照护(照料、护理)服务费用增加(元/月)	
(3)精神慰藉(精神、情感方面的关怀)服务费用增加(元/月)	
(4)以上服务费用增加总计(元/月)	
(5)老人失能后，因需要1个或多个家庭成员或亲朋好友专门照料不能上班，导致的经济收入减少的总额(元/月)	

(2)若省政府准备出台相关政策，针对失能老人给予一定的补贴，那么在考虑政府资源有限的情况下，您认为根据您的情况应该给予的补贴是多少？请详细说明：

以下访问社区居委会领导或村委会领导

47. ______市(州、林区)______县(市、区)______街道(乡、镇)______社区(村)的基本情况。

失能老人的内涵：在下列六项活动中，至少有一项做不了(包括“很困难”)，生活不能自理(独自完成)，需要别人帮助的60岁以上老人为失能老人。

内容	生活自理能力		
(1)吃饭	1 不费力	2 有些困难(可自理)	3 做不了(包括“很困难”)，需要帮助
(2)穿衣	1 不费力	2 有些困难(可自理)	3 做不了(包括“很困难”)，需要帮助
(3)上厕所	1 不费力	2 有些困难(可自理)	3 做不了(包括“很困难”)，需要帮助
(4)上下床	1 不费力	2 有些困难(可自理)	3 做不了(包括“很困难”)，需要帮助
(5)在室内走动	1 不费力	2 有些困难(可自理)	3 做不了(包括“很困难”)，需要帮助
(6)洗澡	1 不费力	2 有些困难(可自理)	3 做不了(包括“很困难”)，需要帮助

(1)失能老人所占比率

调查内容		答案
A. 常住总人口(人)		
B. 60岁以上常住老年人口(人)		
C. 65岁以上常住老年人口(人)		
D. 80岁以上常住老年人口(人)		
E. 失能老年常住人口	总数(人)	
	男性(人)	
	女性(人)	

(2) 您认为省政府应该出台哪些政策，对失能老人给予一定的支持？请详细说明：

①

②

③

④

为了便于核实我对您的访问情况，请留下您的姓名和联系电话。

被访者签名____________请注明您与被访者的关系________

被访者联系电话____________________(用于回访)

调查到此结束，感谢您的支持与合作！

调查员：　　　　　　电话：　　　　　　调查时间：

审核人：　　　　　　问卷审核结果：A 合格　　B 不合格

附录三　失能老人长期照护服务模式比较调查问卷

尊敬的老年朋友：

您好！为了了解您的生活状况，湖北省老龄工作委员会办公室组织本次问卷调查，以便为党和政府出台相关政策提供决策依据，提高老年人的生活福祉。我们将对您的资料绝对保密。若您(被调查者)无法准确完整地回答，可由熟悉的亲朋好友代答。

一、个人基本状况

1. 详细地址：____××省(自治区、直辖市)____××市(地区、自治州)____××区(市、县)____××镇(乡、街道)____××村(社区)
2. 家庭所在地(　　)：
   A. 中心城区街道居委会　　B. 城区(县、市)街道居委会
   C. 城乡接合部街道居委会(市、县的郊区
   D. 乡镇居委会　　E. 农村村委会
3. 性别(　　)：
   A. 男　　B. 女
4. 年龄：(周岁)
5. 受教育程度(　　)：
   A. 不识字　　B. 识字(含私塾)
   C. 小学　　D. 初中(含以下)
   E. 高中(职高、中专)　　F. 大专
   G. 本科及以上
6. 婚姻状况(　　)：
   A. 有配偶并共同生活　　B. 有配偶、分居
   C. 丧偶　　D. 离婚
   E. 未婚

7. 居住类型(　　)

A. 单身独居　　B. 与配偶单独居住
C. 与子女居住　　D. 与其他亲属居住
E. 养老机构　　F. 其他

8. 户籍类型(　　)

A. 农业　　B. 非农业
C. 统一居民户口　　D. 其他

9. 原来从事的职业:(　　)

A. 农民　　B. 企业
C. 事业单位　　D. 国家机关
E. 个体经营　　F. 无业
G. 其他

10. 您目前有以下哪种疾病?(　　)

A. 高血压　　B. 青光眼/白内障
C. 类风湿　　D. 糖尿病
E. 颈/腰椎病　　F. 皮肤病
G. 其他呼吸系统病　　H. 老年痴呆症
I. 听力丧失　　J. 关节炎
K. 心脏病/冠心病　　L. 其他心脑血管病
M. 癌症/肿瘤　　N. 神经系统病
O. 中风　　P. 慢性支气管炎
Q. 骨质疏松　　R. 肝病
S. 肾病　　T. 消化系统病
U. 生殖泌尿系统病　　V. 其他慢性病

11. 从家庭成员和社会得到的支持和照顾(在无、极少、一般、较多、全力支持五个选项中,选择最合适的选项)

支持评价 支持来源	无	较少	一般	较多	全力支持
(1)配偶					
(2)儿女					
(3)其他家庭成员(如女婿、儿媳、孙子孙女等)					
(4)亲戚朋友					

支持评价 支持来源	无	较少	一般	较多	全力支持
(5)街坊邻居					
(6)社区(村)干部、工作人员、服务人员					
(7)医院或社区卫生服务中心					
(8)养老机构的护理人员					
(9)党和政府部门					
(10)社会组织、社会公益团体					
(11)社会志愿者(个人)					
(12)为老人服务的企业(如家政公司、私人诊所等)					

12. 在下列各项基本活动中，哪些您做来不费力？哪些您做起来有些困难？哪些您做不了？

评价 项目	不费力	有些困难(可自理)	做不了(包括“很困难”)，需要帮助
吃饭			
穿衣			
上厕所			
上下床			
在室内走动			

13. 您享受了以下哪些医疗保障待遇？(　　)
    A. 城镇职工基本医疗保险　　B. 城镇居民基本医疗保险
    C. 新型农村合作医疗保险
    D. 城乡居民基本医疗保险(城镇居民基本医疗保险+新型农村合作医疗保险合一)
    E. 城乡居民大病保险　　F. 职工大额医疗补助
    G. 公费医疗(政府和事业单位)　　H. 其他：
14. 您享受社会保障待遇的情况包括(　　)？(没有享受该社会保障项目的填0或不填)

社会保障项目	每月可以拿多少钱(元)?
(1)城镇职工基本养老金	
(2)城镇居民社会养老保险金	
(3)农村社会养老保险金	
(4)机关事业单位离退休金	
(5)职业/企业年金	
(6)商业养老保险金	
(7)高龄津贴/失能津贴/残疾补助	
(8)居家养老服务补贴(或服务券)	
(9)护理补贴(或服务券)	
(10)最低生活保障金	
(11)五保/三无救助金	
(12)农村计划生育家庭奖励(特别)扶助金	
(13)遗属抚恤金	
(14)其他社会保障收入	

15. 您的个人收入主要来自(　　)?(可多选)

A. 自己或配偶的积蓄　　B. 自己或配偶的劳动所得(如:打工)

C. 经营、投资所得(如:炒股、房租)

D. 自己或配偶的离退休金　　E. 养老保险

F. 子女赡养　　G. 孙子女们(包括外孙子女)赡养

H. 亲戚、朋友的赠予

I. 其他人情收入(如:做寿收的礼金)

J. 政府补助、政府救济　　K. 集体经济补助、救济

L. 企业捐助　　M. 社会中介组织和机构捐助

N. 其他

16. 您平均每月的所有收入(包括赡养费、亲朋馈赠、政府和社会捐助等)是:

A. 200 元以下　　B. 201~500 元

C. 501~1000 元　　D. 1001~2000 元

E. 2001~3000 元　　F. 3000~4000 元

G. 4000~5000 元　　H. 5000~6000 元

17. 总的来说，您觉得您的个人经济状况如何？

A. 很好(很富裕)　　B. 较好(比较富裕)

C. 一般(大致够用)　　D. 较差(有些困难)

E. 很差(很困难，生活难以为继)

二、养老模式调查

18. 您有(　　)个健在的子女？其中儿子(包括养子)(　　)；女儿(包括养女)(　　)？

类型＼数量	0 个	1 个	2 个	3 个	4 个	5 个及以上
子女						
儿子(包括养子)						
女儿(包括养女)						

19. 现在，您家(与您同吃同住)有哪些人？

A. 配偶　　B. 未婚伴侣　　C. 儿子

D. 女儿　　E. 父母　　F. 兄弟姐妹

G. 儿媳　　H. 女婿　　I. 保姆

J. 其他

20. 您主要的照料护理者是谁？

A. 配偶　　B. 儿子　　C. 儿媳

D. 女儿　　E. 女婿　　F. 孙子女

G. 其他亲属　　H. 朋友/邻居

I. 志愿者　　J. 家政服务人员

K. 医疗护理机构人员　　L. 养老机构人员

M. 社区工作人员　　N. 其他

21. 您现在有几个常住地？(　　)

A. 一个　　B. 两个　　C. 三个

D. 四个及以上

22. 在您的日常生活中，是否经常使用互联网？(　　)

A. 网上订餐　　B. 网上预约上门看病

C. 网上咨询医生　　　D. 网上购物
E. 网上聊天解闷　　　F. 网上缴费付款
G. 网上娱乐浏览信息(玩游戏、看电视剧等)
H. 其他使用网络的情况

23. 您最主要的看病方式是(　　)
A. 医生上门服务　　　B. 医生到社区服务
C. 医生到养老机构服务
D. 到(省级、市级、县级、区级)大医院看病(请填写该医院的距离：离家很近/一般/很远)
E. 到乡镇/街道卫生院看病(请填写该医院的距离：离家很近/一般/很远)
F. 到社区卫生服务中心、卫生室看病
G. 到个人诊所看病　　　H. 养老机构的医务室
I. 养老机构附近的医疗机构　　　J. 医院里面设有养老床位
K. 网上预约上门服务　　　L. 到外地看病
M. 其他

24. 您属于哪种养老模式(按养老地点分)？(　　)
A. (农村、乡镇)居家养老——自我养老
B. (农村、乡镇)居家养老——家庭养老——家庭代际分居
C. (农村、乡镇)居家养老——家庭养老——家庭代际合居
D. (农村、乡镇)社区养老
E. (农村、乡镇)公办机构养老
F. (农村、乡镇)民办机构养老
G. (市、县、区：城市街道社区)居家养老——自我养老
H. (市、县、区：城市街道社区)居家养老——家庭养老——家庭代际分居
I. (市、县、区：城市街道社区)居家养老——家庭养老——家庭代际合居
J. (市、县、区：城市街道社区)社区养老
K. (市、县、区：城市街道社区)公办机构养老
L. (市、县、区：城市街道社区)民办机构养老
M. 其他

25. 您属于哪种养老模式(按照养老服务的内容或方式分)？(　　)
A. (农村、乡镇)医养结合——医疗机构主导

B.（农村、乡镇）医养结合——养老机构主导
C.（农村、乡镇）医养结合——医养合作
D.（农村、乡镇）互联网+智慧社区养老
E.（农村、乡镇）异地养老
F.（农村、乡镇）互助养老(老年人集中居住互相帮助)
G.（城市街道社区：市、县、区）医养结合——医疗机构主导
H.（城市街道社区：市、县、区）医养结合——养老机构主导
I.（城市街道社区：市、县、区）医养结合——医养合作
J.（城市街道社区：市、县、区）互联网+智慧社区养老
K.（城市街道社区：市、县、区）异地养老
L.（城市街道社区：市、县、区）互助养老(老年人集中居住互相帮助)
M. 以上都不是

三、**养老成本调查**(注：个人生活享受型开支不算在养老成本之内)

项目	500以下	501～1000	1001～1500	1501～2000	2001～2500	2501～3000	3001～4000	4001～5000	5001～6000	6001～7000	7001～8000	8001以上
26. 基本生活开支(吃饭穿衣)												
27. 住房、房租、水电、家用电器												
28. 医疗开支(看病吃药住院)												
29. 护理保健(保姆)开支												
30. 购买服务(家政、聊天解闷、法律援助、陪同看病、陪同购物等)												

项目	500以下	501~1000	1001~1500	1501~2000	2001~2500	2501~3000	3001~4000	4001~5000	5001~6000	6001~7000	7001~8000	8001以上
31. 其他												
32. 总成本(开支)												

四、养老服务调查

33. 您觉得目前的生活是否满意?

项目＼评价	非常不满意	不满意	一般	满意	非常满意
维持日常生活的基本物质保障(吃、穿、住、用、行等方面)					
医疗服务					
长期照护(日常照料、护理、保健)					
精神慰藉(精神、情感方面的关怀)					
总体满意度					

34. 本地有下列服务吗?去年您(老人)自己有没有用过?您(老人)认为自己现在需要吗?(可以在每行空格中填一个1~5的数字来表示:没有1-比较少有2-一般3-比较多4-有5;没有用过1-很少用2-一般3-用的较多4-很常用5;不需要1-偶尔需要2-一般3-比较需要4-非常需要5)

项目＼评价	本地是否有	是否用过	是否需要
上门看病			
康复治疗			
上门护理			
老年饭桌或做饭			
上门做家务			

评价 项目	本地是否有	是否用过	是否需要
陪同看病			
帮助日常购物			
上门聊天解闷			
心理咨询			
老年人服务热线			
法律援助			
助浴服务			
上门探访			
社区日间照料			
老年辅具用品租赁			

35. 您现在养老面临的最主要的问题是什么？

36. 您对党和政府的养老政策有哪些意见和建议？

37. 受访者和调查员的基本信息____________________

为了便于核实我对您的访问情况，请留下您的姓名和联系电话。

被访者签名____________请注明您与被访者的关系________

被访者联系电话____________________(用于回访)

调查到此结束，感谢您的支持与合作！

调查员：　　　　　电话：　　　　　调查时间：

审核人：　　　　　问卷审核结果：A 合格　　B 不合格